Gerhard Oberkofler

Thomas Schönfeld (1923–2008)

Gerhard Oberkofler

Thomas Schönfeld (1923–2008)

Österreichischer
Naturwissenschaftler und
Friedenskämpfer.
Biographische Konturen
mit ausgewählten
gesellschaftspolitischen Texten

StudienVerlag

Innsbruck
Wien
Bozen

Bundesministerium für Wissenschaft und Forschung

Nationalfonds der Republik Österreich
für Opfer des Nationalsozialismus

Gefördert mit Unterstützung durch das Amt der Tiroler Landesregierung, Abteilung Kultur, das Bundesministerium für Wissenschaft und Forschung in Wien und den Nationalfonds der Republik Österreich für Opfer des Nationalsozialismus.

© 2010 by Studienverlag Ges. m.b.H., Erlerstraße 10, A-6020 Innsbruck
e-mail: order@studienverlag.at
Internet: www.studienverlag.at

Buchgestaltung nach Entwürfen von Kurt Höretzeder
Satz: Studienverlag/HSB
Umschlag: Studienverlag/Vanessa Sonnewend
Fotos: Mia Schönfeld (Privatbesitz) - außer S. 218: Nachlass Thomas Schönfeld
Registererstellung durch Gerhard Oberkofler

Gedruckt auf umweltfreundlichem, chlor- und säurefrei gebleichtem Papier.

Bibliografische Information Der Deutschen Bibliothek
Die Deutsche Bibliothek verzeichnet diese Publikation in der Deutschen Nationalbibliografie; detaillierte bibliografische Daten sind im Internet über <http://dnb.ddb.de> abrufbar.

ISBN 978-3-7065-4868-7

Dem Österreichischen Friedensrat
zum 60-jährigen Jubiläum

Inhaltsverzeichnis

Menschen sind die Momente und
die Ewigkeit in der Geschichte.
Sie sind Mosaiksteinen vergleichbar –
wenn es ihnen vergönnt ist, setzen sie sich
zu großartigen Fresken und Monumentalbildern zusammen,
oder aber sie sind nichts als ein Haufen sinnlos aufgeschütteter Steine.

Ingeborg Rapoport (*1912)

Vorwort

Thomas Schönfeld war ein begeisterter und unermüdlicher Wissenschaftler, der auf seinem Spezialgebiet in der Radiochemie Hervorragendes geleistet hat. Er hat aber auch die gesellschaftliche Rolle der Wissenschaft und die Wechselbeziehung zwischen naturwissenschaftlicher Forschung und gesellschaftlicher Entwicklung im Auge gehabt. Deshalb war es für ihn zeit seines Lebens eine ständige und erstrangige Aufgabe, die Verantwortung des Wissenschaftlers gegenüber der Gesellschaft tatsächlich wahrzunehmen und anderen bewusst zu machen. Thomas Schönfeld hat mit und in der Friedensbewegung intensiv und beharrlich dafür gewirkt, dass die Bedrohung durch atomare und konventionelle Rüstung von möglichst vielen Menschen realisiert wird. Er hoffte, dass durch die Friedensbewegung eine allgemeine Bewegung für den Frieden entsteht, die zu friedenssichernden Abkommen und schließlich zu einer Kriege endgültig bannenden Umgestaltung der internationalen Beziehungen führt. Als großer österreichischer Patriot ist er für den Wiederaufbau seiner Heimat 1947 aus den USA in das in Trümmern liegende Wien zurückgekehrt. Er hat für die Unabhängigkeit Österreichs gekämpft und dafür, dass die Republik Österreich ihre Neutralität für Friedensvermittlungen aktiv einsetzt. Zu seiner kommunistischen Grundüberzeugung hat sich Thomas Schönfeld stets bekannt. Die beigegebenen Originaltexte sind fern jeder akademischen Abgehobenheit und sollen authentisch Impulse, die Thomas Schönfeld der österreichischen und internationalen Friedensbewegung zum Denken und Handeln gegeben hat, dokumentieren.

In dankbarer Verbundenheit gedenke ich Thomas Schönfeld, der als väterlicher Freund viele Jahre meine wissenschaftshistorischen Arbeiten, insbesondere jene über österreichische Naturwissenschaftler, mit weiterführenden Anmerkungen begleitet hat, was ich stets als eine Auszeichnung empfunden habe. Sehr herzlich danke ich Mia Schönfeld, die mir die Erlaubnis zur Aufbereitung des schriftlichen Nachlasses von Thomas Schönfeld gegeben und zu dieser Arbeit ermutigt hat. Zu danken habe ich Andreas Pecha vom Österreichischen Friedensrat (Wien), der mir völlig unkompliziert die von Thomas Schönfeld gesammelten Materialien der Friedensbewegung in Europa mit ermunternden Worten zur Benützung überlassen hat. Für viele inhaltliche Anregungen und Anmerkungen danke ich Prof. Dr. Hans Mikosch und Dr. Ferdinand Steger. Mag. Manfred Mugrauer und Dr. Willi Weinert waren mir bei Recherchen in Bezug auf die Kommunistische Partei Österreichs behilflich, einige wichtige Hinweise verdanke ich Dr. Robert W. Rosner und Prof. Dr. Fathi Habashi. Im Wiener Universitätsarchiv habe ich bei HR Dr. Kurt Mühlberger, Mag. Thomas Maisel und Mag. Dr. Johannes Seidl stets großes Entgegenkommen gefunden, Dr. Seidl hat auch die Organisation des Transfers des Nachlasses von Thomas Schönfeld in das Wiener Universitätsarchiv übernommen. Dr. Stefan Sienell (Archiv der Österreichischen Akademie der Wissenschaften) hat mir freundlich Auskunft gegeben und Universitätsarchivar Univ.-Doz. Dr. Peter Goller (Innsbruck) danke ich für freundschaftliche Unterstützung. Markus Hatzer hat als Verlagsinhaber mir jenes Vertrauen gegeben, das für eine solche unzeitgemäße Arbeit eine entscheidende Hilfestellung ist.

Wien, im Herbst 2009
Gerhard Oberkofler

I.
Kindheit und Jugendjahre

Es sprach der Herr: Es werde Licht!
Es sprach das Licht: Ich bin!
Darauf der Herr: Die Einfalt spricht –
dein Sein, mein Kind, genügt mir nicht;
dein Werden erst birgt Sinn.
Arthur West (1922–2000)

I. 1. Isak Munisch Schönfeld und Sara, geborene Allerhand, Großeltern von Thomas Schönfeld, übersiedeln von Lemberg nach Wien

Die Familie Schönfeld stammt aus Lemberg in Galizien, das mit der ersten polnischen Teilung (1772) unter die Herrschaft der Habsburger gekommen ist. Lemberg hatte sich zu einer der wichtigsten Garnisonstädte der österreichisch-ungarischen Monarchie entwickelt, mit einer eigenen, 1661 gegründeten Universität, die 1940 auf Beschluss des Obersten Sowjets der Ukrainischen Sowjetrepublik den Namen des großen ukrainischen Freiheitsdichtes Iwan Franko (1856–1916) erhielt, den sie heute noch trägt. An der k. k. Franzens-Universität Lemberg war seit 1871 polnisch die Unterrichtssprache, es waren aber auch ruthenische Lehrkanzeln installiert. Die Hörerzahl war nach Wien die größte in der Habsburgermonarchie, im Wintersemester 1912/13 waren es 5.567.[1] Am Ende der Monarchie hatte die Stadt acht Gymnasien, zwei Realschulen, ca. 40 Volks- und Bürgerschulen, sie war Sitz des galizischen Landtags, von Zentralbehörden wie Statthalterei und Appellationsgerichtshof und religiöser Einrichtungen. Lemberg hatte bis zum deutschen Überfall auf die Sowjetunion 1941 und der darauf folgenden Vernichtung seiner jüdischen Bewohner einen großen jüdischen Anteil, 1900 waren es mit 44258 Juden 27,68 % der Gesamteinwohnerzahl.[2] Die galizischen Städte wiesen insgesamt einen signifikanten israelitischen Anteil aus, in Brody waren es 1900 überhaupt insgesamt 72 % Prozent. Krakau hatte 1900 mit 25.670 Juden einen israelitischen Anteil von 28,11 %, Czernowitz mit

21.587 Juden einen solchen von 31,92 %.[3] Viele dieser Ostjuden wanderten aus, nach Wien oder weiter in die als Neue Welt gesehene USA.[4] Nach einer Zählung der Israelitischen Kultusgemeinde lebten am 10. März 1938 in Österreich 180.000 Juden, davon 165.000 in Wien.[5] Isak Munisch Schönfeld und Sara geborene Allerhand waren wie so viele Ostjuden seit der Gewährung der Freizügigkeit zu Anfang der 1860er Jahre nach Wien gewandert. Dort winkten so etwas wie Aufklärung, Freiheit und vor allem Aufstiegsmöglichkeit, vielleicht sogar Karriere. Waren 1857 in Wien noch 6217 Juden, was einen Anteil von 2,16 % der Gesamteinwohnerzahl ausmachte, so waren es 1910 mit 127.318 Juden schon 8,6 % der Gesamteinwohnerzahl.[6] Die Schönfelds wohnten natürlich im zweiten Wiener Bezirk, in der Leopoldstadt. Joseph Roth (1894–1939), der aus Brody stammt und 1914 nach Wien übersiedelt ist, begründet das literarisch so: „Sie [d. s. die Juden] sind dort in der Nähe des Praters und des Nordbahnhofs. Im Prater können Hausierer leben – von Ansichtskarten für die Fremden und vom Mitleid, das den Frohsinn überall zu begleiten pflegt. Am Nordbahnhof sind sie alle angekommen, durch seine Hallen weht noch das Aroma der Heimat, und es ist das offene Tor zum Rückweg. Die Leopoldstadt ist ein freiwilliges Getto".[7] Über solche Impressionen soll aber doch nicht in den Hintergrund treten, dass viele galizische Juden von den Ideen des Liberalismus und Humanität und der gesellschaftlichen Praxis im Wien nach 1848 sich angezogen fühlten.[8]

I. 2. Der Vater Bruno Schönfeld

I. 2. a. Aufgewachsen im k. k. Wien

Der Vater von Thomas Schönfeld, Bruno Schönfeld, ist der Sohn von Isak Munisch Schönfeld und der Sara geborene Allerhand und im II. Wiener Bezirk, Malzgasse 7, am 5. Juni 1881 geboren (gestorben in Wien, 3. Juni 1955). Bruno Schönfeld wurde nach der Volksschule auf das Gymnasium geschickt, das war Voraussetzung, den angestrebten Aufstieg im Wiener Kleinbürgertum sicherzustellen. Bruno Schönfeld verbrachte acht Jahre am k. k. Maximilians Gymnasium (heute Bundesrealgymnasium IX) und maturierte dort mit Ende des Schuljahres 1898/99. Die Maturaklasse dieses Jahrganges hatte 41 Schüler, wovon 21 israelitischer, 15 römisch katholischer, 4 evangelischer (Augsburger Bekenntnis) Religionszugehörigkeit waren, ein Schüler war konfessionslos.[9] Die Schule hatte 1896 aus Anlass ihrer 25-Jahrfeier den Namen nach dem jüngeren Bruder des Kaisers Franz Joseph I. (1830–1916) Erzherzog Maximilian (1832–1867) erhalten, wurde aber nach dem Standort in der Wasagasse stets „Wasagymnasium" genannt, auch als die Schule zur Schottenbastei 7–9 übersiedelt ist. Im Maturajahr von Bruno Schönfeld wurde am 2. Dezember 1898 im Festsaal der Anstalt die Schüler aus Anlass des Kaiserjubiläums zu einer „patriotischen Ansprache" des Schulleiters Leopold Weingartner versammelt, hernach verließen die Protestanten und Israeliten den Saal, um sich in ihre Kirche beziehungsweise in ihren Tempel zu begeben, während im Festsaal ein feierlicher Gottesdienst stattfand. Dem Jahresbericht 1898/99 wurde die Hymne vorangestellt:

Voll Dankbarkeit, Liebe und Vertrauen blickten Österreichs Völker zu Habsburgs erlauchtem Spross empor, als der 2. December 1898 das fünfzigste Jahr Seiner segensreichen Herrscherlaufbahn vollendete. Machtvoll waltet heute das Scepter, das unser Kaiser als Jüngling in sturmbewegter Zeit ergriffen hat. Ein Scepter der Weisheit und des Friedens führt Er, der Schirmherr der Künste und Wissenschaften, der Vater, Der Seinen Völkern in der Schule eine feste Burg erbaute. So erbrauste denn im weiten Hause des Reiches unter Glockenklang und Segenswünschen, wie noch nie, der alte Sang, den Österreichs Jugend mit Begeisterung anstimmte und jederzeit anstimmen wird: ‚Gott erhalte, Gott beschütze unsern Kaiser, unser Land!'

Zur Matura 1899 (8.–13. Juli) traten alle 41 öffentlichen Schüler und 1 Externer an, 3 wurden für „reif mit Auszeichnung", 30 für „reif" erklärt, 2 wurden auf 1 Jahr, 1 Externer wurde auf immer reprobiert, 1 Kandidat trat vor der mündlichen Prüfung zurück, 2 wurden wegen nicht genügender Semesterleistung zur mündlichen Prüfung nicht zugelassen. Stefan Zweig (1881–1942), der am selben Gymnasium ein Jahr nach Bruno Schönfeld maturierte (1899),[10] schildert den gymnasialen Betrieb als monotone, herzlose und geistlose Tretmühle einer Lernkaserne, mit Lehrern, die sich sklavisch an das Schema gehalten hätten: *„Schule war für uns Zwang, Öde, Langeweile, eine Stätte, in der man die ‚Wissenschaft des nicht Wissenswerten' in genau abgeteilten Portionen sich einzuverleiben hatte, scholastische oder scholastisch gemachte Materien, von denen wir fühlten, daß sie auf das reale und auf unser persönliches Interesse keinerlei Bezug haben konnten. Es war* *ein stumpfes, ödes Lernen nicht um des Lebens willen, sondern um des Lernens willen, das uns die alte Pädagogik aufzwang. Und der einzige wirklich beschwingte Glücksmoment, den ich der Schule zu danken habe, wurde der Tag, da ich ihre Tür für immer hinter mir zuschlug"*.[11] Bruno Schönfeld scheint seiner Schule verbunden geblieben zu sein, vielleicht war er auch im Sinne von Thomas Bernhard (1931–1989) angestrengt, diese finstere Kindheit zu verklären,[12] jedenfalls meldete er sich 1953 zur Vereinigung der ehemaligen Wasagymnasiasten an.[13] In dem dem Jahresbericht 1951/52 beigegebenen Verzeichnis der noch lebenden ehemaligen Abiturienten des Wasagymnasiums ist Bruno Schönfeld noch nicht verzeichnet.[14] Stefan Zweig hatte es abgelehnt, aus Anlass des fünfzigjährigen Bestehens des Wasagymnasiums als dessen Renommierschüler eine Festrede zu halten: *„Ich hatte dieser Schule nicht dankbar zu sein, und jedes Wort dieser Art wäre zur Lüge geworden"*.[15]

Der rechtswissenschaftlichen Ausbildung unterzogen sich im Herbst 1899/1900 mit Bruno Schönfeld 14 Schüler des Maturajahrganges 1898/99 des Wasagymnasiums. Unter diesen waren Robert Hecht (1881–1938), der als Sektionschef ein juristischer Berater von Engelbert Dollfuß (1892–1934) war und von den Nazis im KZ Dachau umgebracht wurde, Erwin Jerusalem (1881–1943), Sohn des Pädagogen Wilhelm Jerusalem (1854–1923), später Senatsvorsitzender, dann in Auschwitz umgebracht, und Josef Bergauer (1880–1947), der ein zu seinen Lebzeiten bekannter Schauspieler und Schriftsteller war.[16] Robert Hecht hatte nach der Matura das Einjährig-Freiwilligen-Jahr im 3. Regiment der Tiroler Kaiserjäger absolviert und ein Jahr später mit dem Jusstudium begonnen. Davor war er vom Judentum zum Evangelischen Bekenntnis konvertiert.[17] Der Mitschüler Bruno Possanner von Ehrenthal (1879–1942) gab an, zum Militär zu gehen, begann aber mit dem Chemiestudium in Wien und wurde Leiter des weltbekannten Papiertechnischen Instituts in Köthen.[18] Die der Wiener Medizinischen Fakultät zugehörigen Mitschüler Karl Gross (*1879) und Albert Müller (1881–1971) wurden von den Nazis aus ihren Positionen gejagt.[19] Bruno Schönfeld blieb als Student bei seinen Eltern in der Müllnergasse 33 im IX. Bezirk (Alsergrund), wo in der Nähe die 1938 zerstörte Vereinssynagoge stand, wohnen. Als Beruf des Vaters wird „Börsenbesucher" genannt, was die Voraussetzung war, um nach drei Jahren Mitglied der Wiener Börse zu werden.[20] Das Nationale gibt als Religionszugehörigkeit mosaisch an. Die Rechtsgeschichte hat Otto von Zallinger-Thurn (1856–1933) vorgetragen, über den, der ein brillanter Forscher war, Hans Kelsen (1881–1973) in seiner Autobiographie nur anzumerken gewusst hat, dass dieser ein ungewöhnlich schlechter Redner gewesen sei.[21] Promoviert hat Bruno Schönfeld zum Dr. iur. am 2. Dezember 1904.[22]

I. 2. b. Anwalt im liberalen Wiener Bildungsbürgertum

Am 23. Juni 1910 trat Bruno Schönfeld aus dem „Judentum" aus,[23] er konvertierte zur evangelische Religionsgemeinde Augsburger Bekenntnis. Die Taufe erfolgte am 17. April 1912, Taufpate war Heinrich Kleinfeldt aus dem I. Bezirk. Seinen Austritt aus der evangelischen Religionsgemeinschaft zeigte Bruno Schönfeld dem Magistratischen Bezirksamt im I. Bezirk am 23. Juni 1926 an.

Am 18. Juni 1912 wurde der im 2. Wiener Bezirk, Praterstraße 14, dann in der Laufbergergasse 4 im selben 2. Bezirk ansässige Bruno Schönfeld nach Ablegung seines Eides beim k. k. Oberlandesgericht in Wien am 14. Juni 1912 in die Liste der niederösterreichischen Hof- und Gerichtsadvokaten mit Wohnsitz in Wien eingetragen. Neben seiner Anwalts- und Vortragstätigkeit in der fortschrittlichen Volkshochschulbildung publizierte Schönfeld, der seit 11. Mai 1914 in die Göttweihergasse 1 in den 1. Bezirk übersiedelt war, zu sozialwissenschaftlichen Fragen. Bruno Schönfeld wurde Anhänger des 1906 gegründeten Monistenbundes, der sich, im Sinne der vom Mediziner und Zoologen Ernst Haeckel

Anwalt Dr. Bruno Schönfeld (1938).

(1834–1919) entwickelten, bürgerlich rationalen Weltkonzeption, für die Verbreitung verallgemeinerbarer naturwissenschaftlicher Erkenntnisse engagierte.

Ehefrau von Bruno Schönfeld ist Edith Schönfeld geborene Bauer, geboren am 15. Mai 1890 und eingetragen im Geburtsprotokoll der israelitischen Kultusgemeinde in Wien als Tochter des im 10. Wiener Gemeindebezirk in der Laxenburgerstraße 63 wohnenden Eisenhändlers Mathias vulgo Moriz Bauer und der Berta geborene Haczek in Wien, Laxenburgerstraße, (gestorben in Wien am 23. Dezember 1981). 1914 (13. Jänner) war Edith Bauer zur evangelischen Gemeinde Augsburger Bekenntnis übergetreten, Taufpate war ihr späterer Ehemann Bruno Schönfeld, damals in Wien IX, Müllnergasse 33 wohnhaft, ihren Austritt aus dieser Religionsgemeinschaft zeigte sie, gemeinsam mit ihrem Partner Bruno Schönfeld 1926 (23. Juni) an.

Bruno Schönfeld hat einige Arbeiten publiziert, die ihn als Sympathisanten der sozialistischen Arbeiterbewegung und als einen Erben bürgerlich-radikalen Freisinns zeigen. In der vom Juristen Arthur Glaser (1880–1931), der Generalsekretär des Wiener Vereins gegen Verarmung war, redigierten Monatszeitschrift *Soziale Arbeit* veröffentlichte er 1920 eine kleinere Arbeit über den nach Thomas Robert Malthus (1766–1834) benannten Neumalthusianismus[24]. Bruno Schönfeld resümiert: „*Solange unsere Säuglinge auf den Kliniken wegen Kohlenmangels zugrunde gehen müssen, ist es nicht der Ausfluss eigensüchtiger Berechnung, zu erklären, daß den bereits lebenden Kindern der heute viel zu enge Raum nicht durch Aufzucht neuer Kinder noch mehr verringert werden darf. Solange der Krieg noch immer seine Hungergeißel über uns schwingt, bedeutet der Neumalthusianismus keine Bequemlichkeit oder Feigheit, sondern muss geradezu als sittliche Forderung für den einzelnen wie für die Gemeinschaft angesehen werden. Erst wenn wir als Gesamtheit durch unsere kulturelle Arbeit und gerechte Verteilung ihrer Früchte jedem neuen Leben Raum – nicht nur zum Sterben oder einem jammervollen Betteldasein – sondern zu freier menschenwürdiger Entwicklung schaffen, dann, aber auch erst dann, werden wir des Neumalthusianismus nicht mehr bedürfen*". Das war aus bürgerlichen Freidenkertum heraus geschrieben, Bruno Schönfeld vermeidet die Verelendung in direktem Zusammenhang mit den Widersprüchen der kapitalistischen Gesellschaft zu bringen. Im Juniheft 1921 derselben Monatsschrift wirbt Bruno Schönfeld quasi für den auch von Otto Neurath (1882–1945) propagierten Gildensozialismus, der von Großbritannien seinen Ausgang genommen hat und von einigen

Intellektuellen als Alternative zum Kapitalismus gedacht wurde.[25] Bruno Schönfeld meinte, dass die egoistischen Triebe der Menschen nicht durch deren gewaltsame Verdrängung, sondern durch die Einrichtung autonomer Gemeinschaften, eben der Gilde, „verhältnismäßig rasch" rationalisiert werden könnten. Er schätzte unausgesprochen das Menschenbild des Kommunismus als zu positiv ein, welche Meinung im Rückblick durchaus diskutierbar ist. Bruno Schönfeld war ein Gegner jeder Intervention gegen die Sowjetunion.[26] Die Kriegshetze des begabten, aber rasch verkommenen Grafen Richard Nicolaus Coudenhove-Kalergi (1894–1972), wie sie in dessen Broschüre[27] über die Politik von Josef Stalin (1878–1953) betrieben wurde, weist er deshalb scharf zurück, ebenso dessen antimaterialistische Mystik[28], mit der sich zur selben Zeit im Wiener Kreis Philipp Frank (1884–1966) konfrontiert hat, als Ausbrüche einer um seine Privilegien fürchtenden Aristokratenbande.[29] Die politische Dimension der Paneuropa Bewegung des Coudenhove-Kalergie hat Bruno Schönfeld zu wenig gesehen, sie diente dazu, die von der europäischen imperialistischen Monopolbourgeoisie angestrebte *„Vereinigung Europas"* ideologisch vorzubereiten.

Aus Anlass des Freitodes des an die Akademie der Wissenschaften der UdSSR berufenen Wiener Zoologen Paul Kammerer (1880–1926), den Bruno Schönfeld aus den Veranstaltungen der Wiener Monisten persönlich gut gekannt hat, charakterisiert er diesen in den Monatsheften des Monistenbundes als unerschrockenen Kämpfer für den Frieden: *„Als es galt, die Stimme der Vernunft und der Menschlichkeit vernehmen zu lassen in einer Zeit, in der die Menschen durch Gewalt wie durch ein großartig organisiertes Lügensystem zugleich zu Bestien und Schlachttieren gemacht wurden, da war er unter den ersten, die, noch während des Krieges, laut vom Kriegswahnsinn, von der Notwendigkeit der Friedensgesinnung und der organischen Völkervereinigung sprachen".*[30] Der im KZ Theresienstadt umgekommene Biologe Hans Leo Przibram (1874–1944) hat die experimentelle Tätigkeit von Kammerer im Wiener „Vivarium" sehr hoch eingeschätzt. Er schreibt im selben Heft über dessen wissenschaftliche Leistungen.[31] Kammerer, der als „Lamarckist" – benannt nach Jean Baptiste Lamarck (1744–1829) – in der UdSSR großes Ansehen genoss, war es gelungen, Feuersalamander im Aquarium zu vermehren, was vor ihm noch nie gelungen war. Er vertrat die Auffassung von der Vererbung erworbener Eigenschaften und hat entsprechende Versuche mit Geburtshelferkröten vorgenommen. Es wurde ihm öffentlich der Vorwurf gemacht, Präparate gefälscht zu haben, was zu seinem Freitod geführt hat. Sein Schicksal wird im sowjetischen Film „Salamander" nach einem Drehbuch des Kulturkommissars Anatolj Lunačarskij (1875–1943) als Ergebnis einer Hexenjagd klerikaler und faschistischer Kräfte und von Anhängern der Vererbungstheorie von Johann Gregor Mendel (1822–1884) gedeutet.[32]

1926 schreibt Bruno Schönfeld einen Artikel über die Schulreform von Otto Glöckel (1874–1935) in Wien, das sich vom übrigen katholisch klerikal gesinnten und beherrschten Österreich wesentlich unterscheide. Er schätzt die Erfolge optimistisch ein, meint dass die Kinder nicht mehr künstlich und einförmig gedrillt werden: *Und dazu haben sie Lesebücher, aus denen die Erwachsenen das Lesen am liebsten neu lernen möchten, Rechenbücher, in denen es am Anfang nur Bilder und keine Ziffernkolonnen gibt, mit dem Titel: ‚Eins zwei drei, lustig ist die Rechnerei'. Eine solche Unterrichtsmethode, die so mit aller Vergangenheit bricht, mußte einem großen Teil der Klerikalen Ärgernis bereiten".* Wir können annehmen, dass Bruno Schönfeld seinen Sohn Thomas in diese Richtung erzogen hat.[33] Was den bleibenden Einfluss der katholische Kirche unter kapitalistischen Bedingungen anlangt, war Bruno Schönfeld viel zu optimistisch, indem er glaubte, dass durch wissenschaftliche Aufklärung und Entwicklung von den Kirchen nur noch eine Art Beamtenapparat ohne bedeutsamen geistigen Einfluss übrig bleiben würde.[34] Aus diversen zögerlichen Zugeständnissen der katholischen Kirche an den Darwinismus, die heute unter der quasiwissenschaftlichen Theorie vom intelligenten Design subsumiert werden, in einem vom erzbischöflichen Ordinariat Wien mit Imprimatur und dem Unterrichtsministerium zugelassenen katholischen Religionslehrbuch[35] schließt Bruno Schönfeld, dass sich die geistigen Grundlagen der katholischen Kirche auflösen würden.[36] Eine solche Illusion war Ausdruck des am Ende seiner Entwicklung stehenden bürgerlich philosophischen Materialismus als umfassende, systematische, monistische Welterklärung.[37] 1929 schreibt Bruno Schönfeld eine leicht lesbare Zusammenfassung der Ethik des Freidenkertums in kritischer Auseinandersetzung mit religiösen Lehren.[38] Aktuell ist seine Zusammenfassung der mörderischen und landräuberischen Konsequenzen religiöser Weltlehren: „Die Anhänger religiöser Lehren sehen letzten Endes nur das als gut im moralischen Sinne an, was von ihrer Religion, ihrer Gottheit (also von ihren Priestern!) so bezeichnet wird. Wenn Gott plötzlich seinen Willen ändern, („Denn bei Gott ist nichts unmöglich". Lukas 1, 37) und uns befehlen würde, von nun an zu plündern und zu morden, so müsste jeder Gläubige diesen neuen Moralgesetzen gehorchen. Übrigens ist das ja nicht eine bloße Annahme, sondern eine sehr häufige Tatsache. Der Gott des Islams befiehlt seinen Anhängern, alle Ungläubigen auszurotten. Der Jehova des alten Testaments ordnet die vollständige Vernichtung der Kanaaniter mit Frauen und Kindern an, Menschen, die kein anderes Verbrechen begangen haben, als daß sie in einem Lande lebten, welches die Israeliten in Besitz nehmen wollten. (Es ist übrigens merkwürdig, daß dieser allmächtige Jehova kein anderes Mittel wusste, als den blutigsten, grausamsten und langwierigsten Vernichtungskrieg, um seinem auserwählten Volk den Besitz eines kleinen Landes zu verschaffen.) Das geht so weit, daß er es als schwere Sünde ansieht, wenn die Israeliten ausnahmsweise aus Mitleid Schonung üben. Auch bei den Christen war es gottgefällig und das Himmelreich bringend, Ketzer zu Tode zu martern, zu verbrennen oder während der Kreuzzüge im heiligen Lande Sarazenen haufenweise umzubringen". Die Freidenker sahen „das Gute nicht mehr im Befolgen göttlicher Gebote", die menschliche Moral müsse sich von den Vorschriften der Priesterreligionen lösen. Bruno Schönfeld hebt hervor, dass die Freidenker vom Christentum die Nächstenliebe als eine Hauptstütze ihrer Moral übernommen hätten. Aber: „Nicht um Gottes, sondern um des Menschen willen wollen wir durch eine neue Ethik danach trachten, die Leiden, von denen die Menschen gequält werden, zu vermindern und zu beseitigen, ein freudigeres und besseres Dasein für alle Menschen herbeizuführen". Durch die Zunahme der Anzahl der Mitglieder des Freidenkerbundes vermeinte Bruno Schönfeld, dass die Entwicklung auf jeden Fall aufwärts führen würde, bedingt auch dadurch, dass zwischen dem technischen Fortschritt der Menschheit und dem moralischen Fortschritt ein Zusammenhang bestehe. Welche Illusionen!

Wahrscheinlich hat Bruno Schönfeld 1936 in Wien den Historiker Charles Adam Gulick (1896–1984) von der University of California in Berkeley kennengelernt. Gulick war 1932 während einer Europareise nach Wien gekommen, wo er vom sozialdemokratischen „Rote Wien" so angetan war, dass er sich entschloss, etwas darüber zu publizieren. Aufgrund der Februarereignisse 1934 erweiterte er dieses Vorhaben auf das Konzept einer politischen Geschichte der Republik und nahm zu diesem Zweck sein Sabbath Jahr 1936 für einen mehrmonatigen Aufenthalt in Wien, wo er in der Peter Jordanstraße im 19. Bezirk wohnte und zufällig die sozialdemokratische Familie des Mathematikprofessors an der Neuen Wiener Handelsakademie und Esperantopioniers Otto Simon kennenlernte, wie deren Sohn Joseph T. Simon (1912–1976) erzählt.[39] Während seines Wienaufenthaltes, der durch die Social Science Research Council der Carnegie Corporation und die University of California gut finanziell unterstützt wurde, benützte Gulick intensiv die Bibliotheken der Wiener Arbeiterkammer und der Wiener Handelskammer. Joseph T. Simon war in seinen Mittelschuljahren aktives Mitglied einer sozialdemokratischen Mittelschulgruppe, die zahlreiche Referenten einlud. Unter ihnen galt Bruno Schönfeld als einer der beliebtesten, er sei stets *„mustergültig vorbereitet"* gewesen: *„Die Vorträge, zumeist über recht anspruchsvolle philosophische Themen, waren sehr klar aufgebaut und blieben daher leicht im Gedächtnis. Dr. Schönfeld war sowohl Vorstandsmitglied der Monisten, einer philosophierenden Vereinigung von Atheisten, als auch des recht derben Freidenkerbundes, dessen Organ sich oft recht hämisch mit dem Geschlechtsleben von Priestern auseinandersetzte".*[40] Noch vor den Februarereignissen, in denen der Klerikalfaschismus seine nackte Brutalität demonstriert hat, wurde Simon Mitglied der Kommunisten Partei und setzte jungen Kommunisten wie Eduard Rabofsky (1911–1994) die linke Rhetorik des Austromarxismus auseinander.[41] Grundlage der Diskussionen war das Buch *„Das Grundwissen des jungen Kommunisten"*, wo es heißt: *„Die kommunistische Jugenderziehung beruht – im Gegensatz zur sozialdemokratischen Jugenderziehung – auf der Anteilnahme der Jugend am proletarischen Klassenkampf. Die arbeitende Jugend, die vom Kapitalismus nicht nur wie die gesamte Arbeiterklasse ausgebeutet wird, sondern darüber hinaus politisch und wirtschaftlich noch mit besonderen Gesetzen und Mitteln unterdrückt und geknechtet wird, muß sich am wirtschaftlichen und politischen Kampf ihrer Klasse aktiv beteiligen und ist oftmals berufen, eine hervorragende Rolle in ihm zu spielen".*[42] Simon hat während der US-Emigration Gulick in Berkeley besucht, nach dem Weltkrieg wohnte Gulick bei seinen Besuchen in Wien gelegentlich bei Simon, der wieder zu den ihm materiell behilflichen Sozialdemokraten übergegangen war. Joseph T. Simon war nach Weltkrieg als Oberst der US-Armee im Militärgerichtswesen tätig, wurde dann von der Sozialdemokratie in der Mineralölverwaltung als Personalchef untergebracht, als welcher er den Pionier der österreichischen Erdölproduktion Karl Friedl (1898–1966) als Kryptokommunist denunzierte, weil dieser aus Anlass einer Belegschaftsfeier einen Toast „Auf die Einheit der Arbeiterbewegung" ausgesprochen hatte. Von dieser wollte Simon aber schon längst nichts mehr wissen, er dachte, eine solche wäre nur innerhalb der SPÖ erlaubt. Simon musste wegen Unfähigkeit von seinem Posten in der Mineralölverwaltung abgezogen werden, er erhielt von seinem Freund

und Wiener Bürgermeister Franz Jonas (1899–1974) ein Ringstraßenkaffeehaus, an dem er aber gleichfalls scheiterte. Es lohnt, darauf hinzuweisen, weil es die vielfältigen Schwierigkeiten Österreichs beim Wiederaufbau zeigt.[43] Gulick hat 1948 im Verlag seiner Universität das zweibändige Werk Austria from Habsburg to Hitler. 1. Labor's workshop of democracy. 2. Fascism's subversion of democracy veröffentlicht[44], das noch im selben Jahr fünfbändig im Wiener Danubia Verlag, vom sozialistischen Vorwärts gedruckt, unter der redaktionellen Leitung von Jacques Hannak (1892–1973) von neun aus dem Exil in Großbritannien und den USA zurückgekehrten, in der Sozialdemokratie verankerten Frauen ins Deutsche übersetzt und für die österreichischen Leser herausgegeben wurde. Seinen im Vorfeld seines Werkes publizierten Artikel *Administrative and Judicial Processes as Instruments of Clerical Fascism in Austria*[45] hatte Gulick eigenhändig gewidmet: *„Dr. Bruno Schönfeld with thanks for his help and warmest personal regards"*. Hannak ist 1946 aus der US-Emigration, wo er Mitarbeiter des Office of War Information und im Funktionärskreis der Austrian Labor Committees war, nach Wien zurückgekehrt. Das im verarmten Wien der Nachkriegszeit aufwendige Unternehmen der Übersetzungs- und Druckarbeiten war nur wegen des Interesses des damaligen Vorsitzenden der Sozialistischen Partei Adolf Schärf (1890–1965) daran möglich gewesen. Für Gulick, der Österreich als erstes Opfer der nationalsozialistischen Aggressionspolitik bezeichnete, war die österreichische Sozialdemokratie Garant der bürgerlichen Demokratie. Er meinte am Ende des fünften Bandes, dass die fälschlich bezeichnete österreichische „Volkspartei" *„sattsam bekannte Antidemokraten zu ihren Vertretern im Nationalrat nominiert"* habe, man könne, so die sozialdemokratische, vom amerikanischen Antikommunismus geprägte Schlussformulierung, nur hoffen, *„daß die gerechtfertigte Angst vor den Plänen Russlands nicht noch einmal zur Untergrabung der Demokratie und Vernichtung auch der Zweiten Republik durch den Kleriko-Faschismus führen wird"*.[46] Im Vorwort schreibt Gulick Dankesworten an Freunde, die das Manuskript kritisch durchgesehen haben: *„Dr. Bruno Schönfeld, ein früherer Rechtsanwalt aus Wien, hat an einigen der wichtigsten Ereignisse, die hier erzählt werden, aktiv teilgenommen und gab mir Tatsachen und Streiflichter bekannt, die in keiner gedruckten Quelle aufzufinden sind"*.[47] Hinweise auf spezielle Probleme der österreichischen Verfassung hatte Gulick, der von materialistischer Geschichtsschreibung nicht viel Ahnung hatte, von Kelsen, der seit 1942 an derselben Universität wie

Gulick wirkte. Wegen des Lobgesanges auf die österreichische Sozialdemokratie wurde das Buch von Gulick in der sozialdemokratischen Presse
massiv beworben[48] und deshalb von Gewerkschaftsbibliotheken wie von
anderen der Sozialistischen Partei nahe stehenden Einrichtungen ange-
schafft.

In freundschaftlichen Kontakt stand Bruno Schönfeld zu Wilhelm Börner (1882–1951), der mit der aus der jüdischen Familie Wolf
stammenden Stephanie (1887–1953) verheiratet war.[49] Beide begeg-
neten sich in der vom Wiener Ordinarius der Philosophie Friedrich
Jodl (1849–1914) gegründeten Wiener *Ethischen Gemeinde* und in der
Friedensbewegung. Börner war nach Auskunft von Eduard Leisching
(1858–1938) der Lieblingsschüler von Jodl.[50] Die *Friedensbewegung*
konnte an das Wirken von Bertha von Suttner (1843–1914), die wiederholt für ein Bündnis zwischen der bürgerlichen Friedensbewegung
und der Arbeiterklasse zur gemeinsamen Friedenssicherung eingetreten ist, an jenes von Alfred Hermann Fried (1864–1921) und des
großen Humanisten, Völkerrechtlers und Pioniers der österreichischen
Neutralität Heinrich Lammasch (1853–1920) anknüpfen.[51] Zur *Ethischen Gemeinde*, die über bürgerliche Privatgepflogenheiten hinaus in
Richtung eingreifendes Denken ging, gehörte der Präsident des Österreichischen Monistenbundes Rudolf Goldscheid (1870–1931), der in
der Nachfolge von Fried seit 1922 die *Friedenswarte* herausgegeben
hat und von 1923 an Präsident der 1891 gegründeten *Österreichischen
Friedensgesellschaft* gewesen ist.[52] Goldscheid war von der offiziellen
Gründungsversammlung der *Österreichischen Liga für Menschenrechte*
am 16. März 1926 bis zu seinem Tode (6. Oktober 1931) deren Erster
Vizepräsident. Bruno Schönfeld war Nachfolger von Goldscheid als
Präsident der Friedensgesellschaft. Der Physiker Hans Thirring (1888–
1976), der Jurist Julius Ofner (1845–1924) und die Philosophen Victor
Kraft (1880–1975), Moritz Schlick (1882–1936) und Rudolf Carnap
(1891–1970) waren Vortragende in der *Ethischen Gemeinde*.[53] Bruno
Schönfeld hat am Grab von Goldscheid am Simmeringer Urnenfried-
hof Abschiedsworte für den Monistenbund, die Friedensgesellschaft
und verwandte Organisationen gesprochen, zuvor hatte Karl Renner
(1870–1950) eine Trauerrede gehalten. Für die Deutsche Liga für Menschenrechte hat der Soziologe René Kuczynski (1876–1947) an der
Beisetzung teilgenommen.[54] Bruno Schönfeld hat auch den Nachruf
in der Zeitschrift *Die Menschenrechte* geschrieben, wobei er von einer
früheren Würdigung von Goldscheid durch Kuczynski ausgegangen

ist, der gemeint hat, Goldscheid sei der Begründer der *„Wissenschaft der Menschenökonomie".*[55] Goldscheid habe in *„unserer Wirtschaftsordnung nicht nur ihre Grausamkeit und Brutalität, sondern vor allem ihre sinnlose Verschwendung nach[gewiesen]"*, das habe man ihm nicht verziehen. Bruno Schönfeld betonte die Auffassung von Goldscheid, dass der Krieg latent immer vorhanden sei, *„dass Krieg und Kriegsrüstung vor allem das wichtigste Mittel zur Aufrechterhaltung der Vorrechte herrschender Schichten und zur Knechtung des eigenen Volkes sind".*

Zweck der *Ethischen Gemeinde* war nach ihren Satzungen, *„ihre Mitglieder zu einer Gemeinschaft zusammenzuschließen, in welcher sie seelische Festigung und zugleich Förderung in allen Lagen des Lebens, ferner Belehrung in ethischen Fragen und den Ansporn zu ethischem Streben finden sollen. Als leitender Grundsatz für die gesamte Betätigung der Ethischen Gemeinde hat zu gelten: Die religiöse Ueberzeugung des einzelnen Mitgliedes bleibt dessen persönliche Angelegenheit; dagegen wird von jedem Mitglied vorausgesetzt, daß er eine rein weltliche Ethik als möglich und erstrebenswert ansieht, welche von der Annahme aller metaphysischen und religiösen Lehren unabhängig ist. Politische Tätigkeit ist ausgeschlossen".* Die *Ethische Gemeinde* hielt Sonntagsfeiern mit Vorträgen ab und offerierte jeden Dienstag am frühen Abend (5 bis 7 Uhr) Sprechstunden in ihrer Kanzlei im III. Wiener Bezirk (Viaduktgasse 53/4). Die *Ethische Gemeinde* arbeitete mit der Frauenbewegung zusammen, wofür sich vor allem Margarete Minor (1860–1927) einsetzte, bot aber doch nicht viel mehr als lockere Gesinnungsbekanntschaften an. Für Carnap, der seit 1926 im Wiener Kreis diskutierte, ist diese so randständig, dass er sie in seinen philosophischen Erinnerungen nicht erwähnt.[56] Er betont freilich, dass für Schlick die Religion zur Kindheitsphase der Menschheit gehöre und im Laufe der kulturellen Entwicklung allmählich verschwinden werde.[57] Karl R. Popper (1902–1994) sind, wenn der Darstellung seiner ziemlich stilisierten intellektuellen Entwicklung in Wien gefolgt werden kann, weder *Ethische Gemeinde* noch *Friedensbewegung* begegnet.[58] Das spricht nicht gegen solche Einrichtungen, es gab in Wien eine Vielzahl bürgerlicher Kreise, die verschiedenen, gelegentlich progressiven bürgerlichen Ideen ein undogmatisches Refugium gaben.[59] Jene losen bürgerlichen Gemeinschaften, denen Bruno Schönfeld angehörte, wollten auch nicht an der Welt verzweifeln, zumal sie im Verhältnis zu den Massen schier paradiesische Existenzbedingungen hatten. Samstag Nachmittag hielt das Ehepaar Schönfeld in seiner Wohnung in der Spiegelgasse im I. Bezirk open house, es kamen

Intellektuelle und Künstler und debattierten bis in die Nacht hinein: *„Bruno war der geistige Mittelpunkt dieser Runde und Edith die liebenswerte Gastgeberin",* so erinnert sich die aus Galizien stammende Minna Lachs geborene Schiffmann (1907–1993).[60] Thomas Mann (1875–1955) lässt in einem solchen Zusammenhang in den zwanziger Jahren seinen Professor Naphta vom Altmodischen und Rückständigen sprechen, das in der bürgerlichen Aufklärung liege, *„welche nichts weiter sei, als armseliger Geisterspuk, sich aber der skurrilen Selbsttäuschung hingebe, noch immer revolutionäres Lebens voll zu sein",* es sei das *„diese ganze Mottenkiste klassizistisch-bourgeoiser Tugendideologie".*[61]

Börner, der von den Habsburgerbehörden 1911 als Freidenker wegen *„Religionsstörung"* angeklagt und 1918 wegen seiner Broschüre *Erziehung zur Friedensgesinnung*[62] wegen *„Verdachts des Hochverrats"* einige Tage in Haft genommen worden war, bot in den Sonntagfeiern der Ethischen Gemeinde von den Klerikalfaschisten verfolgten Sozialdemokraten einen Treffpunkt. 1936 erschien als Heft 4 der Flugschriften der Ethischen Gemeinde seine Stellungnahme zu *Antisemitismus, Rassenfrage, Menschlichkeit.*[63] Anlass war nicht nur der Vormarsch des deutschen rassistischen Antisemitismus, sondern die in Wien vom Jesuitenpater Georg Bichlmair (1890–1953) verbreiteten Ausführungen über *„böse Erbanlagen"* von jüdischen Konvertiten, auf die Börner Bezug nimmt. Bichlmair hatte in Wien auch versucht, eigene Religionskurse zur Gewinnung von *„proletarischen Freidenkern"* abzuhalten.[64]

Am 21. März 1938 von den Nazis verhaftet, konnte Börner auf Intervention von John L. Elliott (1868–1942), Direktor der New York Society for Ethical Culture in die USA emigrieren. Elliott war extra von New York nach Berlin und Wien gereist, um für Börner und den damaligen Vorsitzenden der Wiener Ethischen Gemeinde Walter Eckstein bei der Gestapo zu intervenieren. Börner und seine Frau kehrten im Oktober 1949 nach Wien zurück, am 11. November 1949 nahm er im Schubertsaal des Konzertsaales, wo er im März 1938 sich bei einer Sonntagsfeier von der Ethischen Gemeinde im Wissen um den kommenden Naziterror verabschiedet hatte, vor seinen Gesinnungsfreunden seine Vortragstätigkeit wieder auf.

Bruno Schönfeld war 1934 letzter Präsident der *österreichischen Friedensgesellschaft,* in der bürgerlicher und sozialdemokratischer Pazifismus gebündelt war.[65] Er, der seine Kanzlei im I. Bezirk, Spiegelgasse 11 hatte,[66] verteidigte zwischen 1934 und 1938 zahlreiche revolutionäre Sozialisten und Kommunisten gegen die klerikale austrofaschistische

Klassenjustiz. Im großen Sozialistenprozess von 1936[67] war Bruno Schönfeld Anwalt des späteren Wiener Bürgermeisters und österreichischen Bundespräsidenten Franz Jonas, von Elise Zerner sowie von Johann Ecker, die wegen ihrer illegalen Betätigung als Revolutionären Sozialisten angeklagt waren. Elise Zerner war eine Kanzleiangestellte des ebenfalls angeklagten Rechtsanwalts Dr. Paul Schick (1904–1975), der, in die Liste der Wiener Rechtsanwälte erstmals am 16. Jänner 1934 eingetragen, seine Kanzlei im I. Wiener Bezirk am Kohlmarkt 8 – 10 hatte und die als ein Treffpunkt von illegal tätigen Sozialisten galt. Nach den Februarkämpfen hatte er zahlreiche politische Verteidigungen durchgeführt. Aufgrund seiner Verurteilung zu sechs Wochen Arrest, die durch die 14 Monate während Untersuchungshaft (30. Jänner 1935 bis 29 März 1936) als verbüßt galt, erhielt er Berufsverbot, die Wiederzulassung erreichte Schick im Februar 1938 und er eröffnete noch am 1. März 1938 seine Kanzlei. Wenige Wochen später musste er nach Frankreich und von dort in die USA emigrieren, er kehrte am 30. Juli 1946 nach Wien zurück, wurde am 19. August 1946 in die Anwaltsliste wieder eingetragen und wechselte 1947 unter Verzicht auf die Ausübung der Rechtsanwaltschaft in den Bibliotheksdienst der Wiener Stadt- und Landesbibliothek, um dort ein Archiv von Karl Kraus (1874–1936) aufzubauen. Schick veröffentlichte ein lesbares Buch „Karl Kraus in Selbstzeugnissen und Bilddokumenten".[68]

Unter den Angeklagten waren der spätere Bundeskanzler Bruno Kreisky (1911–1990), der darüber in seinen Erinnerungen, nicht ohne antikommunistische Seitenhiebe, schreibt,[69] der spätere Staatssekretär für Inneres und Kommunist Franz Honner (1893–1964) und der Zentralsekretär der KPÖ Friedl Fürnberg (1902–1978). Aufgrund von Notizen des Juristen Otto Leichter (1897–1973) wird in der von Oscar Pollak (1893–1963) in Brünn redigierten und in Österreich in einer Auflage von 20.000 Exemplaren illegal verbreiteten Broschüre „*Revolutionäre Sozialisten vor Gericht*" über die Verteidigungsstrategie von Bruno Schönfeld so resümiert:[70]

Dr. Bruno Schönfeld erklärte, daß hier wieder einmal der Versuch gemacht wird, eine geistige Strömung, die im Kulturkreis der ganzen Welt existiert, durch eine Hochverratsanklage niederzuhalten. Aber auch das wird vorübergehen, wie alle anderen derartigen Versuche gescheitert sind. Es wird nicht lange dauern, bis diese Strömung wieder erlaubt und anerkannt ist.

Wenn der Staat für solche Männer und Frauen, wie wir sie hier
gehört haben, keinen anderen Aufenthaltsort hat als die Anklage-
bank, dann, hohes Gericht, ergibt sich notwendig der Schluß, daß
in diesem System etwas nicht in Ordnung sein muß.
Politische Prozesse sind keine Angelegenheit des Tages: sie sind
eine Sache, die vor dem Gericht der Geschichte bestehen muß.
Denken Sie daran:
Die Geschichte endet nicht mit dem Jahr 1936!

Otto Leichter ist die Flucht nach New York geglückt, wo er Mitglied
der *Austrian Labor Committee* und Mitherausgeber der *Austrian Labor*
Information wurde. Pollak gelang die Emigration nach London, er war
dort ein führendes Mitglied der *Auslandsvertretung der österreichischen*
Sozialisten. Vorsitzender im Sozialistenprozess war der gefürchtete, von
den Nazis umgebrachte Oberlandesgerichtsrat Dr. Alois Osio (*1877),
der als Leiter eines Standgerichts das am 24. Juli 1934 vollstreckte Todes-
urteil gegen den 23jährigen Jungsozialisten Josef Gerl ausgesprochen
hat. Einer der Verteidiger war der erfahrene, von den Nazis ermordete
Anwalt Heinrich Steinitz (1879–1942).[71]

I. 3. Kindheit in Wien

Thomas Georg Schönfeld ist in Wien am 27. Juni 1923 geboren (ver-
storben am 22. Mai 2008 in Wien)[72], am 20. Juli 1923 wurde er in der
Lutherischen (A. B.) Stadtkirche (Dorotheergasse 18, I. Bezirk) getauft.
Taufpate war der Onkel Dr. Leo Schönfeld, Ökonomieverwalter in VI.
Wiener Gemeindebezirk, Hugo Wolfgasse 2. Am 10. Juni 1929 wurde der
Austritt von TS aus der evangelischen Kirche A. B. im Magistrat für den I.
Bezirk angemeldet. TS besuchte vom September 1929 bis Ende Juni 1933
die Volksschule für Knaben und Mädchen in Wien I., Johannesgasse 4a,
Religionsunterricht hat er in der öffentlichen allgemeinen Volksschule
keinen erhalten. Die Schulnachricht für den Übertritt in die Mittelschule
vom 1. Juli 1933 weist in allen Fächern „sehr gut" aus. Klassenlehrer war
durch die vier Volksschuljahre hindurch Julius Gatterer. TS war „konfessionslos", welches „Bekenntnis" in den vorgedruckten Zeugnissen nach katholisch, evangelisch A. H. B. und mosaisch angeführt ist. Mit Beginn des
Schuljahres 1933/34 besuchte TS das Franz Josef Realgymnasium (Form
A) in Wien I., Stubenbastei 6–8.[73] Das 1872 gegründete Gymnasium war

bis 1912 in der Hegelgasse untergebracht. Unabhängig von den jeweiligen Lernleistungen hatten die Schüler ein ziemlich homogenes Bildungsniveau. Nach der Machtergreifung der Nazis wurde noch im März 1938 der 1934 an die Stelle des von den Austrofaschisten zwangspensionierten Schuldirektors Dr. Johann Radnitzky eingesetzte Schuldirektor Dr. Heinrich Jungwirth durch den Nazi Dr. Julius Tschernach ersetzt. TS erlebte die erste Konfrontation mit der Naziideologie samt Militarisierung, ehe er, der Schüler der 53 (!) Schüler zählenden 5. Klasse B mit dem Halbjahresausweis vom 11. Februar 1938 war, mit 28. April 1938 aus dieser Schule vertrieben wurde. Das kann für TS keine bloße biographische Episode gewesen sein. Insgesamt waren es 274 von 634 Schülern, die diese Schule verlassen mussten. Im Schuljahr 1936/37 waren 47,4 % Schüler mit römisch katholischer Religion ausgewiesen, 38,1 % waren israelitisch, 10,2 % evangelisch Augsburger Bekenntnis, 1,6 % evangelisch Helvetisches Bekenntnis, 0,4 % altkatholisch und 0,1 % griechisch-orthodox. 1,9 % der Schüler, darunter TS, waren ohne Bekenntnis.

Der emotionale Stress, mit dem diese gedemütigten Minderjährigen von ihrer Schule, die ihnen auch ein Ort der Gemeinschaft war, nach Hause zu den in ihrer Existenz bedrohten Eltern heimgegangen sind, wird sich schwer darstellen lassen. TS kam mit den anderen jüdischen und rassistisch als jüdisch bezeichneten Schülern in das zum Schülergetto deklarierten Staats-Realgymnasium im II. Wiener Bezirk. Der 1938 nach Bolivien entkommene Egon Schwarz (*1922), ein Mitschüler von TS im Stubenbastei Gymnasium, beschreibt diese „unvergesslichen Lektionen" seines Lebens.[74] Das Jahreszeugnis von TS datiert vom 2. Juli 1938, weist seinen Geburtsort Wien als *„im Deutschen Reich"* gelegen aus und benotet die Lehrgegenstände Lateinische Sprache, Französische Sprache, Geschichte, Geographie und Mathematik mit „genügend", Deutsche Sprache, Naturgeschichte, Chemie mit „gut" und Körperliche Übungen mit „sehr gut". In der 3., 4. und 5. Klasse auf der Stubenbastei hat TS als Freifach Englisch besucht.

I 4. Vertreibung der Familie Schönfeld aus Wien 1938. Emigration über Großbritannien in die USA

Die Kommunistische Partei war die einzige Partei, die noch in der Nacht des Einmarsches ein Manifest veröffentlichte, das dem

Edith und Bruno Schönfeld auf der Überfahrt in die USA (1. Jänner 1940).

unerschütterlichen Glauben an die Wiederherstellung eines freien und unabhängigen Österreich Ausdruck gab. Der triumphale Einmarsch Hitlers in Wien und die Machtergreifung der Nazis gaben allerdings keinen Anlass für einen solchen Optimismus. Bruno Schönfeld stand auf den schwarzen Listen der Nazis und wurde so wie vieler seiner Bekannten aus seiner Wohnung heraus gleich verhaftet. Ab dem 23. März 1938 galten der Österreicher Bruno Schönfeld und seine Familie aufgrund des sechsten Durchführungserlasses des BKA (Inneres) für die Volksabstimmung am 10. April 1938 nach den Nürnberger Rassegesetzen als „Juden". Was bedeutete das konkret? Die von den Nazis als Juden gekennzeichneten Wiener wurden von Nachbarn terrorisiert, da wurde ein Gehsteig versperrt und jene, die man für Juden hielt, gezwungen, mit Zahnbürsten und scharfer Lauge die mit Ölfarbe aufgeschmierten Aufschriften der Vaterländischen Front, insbesondere die Losung „Rot-Weiß-Rot bis in den Tod", zu entfernen. Aus Kaffeehäusern wurden Juden geholt und schikaniert bis sie zusammenbrachen. Gerda Lerner (*1920, Wien), in den USA eine bekannte Historikerin und Feministin, hat in ihrer Autobiographie dieses Geschehen in Wien aus unmittelbarem Erleben ebenso aufgezeichnet[75] wie Eric Kandel (*1929)[76] und andere. TS hat sich dazu öffentlich nicht geäußert. Am 16. September 1938 meldete sich Bruno Schönfeld mit Edith Schönfeld von der Göttweihergasse ab, das Meldeamt vermerkt als Datum des Auszugs den 20. August 1938. Aus der Liste der Rechtsanwälte der Rechtsanwaltskammer Wien wurde Bruno Schönfeld am 30. August 1938 gestrichen.

Bruno Schönfeld und Edith Schönfeld konnten mit ihrem Sohn TS über Großbritannien, wo sie 16 Monate blieben, in die USA emigrieren. Die Polizeibehörde bestätigte die Abmeldung nach London am 16. September 1938, es war knapp vor der Reichspogromnacht, die in Wien besonders schlimm war. Eine große Hilfe für die Flucht aus Wien und Einreise in die USA waren zwei „Affidavit of Support", die für Schönfelds beim Generalkonsul der USA in Wien im Sommer 1938 einlangten. Wie viele Probleme und Demütigungen waren aber damit verbunden, das zu organisieren, sich beim Generalkonsulat in einer langen Schlange anzustellen, dann wieder und immer wieder nachzufragen! Der 34 Jahre alte, in Nashville in Tennessee geborene und seit 1929 in Boston am City Hospital als Psychiater und Neurologe tätige Dr. Merrill Moore betonte (28. Juni 1938), dass es seine Intention sei, die Schönfelds in den USA zu wissen, er, der seine

Vermögensverhältnisse offen legen musste, wolle sie unterstützen, bis sie dazu selbst in der Lage seien. Seine Seriosität wurde vom Superintendenten und Medical Director des Boston City Hospital James W. Manary bestätigt (5. Juli 1938): *„His public spirit and sympathy fort he sick poor is a marked feature of his personality".* Wie es zu dieser Unterstützung gekommen ist, ist nicht bekannt. Vielleicht war diese im Rahmen der allgemeinen Solidaritätsbewegung. Dagegen ist das zweite „Affidavit of Support" (20. Juli 1938) auf Grund einer alten Wiener Bekanntschaft zustande gekommen. Sie kam von Frances (Franziska) Deri (geborene Hertz) (1881–1971) und Max Deri (1878–1938). Mit dem Ehepaar Deri, das über die Tschechoslowakei 1936 nach Los Angeles emigrieren hatte können, waren die Schönfelds aus Wiener Tagen freundschaftlich bekannt. Frances Deri war Mitglied der Wiener Psychoanalytischen Vereinigung gewesen, der an psychoanalytischer Kunstinterpretation interessierte Kunsthistoriker Max Deri stammt aus dem Pressburger Judentum. Er hat in Berlin gewirkt und dort als Pazifist 1920 auf Käthe Kollwitz (1867–1945) Eindruck gemacht.[77] Max Deri und Francis Deri begründen ihre Empfehlung: *„We have known the Schoenfeld-Family for many years. There was a close relationship between his and my families and our friendship, having begun when we were playmates, is still lasting".* Francis Deri ordinierte in Los Angeles, gab Unterricht in Psychoanalyse und hatte wie Max Deri ein eigenes, gutes Einkommen, ein Konto bei der Bank of America und Aktien der Southern Pacific Railroad. Beide wohnten in einem Eigenheim 123 North Plymouth Boulevard, Los Angeles. Wegen seiner Emigration stand Bruno Schönfeld in Kontakt zum Theoretiker der modernen Kultur- und Wissenssoziologie Karl (Károly) Mannheim (1893–1947), der von Frankfurt/Main nach London emigriert ist. Dann auch mit Clifford Kirkpatrick (1898–1971), der an den Universitäten in Minnesota und Indiana tätig war.

Bruno Schönfeld schreibt am 10. Jänner 1940 aus New York (319 West, 94 Street) an den dort (3900 Grey Stone Avenue) wohnenden Börner:

Lieber Herr Börner,
ich will Ihnen sagen, was Sie sicher schon wissen, daß wir am 3.
hier angekommen sind – nach 16 Monaten England. Der Gegensatz zwischen unserem dortigen ständigen Landaufenthalt und diesem Mammuth ist ungeheuer, und es wird schon Zeit brauchen,

um zur nötigen Umstellung zu gelangen. Ich höre, daß Sie sehr weit
entfernt wohnen, aber wir wollen am Freitag in der Eth. Comm.
sein – möglichst zeitlich – um Sie zu treffen. Wir möchten uns sehr
freuen, wenn Sie kommen könnten. Schönste Grüße von Haus zu
Haus Ihr Dr. Schönfeld.[78]

Am 11. August 1940 schreibt Börner an Schönfeld:

Verehrter, lieber Herr Doktor,
Es ist wirklich ein Skandal, dass wir Sie und Ihre verehrte Frau
Gemahlin noch immer nicht zu uns gebeten haben, obwohl wir
buchstäblich seit vielen Monaten daran denken. Sie ahnen nicht,
wie sehr unsere Zeit in Anspruch genommen ist und wie schwierig
es ist, einen Abend zu finden, an dem Ecksteins[79] *und wir frei sind.*
Nun möchten wir Sie aber doch endlich einmal bei uns sehen und
bitten Sie, wenn es Ihnen passt, am Montag, den 19., uns aufzu-
suchen. Wir erwarten Sie gegen ½ 9 Uhr. Sie fahren am besten
mit der I. R. T. Subway (Westside), die zur 242. Str. Van Cort-
landt Pk. fährt, zur Endstation. In unmittelbarer Nähe der Station
Ecke Broadway und Spuyten Duyvil hält unser (unentgeltlicher)
Hausbus mit der Aufschrift „Greystone Manor", wo wir wohnen
(Apt. 42A). Der Bus fährt um 8.05 und 8.17 von dort ab. Selbst-
verständlich würde es uns auch sehr freuen, wenn Ihr Sohn mit-
kommen wollte, nur vermuten wir, dass er in einem Camp sein
dürfte.
Wir hatten in der letzten Zeit unbeschreiblich viel Sorgen und
Aufregungen, die zum grossen Teil noch immer anhalten, aber
darüber wollen wir Ihnen mündlich erzählen.
Wir freuen uns herzlich auf das Wiedersehen.
Mit den wärmsten Grüssen von uns allen
In alter Wertschätzung Ihr

Zu Beginn des Aufenthaltes in New York hatte Edith Schönfeld für das
Auskommen der Familie gesorgt, sie nahm verschiedene Jobs an, back-
te Wiener Mehlspeisen für wohlhabende New Yorker und verdingte
sich als Hausmädchen in einer gutsituierten Familie.[80] Im August 1940
unterrichtete Schönfeld am Stillwater Community College in Minnesota und schreibt am 14. August 1940 von dort an Börner, wobei die
fragilen Bedingungen für Emigranten anklingen:

Verehrter, lieber Herr Börner:

Ich hoffe sehr, dass die Antwort auf Ihren Brief vom 11. noch rechtzeitig in Ihre Hand kommt.

Wir sind seit 1. Juli hier und werden bis 24. oder 25. hier bleiben. Da wir vielleicht mit einem Privatwagen nach N. Y. zurückfahren können, kann die Reise 3–4 Tage dauern – die Fahrt hierher nahm 4 Tage in Anspruch und war unerhört interessant, da ich so sehr viel vom Land gesehen habe. Schon die Dimensionen sind phantastisch. Die Sache hier war ursprünglich als eine Art camp gedacht, mit Kursen für die Studenten, die alle von der Ostküste hergekommen sind. Nun haben sich aber die Einheimischen so für die Sache interessiert und nehmen so zahlreich und intensiv an allem Teil, dass daraus eine Art college geworden ist, und wir sieben Refugee-Lehrer voll beschäftigt sind. Ich habe z. B. 5 Kurse, 2 über „Two World Wars", 2 über „Comparative Religions" und 1 über „Prison Problems". Ich muss mich sorgfältig vorbereiten, muss wissen, wie weit ich im Parallel-Kurs gekommen bin, usw. Die persönlichen Verhältnisse sind in jeder Beziehung angenehm. Das ganze war als ein Experiment gedacht und bezeichnet, scheint aber so gelungen zu sein, dass die Bürgerschaft sehr für eine Fortsetzung im nächsten Jahr ist. Auch landschaftlich fühle ich mich sehr wohl und habe mich von einem vollständigen Nervenzusammenbruch, den ich im Mai – nicht aus persönlichen Gründen, sondern infolge der politischen Ereignisse – hatte, nahezu vollständig erholt. Seit ich hier bin, habe ich nicht mehr Brom genommen, was ich die Wochen vorher ausgiebig getan hatte.

Ich kann mir sehr gut denken, wie sehr alle Ihre Aufregungen in derselben Linie liegen, aber ich betrachte Ihre Einladung als ein Zeichen, dass sich doch ein Teil gelegt hat und freue mich daher auch aus diesem Grund darüber. Hoffentlich wird es nun nicht so lange dauern, bis wir uns ausgiebig sprechen können.

Wenn es hier heiss ist, allerdings immer gemildert durch das Grüne, in dem die ganze Stadt liegt und den schönen Fluss, denke ich sehr oft an N. Y. Hoffentlich haben Sie schon die ärgste Hitze hinter sich und ich wünsche Ihnen einen wenigstens glimpflichen August.

Alles Liebe Ihnen Beiden von uns Beiden.

Ihr *Dr. Schönfeld*

Schönste Grüsse an Ehepaar Eckstein.
Wärmste Grüsse und auf gutes Wiedersehen
Ihre Edith Schönfeld

Die Familien Börner und Schönfeld tauschten sich weiterhin aus. Bruno Schönfeld gelang es allmählich in den USA einigermaßen Fuß zu fassen, er konnte als „Lecturer at Columbia University Extension" über „*The social Background of two World Wars*" oder über „*The Sociology of War*" unterrichten. Solche Vorlesungen hielt Bruno Schönfeld dann auch an der University of Minnesota, Minneapolis oder an der Drew University in Madison, New Jersey.

TS war im November 1938 in die exklusive Keswick School im nördlichen Seengebiet von England aufgenommen worden, er konnte seine Mittelschulzeit ohne Unterbruch fortsetzen. Die Schule hatte ein gutes Physik- und Chemie-Laboratorium. Am Ende des Sommerhalbjahres 1939 (Juni) trägt der Klassenvorstand auf das Zeugnisblatt ein: „*we are very sorry he is leaving us*". Es scheint, als ob das Entwicklungspotential von TS nach der behüteten Kindheit im Wien der aus der Habsburgermonarchie überkommenen Konventionen mit ihren unklaren, verlogenen Einflüsse durch die Herausforderung, sich allein in einer ihm fremden und fremdsprachigen Atmosphäre bewähren zu müssen, zur Entfaltung gekommen ist. Der Abschied von den Eltern war ein anderer als ihn Peter Weiss (1916–1982) schildert.[81] TS musste sich in der neuen Situation in einer fremden Sprache grundsätzlich bewähren, er erlebte im notwendig gewordenen selbstgesteuerten Lernen seine eigene Leistungsfähigkeit und wusste, dass er eine viel größere Einsatzbereitschaft als der Durchschnitt erbringen wird müssen.

Das US-amerikanische Konsulat in London stellte am 20. Oktober 1939 für den „staatenlosen" TS ein Einreisevisum in die USA aus. Die Mittelschule schließt TS an der nach John Henry Haaren (1855–1916) benannten Haaren High School in New York City (Tenth Avenue ad 59th Street) ab, die er im zweiten Halbjahr des Schuljahres 1939/40 vom Februar 1940 bis Juni 1940 besucht. Die in den USA übliche aufwendige und vom Präsidenten R. Wesley Burnham der Haaren High School geleitete Abschlussfeier mit Überreichung des Diploms fand am 26. Juni 1940 im Schulauditorium statt. Zum schulischen Hochamt gehörte auch der Haaren Chor:

Here's to dear old Haaren, ever to be
Fairest of High Schools,
Give her three times three! Rah! Rah! Rah!
Raise a rousing salvo echoing clear,
Hail to thee, Haaren, Alma Mater dear.

Im September 1940 (bis September 1943) ist TS sieben Semester – ein Semester dauerte sechzehn Wochen – Student am *Ursinus College*, Collegeville, in Pennsylvania, wo er als Hauptstudienrichtung die Chemie wählt. Er absolvierte Allgemeine Chemie (2 Stunden Vorlesung pro Woche für 36 Wochen, 3 Stunden praktische Übungen pro Woche für 36 Wochen), Chemisches Rechnen (2 Stunden Vorlesung und Übungen pro Woche für 18 Wochen), Qualitative Analyse mit den häufigsten Methoden der qualitativen anorganischen Analyse mit besonderem Hinblick auf ihre Anwendung im Semi-mikro-Maßstab (2 Stunden Vorlesung pro Woche für 36 Wochen, 3 Stunden praktische Übungen pro Woche für 36 Wochen), Quantitative Analyse (u. a. Herstellung von Standard Säure- und Lauge – Lösungen, Bestimmung von Chlor, Sulfatbestimmung, Phosphatbestimmung, Oxalatbestimmung mit Permanganatlösung, Analyse von verschiedenen Legierungen wie Messing, Kolorimetrische Bestimmung des Mangans in einer Stahllegierung, Analysen unter Verwendung des Jod-Stärke Indikators – 3 Stunden Vorlesung pro Woche für 36 Wochen, 4 Stunden praktische Übungen pro Woche für 36 Wochen), Organische Chemie (u. a. Herstellung von Aethylaether, Acetamid, Propionaldehyd, Dibromoaethan, Harnstoff Isolierung, Herstellung von Nitrobenzol, Anilin, Acetanilid, Herstellung von Acetylsalicylsäure, Sulfanilamid, [Charles] Friedel – [James Mason] Crafts Reaktion, [Carl] Schotten – [Eugen] Baumann Reaktion, [Karl Ludwig] Reimer – [Ferdinand] Tiemann Synthese – 4 Stunden Vorlesung pro Woche für 36 Wochen, 6 Stunden praktische Übungen pro Woche für 36 Wochen), Physikalische Chemie (u. a. Molekulargewichtsbestimmungen nach verschiedenen Methoden, Feststellung von Reaktionsgeschwindigkeiten, Leitfähigkeitsmessungen mit der [Charles] Wheatstone Brücke, Destillierung und Trennung von Flüssigkeitsmischungen – 3 Stunden Vorlesung pro Woche für 36 Wochen, 4 Stunden praktische Übungen pro Woche für 36 Wochen), Allgemeine Physik (3 Stunden Vorlesung pro Woche für 36 Wochen, 3 Stunden praktische Übungen pro Woche für 36 Wochen), Einführung in die Atomtheorie (2 Stunden Vorlesung pro Woche für 18 Wochen), Einführung in die Differential- und Integralrechnung, zweiter Kurs über die

Differential- und Integralrechnung, Lösung von Differentialgleichungen, Mathematische Statistik.

TS graduierte „summa cum laude" (Honors in Special Departments Chemistry) mit dem „Bachelor of Science" am 19. Februar 1944. Sein guter Chemieprofessor war der christliche Fundamentalist Russel D. Sturgis (1902–1969), der am 19. Juli 1944 TS beschreibt:

> *Mr. Thomas Schonfeld has been a student in my classes in Chemistry for three years. He is entirely trustworthy and dependable, can discharge great responsibility with promptness and fidelity. He has exceptional ability in mathematics, physics and chemistry and has served as assistant and instructor in physics and chemistry. In view of the need of military personnel with his qualifications it would be a mistake to use him in a unit where his scientific ability were not employed. He speaks German fluently.*

I. 5. Entscheidung für das Studium der Chemie. Exkurs über zwei Wiener Chemiker in der US-Emigration: Erwin Chargaff (Columbia Universität in New York) und Samuel Mitja Rapoport (Universität von Cincinnati)

Daß ich erkenne, was die Welt
Im innersten zusammenhält
Johann Wolfgang Goethe (1749–1832)

TS, der am Ursinus College definitiv seine Entscheidung für die Chemie getroffen und eine selbständige Arbeit über die *„Bestimmung des Chroms in gefärbter Wolle zu deren Färbung Chromate eingesetzt werden"* verfasst hat, ist, vielleicht unter dem Einfluss seines Chemie-Lehrers oder bloß zur organisatorischen Unterstützung seines Studienaufenthaltes, der studentischen Young Men's Christian Association beigetreten, vorübergehend, weil schon der heranwachsende TS wegen seines auf Vernunft beruhenden Atheismus ziemlich immun gegenüber auch attraktiven religiösen Strömungen gewesen sein dürfte.

Im September 1943 inskribierte TS an der 1754 (King's College) gegründeten *Columbia University in the City of New York*, wo er zwei Semester lang Chemie studierte. Charles R. Dawson (1911–1999), damals ein Assistenzprofessor in Organischer Chemie, der sich zu dieser Zeit mit der Analyse der Wirkstoffe des von auch aus der Comicliteratur bekannten, in Nordamerika verbreiteten Poison Ivy (Giftefeu) beschäftigte[82], stellte ihm, der in einem Einführungspraktikum für organische Chemie als „assistant" (wissenschaftliche Hilfskraft) tätig war, am 24. Juli 1944 ein hervorragendes Zeugnis aus:

> *Mr. Thomas Schonfeld entered Columbia University in the fall of 1943 as a graduate student following his graduation from Ursinus College (B. S. degree) with an excellent record in chemistry and related sciences. During the past academic year he has been engaged as a teaching assistant in organic chemistry in this department and at the same time has completed 22 points of graduate work in chemistry towards a Ph. D. degree. His academic record at Columbia has continued on a high level and he has been very successful in his teaching work. He is trustworthy, reliable, pleasant to work with, and has the ability to become a success in his chosen field of organic chemistry.*

Und Arthur Waldorf Thomas (1891–1982)[83], ein Spezialist der Kolloidchemie, bestätigt als Executive Officer des Chemiedepartments am 27. Dezember 1945:

> *This is to state that Private Thomas G. Schonfeld, 42175083, was a graduate student in chemistry at Columbia University during the 1943–44 academic year during which time he also served as assistant in chemistry, giving laboratory instruction in organic chemistry. He was in good standing when he left here to enter he military service and eligible to return to his graduate studies.*

Zu den Chemieprofessoren der Columbia Universität, denen TS in Vorlesungen und Übungen in physikalischer und organischer Chemie begegnet ist, gehörten Charles O. Beckmann (1904–1968), Robert Cooley Elderfield (1904–1979), Victor Kuhn LaMer (1895–1966) und John Maurice Nelson (1876–1965), der eine zeitlang bei Wilhelm Ostwald (1853–1932) in Leipzig studiert hatte, sowie Robert G. Linville als Instruktor.

Die österreichische Chemie hatte in den USA großes Ansehen. Es mag deshalb von Interesse sein, hier einen Einschub mit Hinweisen auf zwei Wiener Chemiker zu geben, weil dadurch deutlich wird, welche Möglichkeiten TS in Aussicht gehabt hätte, wenn er in den USA geblieben wäre. Als TS an der Columbia University studierte, war dort Erwin Chargaff (1905–2002) als Chemiker tätig, dessen Arbeiten über DNS am Beginn der Molekularbiologie stehen, wenn er auch dieses Gebiet später sehr kritisch betrachtete.[84] Schade, dass zwischen dem jungen TS und Chargaff kein Kontakt zustande gekommen ist. Das wäre eine interessante Begegnung geworden. Chargaff stammt wie die Schönfelds aus dem Ostjudentum, ist am 11. August 1905 als Kind des Hermann Chargaff (1870–1934) und der Rosa geborene Silberstein (1878–1943) in der damaligen Hauptstadt des österreichisch-ungarischen Kronlandes Bukowina Czernowitz geboren und war erst mit Beginn der Mittelschule mit seinen Eltern im Herbst 1914 nach Wien gekommen, wo die Familie laut Adressbuch 1923 im III. Bezirk, Wassergasse 14 wohnte. Rosa Chargaff wurde von den Nazis 1942 aus ihrer Wohnung verjagt und im April 1943 nach Polen deportiert, wo sie umkam. Bemühungen ihres schon in den USA lebenden Sohnes, ihre Ausreise zu ermöglichen, waren gescheitert: *„Ein Schurke von einem Wiener Arzt und ein herzloser amerikanischer Konsul hinderten sie mit vereinten Kräften daran, vor Kriegsausbruch zu mir nach New York zu kommen"*. Im Rückblick erachtet Erwin Chargaff Wien als seine *„Heimatstadt"*: *„Jedenfalls ist es Wien, wo mein Vater begraben liegt, und aus Wien haben sie meine Mutter weggeschleppt"*. Chargaff hat 1923 mit Auszeichnung am Bundesgymnasium Wien IX. (Wasagymnasium) maturiert. Die jüdische Religion spielte wie bei den Schönfelds in seiner Familie keine Rolle, Erwin Chargaff unterstreicht, dass er nie in einer Synagoge gewesen sei und: *„ich habe nie einer Religion angehört"*. Chargaff war ein leicht lernender Schüler und rasch im Begreifen. Die Vorlesungen von Karl Kraus waren für eine nicht sehr große Schicht von Wiener intellektuellen Jugendlichen „Kult". Es gingen aber nicht nur junge Leute zu Kraus, der, wie die im Wiener jüdischen Milieu verkehrende Schriftstellerin Gina Kaus (1893–1985) nett in ihren Lebenserinnerungen erzählt, eine herrliche Stimme gehabt hat.[85] Interesse am wissenschaftlichen Fortschritt existierte in diesem Milieu allerdings nicht, wenn, dann wurde über die für den gesellschaftlichen Tratsch adaptierten Ergebnisse von Sigmund Freud (1856–1939), vielleicht noch im Zusammenhang mit Otto Gross (1877–1920), bildungsbürgerlich geredet. Literatur und Kunst gaben freundliche Tünche für das parasitäre Leben. In seinen Erinnerungen kommt Chargaff auf Kraus in ungebrochener

Verehrung für diesen ausführlich zu sprechen, sein eigener Kulturpessimismus und Individualismus wird ein Spiegelbild von Kraus: *„Niemand hat einen größeren Einfluß auf die Jahre meines Wachsens gehabt; seine ethische Lehre, seine Vision der Menschheit, der Sprache, der Dichtung hat mein Herz niemals verlassen".* Durch Kraus hatte Chargaff die Gesellschaftskritik von Johann Nepomuk Nestroy (1801–1862) schätzen gelernt. Mit seinem besten Freund Albert Fuchs (1905–1946) diskutierte er endlos über das Schreiben. Albert Fuchs ist durch sein Buch *„Geistige Strömungen in Österreich 1867–1918"* (Wien 1949) in bleibender Erinnerung. In Neuauflagen sind Vorworte von Georg Knepler (1906–2003), dann von Friedrich Heer (1916–1983) abgedruckt.[86] Albert Fuchs hat in der englischen Emigration die privilegierte, liberal bildungsbürgerliche Atmosphäre seines Elternhauses (*„Ein Sohn aus gutem Haus"*) dargestellt, sie wird mutatis mutandis auch für TS zutreffen. Aus der Emigration nach Wien zurückgekehrt bedauerte Albert Fuchs in seinem letzten vom 17. August 1946 datierten Brief an den schon seit vielen Jahren in den USA arbeitenden Chargaff, dass dieser nicht in Wien sei, *„das Ganze wäre lustiger, wenn wir zusammenarbeiten könnten. Komm wenigstens bald auf Besuch!"* Zuvor hatte er ein paar Anmerkungen über das durch die Nazizeit verödete Wiener Kulturleben gemacht, das müsse er als *„einen großen Misthaufen bezeichnen"*: *„Man merkt, dass die Juden weg sind"*, und in Anspielung an die gemeinsame Bewunderung der Grammatikdisziplin von Kraus schreibt er, dass *„berühmte Schriftsteller glauben, dass die Apposition immer im Dativ steht".*[87] Der frühe Tod von Albert Fuchs am 29. November 1946 hat Chargaff gewiss nicht ermuntert, an eine eventuelle Rückkehr nach Wien überhaupt zu denken.

Mit dem Studienjahr 1923/24 inskribierte Chargaff an der Technischen Hochschule Chemie, wechselte mit dem Wintersemester 1924/25 dann aber doch an die Universität, wo er das analytische Studium im I. Chemischen Universitätsinstitut beendete, dort das organische Praktikum machte und am II. Chemischen Universitätsinstitut das ihm von Fritz Feigl (1891–1971)[88] gestellte Dissertationsthema *„Beiträge zur Kenntnis der Reaktionsfähigkeit des elementaren Jod"* im März 1928 fertig stellte. Als Religionsbekenntnis hat Chargaff an der Wiener Universität das mosaische angegeben. Chargaff erwähnt ausdrücklich: *„Diese Arbeit wurde von Herrn Privatdozenten Dr. F. Feigl angeregt und unter seiner Anleitung im II. Chemischen Universitätslaboratorium ausgeführt".* Feigl war damals Privatdozent im II. Chemischen Institut, dessen Vorstand Ernst Späth (1886–1946) Feigl den Erwerb der Lehrbefugnis überhaupt erst ermöglicht hat, weil die Technische Hochschule Feigl aus offenkundig antisemitischen und antisozialistischen Gründen abgelehnt hatte. Späth hat am 19. April 1928 als Institutsvorstand die Dissertation von Chargaff akzeptiert, der vor seiner Emeritierung stehende Rudolf Wegscheider (1859–1935) hat dem zugestimmt. Chargaff hat Chemie studiert, ohne dass er von diesem Fach zuerst irgendeine konkrete Vorstellung gehabt hatte. An den alten österreichischen Gymnasien hat es so gut wie keinen Chemieunterricht gegeben und wenn, dann war es Kreidechemie. Es war seine Neugier an der Naturwissenschaft insgesamt, nicht zuletzt hatte ein Onkel von ihm eine Alkoholraffinerie, die eine Anstellung in Aussicht gestellt hat. Als Student wohnte er bei einer Tante im I. Bezirk, Börseplatz 6, weil in der elterlichen Wohung seine Mutter wegen der finanziell angespannten Situation Zimmer vermieten musste. Die Ausbildung an der Wiener Chemie beurteilt Chargaff im Nachhinein wenig günstig, er meint, er habe von seinen Lehrern „nicht viel" gelernt. Feigl, der wegen seiner mikrochemische Arbeiten (Tüpfelanalyse) zu dieser Zeit schon einen hervorragenden Ruf hatte, habe er bloß gewählt, weil bekannt gewesen sei, dass dessen Probleme „weder viel Zeit noch viel Geld erforderten". Feigl, der von den Nazis aus Wien vertrieben wurde und in Brasilien sich eine angesehene Position aufbauen hatte können, veröffentlichte mit Chargaff 1928 zwei mit der Dissertation zusammenhängende Arbeiten, der Kontakt zwischen beiden brach dann ab. Chargaff unterstellt Feigl, er habe seinen Wohlstand indirekt durch seine Zugehörigkeit zur Sozialdemokratie erlangt, „denn in Wien herrschten die Sozialdemokraten". Autobiographen verführen dazu Individualismus und Originalität zu überzeichnen. Während seiner Studentenjahre hatte Chargaff die Ereignisse rund um den Justizpalastbrand, ein „Werk des eisernen Prälaten", aber auch „das parlamentarische Geschwätz" der österreichischen Sozialdemokratie erlebt. Chargaff blieb in der Wissenschaft, er entschied sich, unterstützt durch ein Stipendium, an die Yale University zu gehen. Die notwendigen Englischkenntnisse hatte er schon recht gut bei zwei älteren Damen aus Cambridge in Wien gelernt, die dort eine kleine Sprachschule unterhielten. Im September 1930 ging er nach einem Zwischenstopp in Wien, inzwischen mit der Studentin Vera Broido (+1995) verheiratet, nach Berlin an das Hygieneinstitut. Die Option, an ein Moskauer Institut zu gehen, hatte Chargaff rasch verworfen. Es waren nicht die politischen Verhältnisse in Wien, sondern vielmehr die tristen ökonomischen Bedingungen für die Wissenschaft, die Chargaff zu diesen Schritt veranlasst haben. Im April 1933 musste er Berlin fluchtartig in Richtung Paris verlassen, wo er, inzwischen als Bakterienchemiker profiliert, eine Anstellung am Institut Pasteur fand. Ende April 1934 konnte er in die USA ausreisen, wo ihn der Biochemiker Hans T. Clarke (1887–1972) an der Columbia aufnahm. 1933, schon in Paris, hatte der 28-jährige Chargaff für das von Emil Abderhalden (1877–1950) herausgegebene Handbuch der biologischen Arbeitsmethoden die Zusammenfassung der „Methoden zur Untersuchung der chemischen Zusammensetzung von Bakterien" geschrieben. Chargaff gehörte in den USA bald zur ersten Garnitur seines Faches und half an vorderster Front mit, die Grundlagen für die heutige Genforschung zu schaffen. 1935 hatte er eine Forschungsstelle im Department of biochemistry an der Columbia Universität und bekam 1938 dort zuerst eine Assistenzprofessur. In den Würdigungen der Nobelpreisträger Francis Crick (1916–2004) und James Watson (*1928) für deren Entdeckung der Doppelhelix-Struktur der DNS werden die dieser Entdeckung vorausgegangenen und ihr bahnbrechenden experimentellen Arbeiten von Chargaff meist verschwiegen. Auch der Wiener Physiker Anton Zeilinger (*1945) erwähnt seinen Namen nicht, wenn er auf Crick und Watson zu sprechen kommt, wohl aber, dass beide vom Büchlein „What is Life? The Physical Aspect of the Living Cell. Based on lectures delivered under the auspices of the Institute at Trinity College, Dublin, in February 1943" (Cambridge at the University Press 1945) des Wiener Nobelpreisträgers Erwin Schrödinger (1887–1961) inspiriert worden seien. Diese Schrift von Schrödinger zählt zu den anhaltend wirkenden Klassikern der Wissenschaft des 20. Jahrhunderts und hat mit ihren Passagen über die Chromosome Chargaff und die Anfänge der Molekularbiologie stimuliert. Auf Schrödinger hat der von Chargaff verehrte Heraklit von Ephesos (um 550–480 v. u. Z.) mit seiner Vorstellung, „dass diese Welt uns allen gemeinsam ist, oder, richtiger gesagt, allen wachen, geistig Gesunden", besonderen Eindruck gemacht. Heraklit hat als erster abendländischer Denker auf das Problem der inneren Gegensätzlichkeit oder des Selbstwiderspruchs in ein und derselben Sache aufmerksam gemacht.

Etwas später als Chargaff, aber noch vor dem Einmarsch der Nazis in Österreich war der ebenfalls aus dem Ostjudentum stammende Samuel Mitja Rapoport, geboren am 17. November 1912 in Woczysk südwestlich von Kiev (gestorben in Berlin am 7. Juli 2004), von

Wien in die USA gekommen.[89] Auf Vermittlung des Vorstandes der Medizinischen Chemie in Wien (seit 1929) Otto von Fürth (1867–1938), der als Jude von den Nazis aus der Universität vertrieben wurde und bald hernach verstarb, hatte Rapoport 1937 ein Stipendium an das Children's Hospital in Cincinnati (Ohio) erhalten. Das ersparte Rapoport nach dem Einmarsch der Hitlerwehrmacht in Österreich die Flucht aus Wien, wenn diese ihm denn überhaupt gelungen wäre.

Samuel Mitja Rapoport war im Alter von sieben Jahren mit seinen Eltern nach Wien gekommen, wo er Volksschule und das Bundesrealgymnasium Wien V von 1922/23 an besuchte. Die Rapoports mussten wegen der prekären finanziellen Situation häufig ihre Wohnung wechseln, der kleine Rapoport sprach nur Russisch und etwas Hebräisch. Die Schulleistung im Gymnasium, die oft genug Anpassungsleistung ist, reichte für den Aufstieg in die nächsten Klassen aus, in Chemie hat Rapoport eine im Reifezeugnis vom 24. Juni 1930 mit „sehr gut" benotete Hausarbeit geschrieben. Mit dem Wintersemester 1930/31 begann Rapoport an der Wiener philosophischen Fakultät das Chemiestudium, wechselte nach zwei Semestern an die medizinische Fakultät, wo er an dem von Fürth geleiteten Institut für medizinische Chemie Arbeitsmöglichkeiten für das an der Universität sonst nicht vertretene, aber ihn besonders anziehende Fach Biochemie sah. Er promovierte am 26. Juni 1936 zum Dr. med. Schon in seinem zweiten Studienjahr wurde von Rapoport ein selbständiger Beitrag durch seine Coautorschaft bei einem Artikel für die *Biochemische Zeitschrift* über die Mikroacetylbestimmung von Alfred Friedrich (1896–1942) anerkannt (1932).[90]

Obschon Rapoport viel Zeit im Labor verbrachte, betätigte er sich mit seinem gleichaltrigen Freund Jura Soyfer (1912–1939) im politischen Kampf für eine sozialistische Zukunft, zuerst in den Reihen der „Akademischen Legion" der Sozialdemokratie und nach deren im Februar 1934 offenkundig gewordenen und von Soyfer in seinem Romanfragment „So starb eine Partei"[91] beschriebenen Versagen in den Reihen der Kommunisten. Mehrmals wurde Rapoport polizeilich angehalten und abgestraft. Im Sommer 1934 begleitete Rapoport seine Mutter bei einem Verwandtenbesuch in den USA, um dort Möglichkeiten für ein Stipendium abzuklären. Er nützte die von Joseph Roth beschriebenen Möglichkeiten, die sich daraus ergaben, dass es schwer sei, „eine jüdische Familie im Osten zu finden, die nicht irgendeinen Vetter, irgendeinen Onkel in Amerika besitzen würde".[92] 1937 konnte Rapoport als

„Scholar" an der „Children's Hospital Research Foundation", einem Institut, das zur Universität von Cincinnati gehörte und der Lehrkanzel für Kinderheilkunde angegliedert war, gleich an der Spitzenforschung teilhaben. Die USA vermittelte leistungsstarken Emigranten Vertrauen, sie gab ihnen eine Chance. Rapoport konnte unmittelbar an seine Wiener Forschungen anknüpfen. Seine erste Veröffentlichung in den USA entstand gemeinsam mit George Martin Guest (1898–1966) und wurde im Journal of Biological Chemistry gedruckt, in welchem Band auch die beiden aus Prag stammenden altösterreichischen Medizin-Nobelpreisträger des Jahres 1947 Gerty Radnitz-Cori (1897–1957) und Carl Ferdinand Cori (1896–1984) sowie Chargaff vertreten sind.[93] Auf dem Kongress der amerikanischen Gesellschaft für Biochemie in Baltimore am 2. April 1938 hat Rapoport seine Forschungen vorgestellt. Rapoport, der 1939 noch ein Chemiestudium beendete, wurde am Kinderspital in Cincinnati Associate, 1942 provisorischer Leiter einer eigenen physiologisch-chemischen Abteilung und 1946 definitiver Chef dieser Abteilung. Im selben Jahr übernahm er auch die Leitung des chemischen Laboratoriums des Kinderspitals. Rapoport ist in den USA der kleinen Kommunistischen Partei der USA beigetreten, was gerade noch toleriert wurde, weil die USA ja auch Verbündeter der Sowjetunion im Kampf gegen den Hitlerfaschismus war. Mehrere Arbeiten über die physikalischen, osmotischen und chemischen Veränderungen der Erythrozyten während der Konservierung von Vollblut führten im Ergebnis zur bahnbrechenden Verlängerung der Haltbarkeit von Blutkonserven auf etwa 30 Tage, was für die Versorgung von Kriegsverwundeten ungemein wichtig war. Wegen dieser seiner wissenschaftlichen Verdienste wurde er von Präsident Harry S. Truman (1884–1972) mit der für Zivilisten höchsten Auszeichnung, mit dem „Certificat of Merit", geehrt. 1949 führten die Arbeiten von Rapoport zur Aufklärung des Wesens der japanischen Kinderkrankheit „Ekiri" als eine durch Kombination von infektiösen und chemischen Faktoren verursachte bakterielle Ruhr, die hauptsächlich Kinder von zwei bis sechs Jahren befiel und eine Mortalität von 30 bis 50 % mit sich brachte. Erst im Kalten Krieg und infolge der mit den Namen von Senator Joseph McCarthy (1908–1957) verknüpften Kommunistenjagd in den USA war die Familie Rapoport – Rapoport war inzwischen mit Ingeborg Syllm (*1912), die 1938 aus Hamburg fliehen hatte müssen, verheiratet und Vater von drei Kinder – in den USA politisch gefährdet. Die Gesinnungsschnüffelei hatte in den USA schon seit dem Sommer 1947 mit loyalty checks begonnen.[94] Sowohl Mitja Rapoport wie Ingeborg Rapoport lehnten eine öffentliche Distanzierung von ihrer sozialistischen Orientierung ab. Mit ihren drei Kindern und einem noch ungeborenen vierten Kind nützten sie die Gelegenheit einer Kongressteilnahme in Zürich im Juli 1950 zur Flucht aus den USA. Seine angestrebte Niederlassung in Wien ließ sich wegen des langen Arms der USA und der Feigheit der Wiener Medizinischen Fakultät nicht verwirklichen. „Die Wiener Medizinische Fakultät der Universität Wien begab sich damit der Chance, unmittelbar an die internationale Entwicklung der modernen Biochemie anzuschließen und einem der wenigen heimgekehrten Emigranten eine entsprechende Arbeitsmöglichkeit zu bieten" – so resümiert Hans Goldenberg (*1946).[95] Samuel Mitja Rapoport nahm im Februar 1952 die Möglichkeit, an die Humboldt Universität zu gehen, an, zumal auch Ingeborg Rapoport dort als Kinderärztin wissenschaftlich tätig sein konnte. Vorausgegangen war eine Intervention der KPÖ in Berlin durch Friedl Fürnberg, der dort deponierte, dass sich die Partei verschiedentlich bemüht habe, eine den außerordentlichen Fähigkeiten von Rapoport entsprechende Beschäftigung zu finden, aber alle Versuche gescheitert seien.

I. 6. Politisches Engagement in den USA. Aktivist der Freien Österreichischen Jugend

Der in Wien im selben Jahr wie TS geborene Carl Djerassi (*1923), der von Wien 1938 mit seinen Eltern nach Sofia und von dort im September 1939 in die USA emigrieren hat können, meint, dass es in den vierziger Jahren an vielen chemischen Abteilungen großer amerikanischer Universitäten kein einziges jüdisches Fakultätsmitglied gab. Er habe viele jüdische Kollegen seiner Generation kennen gelernt, die sich geweigert hätten, das Thema ihrer jüdischen Herkunft auch nur anzuschneiden. Er selbst habe im ersten Jahrzehnt seines Aufenthaltes in den USA scheinbar völlig assimiliert gelebt, er hätte eine derartige Erklärung, jüdischer Chemiker zu sein, „nur sehr zögernd abgegeben, denn meine jüdische Herkunft auszuposaunen (im Unterschied zu sie zuzugeben), war das letzte, wozu ich bereit gewesen wäre".[96] Djerassi gelang Ende der 50er Jahre die Synthese neuer Steroidverbindungen, insbesondere „Norethindrone", die als Wirkstoffe für die kontrazeptive „Pille" große Bedeutung erlangten. TS

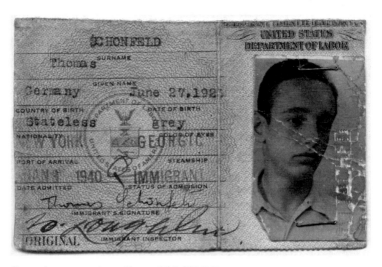

Einwanderungsausweis von Thomas Schönfeld 1940.

lebte in den USA nicht assimiliert, er blieb Österreicher, obschon er, weil „staatenlos", die US Staatsbürgerschaft angenommen hat. Er, der in seiner Heimatstadt von seiner Schule ausgesondert worden war, nahm sicher wahr, dass in jenem Land, das ihn als Flüchtling aufgenommen hat, die Afroamerikaner in Schulen, Restaurants oder in Eisenbahnabteilen aus rassistischen Vorurteilen diskriminiert waren, dass die Frauenvereinigung „Daughters of the American Revolution" ein in der Constitution Hall in Washington geplantes Konzert der legendären, aus Philadelphia stammenden Opernsängerin Marian Anderson (1897–1993) wegen ihrer schwarzen Hautfarbe abgesagt hatte, dass aber auf Initiative von Eleanor Roosevelt (1884–1962) dieses Konzert am 9. April 1939 beim Lincoln Memorial, wo Martin Luther King (1929–1968) am 28. August 1963 seine „I have a dream" – Rede gehalten hat, doch verwirklicht wurde, einen grandiosen Widerhall gefunden hat und ein wichtiges Ereignis der amerikanischen Bürgerrechtsbewegung war. TS organisierte sich in der seit November 1940 bestehenden *Freien Österreichischen Jugend* (*Free Austrian Youth Committee*), die ein Wohnheim in New York hatte: 107 W. 100 St. N. Y. C. Die österreichischen Kommunisten hatten in den USA verhältnismäßig eine gute Position unter den Emigranten.[97] Das hängt damit zusammen, dass die österreichischen Kommunisten mit ihrer vor 1938 theoretisch entwickelten, aber nicht abstrakt bleibenden Auffassung von der Eigenständigkeit der österreichischen Nation ein geistiger Tragpfeiler des österreichischen Befreiungskampfes waren, für Arbeiter ebenso wie für fortschrittlich denkende Intellektuelle. TS nahm im September 1942 an einer internationalen Studententagung in Washington teil und leitete für einige Zeit ein Komitee österreichischer Studenten. Das massive Auftreten österreichischer Emigranten um Otto Habsburg, der auf eine Restauration reaktionärer Herrschaftsstrukturen über die Donauländer nach dem Krieg hoffte, veranlasste TS zu einem in der amerikanischen Nummer von *Jugend voran* im Februar 1943 publizierten Artikel über die Rolle der habsburgischen Räuberdynastie, insbesondere über die eventuellen Folgen eine Restauration von deren Herrschaft durch Otto Habsburg:

Habsburg einst – und jetzt

Für uns junge Österreicher war der Name Habsburg mehr oder weniger ein geschichtlicher Begriff. Die Habsburgermonarchie war ein System, mit dem unsere Eltern Schluss gemacht hatten und deren Versuche wieder zur Macht zu gelangen, nicht den geringsten Erfolg hatten. Aber heute erhebt sich das schwarze, oder besser gesagt das schwarzgelbe Gespenst der Habsburgerreaktion von Neuem. Es ist eine Gefahr für alle Völker, die mit der alten Monarchie zutun hatten, aber ganz besonders bedroht es den Freiheitskampf des österreichischen Volkes.

Die öst.-ungarische Monarchie ist 1918 zerschlagen worden. Die Völker, die in ihr lebten, haben sie zertrümmert, um nationales Selbstbestimmungsrecht zu erlangen. In ihrer Zeitung, „Voice of Austria" (Jänner 1943) bezeichnen die Habsburger das Selbstbestimmungsrecht als „Hohles Schlagwort" und Otto von Habsburg selbst schreibt, daß die Monarchie eine „Völkergemeinschaft" war („Foreign Affairs" Jänner 1942). Die Habsburger versuchen die Zertrümmerung der Monarchie auf die Friedensverträge zurückzuführen und den Kampf der Völker gegen Zwang und Unterdrückung zu vertuschen.

Vergessen wir nicht, daß die Monarchie schon vor dem ersten Weltkrieg ein recht wankendes Gebäude war. Sie war sozial rückständig und ein Anhängsel der Berliner Außenpolitik. Trotz des Aufhetzens von Volk gegen Volk und des Ausspielens von Gruppe gegen Gruppe wollte die Opposition nicht nachlassen. Im Kriege wurde der Widerstand immer größer, besonders in den slawischen Gebieten, aber auch in Österreich und Ungarn selbst. Schon der Jännerstreik des Jahres 1918 zeigte, daß die österreichischen Arbeiter von der Herrschaft und dem Raubkrieg der Habsburger genug hatten. In Wien herrschte Hunger und Kohlennot; aber die Habsburger führten den Krieg weiter und hunderttausende Österreicher mussten ihr Leben für die Ziele der preußischen und österreichischen Herrscher lassen.

Aber die Geduld der Völker hat ein Ende. Die Sturmflut der Aufstände verjagte die Habsburger. Die Errichtung der österreichischen Republik wurde von der ganzen Welt begrüßt. Die Habsburger mussten fliehen, aber sie verzichteten nicht. Das große Intrigieren begann; Erfolge aber waren nicht zu verzeichnen. Der Februar 1934 muss als ihr erster Erfolg bezeichnet werden. Die Vernichtung der österreichischen Demokratie durch die Faschisten auf das Geheiß [Benito] Mussolini's [(1883–1945)] brachte auch Habsburg-Freunde ans Ruder. Leute wie [Ernst Rüdiger] Starhemberg [(1899–1956)] und [Guido] Zernatto [(1903–1943)] haben sich beim österreichischen Volk verhasst gemacht, und ihre Namen sind nicht vergessen worden. Monarchistische Propaganda wurde legalisiert und Habsburgerprinzen zeigten sich in Heimwehruniformen, aber sie kamen keinen Schritt vom Fleck. Ihre Unbeliebtheit beim österr. Volk war so groß, daß nicht einmal Mussolini sich ihrer bedienen wollte.

Heute sind die Habsburger wieder aktiv. Sie hoffen im Krieg zu erreichen, was ihnen im Frieden nie gelungen ist: gewaltsame Restauration und Aufrichtung einer Diktatur über alle Länder im Donauraum, die entweder ganz oder teilweise zur alten Monarchie gehört haben. Der Krieg hat für sie nur den einen Sinn: Restauration! Sie hassen alle, die demokratisch denken und für den Aufbau einer freien Welt nach der Ausrottung des Faschismus eintreten.

Das Habsburgerorgan „Voice of Austria" (Jänner 1943) beschimpft die „eingebildeten Leute tschechischer, jugoslavischer und polnischer Abstammung", die in dem Kampf gegen Hitler einen Freiheitskampf sehen. Sie hetzen gegen England, weil ihre Pläne beim englischen Volk auf Widerspruch gestoßen sind. Sie treiben einen Keil zwischen die Sowjet-Union und die anderen Verbündeten Nationen indem sie heuchlerisch behaupten, daß der Arbeiter durch die

Teilnahme der Sowjet-Union „verwirrt werden könnte" (Otto Habsburg, N. Y. Times, 14. Juli 1942). In letzter Zeit wenden sie sich gegen amerikanische Demokraten, die auf dem Boden der Atlantic Charter stehend, den Restaurationsgedanken ablehnen. Die Entrüstung vieler amerikanischer Zeitungen über ihre Intrigen wird als „tschechisch-kommunistische Hetzkampagne" bezeichnet.

Das alles klingt wie Nazi-Propaganda, und es nützt auch niemandem anderen, als den bestialischen Faschisten. Der offene Kampf gegen die Hitlerdiktatur in den unterdrückten Ländern hat begonnen und sich bereits zu einem bedeutenden Faktor entwickelt. Nur wenige Waffen stehen den heldenhaften Kämpfern zur Verfügung, und sie erwarten die aktive Unterstützung der demokratischen Mächte. Entsteht auch nur der Anschein, daß nach Hitler Habsburg kommen könnte, so lähmt man den antifaschistischen Kampf und hilft Hitler. Das ist ein Schlag nicht nur gegen die Donauvölker, sondern gegen alle verbündeten Nationen.

Für Österreichs Freiheitskampf ist das Auftreten der Habsburger besonders schädlich. Die Untergrundbewegung hat festere Formen angenommen und Guerillatätigkeit hat eingesetzt. Der Naziterror wütet vergeblich. Es wäre eine Katastrophe, wenn das österr. Volk nur den leisesten Verdacht schöpfen könnte, daß alle seine Opfer nicht zur Befreiung, sondern zu erneuter Tyrannei führen sollten.

Die Österreicher in allen Ländern müssen eine klare Stellung zu Habsburg beziehen. Wir wollen mit allen jenen zusammenarbeiten, die bereit sind für Österreichs Selbstbestimmungsrecht zu kämpfen und für das befreundeter Völker eintreten, auch wenn sie monarchistischer Gesinnung waren oder sind, aber Habsburgs Programm heißt Unterdrückung, Annexion, neue Tyrannei und neuer Kampf gegen alle Demokraten. Mit solchen Zielen gibt es kein Kompromiss. Wie alle anderen Völker wird das österr. Volk in Zukunft sein eigenes Schicksal entscheiden und seine Führer selbst wählen. Habsburg schädigt und zersplittert den Kampf gegen den Faschismus und gefährdet den Sieg.

Habsburg muss von der Bildfläche verschwinden, weil wir für die Freiheit des österreichischen Volkes kämpfen und siegen müssen.

Die Zeitschrift *Jugend voran* war eine Initiative der in London in *Young Austria* organisierten kommunistischen Jugendlichen mit dem politischen Flüchtling Otto Brichacek (1914–1999) als Vorsitzenden.[98] Er und seine Frau Berta geb. Gratzl (1914–2009) – beide hatten sich an der Internationalen Lenin-Schule in Moskau kennen gelernt – hatten sich in England zum Schutz ihrer in Wien verbliebenen Eltern den illegalen Namen Emmy Walter und Fritz Walter gegeben.[99] Die Nummer 1 (Oktober 1942) hat Fritz Walter so einbegleitet:

Tausende von jungen Österreichern mussten nach Hitlers gewaltsamen Einmarsch in unsere Heimat Österreich verlassen und fanden Zuflucht in vielen Ländern, die sie gastlich aufnahmen. [...] In Afrika, Asien, Europa, Amerika und Australien leben junge Freunde, die ihre Heimat Österreich und den Freiheitskampf unseres Volkes und seiner Jugend nicht vergessen haben. Die Österreichische Weltjugendbewegung soll dieses Band sein, das alle jungen Österreicher wo immer sie leben zu einer Einheit im Kampfe gegen Hitler verbindet. Aus London und New York kam zu gleicher Zeit der Vorschlag eine solche Weltorganisation der österreichischen Jugend zu schaffen. „Junges Österreich" in Grossbritannien und die „Freie Österreichische Jugend" in den Vereinigten Staaten von Amerika sind die beiden Initiatoren dafür. Mit grosser Begeisterung wurde der Vorschlag von jungen Österreichern in diesen beiden Ländern aufgenommen. Wir sind überzeugt, dass jeder junge Österreicher wo immer er sei, der seine freie Heimat liebt und Hitler und seine Schergen hasst, mit Freude eine Weltbewegung der österr. Jugend begrüssen wird. Die Österreichische Weltjugendbewegung und diese Zeitschrift will mithelfen, dass sich Freunde, die durch die Annexion Österreichs und ihre Flucht aus der Heimat, getrennt wurden, wieder finden. Wir wollen vom Kampf unserer Jugend zu Hause gegen die deutsch-faschistische Fremdherrschaft berichten und wollen zeigen wie junge Österreicher in aller Welt ihre Pflicht an der Seite der grossen Alliierten Grossbritannien, Sowjet Union, Amerika und China im Kriege gegen Hitler tun. Wir wollen den Kampf unserer Gastländer, die uns Obdach und Asyl gegeben haben und die uns oft neue Heimat geworden sind, zu unserem Kampfe machen. [...] Die österr. Jugend hat nur ein Ziel, ein einziges Interesse, eine einzige Aufgabe: unser österr. Vaterland von der Herrschaft des deutschen

Faschismus zu befreien. Der Weg dorthin geht über Hitlers Nie-
derlage. Es ist daher die höchste Pflicht jedes jungen Österreichers
alles beizutragen zur endgültigen Vernichtung Hitlers. Die österr.
Weltjugendbewegung soll dabei mithelfen.

Sekretär der Freien Österreichischen Jugend in den USA war Curt
(Kurt) Ponger (1913–1979), seit 1934 Mitglied der KPÖ. Er begründet
den Habsburg Schwerpunkt der Nummer 2:

In den drei Monaten, seit dem Erscheinen der ersten Nummer
unserer Zeitschrift, gab es eine Reihe wichtiger Ereignisse. Das
Aufstellen eines österreichischen Bataillons innerhalb der ameri-
kanischen Armee war einer der wichtigsten Schritte für die Öster-
reicher, da sich damit die amerikanische Regierung die Befreiung
Österreichs vom Hitlerjoch als eines ihrer Kriegsziele gesetzt hat.
Leider wurde diese Maßnahme von den Vertretern des Hauses
Habsburg für ihre eigenen politischen Ziele missbraucht. In der
amerikanischen Öffentlichkeit wurde diese Tatsache mit Missfal-
len aufgenommen und eingehendst diskutiert. Die verschiedenen
demokratischen österreichischen Organisationen nahmen scharf
dazu Stellung, die Exilregierungen und Organisationen der slawi-
schen Nachbarn Österreichs protestierten. Otto von Habsburg hat
der Sache Österreichs sehr geschadet, da durch seine Tätigkeit die
sicher gute Idee der österreichischen Kampfeinheit in Misskredit
gebracht wurde.

Ponger trat 1943 in die US Armee ein, sprang in deutscher Uniform bei
Weimar mit dem Fallschirm ab, um an der Befreiung der Häftlinge des
KZ Buchenwald teilzunehmen. Bei den Nürnberger Nachfolgeprozessen
war er ein Vernehmungsoffizier.[100] In Wien, wo er sich als Pressefoto-
graph etabliert hatte, wurde er im Jänner 1953 vom US-amerikanischen
Geheimdienst verschleppt und in den USA im Zusammenhang mit dem
von den USA gegen Julius Rosenberg (1918–1953) und Ethel Rosenberg
(geb. Greenglass 1915–1953) konstruierten Vorwurf der Atomspionage
– beide wurden am 19. Juni 1953 hingerichtet – verurteilt. Jean-Paul
Sartre (1905–1980) hatte nach der Hinrichtung der Rosenbergs am 22.
Juni 1953 gehofft, dass Europa niemals die Führung der westlichen Welt
dem Mörder der Rosenbergs überlassen werde: *„Achtung, Amerika hat*
die Tollwut. Kappen wir alle Bande, die uns mit ihm verknüpfen, sonst

werden wir unsererseits gebissen und tollwütig".[101] Es ist bekanntlich anders gekommen. 1962 wurde Ponger während der Amtszeit von Bruno Kreisky dank österreichischer Interventionen freigelassen und kehrte nach Österreich zurück, wo er in die Redaktion der Volksstimme aufgenommen wurde.[102]

Otto Habsburg („Otto of Austria") (*1912), dem es in erster Linie um die Anerkennung angeblicher Regierungsansprüche seiner Räuberdynastie in Österreich ging, konnte einige Emigranten um sich sammeln. Hans J. Thalberg (1916–2003), der als Emigrant in Frankreich und in der Schweiz für ein freies Österreich tätig gewesen ist und später die österreichische Republik auf wichtigen Botschafterposten vertreten hat, resümiert über Otto Habsburg: *Seine Interessen waren in erster Linie restaurativer Natur. Er hat in Paris gar nichts und in New York herzlich wenig für die österreichische Emigration und für seine exilierten Landsleute getan".*[103] Der in Wien geborene Emigrant Otto Kreilisheim (1909–1999) hat im Auftrag des *Austro-Hungarian Trade Union Comittee for Victory* eine Broschüre *Habsburg versus Freedom* geschrieben, in der er an einigen Beispielen nachwies, dass die Habsburgerdynastie in der Geschichte niemals etwas mit Freiheit und Demokratie zu tun gehabt hatte und deshalb im Kampf um eine freie Welt nichts zu suchen habe.[104] Tatsächlich verkörpert Otto Habsburg die Negation des Friedens, weshalb es erschreckend ist, dass dieser von dem aus der Sozialdemokratie kommenden Bundespräsidenten Heinz Fischer empfangen wurde, was als ein Tiefpunkt in der Geschichte der österreichischen Arbeiterbewegung zu werten ist. Es war TS am Ende seines Lebens ein Anliegen, dass die Alfred Klahr-Gesellschaft dazu einen geschichtlich begründeten Kommentar abgibt.[105]

I. 7. Soldat in der US Army (1944–1946) und „Document-Analyst" in Deutschland (1946–1947)

Am 19. Juli 1944 wurde TS, der in New York 100 West 105 Street, New York 25 wohnte, zur US-Armee eingezogen. In Camp Blanding in Florida erhielt er bis Dezember 1944 die Grundausbildung als Infanterist. Im Anschluss daran wurde TS, der als US-Armeeangehöriger am 10. Jänner 1945 die US-Staatsbürgerschaft erhielt, vom 11. Dezember 1944 bis 30. November 1945 an der West Virginia Universität einem speziellen

Thomas Schönfeld als Document Analyst der USA in Karlsruhe (April 1947).

Trainingsprogramm der Armee für Mathematik, Physik, Mechanik, Materialprüfung, Elektrotechnik nebst sportlichen und militärischen Übungen unterzogen. Das Zeugnis vom 11. Dezember 1945 zeichnete ihn als excellenten Absolventen aus und lautete in sämtlichen theoretischen Fächern auf A („very good"), im Sport zweimal auf B („good"), in den militärischen Übungen dreimal auf B („good"). In den ersten drei Monaten des Jahres 1946 war er, seit 7. März 1946 im Range eines Staff Sergeant, Instruktor von Deutschen Kriegsgefangenen im Separation Center Fort Dix in New Jersey. Er unterrichtete Gruppen zwischen 50 und 100 Gefangenen, diskutierte über amerikanische Geschichte und das amerikanische Regierungssystem, über Deutsche Erziehung, Deutsche Geschichte insbesondere seit dem ersten Weltkrieg und aktuelle Ereignisse. Einer der Gefangenen war der österreichische Schriftsteller Franz Kain (1922–1997). Vor Drucklegung seiner Erinnerungen erzählte Kain davon mit dem Bemerken, er werde diese einigermaßen distanziert und polemisch schreiben: *„Schönfeld lächelte dazu und meinte, es sei ja heute Mode, polemisch gegenüber der Vergangenheit zu sein. Er bitte nur zu bedenken, dass die Polemik auch dafürstehen müsse".*[106]

TS war Mitherausgeber von Tagesneuigkeiten für die Gefangenen, wobei er Dokumente von Deutsch ins Englische und umgekehrt übersetzte. Er analysierte die Antworten der Kriegsgefangenen. Der

Kommandoinhaber für diese Spezialaufgabe Lieutenant Colonel Alpheus W. Smith stellte TS am 6. April 1946 das Zeugnis aus:

During his assignment at the Special Project Center, Sgt. Schonfeld served as discussion leader for successive groups of fifty selected Prisoners of War during eleven of the twelve cycles given at the Project. Because of previous training and knowledge of German, he was able to lead discussions on a wide range of topics, such as American History, American Civics, American Economics, Military Government, German History, and World Affairs. In addition, he aided in the publication of a daily news summary which was distributed to the Prisoners of War, and led discussions on current events. Sgt. Schonfeld fulfilled these tasks with diligence and enthusiasm. The teaching of German Prisoners of War would be a challenge to any trianed educator. Sgt. Schonfeld met this challenge with skill and success, as was attested by the many enthusiastic comments of his students.

Am 23. Mai 1946 wurde TS aus dem US-Armeedienst entlassen. Über die weitere berufliche Zukunft dürfte er sich noch nicht ganz im klaren gewesen sein. TS meldete sich als *Document Analyst* für die USA Field Information Agency Technical (FIAT, Department of Commerce – Technical Industrial Intelligence Branch of Declassification and Technical Service) und wurde vom 20. Juni 1946 bis 30. Juni 1947 unter Vertrag genommen. Dahinter stand die Absicht des Militär-Industriekomplexes der USA, sich über Stand der Forschung und Technologie in Schlüsselbetrieben der chemischen Industrie Deutschlands zu informieren und verwertbare Patente zu rauben.[107] Am 26. Mai 1947 berichtete der Direktor des Office of Technical Services, John C. Green, in der New York Times, dass sechshundert Angestellte deutsche Patente und Dokumente klassifiziert und auf Mikrofilme abgelichtet hätten.[108] Wahrscheinlich hat sich TS mit anderen Emigranten besprochen, davon berichtet etwas anekdotenhaft der deutsche Kommunist Jürgen Kuczynski (1904–1997), der für die United States Strategic Bombing Survey (U. S. S. B. S.) zur Untersuchung der deutschen faschistischen Wirtschaft rekrutiert wurde, in seinen Memoiren.[109] Kuczynski ist in Heidelberg auf den Vorstandsvorsitzenden der IG Farben Hermann Schmitz (1881–1960) getroffen, der mitverantwortlich für den Einsatz von Sklavenarbeitern und für Auschwitz und nach 1945 Aufsichtsratsmitglied der Deutschen Bank war.

TS, der von der US Militärregierung einen Jeep zur Verfügung gestellt erhalten hatte, informierte sich über die Produktionsweise der von Hermann Buchler (1815–1900) gegründeten, in der Britischen Zone liegenden Chininfabrik Braunschweig, die er vom 17. Jänner 1947 bis 20. Jänner 1947 in der Stadt Braunschweig besuchte. Die Chininfabrik Braunschweig war vom Reichwirtschaftsministerium an den Förder- und Verarbeitungsrechten an den Radiumerzgruben der besetzten Tschechoslowakei beteiligt worden. Die meisten Dokumente der Braunschweiger Fabrik waren durch Bombenschäden vernichtet.[110] Das während des Krieges als Ersatz für Chinin hergestellte Prochinin war beim Pharmazieunternehmen Böhringer in Mannheim entwickelt und getestet worden.

Besondere Aufmerksamkeit verlangte das Kaiser-Wilhelm Institut für Kohleforschung in Mülheim / Ruhr. Dort traf TS mit dem späteren Nobelpreisträger Karl Ziegler (1898–1973) zusammen, der seit 1943 Nachfolger des seit 1913 amtierenden ersten Institutsdirektors Franz Fischer (1877–1947) war. Der langjährige Mitarbeiter von Franz Fischer, der aus dem damals habsburgischen Plan in Böhmen stammende Hans Tropsch (1889–1935), ist 1931 in die USA übersiedelt, wo er in Chicago an der Universität und in einem Laboratorium der Universal Oil Products forschte.[111] Dem Chief Operations Branchs FIAT erstattete TS am 1. Mai 1947 Bericht:

1. The Kaiser-Wilhelm-Institut fuer Kohlenforschung was visited by the undersigned on 17 April and 24 April; Mr. Baer accompanied the undersigned on the second visit.
2. The following personnel of the Institute were interviewed during these visits: a. Professor [Karl] Ziegler, head of the institute. b. Dr. [Helmut] Pichler, head of the department dealing with the [Franz] Fischer – [Hans] Tropsch and similar synthesis. Dr. Pichler has been working for the War Department in Washington and Pittsburgh for several months and had returned to Germany on a short leave. c. Dr. [Ferdinand] Weinrotter, deputy to Dr. Pichler in his absence. d. Dr. [Herbert] Koch, head of the department which deals with the products of the Fischer Tropsch synthesis.
3. All personnel interviewed stated that the research documents of the Institute which were regarded as valuable were evacuated from Mulheim a few days before the arrival of American

troops. Dr. Ziegler stated that he carried two boxes containing these documents on his private car to a mine near Salzgitter and deposited them there. He then continued to Halle. A fey day after that city was occupied he was visited by a member of the U. S. Tech. Oil Mission who demanded to be shown the location of the documents. Dr. Ziegler gave the requested information. The boxes were then taken over by the Technical Oil Mission and the Kaiser-Wilhelm-Institute has not been able to bring about their return.

4. Dr. Pichler stated that during his stay in the United States the governments made the records of the Technical Oil Mission available to him. This included microfilms of Kaiser-Wilhelm-Institut research documents. According to Dr. Pichler the material microfilmed is identical with the material evacuated from Mulheim in April 1945 and includes all documents of value.

5. This seems to indicate that the important documents of the Kaiser-Wilhelm-Institut are already available in the United States. FIAT or TIID could probably obtain copies from the Oil Mission.

6. The possibility that one or the other of the officials at Kaiser-Wilhelm-Institut is withholding information may not be excluded entirely. While Dr. Ziegler and particulary Dr. Pichler were most cooperative, Dr. Koch tried to avoid all specific discussions. In case documents are being withheld they are very likely not at the Institute but in private hands. Dr. Ziegler mentioned that someone from FIAT was at the Institute several weeks ago and made a detailed search without finding any research reports. Although the undersigned does not know who carried out this investigation, he is of the opinion that any new search will lead to negative results.

7. It is, therefore, recommended that the question of documents at Kaiser-Wilhelm-Institut fuer Kohlenforschung be regarded as closed.

Nach dem Ausscheiden aus dem US-Dienst resümiert TS, der insgesamt einen guten Einblick in die technischen Methoden und die wirtschaftliche Organisation der deutschen chemischen Industrie gewonnen hat, am 10. September 1947 für ein Leitungsorgan der Kommunistischen

Partei Österreichs über die Schlüsselrolle der chemischen Industrie, wobei ihm unter Hinweis auf den Leiter der Direktionsabteilung im Werk Leverkusen Arthur Paul Zwiste (1899–1961)[112] insbesondere die Kontinuität in der einflussreichen Verwaltung aufgefallen ist:

Im Zusammenhang mit den amerikanischen Plänen für die westdeutsche Industrie kommt der chemischen Industrie ganz besondere Bedeutung zu. Auf dem chemischen Gebiet war nämlich der deutsche Anteil an der gesamteuropäischen Produktion bedeutend grösser als auf anderen Gebieten. Die I G Farben machte die deutsche chemische Industrie und in erster Linie sich selbst zur beinahe unumschränkten Herrscherin des europäischen Marktes. Der deutsche Bergbau und die Stahlindustrie konnten ihre Stellungen nicht zu diesem Ausmass entwickeln. Die Fäden der I G Kontrolle erstreckten sich auch heute noch in die verschiedensten Länder wie nach England, Frankreich, Schweiz usw. Zwar hat die I G in den Jahren seit Kriegsende in diesen Verhältnissen zu ausländischen Gesellschaften eine recht passive Rolle gespielt aber das wird sich unter dem Marschall Plan für die westdeutsche Industrie ändern.

Die chemische Industrie erfordert ein höheres technisches und wissenschaftliches Niveau als die Verhüttungs- oder Maschinenbauindustrien. So haben die ost- und südosteuropäischen Volksdemokratien in ihren verschiedenen Plänen die Absicht ihre Schwerindustrie in den nächsten Jahren stark zu vergrössern. An den Aufbau ihrer chemischen Industrie werden sie aber erst zu einem späteren Zeitpunkt herangehen können. Dies gilt besonders für die Erzeugung von pharmazeutischen Präparaten, von Feinchemikalien, von organischen Kunststoffen, Farbstoffen und ähnliches mehr. Während also die Volksdemokratien erwarten können, den Bann der Abhängigkeit von der deutschen Schwerindustrie gänzlich zu zerbrechen, so sehen sie sich auf dem chemischen Gebiet vor eine wesentlich schwierigere Aufgabe gestellt. Die Vereinigten Staaten werden versuchen die Machtposition der I G auszunützen, um die planmässige Industrialisierung der fortschrittlichen Länder Europas zu verhindern.

Schon im Jahre 1945 beschloss der Kontrollrat in Berlin die Auflösung der I G Farbenindustrie. Wie sieht nun diese „Auflösung" in der englischen Besatzungszone aus? Auf den Briefpapieren der verschiedenen Werke ist zu lesen: ‚I G Farbenindustrie in Auflösung,

Werk ...'. Die Feststellung auf dem Papier ist aber auch das einzige Anzeichen dieser Auflösung. In Wirklichkeit besteht die frühere Betriebsgruppe Niederrhein der I G Farbenindustrie, die alle wichtigen Werke der britischen Besatzungszone umfasst, unverändert fort. Leiter des grössten Werkes, Leverkusen, so wie der gesamtem Gruppe ist Dr. [Ulrich] Haberland. Er hat diesen Posten nicht etwa erst seit 1945 sondern bereits seit 1943 inne, leitete also einen ganz entscheidenden Sektor der I G in den wichtigsten Kriegsjahren. Dr. Haberland war selbstverständlich Mitglied der NSDAP. Er war Leiter von Leverkusen als dort tausende und abertausende Fremdarbeiter zu den ungesündesten Arbeiten herangezogen wurden und dabei in schäbigen Holzbaracken nahe des Werkes hausen mussten, die auch heute noch zu sehen sind. Die englischen Kontrollorgane haben es nicht für notwendig gefunden Dr. Haberland von seinem Posten zu entheben.

Sekretär des Verwaltungsrates von Leverkusen ist Herr [Arthur Paul] Zwiste. Als Assistent zu Dr. [Hans] Kühne, der heute vor dem Nürnberger Gerichtshof als Kriegsverbrecher steht,[113] spielte er bereits seit Kriegsbeginn eine wichtige Rolle im Werk Leverkusen und in der Betriebsgruppe Niederrhein. Heute ist er der Verbindungsmann zwischen der englischen Kontrollbehörde und der I G Werksleitung. Wahrscheinlich um ihm seine Arbeit zu erleichtern ist seine Tochter Sekretärin bei der ebenerwähnten Kontrollbehörde. Die englischen Kontrolloffiziere beraten sich in fast allen Fragen mit Herrn Zwiste und übertragen ihm einen erheblichen Teil der Verantwortung.

Der Kontakt Leverkusens mit den anderen Werken hat seit Kriegsende in keiner Weise abgenommen. Direktiven ergehen ständig an die Werke Dormagen, Ürdingen und Leverkusen. Es gibt Sitzungen, Erfahrungsaustausch usw., wobei man sich sicherlich nicht über die bevorstehende Auflösung unterhält.

Die Überwachung der I G Farbenindustrie hat die englische Militärregierung faktisch dem grossen englischen Chemietrust Imperial Chemical Industries (ICI) übertragen. Ein erheblicher Teil der Kontrolloffiziere sind von ICI nur zur Ausübung ihrer gegenwärtigen Funktionen beurlaubt. Mr. Wrather der oberste Kontrolloffizier für die IG der englischen Zone ist ein solcher ICI Delegierter. Das gleiche gilt für den Kontrolloffizier der das bedeutende Werk Ürdingen überwacht. Eine bezeichnende organisatorische Veränderung wurde von der englischen Militärregierung im März d. J. durchgeführt. Bis dahin befand sich in Leverkusen nur eine ganz kleine Gruppe von Kontrolloffizieren. Dagegen gab es eine grössere Abteilung zur Überwachung der gesamten chemischen Industrie des Landes Nordrhein-Westfalen mit Sitz in Düsseldorf. Nun aber wurde das Büro in Leverkusen erheblich vergrössert, während das in Düsseldorf auf ein Minimum reduziert wurde. Nun ist die englische Kontrolle auch örtlich mit der kontrollierenden Kraft der chemischen Industrie der IG vereint.

Vorschläge von Gewerkschaften und Parteien auf Nationalisierung der chemischen Industrie, insbesondere der IG, wurden von den Engländern abgelehnt.

Gegenüber anderen chemischen Betrieben arbeitet die IG wie eh und je. Sie beeinflusst die Militärregierung nur jene Anlagen zuzulassen, die ihr in den Kram passen. Forschungsarbeiten, die der IG und ihren Verfahren Konkurrenz machen könnten, werden mit den verschiedensten Mitteln unterbunden, so z. B. hat die IG das von der Ruhrchemie AG patentierte „Oxo-Verfahren" und zu dessen Weiterentwicklung sie sich ursprünglich verpflichtete fallen gelassen, denn sie hofft, ähnliche Produkt in ihren eigenen Werken herzustellen, wofür allerdings die Wiederinbetriebnahme der Hochdruckhydrierungswerke eine Voraussetzung wäre.

Entgegen den Potsdamer Abmachungen hat sich die englische Militärregierung überreden lassen, die Synthetischen Benzinwerke, die das [Franz] Fischer – [Hans] Tropsch Verfahren benützen, wieder in Betrieb zu nehmen. Bekanntlich untersagt das Potsdamer Abkommen die Herstellung von synthetischem Benzin. Die deutschen Direktoren und Wissenschaftler haben nun der Militärregierung auf Grund recht zweifelhafter Versuche „bewiesen", dass die Ausbeute an Benzin auf ein Minimum reduziert, die anderer Stoffe dagegen sehr erhöht werden kann. Es ist natürlich klar, dass die Umstellung auf einen hohen Benzinertrag in wenigen Tagen möglich ist und auch nur schwer festzustellen wäre, da es ja keine genaue Überwachung der einzelnen Werke mehr gibt.

Auch an der Wiederherstellung der Kartelle arbeitet die IG. So fand am 26. Juni 1946 eine „zwanglose Besprechung" der Mitglieder der Sulfatvereinigung (Kartell) statt. Dort wurde einstimmig beschlossen die Vereinigung nicht aufzulösen, da sie für den zukünftigen Export von grosser Bedeutung sein könnte. Alle bei dieser Zusammenkunft vertretenen Firmen stellten Geldsummen für die Aufrechterhaltung der Sulfatvereinigung zur Verfügung. Die IG und ihre Tochtergesellschaften waren bei dieser Sitzung durch zwei Herren vertreten, Bischoff und Kisteneich.

Die englischen Militärbehörden haben der IG auch Anlagen gelassen, die nur für Kriegszwecke erbaut worden waren. So befindet sich in Werk Leverkusen eine Anlage für die Herstellung von Hydrazin Hydrat, die auch bereits wieder in Verwendung genommen wurde. (Hydrazin Hydrat wurde als Treibstoff in den V-2 Waffen verwendet). Das grösste Werk in der amerikanischen Zone ist das Werk Höchst. Kurz nach ihrer Konstituierung machte die Landesregierung von Hessen den Vorschlag auf Verstaatlichung dieses Werkes und erklärte sich bereit, dessen Verwaltung sofort zu übernehmen. Die amerikanische Militärregierung erklärte hierauf, dass sie so etwas nicht zulassen könnte, da dadurch der Staat wieder zu einflussreich sein würde. Statt dessen soll das Werk Höchst an einen ausländischen chemischen Konzern verkauft werden. Unter den Bewerbern sind amerikanische, Schweizer und französische Firmen. Mit der IG der britischen Zone unterhalten die „Farbwerke" Höchst engsten Kontakt. Der alte wissenschaftliche Austausch wird fortgesetzt und auf vielen Gebieten wird die Produktion gemeinsam geplant.

Ein anderes Werk in der amerikanischen Zone, das früher zur IG gehörte, ist die Anorgana Gendorf. Auch dieses Werk soll an das ausländische Kapital verkauft werden. Hierbei scheinen einige der Direktoren befürchtet zu haben, dass die Amerikaner das ganze Werk einfach durch irgendein Manöver in die Tasche stecken werden und haben sich deshalb an die Engländer gewandt, um vielleicht dort Anschluss zu finden.

Bezeichnend für die amerikanische Politik ist, dass sie nicht nur die chemische Industrie in Westdeutschland lenken, wie es ihnen passt, sondern dass sie auch versuchen die in Ostdeutschland zu unterbinden. Bereits im Sommer 1945 als die entgiltigen Demarkationslinien gerade beschlossen worden waren, „evakuierten" sie eine Gruppe Techniker und Wissenschaftler aus dem IG Werk Wolfen nach Westdeutschland. Darunter befanden sich z. B. Fachleute auf dem Gebiet der Herstellung des photographischen Materials, also durchaus nicht mit Kriegszwecken zusammenhängende Spezialitäten. Diese Wissenschaftler sind heute im Westen Deutschlands zum Grossteil noch ohne eine ihren Fähigkeiten angepasste Beschäftigung. Die amerikanische Politik war also nur darauf aus, der friedlichen Industrie Ostdeutschlands einen Strich durch die Rechnung zu ziehen.

I. 8. Familie Schönfeld kehrt nach Wien zurück

Bruno und Edith Schönfeld blieben nach Kriegsende noch mehr als zwei Jahre in den USA, ehe sie sich entschlossen, zurückzukehren. Am 2. Jänner 1947 schreiben beide aus Kansas, wo Bruno Schönfeld am christlichen Sterling College unterrichtete, an das Ehepaar Börner:

Liebe gnädige Frau und lieber Herr Börner,
ich nehme an, dass Sie schon einen der beiden Zwecke kennen, denen dieser Brief dient. Frank, pünktlich und verlässlich, wie ich ihn kenne, dürfte Ihnen ja meinen Rundbrief zugesendet haben und ich möchte Sie nun bitten, den Brief an Lilly Elkan, 11 West 95 Street, N. Y. 25 weiterzusenden. Aber ich wollte an Sie auch noch einige persönliche Zeilen richten. Man kennt wirklich nichts von Amerika, wenn man nur N. Y. kennt. Freilich bekommt man hier an Ort und Stelle keine richtige Vorstellung von dem, was los ist, wenn man nicht das bisschen Phantasie hat, sich die Menschen und das Leben hier, wie es <u>vor</u> der Allverbreitung des Auto war und gewesen sein muss, vorzustellen. Die Menschen sind von einer so hohen Durchschnittsanständigkeit, in einer natürlichen Weise freundlich, dass man sich wohl fühlen könnte, – wenn nicht der protestantische Klerikalismus wäre. Es ist wahr, er ist zehnmal, vielleicht sogar hundertmal besser als der katholische, den wir aus unmittelbarer Nähe kennen, aber es gehört doch ein sehr guter Magen dazu. Die Studenten geben mir in jeder Weise zu verstehen, dass sie mir gut gesinnt sind, aber können Sie sich die Situation vorstellen, dass man jungen Leuten gegenübersteht, die zwar um 45 Jahre jünger, aber geistig um mindestens 45 älter sind? Wissen Sie schon, dass Tommy [Schönfeld] und Mia [Schönfeld] in Wien gelandet sind? Sie haben vor kurzem eine Wohnung bekommen. Denken Sie nur: Goldeggasse 2 (Goldscheids Haus). Überglücklich, aber es war nicht eine Fensterscheibe drin. Nun aber kam ein Telegramm, dass sie nicht schreiben können, weil sie übersiedeln. Sie schreiben, dass wir ihnen nachkommen sollen. Wir werden also trotz aller Annehmlichkeiten hier – nur wenn man die Ebene erlebt hat, weiss man, welche abwechslungsreiche Schönheiten sie gewährt (ich hätte das nie gedacht) – nach N. Y. am Ende des Schuljahres zurückkehren.
Ihnen beiden alle guten Wünsche für 1948 und herzliche Grüsse
Ihr *Dr. Schönfeld*

Bitte, nehmen Sie auch die verspäteten Feiertagswünsche an! Für mich ist dieses Jahr wirklich ein Ruhejahr geworden und ich mache mir schon Gedanken, wie ich mich wieder rückorientieren werde. Es ist eine eigenartige Mischung von Anerkennung und Ablehnung, die wir beide ganz übereinstimmend der hiesigen Situation und den Menschen gegenüber empfinden.
Mit schönsten Grüssen Ihre
Edith Schönfeld

In New York hat die Emigrantin Mia Förster (*27. August 1922, Wien) Bruno Schönfeld kennen gelernt, den sie zu einem Vortragsabend einer von ihr geleiteten Gruppe der *Freien Österreichischen Jugend* eingeladen hatte. Über ihn lernte Mia Förster dann TS kennen, beide verheirateten sich in New York am 29. Juni 1946, nachdem sie sich entschlossen hatten, gemeinsam nach Wien zurückzukehren, um am Wiederaufbau eines neuen Österreichs mitzuhelfen. Die Rückkehr nach Wien konnte nicht mit der Hoffnung verbunden sein, durch die Kommunistische Partei Österreichs irgendeine Absicherung zu erhalten. Bei den Nationalratswahlen im Herbst 1945 war deren Illusion, eine Mehrheit zu erhalten, mit 5, 4 % zerplatzt (Fünfdeka-Partei). Der Eintritt in das Parlament war überhaupt nur durch das Grundmandat in Wiener Neustadt ermöglicht worden. Hoffnungen auf ein Zusammengehen mit den Sozialisten gab es keine. Dass TS und Mia Schönfeld nach ihrer Ankunft in Wien zuerst eine Wohnung im Haus von Goldscheid bezogen, freute die Eltern Schönfeld ebenso wie Börner, wie aus dessen Antwort am 12. Jänner 1948 hervorgeht:

Werter, lieber Herr Doktor!
Wir danken Ihnen und der verehrten gnaedigen Frau herzlichst fuer Ihren lieben Brief vom 2. Januar.
Ihr Rundschreiben kam mir durch unseren Freund Frank in den letzten Dezembertagen zu und wir freuten uns aufrichtig, dass Sie uns unter die Adressaten dieses Briefes einbezogen haben. Ihre Ausfuehrungen haben uns ausserordentlich interessiert, sowohl aus persoenlichen als aus sachlichen Gruenden. Der Brief vermittelt einen sehr guten Einblick in Ihren Wirkungskreis und in die Verhaeltnisse einer kleinen amerikanischen Stadt. Sie haben natuerlich vollkommen damit recht, dass man Amerika nicht kennt, wenn man nur New York kennt. Wir haben es immer sehr bedauert, dass wir gar nicht ins Land gekommen

sind und ausser Philadelphia nicht einmal eine andere der grossen Staedte besuchen konnten. Wenn man auch manches ueber das Leben in den verschiedenen Teilen dieses ungeheuren Landes gelesen hat, so ist es natuerlich doch etwas ganz anderes, wenn man aus eigener Anschauung und persoenlichen Erfahrungen urteilen kann. Sehr ueberrascht hat es uns, was Sie ueber den „protestantischen Klerikalismus" schreiben. Davon hat man hier in New York keine Ahnung. Wir koennen uns vorstellen, dass es recht schwierig gewesen sein muss, mit den Studenten einen guten Kontakt herzustellen, da doch Ihr ‚Background' so ganz verschieden von dem dieser jungen Leute ist. Umso erfreulicher erscheint es, dass es Ihnen doch gelungen ist, den Kontakt herzustellen, auf den gerade hier in Amerika so viel ankommt, weil zwischen Lehrenden und Lernenden nicht diese unueberbrueckbare Kluft besteht, die bei uns das akademische Leben auszeichnete. Wir gratulieren Ihnen herzlichst zu diesem Erfolg, der Sie mit grosser Genugtuung erfuellen muss.

Da Ihr lieber Sohn den Wunsch hatte, nach Wien zu gehen, freut es uns sehr, dass dieser Plan verwirklicht werden konnte. Dass er eine Wohnung in Goldscheid's Haus bekommen hat, ist wohl einer der gelungensten Zufaelle, an denen ja das Leben so reich ist. Er muss mit seinem Aufenthalt in Wien wohl recht zufrieden sein, wenn er Sie auffordert, auch zurueckzugehen. Die Briefe, die wir von Wienern bekommen, klingen in der Regel sehr traurig, manchmal sogar trost- und hoffnungslos. Da Ihr lieber Sohn Amerikaner ist, erscheint natuerlich vieles ganz anders. Sie duerften ja wissen, dass auch wir fest entschlossen sind, nach Wien zurückzugehen. Wir wollen aber erst ernst machen, bis der Vertrag mit Oesterreich geschlossen ist und die Besatzungstruppen das Land verlassen haben. Gegenwaertig hat die Redefreiheit und Versammlungsfreiheit noch zu grosse Beschraenkungen und ich habe keine Lust, mich „kidnapen" oder nach Sibirien verschleppen zu lassen. Wir sind naemlich nicht American Citizens geworden.

Fuer Ihre lieben Wuensche fuer das angebrochene Jahr danken wir ganz speziell und erwidern sie aufs allerherzlichste. Moege Ihnen und Ihrer lieben Familie das Jahr 1948 recht viel Gutes und der armen, gequaelten Menschheit endlich die Befriedung bringen!

Mit den waermsten Gruessen von meiner Frau und mir an Sie und die verehrte gnaedige Frau
Ihr
Den Rundbrief sende ich gleichzeitig an Frl. Elkan.

Börner konnte sich von seinem Antisowjetismus dann doch frei machen und kehrte 1949 nach Wien zurück, wo sie zuerst eine Wohnung im Haus der Familie Leisching (Argentinierstraße 22, 4. Wiener Gemeindebezirk) bezogen. Bruno und Edith Schönfeld, die inzwischen in der Gusshausstraße 23 im 4. Wiener Gemeindebezirk wohnten, begrüßten beide am 3. November 1949:

Liebes Ehepaar Börner!
Wir freuen uns sehr Sie in Wien zu wissen und möchten Sie sehr herzlich hier begrüssen. Erst gestern erfuhren wir Ihre Adresse und stellen fest, dass wir zu Ihren nächsten räumlichen Nachbarn gehören.
Wir sind uns bewusst, wie viel Eindrücke und Verpflichtungen auf Sie einstürmen, wollen Ihnen aber sagen, dass wir uns sehr freuen werden, Sie bei uns zu sehen, und dass wir, wenn wir Ihnen mit unseren Erfahrungen als ‚Alte Wiener' aushelfen können, Ihnen jederzeit zur Verfügung stehen.
Mit sehr herzlichen Grüssen
Ihre
Bruno und Edith Schönfeld

Im Frühjahr 1972 wurden die Reden von Wilhelm Börner, die er nach seiner Rückkehr aus den USA gehalten hat und die besonders Fragen der Selbsterkenntnis, der Familie, des Friedens und der Toleranz im Licht der weltlichen Ethik betrafen, im Sensen-Verlag gesammelt herausgegeben. Ein Prospekt wurde in dem von TS redigierten *Informationsbulletin des Österreichischen Komitees für Verständigung und Sicherheit in Europa Blickpunkt Europa (1972, Nr. 2, März) angezeigt.*
Bruno Schönfeld nahm nach der Rückkehr nach Wien seine Rechtsanwaltspraxis mit Kanzlei im 4. Bezirk, Gusshausstraße 23,[114] wieder auf, am 21. September 1948 wurde er in die Liste der Rechtsanwälte der Rechtsanwaltskammer Wien wieder eingetragen. Edith Schönfeld ist nach der Rückkehr der Kommunistischen Partei Österreichs beigetreten und betreute viele Jahre den Literaturvertrieb der Bezirksorganisation Wien-Wieden. Eine von vielen Emigranten gewünschte Lehrtätigkeit von Bruno Schönfeld an der Universität Wien für Soziologie ist nicht zustande gekommen. Als Anwalt war er den Opfern des Naziregimes da und dort rechtsfreundlich behilflich, für die *American Association of Former Austrian Jurists* arbeitete er Gutachten zu österreichischen Gesetzentwürfen aus. In seinem Gutachten zum Entwurf eines Bundesgesetzes über die

Geltendmachung entzogener Ansprüche aus Dienstverhältnissen in der Privatwirtschaft setzte er sich für jene ein, die keine Lobby hatten:[115]

Wir haben in früheren Gutachten zu österreichischen Gesetzentwürfen uns immer bemüht, eine durchaus objektive Stellung einzunehmen, da es uns wohl bewusst war, dass die durch die Machtübernahme des National-Sozialismus und durch den Krieg geschaffenen Verhältnisse eine völlig ausreichende Gutmachung des verübten Unrechts unmöglich machen, und wir können zu unserer Befriedigung feststellen, dass manche unserer Vorschläge angenommen worden sind. […] Es ist vor allem davon auszugehen, dass die Gruppe der Dienstnehmer am schwersten geschädigt wurde, wenn man von den Massenermordungen absieht. Sie wurden buchstäblich auf die Gasse gesetzt und zum grossen Teil aus dem Lande vertrieben. Sie mussten oft entweder ihre ganzen Ersparnisse für die Ausreise verwenden oder konnten diese nur mit Hilfe von Freunden oder wohltätigen Instituten bewerkstelligen. […] Es musste deshalb angenommen werden, dass gerade die Dienstnehmer in ihren sei es vertragsmäßigen Ansprüchen <u>nicht</u> verkürzt werden. Aber das gerade Gegenteil ist der Fall. Genau so verhält es sich mit ihren Pensions- und Versorgungsansprüchen. Hier wird der Anfangstermin hinausgeschoben und eine Verkürzung der Hinterbliebenen, die oft den Tod ihres Ernährers durch Ermordung zu beklagen haben, verfügt. Dass durchwegs die vertraglichen Ansprüche, die über jene gesetzlicher Art hinausgehen, einfach gestrichen werden, ist eine besondere, kaum verständliche Unbilligkeit, umso unverständlicher, als gerade die österreichische Gesetzgebung für sich den Ruhm in Anspruch nehmen konnte, die Rechte der Angestellten gegenüber dem Unternehmer besonders zu schützen. Diese Tradition ist im Entwurfe gänzlich aufgegeben.

I. 9. Zwei Generationen der Familie Schönfeld unterstützen die Vorbereitungen zur Einberufung des Ersten Österreichischen Friedenskongresses

Nach dem Ende des zweiten Weltkrieges ging der amerikanische Imperialismus zu einem aggressiven, offen expansionistischen Kurs über.

Damit verknüpft waren militärisch-strategische Maßnahmen mit weit von den USA entfernten Luft- und Marinestützpunkten, die wirtschaftliche Expansion, die mit Hilfe des amerikanischen Kapitals und bewilligter Kredite den politischen Kurs eines Landes zu bestimmen imstande war, und der ideologische Kampf mit seiner Manipulation der öffentlichen Meinung. Der Bericht, den Andrei Alexandrowitsch Shdanow (1896–1948) auf der Informationstagung der Vertreter einiger kommunistischer Parteien im von den Deutschen ruinierten Polen Ende September 1947 erstattete, analysierte die internationale Lage nüchtern.[116] Es herrschte der von den USA angezettelte Kalte Krieg, wobei für rational denkende Menschen klar sein musste, dass die nach dem Krieg völlig erschöpfte, zerstörte und ausgeblutete Sowjetunion für niemanden eine Bedrohung war und eine defensive Grundhaltung einnahm. Bruno und Edith Schönfeld sowie TS und Mia Schönfeld beteiligten sich an dem so notwendig gewordenen Kampf um die Erhaltung des Friedens. Bruno Schönfeld unterzeichnete das Begrüßungstelegramm „Österreichische Intellektuelle grüßen Pariser Weltfriedenskongress", der für den 25. bis 29. April 1949 nach Paris einberufen worden war. Pablo Picasso (1881–1973) hat dafür das weltweit durch Plakate, Postkarten, Fotografien, Zeichnungen oder Abzeichen verbreitete Symbol der weißen Friedenstaube in Lithographie gestaltet. Das Begrüßungstelegramm war eine Idee des Ehrenpräsidenten der Österreichischen Friedensgesellschaft Franz Theodor Csokor (1885–1969), von Ernst Fischer (1899–1972), Edwin Rollet (1889–1964) und Hans Thirring, die Ende März 1949 ein Vorbereitendes Delegiertenkomitee für den Pariser Weltfriedenskongress (Wien IX, Schlickplatz 4/1) gebildet haben. Unter den Mitunterzeichnern sind einige Namen, mit denen TS später in der Friedensbewegung eng zusammenarbeiten sollte, so Engelbert Broda (1910–1983), Robert Strebinger (1886–1962) und Margarete Schütte-Lihotzky (1897–2000). Für Hans Thirring waren die Ergebnisse des Pariser Weltfriedenskongresses mit der Geburt der *Weltfriedensbewegung* eine zu weitgehende Parteinahme für die sozialistischen Länder, wie aus seinem Vortrag am 4. Mai 1949 im Rahmen einer Feier zu Ehren des sechzigsten Jahrestages des Erscheinen des berühmten Buches „Die Waffen nieder" von Bertha Suttner deutlich wird. Hans Thirring stellte dabei einen von der Österreichischen Friedensgesellschaft zur internationalen Organisierung der Friedensarbeit ausgearbeiteten Vorschlag über einen Internationalen Friedensrat vor.[117]

Die französische Regierung mit dem sozialistischen Innenminister Jules Moch (1893–1985) wollte den Kongress der Friedensbewegung verhindern oder zumindest weitestgehend stören und verweigerte zahlreichen Delegationen die Einreise. Deshalb entschlossen sich die Organisatoren die zeitgleiche Abhaltung eines Parallelkongresses in Prag, in Paris kamen über 2000 Delegierte, in Prag, darunter die österreichischen Delegierten, die von Frankreich keine Visa erhalten hatten, mehr als 300 zusammen. Auf dem *Weltfriedenskongress* wurde ein *Ständiges Komitee* zur Weiterführung der Arbeit gebildet.

Das Treffen des *Ständigen Komitees des Weltfriedenskongresses* vom 15. bis 19. März 1950 in Stockholm brachte als Ergebnis den *Stockholmer Appell* (19. März 1950) zur Sammlung von Unterschriften für das Verbot der Atomwaffen, wofür in Österreich mit Massenerfolg Unterschriften gesammelt wurden. Die Familien Schönfeld beteiligten sich aktiv an der durch behördliche Schikanen erschwerten Sammlung von Unterschriften für den Stockholmer Appell und an den Vorbereitungen zum *Ersten Österreichischen Friedenskongress*. *„Es ist wieder vom Kriege die Rede, von Atombomben, vom Bakterienkrieg. Aufs neue sind die Menschen der ganzen Welt mit großer Sorge erfüllt. Eine Weltbewegung zur Erhaltung des Friedens ist in allen Ländern entstanden. Sie vereinigt in ihren Reihen viele hundert Millionen Menschen aller Nationen. Der Friede kann nur erhalten werden, wenn er von allen Schichten der Bevölkerung verteidigt wird. […] Auch auf der Wieden gibt es kaum eine Familie, die nicht durch den Krieg leiden musste. Viele Häuserruinen erinnern uns ständig an Mitbürger, an Freunde, an Verwandte, die dem Krieg zum Opfer fielen“* – so beginnt ein Flugblatt im Bezirk Wieden, wo sich mit Beteiligung von Bruno Schönfeld ein *Initiativkomitee Wieden* des Österreichischen Friedensrates zusammen gefunden hat, dessen Obmann der Musiker (Wiener Trompetenchor) Professor Josef Hadraba (1903–1991) war und für den 24. Mai 1950 im Gasthof „Zum Goldenen Hechten" (Waaggasse 1) eine Friedensversammlung zur Gründung des Bezirks-Friedensrates einberief. Redner waren Robert Strebinger und Rechtsanwalt Helene Legradi. Als Obmann fungierte Professor Josef Hadraba. Im Komitee haben sich Menschen aller Weltanschauungen gesammelt, auch wenn vor allem die Kommunisten organisiert haben. Nur aus dem großen Ziel der Friedensbewegung konnten solche Energien von den Friedenskämpfern geschöpft werden. Den vielen Aktivisten, die, wie Bruno Schönfeld, Edith Schönfeld, TS und Mia Schönfeld, nicht nur Deklarationen und Erklärungen abgaben, sondern praktisch für den Frieden kämpften, auf den Straßen diskutierten und Flugblätter verteilten, was ein Ernst Fischer eigentlich nie getan hat, schlugen offener Hass und Verleumdungen entgegen. TS und Mia Schönfeld waren als Kommunisten von Anfang an in der *Österreichischen Friedensbewegung* dabei. Johann Koplenig (1891–1968) erklärte auf dem Landesparteitag der Wiener Kommunisten am 1. April 1950, dass für seine Partei der *„Kampf für den Frieden zur wichtigsten Aufgabe"* geworden sei.[118] In der äußerst gespannten Situation mit der Androhung der USA, die bis September 1949 als einzige Macht über Atomwaffen verfügte, ihre Atomwaffen präventiv einzusetzen, mit dem Scheitern der Verhandlungen im Rahmen der Vereinten Nationen über eine internationale Kontrolle der Atomenergie, mit den Kolonialkriegen Frankreichs, Großbritanniens und der Niederlande, mit der Propaganda des Kalten Krieges, die Sowjetunion würde einen Angriff auf Westeuropa vorbereiten, und der damit verknüpften Aufrüstung und Militarisierung Westdeutschlands und insgesamt wegen der Angst vor einem dritten Weltkrieg leistete die im Entstehen begriffene *Österreichische Friedensbewegung* einen wichtigen Beitrag zur internationalen Friedensbewegung.

In Wien wurde am 10. und 11. Juni 1950 der *Erste Österreichische Friedenskongress* im Großen Konzerthaussaal organisiert, es kamen 2100 Delegierte zusammen, die in den Wochen davor von über 300 Friedensräten in Städten, Orten und Betrieben gewählt worden waren. Die im Mai 1950 begonnene Unterschriftensammlung wurde im November 1950 mit einem eindrucksvollen Ergebnis von 954.789 Unterschriften abgeschlossen.

Nach fünfzig Jahren resümiert TS in den Mitteilungen der Alfred Klahr-Gesellschaft über den ersten österreichischen Friedenskongress (Nummer 2/2000):

Vor 50 Jahren, am 10. und 11. Juni 1950, tagte in Wien, im Grossen Konzerthaussaal, der Erste Österreichische Friedenskongress. 2100 Delegierte, die in den Wochen davor von über 300 Friedensräten in Städten, Orten und Betrieben gewählt worden waren, beteiligten sich.
Heute – ein halbes Jahrhundert danach – ist zu unterstreichen: Die damaligen Aktionen für den Frieden erhoben Forderungen, denen noch immer höchste Aktualität und Dringlichkeit zukommt. Damit ein Atomkrieg verlässlich und dauerhaft verhindert wird, müssen weitere Schritte zur atomaren Abrüstung und schließlich das vollständige Verbot von Atomwaffen durch einen internationalen

Vertrag und durch strenge Kontrolle seiner Einhaltung erreicht werden. Die Friedensbewegung, die sich damals für dieses Ziel einsetzte, wurde mit Verleumdungen, Hass und Polizeimaßnahmen bekämpft. Heute wagt es aber keine Regierung und kaum eine politische Kraft, offen gegen dieses Ziel aufzutreten. Nun wird nicht bestritten, dass Atomwaffenabrüstung eine historische Aufgabe der internationalen Gemeinschaft darstellt. Dieser Wandel ist als moralisch-politische Errungenschaft der vor einem halben Jahrhundert entstandenen Bewegung gegen die Atomwaffenrüstung anzusehen. Die Bemühungen zur Verhinderung der atomaren Abrüstung, die auf Fortsetzung einer Politik der Drohung mit Atomwaffen gerichtet sind, gehen jedoch weiter. So hat der USA-Senat im Oktober 1999 die Ratifizierung des Vertrags über das vollständige Verbot von Atomwaffenversuchen abgelehnt. Obwohl bei der im April und Mai 2000 in New York durchgeführten Überprüfungskonferenz zum Vertrag über die Nichtweiterverbreitung von Atomwaffen (NPT) positive Absichtserklärungen angenommen wurden, ist selbst ein Beginn von konkreten Verhandlungen über das Verbot von Atomwaffen noch keineswegs gesichert. Und der in den USA diskutierte Plan für den Aufbau eines Raketenabwehrsystems würde – wenn er tatsächlich umgesetzt wird – gültige internationale Verträge zur Rüstungsbegrenzung torpedieren und zu einer neuen, äußerst gefährlichen und kostspieligen Phase des Wettrüstens bei Atomwaffen und Raketen führen. Ein Rückblick auf das Jahr 1950 hat nicht nur darauf hinzuweisen, dass es gelungen ist, die Eliminierung von Atomwaffen zu einem weithin anerkannten Ziel zu machen, es ist auch hervorzuheben, dass dies nur durch die mühevollen Anstrengungen der in der Friedensbewegung engagierten Menschen erreicht wurde. Den tausenden Aktivisten der damaligen Friedensbewegung in Österreich gebührt Anerkennung und Dank für ihren mutigen und ausdauernden Einsatz. Sie haben eine Mauer der Verleumdungen und Feindseligkeiten durchbrochen. Mit den in Österreich gesammelten Unterschriften für den Stockholmer Appell haben sie einen wichtigen Beitrag zur internationalen Friedensbewegung geleistet.

Antwort auf die Gefahr eines Atomkrieges

Der Kongress im Juni 1950 war ein Höhepunkt der Friedensbewegung in Österreich, die sich seit 1948 weltweit und auch in Österreich in kurzer Zeit zu einer Massenbewegung entwickelt hatte, vor allem im

Frühjahr 1950 mit der Sammlung von Unterschriften zur Unterstützung des Stockholmer Appells für ein Verbot der Atomwaffen. Diese Bewegung war eine Reaktion auf die bedrohliche Entwicklung der internationalen Lage: – Führende Politiker der USA, die bis September 1949 als einzige Macht über Atomwaffen verfügte und einige weitere Jahre bei Atomwaffen zahlenmäßig überlegen war, erklärten mehrmals, dass sich Situationen abzeichnen, in denen der Einsatz dieser Waffen notwendig sein würde und es gab auch Empfehlungen für einen atomaren Präventivschlag. – Die Verhandlungen im Rahmen der Vereinten Nationen über eine internationale Kontrolle der Atomenergie scheiterten, weil die USA eine Behörde durchsetzen wollten, die die Atomenergie auf der ganzen Welt kontrollieren sollte, und sie nicht bereit waren, ein Verbot der Atomwaffen zu akzeptiert. – Die Kolonialmächte Frankreich, Großbritannien und Niederlande führten Krieg bzw. gaben mit ihnen verbündeten Regierungen militärische Unterstützung, um Befreiungsbewegungen niederzuringen. (Vor allem ist an Indochina, Griechenland, Malaya und Indonesien zu erinnern.) – Die Propaganda des Kalten Krieges behauptete, dass die Sowjetunion einen Angriff auf Westeuropa vorbereitet, mit dem sie bis zum Atlantik und zum Mittelmeer vorstoßen will, und dass diesen Plänen nur durch schnelle Aufrüstung der westlichen Staaten begegnet werden könne. Dazu gehörten auch die Vorbereitung und dann die Durchführung der Remilitarisierung Westdeutschlands. Schiffsladungen mit neuen amerikanischen Waffen wurden in Frankreich und Italien entladen. Bei Treffen der Außenminister der USA, Großbritanniens und Frankreichs wurde eine Verstärkung der Rüstungsanstrengungen beschlossen. Die Angst vor einem neuen Weltkrieg wuchs, nicht zuletzt weil Stimmungen propagiert wurden, dass ein solcher Krieg unvermeidlich sei.

Der Kongress in Wien

Professor Strebinger, vom Lehrstuhl für Analytische Chemie der Technischen Hochschule Wien, eröffnete den Kongress am 10. Juni 1950. Zahlreiche Vertreter ausländischer Friedensbewegungen waren gekommen – aus Deutschland (Ost und West), Frankreich, Italien, Polen, Schweden, Sowjetunion, Tschechoslowakei und Ungarn. Die Weltfriedensbewegung wurde durch ihren Generalsekretär Jean Laffitte (Frankreich) vertreten. Professor Strebinger begrüßte besonders die Vertreter und Vertreterinnen von Gewerkschaftsorganisationen und Betrieben, von Kriegsopfer- und Sozialrentnerverbänden, von Kultur-, Sport- und Jugendorganisationen.

Hauptreferate hielten Pfarrer Erwin Kock, Obmann des Österreichischen Friedensrates, Universitätsprofessor Dr. Josef Dobretsberger, Nationalökonom, Universität Graz, und Abgeordneter zum Nationalrat Ernst Fischer, KPÖ. In der Diskussion kamen Delegierte aus allen Bundesländern und aus vielen Betrieben zu Wort. Der Kongress beschloss ein Manifest, einen Aufruf an alle Österreicherinnen und Österreicher, sich am „gerechtesten und menschenwürdigsten Kampf des Jahrhunderts, am Kampf für den Frieden" zu beteiligen (siehe Das Manifest des Kongresses). Zur Weiterführung der Friedensbewegung wurde auf dem Kongress ein erweiterter Österreichischer Friedensrat gewählt, dem 42 Frauen und Männer angehörten. Am Abend des ersten Konferenztages fand vor dem Wiener Rathaus eine große Friedenskundgebung statt, an der viele Zehntausend Wienerinnen und Wiener teilnahmen. Ein eindrucksvoller Demonstrationszug der Teilnehmer war davor über die Ringstrasse gezogen. Besonders herzlich wurden bei der Kundgebung die Reden der ausländischen Delegierten zum Kongress begrüßt und so der internationale Charakter der Friedensbewegung manifestiert. Ein im Kongresssaal begeistert aufgenommenes Ereignis war das Eintreffen der Jugendstafetten aus allen Teilen Österreichs. Sie überbrachten viele Grußbotschaften und hatten mit Kundgebungen entlang ihrer Wegstrecken wirkungsvoll auf den Kongress aufmerksam gemacht. Im Konzerthaus wurde auch eine von Architektin Margarete Schütte-Lihotzky und vom Maler Axl Leskoschek gestaltete Ausstellung über Kriegsfolgen, Kriegsgefahr und die Aktionen der Friedensbewegung gezeigt. Als Wanderausstellung gestaltet wurde sie später an vielen Orten in Österreich aufgestellt und leistete so einen wertvollen Beitrag zum Erfolg der Unterschriftensammlung für den Stockholmer Appell.

Die Friedensbewegung und Österreich

Wichtige erste Schritte zu einer internationalen Friedensbewegung waren die Konferenz von Kulturschaffenden und Intellektuellen für den Frieden in Wroclaw im August 1948 und eine Konferenz der Internationalen Demokratischen Frauenföderation. Die Aufrufe dieser Konferenzen zum Kampf gegen die Kriegsgefahr fanden ein starkes Echo und sie führten dann zu einer gemeinsamen Initiative beider Bewegungen zur Einberufung eines Weltfriedenskongresses. Dieser fand vom 25. bis 29. April 1949 in Paris und Prag statt. Die französische Regierung wollte den Kongress stören oder verhindern. Sie verweigerte vielen Delegationen die Einreise. Daher entschloss man sich zur zeitgleichen Abhaltung eines Parallelkongresses in Prag. In Paris kamen über 2000 Delegierte zusammen, in Prag mehr als 300. Bemühungen um Unterstützung des Ersten Weltfriedenskongresses bildeten auch den Ausgangspunkt für eine breite Friedensbewegung in Österreich. Viele Persönlichkeiten und zahlreiche Betriebsräte unterzeichneten Begrüßungsschreiben an den Kongress und es wurde eine österreichische Delegation nominiert, der Menschen aus vielen gesellschaftlichen und politischen Bereichen angehörten. Die französische Regierung (der zuständige Innenminister war der Sozialist Jules Moch) erteilte den österreichischen Delegierten aber keine Visa. Sie nahmen daher am Parallelkongress in Prag teil. Auf dem Weltfriedenskongress wurde ein Ständiges Komitee zur Weiterführung der Arbeit gebildet. Es tagte dann im Oktober 1949 in Rom und im Dezember in Paris. Grosse Bedeutung erlangte das Treffen vom 15. bis 19. März 1950 in Stockholm. Von dort erging der Ruf zu

Unterschriften für das Verbot der Atomwaffen

In Österreich wurde mit der Sammlung von Unterschriften für den Stockholmer Appell Anfang Mai begonnen. Bis zum Beginn des Friedenskongresses waren 450 000 Unterschriften beim Österreichischen Friedensrat, der die Aktion koordinierte, eingelangt. Der Kongress beschloss die Weiterführung der Unterschriftensammlung. Die Sammlung von Unterschriften wurde zunehmend durch Eingriffe und Verbote der Behörden behindert. Ein Friedensmarsch aus Anlass des Hiroshima-Tages (6. August) wurde in Graz verboten. In mehreren Städten verlangte die Staatspolizei die Entfernung von Transparenten zum Hiroshima-Tag. Offensichtlich gab es entsprechende Weisungen westlicher Besatzungsmächte. Zur Entfernung eines Transparentes zum Hiroshima-Tag am Haus der KP-Bezirksleitung Wien-Hernals rückte die Feuerwehr aus. Zwei Wochen nach dem Wiener Friedenskongress, am 25. Juni, begann der Krieg in Korea. Die Gegner der Friedensbewegung sprachen von einer Aggression Nordkoreas und sie zielten darauf ab, dadurch die Bewegung für das Verbot der Atombombe lahmzulegen. Diese Rechnung ging nicht auf. Das massive Eingreifen amerikanischer Truppen in Korea, die Erklärung Präsident [Harry S.] Truman's, zwei Tage nach dem Beginn der Kämpfe in Korea herausgegeben, dass die USA nun auch militärische Unterstützung für Frankreich in Vietnam, für die Kuomintang auf Taiwan und auch auf den Philippinen leisten würde, zeigten, dass militärische Interventionen in großem Maßstab in Ostasien in Gang gebracht wurden und es dabei zum Einsatz von Atomwaffen kommen könnte. Die Friedensbewegung forderte einen Waffenstillstand in Korea und den Abzug aller ausländischen Truppen.

All das – vor allem aber die Hartnäckigkeit der Friedensaktivistinnen und -aktivisten – trug dazu bei, dass die Aktion für den Stockholmer Appell erfolgreich fortgesetzt wurde. Im September und Oktober wurden in vielen Bezirken Österreichs besondere Aktionswochen durchgeführt. Ab September 1950 erschien die vom Friedensrat herausgegebene „Österreichische Friedenszeitung". Die Unterschriftensammlung wurde am 10. November abgeschlossen, um über die Aktion in Österreich, die nun 955 000 Unterschriften erbracht hatte, beim Zweiten Weltfriedenskongress (Warschau, 16.–22. November 1950) zusammenfassend zu berichten. Die Regierungsparteien ÖVP und SPÖ, die Bundesregierung selbst und die meisten Zeitungen griffen die sich entfaltende Friedensbewegung an, bezeichneten sie als einseitig und riefen zu einem Boykott der Unterschriftensammlung auf. Eine Kampagne der Hetze und Verleumdungen setzte ein (siehe „Argumente" gegen die Friedensbewegung). Der starke Widerhall, den der Stockholmer Appell in Österreich und weltweit fand, wurde verschwiegen. Dass es trotz der feindseligen Haltung und der Gegenaktionen diese starke Unterstützung für die Forderung „Verbot der Atomwaffe" gab, war dem unermüdlichen Einsatz der Aktivisten der Friedensbewegung zu verdanken. Vor allem viele Frauen leisteten einen hervorragenden Beitrag zum Erfolg der Unterschriftensammlung. Durch ihre Gespräche mit Arbeitskolleginnen und -kollegen, oft Tag für Tag und Abend für Abend von Tür zu Tür gehend und auch abgelegene Ortschaften aufsuchend traten sie den Anfeindungen der Gegner der Friedensbewegung wirkungsvoll entgegen.

Was können Unterschriften bewirken?
Von manchen, die zögerten, die Forderung nach Verbot der Atomwaffen zu unterschreiben, wurde gefragt: „Kann denn eine Unterschrift nützen?" Die Friedensaktivistinnen und -aktivisten antworteten: Eine Unterschrift bewirkt nichts, dutzende und hunderte Millionen Unterschriften aus der ganzen Welt können von den Staatsmännern aber nicht ignoriert werden. Unterschriften können also den Verlauf des

Weltgeschehens beeinflussen. Erst später ist die Richtigkeit des Standpunktes der Friedensaktivisten bestätigt worden. Die USA-Führung zog sowohl im Korea-Krieg (1950–53), in dem amerikanische Truppen eingesetzt waren, wie zur Unterstützung Frankreichs im Vietnam-Krieg (1947–54) den Abwurf von Atombomben in Erwägung. Aber diese Pläne wurden von den Regierungen in Paris und London abgelehnt. Sie betonten, dass es ihnen nicht gelingen würde, einen solchen Atombombeneinsatz gegenüber ihrer eigenen Bevölkerung zu rechtfertigen. Der Einsatz von Atombomben könnte daher zu einem Auseinanderbrechen des Bündnisses dieser Länder mit den USA führen. „Warum wird nur ein Verbot der Atomwaffen verlangt und nicht eines von allen Waffen?" so lautete ein zweiter Einwand gegen den Stockholmer Appell. Die Friedensaktivisten betonten: Das Verbot der Atomwaffen ist die dringendste Forderung in den Friedensbemühungen. Ein Atomwaffeneinsatz würde zu einem neuen Weltkrieg mit unabsehbaren Folgen führen. Es ist notwendig, bei den Bemühungen um Abrüstung und Frieden zunächst für die Eindämmung der größten Gefahr einzutreten. Die Friedensaktivistinnen und -aktivisten mussten oft lange Gespräche führen, um von der Bedeutung des Stockholmer Appells zu überzeugen. In vielen Fällen wurde eine Unterschrift erst nach mehreren Gesprächen geleistet. Daher ist zu bewundern, dass viele Aktivistinnen und Aktivisten hunderte Unterschriften und einige sogar mehrere Tausend erhielten.

1950 und heute

Der Rückblick auf die internationale Friedensbewegung um 1950 – und der Erste Österreichische Friedenskongress war ein Element dieser Entwicklung – zeigt, dass damals der Grundstein für die Herausbildung eines neuen Faktors in der internationalen Politik gelegt wurde. Es entstanden neue Formen der Organisierung der öffentlichen Meinung, um mit Konsequenz und Ausdauer für Frieden und Abrüstung einzutreten. Die Grundlage war die sich ausbreitende Erkenntnis, dass es um Existenzfragen der Menschheit geht, bei denen die Entscheidungen nicht einem kleinen Kreis von Staatsmännern und Militärs überlassen werden dürfen.

Die Organisationsformen der Friedensbewegung haben sich gewandelt und sie sind vielfältiger geworden. Geblieben sind die wesentlichen Ziele der Friedenskräfte und die Notwendigkeit, im Wirken für Frieden und Abrüstung eine breite Zusammenarbeit – in jedem

Land und auf internationaler Ebene – zu erreichen. Als Grundlage für dieses Wirken gilt es bewusst zu machen: Eine Orientierung der internationalen Politik, die Sicherheit durch Überlegenheit, vor allem auf militärischem Gebiet anstrebt, muss überwunden werden. Die Kräfte, die eine solche Politik weiter verfolgen, müssen zurückgedrängt werden. Eine Orientierung auf Friedenssicherung durch Zusammenarbeit und Interessenausgleich der Staaten, auf fortschreitende Entmilitarisierung und Abrüstung muss durchgesetzt werden.

Zur Weiterführung der Friedensbewegung wurde auf dem Wiener Friedenskongress ein erweiterter *Österreichischer Friedensrat* gewählt, der das Recht hat, sich durch Kooptierungen zu ergänzen. Mitglieder waren:

Direktor Otto Albl, Traismauer – Herma Bauma, Olympiasiegerin, Wien – Pfarrer Helmut Bergmann, Hallstadt – Univ. Dozent Dr. Engelbert Broda, Wien – Schriftsteller Arnolt Bronnen, Linz – Schriftsteller Dr. Franz Theodor Csokor, Wien – Univ. Prof. Dr. Josef Dobretsberger, Graz – Prof. Franz Elek, Bürgermeister von Eisenstadt – Bundesrat Gottlieb Fiala, Wien – Nationalrat Ernst Fischer, Wien – Ida Flöckinger, Innsbruck – Vera Frapporte, Vorarlberg – Chefredakteur Dr. Bruno Frei, Wien – Therese Fried, Wien – Paul Frischauer, Wien – Oberbuchhalter Richard Fuhrmann, Zistersdorf – Arbeiterkammerrat Karl Gily, Wien – Hilde Glück, Wien – Schauspieler Wolfgang Heinz, Wien – Anna Hornik, Wien – Edith Hoschek, Gloggnitz – Pfarrer Erwin Kock, Wien – Dr. Otto Kreilisheim, Wien – Primarius Dr. Lausegger, Sankt Pölten – Toni Lehr, Vizepräsidentin des KZ-Verbandes, Wien – Dr. Helene Legradi, Wien – Franz Loistl, Obmann des Zentralbetriebsrates, Zistersdorf – Dr. Viktor Matejka, Wien – Dr. Ottokar Parizek, Vorarlberg – Hans Pauls, Sekretär der Gewerkschaft der Arbeiter der chemischen Industrie, Wien – Hofrat Prof. Dr. Edwin Rollet, Wien – Rechtsanwalt Dr. Bruno Schönfeld, Wien – Primarius Dr. Friedrich Scholl, Wien – Ing. Ferdinand Schattauer, Schwechat – Dr. Wilhelm Steiner, Präsident des KZ-Verbandes, Wien – Architektin Margarete Schütte-Lihotzky, Wien – Dr. Robert Strebinger, Prof. der Technischen Universität., Wien – Oberbaurat Dipl. Ing. Franz Schiefthaler, Linz – Univ. Prof. Dr. Hans Thirring, Wien – Berta Völgyfy, Wiener Neustadt – Prof. Dr. Paul Widowitz, Graz – Schriftsteller Richard Zeltner, Wien.

TS war für eine Wahl in den Österreichischen Friedensrat noch zu jung, sein Vater wurde Mitglied. Vorsitzender war Erwin Kock

(1905–1979). Kock war als evangelischer Pfarrer 1940 von der Gestapo wegen einer „aufwiegelnden Rede" inhaftiert, von der Nazijustiz verurteilt und vom Oberkirchenamt entlassen worden. 1942 zur Hitlerwehrmacht eingezogen, war er bei dieser als Übersetzer und Schreiber und rettete als solcher durch Nichtweitergabe eines Schriftstückes 80 Franzosen das Leben. Am 3. April 1945, als die Sowjets um die Befreiung von Wien kämpften, desertierte Kock in Wien, was ihn von Bundespräsident Rudolf Kirchschläger (1915–2000) unterscheidet, der noch im März 1945 als Hauptmann und Taktiklehrer der Hitlerwehrmacht in der Offiziersschule Wiener Neustadt ein letztes Aufgebot von etwa 1200 Fahnenjunkern gegen die zur Befreiung von Wien ansetzenden sowjetischen Truppen geführt hat. Zum Unterschied vom Wehrmachtseinsatz des Bundespräsidenten Kurt Waldheim (1918–2007) wurde dieser Einsatz, der für hunderte junge Männer mit dem Tod endete und nur für ergebene Hitleroffiziere wie Kirchschläger nicht erkennbar sinnlos gewesen sein konnte, in der Öffentlichkeit nie debattiert. Als Bundespräsident hat Kirchschläger allerdings zu Friedensinitiativen ermuntert. Am 12. Jänner 1983 schreibt er Engelbert Broda nach Erhalt eines Rundbriefes der Pugwash-Bewegung: *„Die Erhaltung des Weltfriedens ist in der Tat das wichtigste Problem, mit dem die heutige Menschheit sich auseinandersetzen muss. Es muss für diese Existenzfrage der Welt ein sich immer wieder erneuernder Überzeugungsprozess durchgeführt werden. Ich werde dabei aus tiefer Überzeugung an Ihrer Seite sein".*

Die *Pugwash-Bewegung* entsprang einer Initiative von Albert Einstein (1879–1955), der der berühmteste unter den Naturwissenschaftlern ist, der für die Erhaltung und Sicherung des Friedens kämpfte, und von Bertrand Russel (1872–1970). Beide verfassten im Sommer 1955 (9. Juli) den *Russell-Einstein-Appell*, der, von Max Born (1882–1970), Percy Williams Bridgman (1882–1961), Hideki Yukawa (1907–1981), Leopold Infeld (1898–1968), Frédéric Joliot-Curie (1900–1958), Hermann Joseph Muller (1890–1967), Linus Pauling (1901–1994), Cecil F. Powell (1903–1969) und Józef Rotblat (1908–2005) mit unterzeichnet, vor den Gefahren eines Krieges mit Nuklearwaffen mit seinen für die Menschheit verheerenden Folgen warnte und die Regierungen der Welt aufforderte, Wege für eine friedliche Lösung zu finden: *„Wir sprechen aus diesem Anlass nicht als Angehörige dieser oder jener Nation, dieses oder jenes Kontinents oder Glaubensbekenntnisses, sondern als menschliche Wesen, als Angehörige der Gattung Mensch, dessen weitere Existenz in Zweifel steht".* Ein Ergebnis dieses Appells waren die vom Geschäftsmann

Cyrus Eaton (1883–1979) im Juli 1957 erstmals nach dem kanadischen Dorf Pugwash (Neuschottland) gebrachten *Pugwash Conferences on Science and World Affairs*. Als einziger Wissenschaftler aus einem deutschsprachigen Land wurde Hans Thirring zur Teilnahme eingeladen worden. Im September 1958 fand dank der Initiative von Thirring die dritte Pugwash-Konfernez in Kitzbühel und Wien statt.[119] 1995 wurde Józef Rotblat, der bis 1944 am Manhatten Projekt mitgewirkt hat, stellvertretend für die Pugwash-Konferenzen mit dem Nobelpreis ausgezeichnet. Rotblat war von 1957 bis 1973 Generalsekretär der Pugwash-Konferenzen und 1988 deren Präsident. Am 12. Oktober 2005 organisierte TS für das *NGO Committee on Peace* bei den Vereinten Nationen in Wien und im Einvernehmen mit der Österreichischen Zentralbibliothek für Physik in Wien in einem Hörsaal der Wiener Universitätsfakultät für Chemie eine Veranstaltung *„In memoriam Joseph Rotblat"*. Für die *Stimmen zur Zeit* (Oktober 2005, Nr. 191) schrieb TS einen Gedenkartikel für Josef Rotblat und stellte ein 2007 über ihn erschienenes Buch in Wien vor.[120] Die Pugwash-Bewegung, für die keine strenge Regeln ausgearbeitet sind, hat einen informellen Charakter und ist durch die Teilnahme bedeutender Wissenschaftler aus der ganzen Welt, die als Privatpersonen eingeladen werden und nur sich selbst vertreten, bei Regierungen und der Weltöffentlichkeit wegen ihrer wissenschaftlichen Qualifikation und Denkweise angesehen. Einer der ersten großen Erfolge, an dem die Pugwash-Konferenzen Anteil genommen hat, war der Vertrag zwischen den USA, der UdSSR und Großbritannien, Kernwaffenversuche in der Luft, im Weltraum und unter Wasser zu verbieten (5. August 1963). Hinzu kamen der Kernwaffensperrvertrag (1970), das Verbot biologischer Waffen (1972) und die ersten Verhandlungen über die Begrenzung strategischer Waffen mit SALT [Strategic Arms Limitation Talks] I, in deren Rahmen ein Verbot von Raketenabwehrraketen (A[anti]B[allistic]M[issiles]) vereinbart wurde (1972).

Kock stand seit 1945 wieder im Dienst der evangelischen Kirche und arbeitete begeistert und begeisternd für den Frieden. Von 1949 bis 1952 und von 1957 bis 1968 war er Vorsitzende des *Österreichischen Friedensrates*. Auf dem ersten österreichischen Friedenskongress in Wien am 10. und 11. Juni 1950 hat er das Schlusswort gehalten. Kock betonte, daß *„die Aufrüstung Westdeutschlands heute von den gleichen Hitler-Generälen und Rüstungsindustriellen geleitet wird, die schon vor 13 Jahren den Untergang Österreichs vorbereiteten"*. Die Leitung der Evangelischen Kirche in Österreich distanzierte sich im Juni 1950 öffentlich vom Engagement

Kocks für den *Österreichischen Friedensrat*, Kock wird als *„Marionette Moskaus"* beschimpft, er sei das christliche Aushängeschild des *„KP-Friedensschwindels".* Im Juni 1950 erklärte die Leitung der Evangelischen Kirche öffentlich: *„Wenn sich Pfarrer Kock für den ‚Österreichischen Friedensrat' zur Verfügung gestellt hat, so muss festgestellt werden, daß er es nicht im Einverständnis mit der Kirche tut".* [121]

Im September 1950 erschien die erste Nummer der *Österreichischen Friedenszeitung* zum Preis von 30 Groschen. Sie meldete, dass bis Redaktionsschluss 678.434 Unterschriften, davon 297.000 Wiener, für den *Stockholmer Appell* in ganz Österreich erreicht wurden. Josef Dobretsberger (1903–1970), ein christlich solidarisch denkender Jurist, der als konsequenter Gegner der Nationalsozialisten nach 1934 Verbindung mit illegalen Kommunisten und Sozialisten aufgenommen hatte und wohl deshalb und nicht wegen persönlicher Schwächen von Kurt Schuschnigg (1897–1977) als Sozialminister 1936 nach nur wenigen Monaten wieder entlassen worden war, schrieb einen Leitartikel *„Jeder Katholik muss für den Frieden eintreten".* Dobretsberger war 1938 die Emigration (Istanbul und Kairo) geglückt und hat nach seiner Rückkehr 1945 Unterstützung von der KPÖ, die glaubte auf solche Leute angewiesen zu sein, erhalten.[122] Unter den österreichischen Delegierten des Wiener Treffens des Weltfriedensrates war der Grazer Professor für Völker- und Kirchenrecht Heinrich Brandweiner (1910–1997). Eine stimulierende Anerkennung für die österreichische Friedensbewegung war es, dass Cecil Frank Powell, der 1950 den Nobelpreis für Physik für die Entwicklung der photographischen Methode zur Erforschung von Kernreaktionen und die damit verbundene Entdeckung des Pi-Mesons erhalten hat, nach Wien kam und am 23. Jänner 1951 einen Vortrag über *„Wege zur Erhaltung des Weltfriedens"* hielt. Es müssten sich alle Staaten an die vom *Zweiten Weltfriedenskongress in Warschau* (16./22. November 1950), auf dem der *Weltfriedensrat* als Organ der Weltfriedensbewegung mit seinem ersten Präsidenten Frédéric Joliot-Curie konstituiert worden ist, erhobene Forderung halten, sich auf keine Weise in die inneren Angelegenheiten eines anderen Landes einzumischen. Engelbert Broda, der auf dem ersten österreichischen Friedenskongress in den *Österreichischen Friedensrat* gewählt worden war, machte Powell der *Österreichischen Friedensbewegung* in der *Österreichischen Friedenszeitung* bekannt,[123] die mit ihrer siebten Nummer (März 1951) eine Auflage von 115.000 erreichte. Viele Jahre später erinnert TS mit einer Sonderausgabe des *Informationsbulletins des Österreichischen*

Friedensrates an den 80. Geburtstag des viel zu früh verstorbenen Frédéric Joliot-Curie.[124]

1952 stand die österreichische Friedensbewegung, insbesondere jene in Wien, vor der Aufgabe, den großen, international beachteten *Völkerkongress für den Frieden in Wien* vom 12. bis 20. Dezember 1952 vorzubereiten. Die Waffenstillstandsverhandlungen in Korea gingen nicht wirklich voran, obschon deutlich war, dass die Waffen keine Entscheidung herbeiführten. Die Volksbefreiungsarmee trieb die von Douglas MacArthur (1880–1964), der den Einsatz von Atomwaffen gegen die Volksrepublik China forderte, befehligten Truppen zurück. In Indochina wurde gekämpft, in Frankreich wurden Kommunisten und Gewerkschafter verhaftet, in Griechenland war Bürgerkrieg. Überall in Europa waren noch die Ruinen des letzten Krieges zu sehen. Der „Kalte Krieg" hatte die Welt im Griff und es standen trotz der nicht vergessenen Schrecken neue Ausrottungskriege bevor, die drohten ganze Völker in den Untergang zu reissen. Die auf dem Wiener Völkerkongress gehaltene Reden und Dokumente druckte der *Österreichische Friedensrat* in einer von TS in seinen Sammlungen überlieferten Broschüre als Beilage zur Friedenszeitung ab.[125] Joliot-Curie hatte als Präsident des Weltfriedensrates mit einer Rede „*Verhandlungen an Stelle von Gewalt*" den Wiener Kongress eröffnet. In einer Sondernummer brachte die Österreichische Friedenszeitung Eindrücke von Jean-Paul Sartre über diesen Wiener Kongress, an dem etwa 1880 Delegierte aus 85 Länder teilgenommen hatten und an dem Mia Schönfeld als Dolmetscherin mitgewirkt hat. Wien sei eine schöne, aber tote Stadt, mit verödeten Straßen. Dass an der Friedensdemonstration des Kongresses am 13. Dezember 1952, auf dem Joliot-Curie die Friedensstafette der Jugend der Welt von Emil Zátopek (1922–2000) entgegen genommen hatte, nur etwa 2000 Menschen teilgenommen haben, sei darauf zurückzuführen gewesen, „*weil die Wiener Presse ohne Ausnahme (die Zeitungen der Kommunistischen Partei kommen hier nicht in Betracht) den Kongreß totschwieg*". Die sozialistische Partei habe den Gästen in ihre Hotels hektographierte Briefe geschickt, sie seien „*Naivlinge*". Sartre fragte sich, woher die sozialistische Partei diese Adressen hatte, um ihre Propagandazettel einzuschmuggeln. Sartre: „*Verstehen Sie mich, es waren 2000 Menschen in Wien, die einige hundert Millionen Menschen vertraten. Es waren zu Dutzenden Gelehrte, Politiker, Künstler da, die Wien zu anderer Zeit stolz gewesen wäre, zu empfangen. Es gab die malerischste Zusammenstellung von Trachten und Sprachen. Und nicht ein Wort, nicht die kleinste Zeile darüber auch nur in einer Zeitung! Der kleine Wiener Angestellte, der ein sozialdemokratisches Blatt liest und an der Peripherie der Stadt wohnt, konnte möglicherweise die Existenz des Kongresses wirklich gar nicht erfahren. Ich erinnere sie daran, daß Österreich ein bürgerlich-demokratisches Land ist, daß drei Viertel seines Territoriums von den Armeen der bürgerlichen Demokratien besetzt sind, und daß das ihnen teuerste Prinzip dieser Demokratien die Freiheit der Presse ist".*[126] Auf die Rede von Sartre wurde 1986 in der Sonderausstellung „Friede, Friedensidee, Friedensbewegungen in Österreich", die die Österreichischen Nationalbibliothek in der Neuen Hofburg als Beitrag zu dem von der UNO proklamierten Internationalen Jahr des Friedens arrangiert hat, hingewiesen. Das aktive Mitglied des Weltfriedensrates Dmitrij Schostakowitsch (1906–1975) war ebenfalls in Wien.[127] Auf dem Wiener Kongress hörte man im Unterschied zum Pariser und Warschauer Kongress auch Redner, die die Politik der Sowjetunion kritisierten. Joliot-Curie habe, so erinnerte sich Ilja Ehrenburg (1891–1962),[128] gewissermaßen den Ton angegeben, zum ersten Mal wurde von friedlicher Koexistenz und von kulturellen Beziehungen gesprochen. Das, was Bertolt Brecht (1898–1956) sagt, wird TS mitgedacht haben: *„Und doch wird nichts mich davon überzeugen, daß es aussichtslos ist, der Vernunft gegen ihre Feinde beizustehen. Laßt uns das tausendmal Gesagte immer wieder sagen, damit es nicht einmal zuwenig gesagt wurde! Laß uns die Warnungen erneuern, und wenn sie schon wie Asche aus unserem Mund sind! Denn der Menschheit drohen Kriege, gegen welche die vergangenen wie armselige Versuche sind, und sie werden kommen ohne jeden Zweifel, wenn denen, die sie in aller Öffentlichkeit vorbereiten, nicht die Hände zerschlagen werden".* Der Appell des Wiener Kongresses an die Völker beinhaltet, spätere UNO-Resolutionen vorweg nehmend, die Forderung, die Kriegshandlungen in Korea, Malaya und Vietnam unverzüglich zu beenden, allen Völkern das Recht zu geben, selbst über ihr Schicksal zu entscheiden, und erklärte die allgemeine Abrüstung für notwendig.[129]

In der Woche vom 8.–4. Juni 1953 fand in ganz Österreich die Woche der Aktionen der Friedensräte für Verständigung, Staatsvertrag und Frieden statt. Im Bezirk Wieden wurde zur Vorbereitung darauf debattiert, wie die Friedensarbeit in den Betrieben verbessert werden könnte, auch wurde eine Großkolportage der Österreichischen Friedenszeitung durchgeführt.[130] Im Herbst 1953 war TS wiederholt Vortragender in einer vom Wiener Friedensrat veranstalteten Vortragsreihe, so am 12.

November 1953 im Café Rathaus in Wien XXV, am 17. November 1953 in Bayrischen Hof in Wien II. Taborstraße 39, am 26. November 1953 im Simmeringer Hof in Wien XI, Simmeringer Hauptstraße 99. TS sprach über „Wesen und Auswirkung der Atom- und Wasserstoffbombe" mit Lichtbildern. Die letzte Nummer der Österreichische Friedens-Zeitung erschien mit der Septembernummer 1956 und wurde durch die neue Publikation Stimmen zur Zeit – Monatsschrift für Frieden und Völkerverständigung ersetzt, deren wichtigster Mitarbeiter TS wurde. Seine Hauptlinie war, die Leser nicht mit banalen Botschaften zu überladen, sondern gezielte Informationen zu geben, mit Hinweisen zur Vertiefung oder zur konkreten Mobilisierung.

Viel beachtet wurde die vom Österreichischen Friedensrat 1952 herausgegebene Broschüre Die Aufrüstung Österreichs. Dokumente und Tatsachen[131], in der dokumentiert ist, wie die westlichen Besatzungsmächte in Westösterreich Kriegsvorbereitungen trafen. Der Österreichische Friedensrat forderte einen nicht von konjunkturbedingten Erwägungen gelenkten Beitrag der beiden Großparteien ÖVP und SPÖ zur Friedenssicherung und eine Politik der strikten Neutralität.

Mit Wirksamkeit vom 1. März 1952 hat Bruno Schönfeld auf die Ausübung seiner Rechtsanwaltspraxis verzichtet, Kanzleiübernehmer war Anton Pick (1898–1982), der 1970 bis 1981 als Präsident der Israelitischen Kultusgemeinde Wien amtierte. Bruno Schönfeld hat noch den Abschluss des österreichischen Staatsvertrages erlebt. Der Österreichische Friedensrat erläuterte in seiner dazu abgegebenen Erklärung, dass mit der Verpflichtung der österreichischen Bundesregierung, Österreich aus militärischen Allianzen herauszuhalten und keinerlei militärische Stützpunkte auf österreichischem Boden zu dulden, ein altes Anliegen der österreichischen Friedensbewegung in Erfüllung gegangen sei: „Das österreichische Volk begrüßt die Moskauer Abmachungen aus vollem Herzen und hofft, daß jetzt auch die Westmächte rasch handeln und auf alle Pläne verzichten, Österreich in die NATO oder in irgendein anderes Militärsystem einzubauen".[132] Obschon jetzt in einem neutralen Land agierend, wurde die Friedensbewegung weiterhin von den österreichischen Behörden geschurigelt. So wies die Wiener Magistratsabteilung 35 mehrere Ansuchen des Wiener Friedensrates ab, zehn Aufstellungstafeln über den Atomkrieg auf Wiener Straßen aus Anlass des zehnten Jahrestages von Hiroshima aufstellen zu dürfen.

II.
Mia Schönfeld, geborene Förster – Gefährtin und Genossin

Wie die Sonne scheinen, wie der Fluss fließen und
der Vogel singen muss,
so habe ich kämpfen müssen.
Clara Zetkin (1857–1933)

Im Juli 1947 traten Mia Schönfeld und TS, die inzwischen im IV. Bezirk, Taubstummengasse 13 eine Wohnung erhalten haben, der Kommunistischen Partei Österreichs, Sektion Dibelka, IV. Bezirk Wien-Wieden, bei. Diese Sektion war nach dem Widerstandskämpfer Friedrich Dibelka (1913–1945) benannt, der in der Haft im LG I umgekommen ist. Mia Schönfeld hat gleich die Funktion als Frauenreferentin übernehmen müssen, wurde im Februar 1948 Organisationsleiterin der Sektion und übernahm, als die großen Parteisektionen im Mai 1949 aufgelöst wurden, die Organisationsleitung des Gebietes Süd auf der Wieden. Die Situation in Wien war insgesamt triste, Max Frisch (1911–1991) hatte von einem Besuch 1948 den Eindruck mitgenommen, dass alles wie unter einem Schleier bleibt, niemand, wenn er nicht genötigt werde, rede von der Frage, was diese Stadt eigentlich für eine Zukunft haben soll: *„Ach, schaun S', das wird sich schon wieder geben!"*. Im Kaffeehaus würden sich die amerikanischen Soldaten Wiener Mädchen für ein bisschen Essen einkaufen, Wolfgang Amadeus Mozart werde wegen der zerstörten Staatsoper im alten Theater an der Wien gespielt, russische Gesichter, *„die man auf der Straße zuweilen als einzige Gegenwart empfindet, obschon sie nicht zahlreich sind, sie prallen auf keine andere Gegenwart; irgendwie geht alles aneinander vorbei, das Ganze wie ein Schattenspiel, ungreifbar und unverletzlich. Das weiche Nachgeben ins Lächelnd-Unverbindliche"*.[1] Zwei junge Menschen wie TS und Mia Schönfeld wollten in dieser Atmosphäre für einen Neuanfang von Wien und Österreich kämpfen, sie mussten wissen, dass man ganz von vorne anfangen musste! Sie waren Emigranten, die als Revolutionäre zurückgekehrt sind. Mia Schönfeld ließ sich nicht beirren, ihre Augen

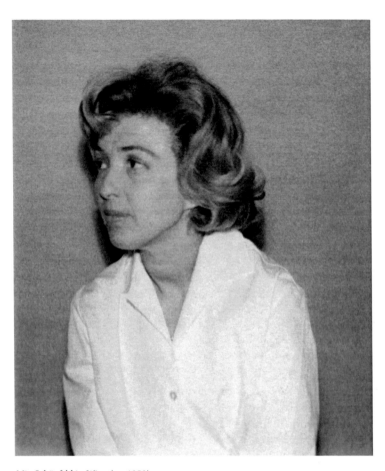

Mia Schönfeld in Wien (ca. 1950).

sind auf ein Österreich mit Zukunft gerichtet. Ihre Impressionen sind andere als jene der Essayistin Hilde Spiel (1911–1990), die Anfang 1946 aus einem Londoner Villenvorort kommend, wohin sie, die eine Absolventin der „Schwarzwaldschule" war, nach der von ihr als Fanal für das Ende ihrer Liebe zu Österreich empfundenen Ermordung des von ihr verehrten Schlick schon 1936 übersiedelt war, ihre Heimatstadt besucht hat und, weil sie eben den alten Schein, in dem sie sich bewegt hat, vergeblich suchte, meinte, dass diese nicht mehr die ihre sei.[2] Die Philosophievorlesungen von Schlick scheinen, folgt man den Erinnerungen von Spiel, auch eine Art Sammelpunkt gewesen zu sein von privilegierten Intellektuellen, die dann in den Wiener Literatencafés darüber solange debattierten bis sie davon überdrüssig waren.[3]

Mia Schönfeld, Tochter des Kaufmanns Karl Förster (*28. Mai 1887 in Kalusz, Polen, geboren als Szyje Chaim Feintuch) und der Erna Förster geb. Löwy (*2. Mai 1891 in Pilsen, CSR), ist in „gut bürgerlichen" Verhältnissen im III. Wiener Bezirk, Keilgasse 6, aufgewachsen. Die Eltern schickten ihre Tochter in die private, vornehmlich von jüdischen Mädchen besuchte „Stern-Schule" (Stern'sche Mädchen Lehr- und Erziehungsanstalt) in der Werdertorgasse 12 im I. Bezirk, die von den Nazis nach der Machtübernahme geschlossen wurde. Einige Monate machte Mia Förster eine Berufsausbildung als Hutmacherin und Modistin, die Eltern dachten, das wäre eine gute Vorbereitung auf die notwendige Emigration, sollte denn das Rauskommen überhaupt noch möglich sein. Wie erlebte ein 16-jähriges Mädchen, das vielleicht schon von der ersten Liebe berührt war, den Frühling 1938 in ihrem Wien? Es konnte sich nicht einmal auf die Parkbank im Stadtpark setzen, denn dort stand: „Nur für Arier!". Gitta Deutsch (1924–1998) meint versöhnlich, die Natur in diesem grauenhaften Wien sei anständig geblieben: *Der Flieder duftete wie eh und je*".[4] Im September 1940 gelang der Familie Förster die Flucht nach Jugoslawien, wohin Karl Förster Geschäftsbeziehungen unterhalten hatte. Im Einverständnis mit ihren Eltern flüchtete Mia Förster 1940 von dort als achtzehnjähriges Mädchen nach New York. Ausschiffung, Angst, Freude, Abenteuer, Heimweh, die Ansicht der Häuser von Manhattan, die Fülle aller widersprüchlichen Gefühlen während der Überfahrt und in den ersten Monaten werden sich nur literarisch gestalten lassen. Mia Förster erhielt von ihren Eltern noch einen vom 2. März 1944 datierten Brief von der Insel Rab (Kroatien), wo Juden von den Nazis interniert wurden. Es war das letzte Lebenszeichen ihrer Eltern, über das ihnen angetane Schicksal konnte kein Zweifel bestehen, weshalb Mia Schönfeld im September 1947 nach ihrer Rückkehr nach Wien den Antrag auf deren Todeserklärung stellen musste.

In New York erlangte Mia Förster zuerst eine Anstellung als Modistin und begann sich in ihrer prekären Situation mit den politischen Hintergründen der Machtergreifung des deutschen Faschismus und überhaupt mit den kapitalistischen Verhältnissen auseinanderzusetzen. In einer New Yorker Bibliothek entlehnte sich das junge Mädchen marxistische Literatur, zur Verwunderung der Bibliothekare. Als Ansprechpartner in New York fand Mia Förster emigrierte Österreicher und kam so in Kontakt mit der *Freien Österreichischen Jugend* in den

USA. Das wurde von ihren Quartiergebern nicht gerne gesehen, weshalb Mia Förster nach zwei Jahren sich um eine andere Unterkunft in New York umsehen musste. Im April 1943 wurde sie von der *Freien Österreichischen Jugend* aufgenommen, bald wurde sie Gruppenleiterin einer der drei österreichischen Jugendgruppen in New York.

Nach der Rückkehr Anfang 1947 nach Europa blieb Mia Schönfeld einige Zeit in Paris und engagierte sich dort im *Weltbund der Demokratischen Jugend*, der im November 1945 auf der *Weltjugendkonferenz in London* gegründet worden war. Von den Vereinten Nationen als internationale nicht-staatliche Jugendorganisation anerkannt war dessen Ziel der Gedankenaustausch unter den Jugendlichen aus der ganzen Welt und der Kampf gegen Faschismus und Krieg. Nach Wiedererlangung der österreichischen Staatsbürgerschaft trat Mia Schönfeld im September 1947 in die Kommunistische Partei Österreichs ein, wurde sogleich als Frauenreferentin in die Leitung der Sektion Dibelka der Bezirksorganisation Wieden kooptiert und seit den Wahlen der Sektionsleitung im Februar 1948 Organisationsleiterin. Die Wiener Organisation der KPÖ war nach der Befreiung in wenige große Sektionen gegliedert, die von einem kleinen Funktionärskader mit fünf bis zehn Mitgliedern geleitet wurden. Das war schon deshalb notwendig, weil infolge der Dezimierung der Kommunisten in den Jahren des Faschismus viel zu wenig marxistisch geschulte Funktionäre vorhanden waren. Im Sommer 1949 wurden die großen Bezirksorganisationen in zahlreiche kleine Sektionen aufgegliedert. Mia Schönfeld übernahm bis zur Geburt ihres ersten Kindes die Organisationsleitung des Gebietes Süd auf der Wieden. Seit 1952 war sie dann „Obmann" einer Sektion des 4. Bezirkes. Bei internationalen Tagungen in Wien, bei denen die KPÖ Mitveranstalterin war, arbeitete Mia Schönfeld in verschiedenen Funktionen mit,[5] vom April 1954 bis Dezember 1954 hauptberuflich im internationalen Vorbereitungskomitee für das Landjugendtreffen. Mia Schönfeld und TS haben zwei Kinder, Georg (*Wien, 1950) und Kitty (*Wien, 1955).

Innerhalb der Kommunistischen Partei Österreichs war seit den 60er Jahren eine Verarmung an der Vermittlung von geistigem, in eine neue sozialistische Zukunft weisendem Kulturgut festzustellen. Die Zeiten der „*Kommunistenbühne*" Scala waren längst vorbei. Das Wiener Bürgertum hat sich bald nach 1945 den Rückgriff auf den schönen Schein der k. k. Kultur nicht nehmen lassen, das Publikum bei der Premiere „Fidelio" am 5. November 1955 an der wiedereröffneten Oper hat Rabofsky so kommentiert: „*Leider ist dieses Fest zu einer Demonstration des*

Geldsacks geworden".[6] Im Frühjahr 1972 hat Mia Schönfeld, die mit spezifischer „Frauenarbeit" weniger anzufangen wusste, die Initiative zur Gründung eines *Kommunistischen Kulturkreises (KKK)* ergriffen, um dem durch den restaurativen bürgerlichen Kulturbetrieb sich abstumpfenden Kulturbewusstsein von Kommunisten und ihrer Verbündeten in Begegnungen und Gesprächen entgegenzuwirken. Mia Schönfeld sah zwischen bürgerlicher Kunst und Literatur und der sich abzeichnenden neuen sozialistischen Kunst und Literatur überhaupt keine Mauer oder unvereinbaren Gegensatz, es ging ihr vielmehr auch in der Kunst und Literatur um das Weitergehen in eine neue Gesellschaft.[7] Einer der ersten Gäste des *KKK* war Hugo Huppert (1902–1982), dessen literarisches Schaffen in Österreich schon damals kaum rezipiert wurde.[8] Regelmäßig hielt der *KKK* Veranstaltungen ab, worüber der Bericht von Mia Schönfeld auf dem 22. Parteitag der KPÖ, der vom 18. bis 20. Jänner 1974 in Wien abgehalten wurde, Auskunft gibt.[9] Sie knüpft an die produktiven Impulse des sozialistischen Realismus an, an Maxim Gorki (1868–1936), der den revolutionären Kampf der Arbeiterklasse für den Sozialismus literarisch vor allem in seinem 1947 im Globus Verlag in deutscher Sprache leicht zugänglich gemachten Buch „Die Mutter" schildert, an Picassos 1937 oft reproduziertes Bild „Guernica", das die Zerstörung der baskischen Stadt durch die deutschen Faschisten darstellt, an den 1925 entstandenen revolutionären, zur Erkenntnis hinführenden Pionierfilm „Panzerkreuzer Potemkin" von Sergei Eisenstein (1898–1948) und, das war in der Familie Schönfeld selbstverständlich, an die Arbeiten des bedeutendsten Marxisten des 20. Jahrhunderts Bertolt Brecht:

Welcher Kommunist hat nicht mit Begeisterung Maxim Gorkis ‚Mutter' gelesen, ist nicht erschüttert vor Picassos ‚Guernica' gestanden, und selbst Nichtkommunisten bezeichnen den Film ‚Panzerkreuzer Potemkin' als einen der mitreißendsten Filme, die je geschaffen wurden. Wer ist nicht begeistert, wenn er Bertolt Brechts Stücke oder Gedichte aufschlägt? Diese Werke der Literatur und Kunst bestärken uns in unserem Kampf, sind uns Hilfe zum Verständnis der uns umgebenden gesellschaftlichen Wirklichkeit, sie helfen uns, andere vom Sinn dieses Kampfes zu überzeugen. Wer die Kulturseiten der österreichischen Zeitungen liest, weiß, daß auf diesem Gebiet ständig ideologische Auseinandersetzungen stattfinden. Wir kennen also den Einfluss und die große Bedeutung kultureller Werke – und der Befassung mit Fragen der

Kultur – für den Kampf der Arbeitenden bei der revolutionären Veränderung der Gesellschaft. Wir nützen aber die Möglichkeiten, die es für uns auf diesem Gebiet derzeit – auf der Grundlage der heutigen Stärke der Partei – gibt, keineswegs voll aus.

Das waren die Überlegungen, die im Frühjahr 1972 zur Bildung des Kommunistischen Kulturkreises in Wien geführt haben. Viele Genossen kennen die Einschaltungen in der ‚Volksstimme' oder erhalten die Programme des KKK. Ich möchte hier kurz über die Zielsetzungen und bisherigen Ergebnisse der Tätigkeit des KKK sprechen.

Mit Zustimmung und Hilfe der Wiener Stadtleitung wurde ein kleines Kollektiv gebildet, dem Genossen der Stadtleitung, der Kulturredaktion der ‚Volksstimme' und einiger Bezirksorganisationen, insbesondere Genossen von Wien-Wieden, angehören. Wir wollen mit den Veranstaltungen des KKK Mitglieder unserer Partei, vor allem aber die Außenstehenden, erreichen. Unsere Abende finden bereits bei jungen Menschen Interesse, die wir sonst nur schwer erfassen könnten, und zunehmend beteiligen sich an unseren Diskussionen junge Kulturschaffende, die zu spüren beginnen, in welchem Ausmaß der Kultursektor in unserem Land von den Herrschenden manipuliert wird.

Die Diskussionen zu Themen wie ‚Kultur und Klassenkampf' oder nach Filmen wie ‚Rote Fahnen sieht man besser' (aus der BRD) werden auf hohem Niveau geführt. Großes Interesse hat ein Abend mit der Kulturredaktion der ‚Volksstimme' und Kulturschaffenden aus Wien zum Thema ‚Kulturpolitik unter der Lupe' kurz vor der Gemeinderatswahl in Wien gefunden, sowie ein Abend über Fragen des Städtebaues mit einem Stadtplaner aus der DDR. Ein Brecht-Abend, eines der ersten Programme des KKK, wurde von einer Gruppe junger Schauspieler und Schauspielschüler vorbereitet, vor allem Nichtgenossen. Einer von ihnen hat den Weg in die Partei gefunden.

An unseren letzten Veranstaltungen – Filmen oder Diskussionen – nahmen jeweils rund hundert Menschen teil. Im Laufe der anderthalb Jahre seit Bestehen des KKK haben wir einige hundert Leute erreicht und so die Möglichkeit gehabt, mit ihnen zu diskutieren. Das ermutigt uns, diese Arbeit fortzusetzen. Ich bin überzeugt, daß es auch in anderen österreichischen Städten Möglichkeiten für ähnliche Aktivitäten gibt und eine Ausweitung dieser Tätigkeit unsere Präsenz in den ideologischen Auseinandersetzungen verstärken kann.

III.
Chemie, Politik und Laufbahn an der Wiener Universität

III. 1. Wissenschaftliche, politische und menschliche Nähe zu Engelbert Broda

> *Die Kunst des Wissenschaftlers ist es,*
> *vor allem sich einen guten Lehrer zu finden*
> André Lwoff (1902–1994)

Zu den Erfahrungen bürgerlichen Berufslebens gehört es, zur richtigen Zeit am richtigen Ort zu sein, aber auch die Tatsache, dass Zufälligkeiten insgesamt für das Berufsleben eine außerordentlich wichtige Rolle spielen. Zur Zeit als TS in Wien überlegte, das Studium der Chemie überhaupt fortzusetzen, war Engelbert Broda[1] aus dem Exil in Großbritannien wieder nach Wien gekommen. Nach einem Zusammentreffen mit Broda hat sich TS entschieden, das Chemiestudium in Wien abzuschließen. Zu dieser Entscheidung hat Mia Schönfeld beigetragen, die Wert darauf legte, dass TS nicht von der Kommunistischen Partei in Abhängigkeit kommt, sondern in der Wissenschaft bleibt. Der beinahe tägliche Umgang mit Engelbert Broda im Labor war für die Entwicklung von TS als Wissenschaftler wichtig, er wuchs in dessen wissenschaftliche Tradition mit der Fähigkeit, aus der notwendigen Kleinarbeit heraus selbst neues Wissen zu produzieren, hinein.[2] Herausragend ist die beiden gemeinsame größte Bescheidenheit in Verbindung mit einem sehr starken Willen. Die von Broda empfangenen Impulse wirkten auf TS fort und dieser gab sie weiter.

Engelbert Broda hatte in seiner Jugend das Privileg, in dem aus einer bildungsbürgerlichen Familie kommenden, in Auschwitz ermordeten Wiener Anwalt Egon Schönhof (1880–1942), der sein Taufpate war, einen qualitativ hochstehenden Gesprächspartner zu haben. Schönhof, der seine Kanzlei 1911 im III. Wiener Bezirk, Hainburgerstrasse 27 eröffnet hatte, war als zu Kriegsbeginn eingerückter Reserveoffizier in

Ausweiskarte der Universität Wien, ausgestellt für Thomas Schönfeld 1947.

russische Kriegsgefangenschaft gekommen und 1921 als überzeugter Kommunist nach Wien zurückgekehrt. Schönhof hat die Schriften von Wladimir Iljitsch Lenin (1870–1924) eingehend studiert. Als Anwalt verteidigte er viele Arbeiter gegen die reaktionäre österreichische Justiz. Über Schönhof hat Engelbert Broda zum 70. Geburtstag von Johann Koplenig geschrieben: *„Was immer der Gegenstand der Diskussion war – stets war der Kernpunkt die Wahrheitsliebe Schönhofs. Nie gab er sich mit noch so schönen Worten zufrieden, sondern er forderte unbedingte Klarheit über die wahren Verhältnisse. Ungeduldig war er mit Menschen, deren Worte und Taten einander nicht entsprachen. Abneigung gegen Kriecherei, Polizeimethoden und Bürokratie, gegen Überheblichkeit und nationalen Hochmut, gegen Autoritätsglauben und Selbstzufriedenheit erfüllte ihn".*[3] Diese Einschätzung trifft auf Engelbert Broda selbst zu. Als Absolvent des Akademischen Gymnasiums in Wien I hat Broda im Labor von Feigl seine ersten chemischen Übungen durchgeführt und dann in Berlin am Institut für Physikalische Chemie unter Max Bodenstein (1871–1942) und Paul Günther (1892–1969), der zu den damals sehr wenigen Fachleuten für die chemische Wirkungen ionisierender Strahlung gehörte, studiert. Von den Nazis verhaftet und vom Studium *„wegen kommunistischer Betätigung"* ausgeschlossen, ging Broda nach Wien zurück und schloss dort im Herbst 1934 sein Studium mit einer

Doktorarbeit (1. Über den Röntgenzerfall von Ammonpersulfatlösungen. 2. Studien zum viskosimetrischen und osmotischen Verhalten der Hochpolymeren in Lösung) bei dem seit Oktober 1932 nach Wien als Vorstand des I. Chemischen Laboratoriums an der Universität wirkenden Hermann Mark (1895–1992) ab. Als Kommunist auch von dem in Österreich an die Macht gekommenen klerikalen Rechtsregime wiederholt verfolgt und verhaftet, flüchtete Engelbert Broda in die Tschechoslowakei und ging von dort als Industriechemiker in die Sowjetunion, dessen Völker voll Optimismus den Aufbau einer sozialistischen Gesellschaft vorantrieben, bedroht von inneren, an der Konterrevolution interessierten Kräften und von den aggressiven, von den Westmächten tolerierten Eroberungsplänen des deutschen Imperialismus. Ende 1936 ist Engelbert Broda nach Wien zurückgekehrt, weil er eine vom Schuschnigg-Regime eigentlich für die Nazis bestimmte Amnestie nützen konnte. Er arbeitete als Forschungsassistent von Hermann Mark am I. Chemischen Universitätslaboratorium und war ab 3. September 1937 in der Patentanwaltskanzlei des 1941 nach Litzmannstadt deportierten Ing. Richard Breuer (*1881) tätig. Fluchtartig mußte Engelbert Broda nach dem Einmarsch der Hitlerwehrmacht Wien verlassen, auch sein Lehrer Mark verlor seinen Posten, dieser kam an das polytechnische Institut von Brooklyn. Broda konnte zuerst als Rockefeller Stipendiat des Medical Research Council am University College London physikalisch chemische Studien über den Sehpurpur betreiben, dann, nach einer Zeit der Internierung, wurde er in die Cambridger Forschungsgruppe des Department of Atomic Energy des Department of Scientific and Industrial Research berufen und beteiligte sich indirekt am britischen Atombombenprogramm. Die Einladung dazu war von Hans von Halban (1908–1964) gekommen, der der Sohn des aus einer Wiener Familie stammenden Zürcher Chemikers Hans von Halban (1877–1947) war. Halban war Mitarbeiter von Frédéric Joliot-Curie gewesen und hatte zusammen mit diesem und dessen Assistenten Lew Kowarski (1907–1979) nachgewiesen, daß die vermutete Möglichkeit von Energie liefernden nuklearen Kettenreaktionen zu realisieren ist. Als die Hitlerwehrmacht im Juni 1940 vor Paris stand, schickte Joliot-Curie seine Mitarbeiter Halban und Kowarski mit den damaligen Weltvorräten an Schwerem Wasser nach England, Joliot-Curie selbst ging in den Widerstand. Broda arbeitete von Dezember 1941 bis August 1946 im Cavendish Laboratory, gelegentlich auch an der Universität Liverpool unter dem Physik-Nobelpreisträger (1935) James Chadwick (1891–1974).

Insbesondere hat Broda während dieser Zeit Erfahrungen mit langsamen Neutronen und mit der Verwendung von photographischen Platten für die Untersuchung und den Nachweis auf Kernumwandlung gewonnen. Vom September 1946 bis Februar 1947 arbeitete Engelbert Broda auf Einladung von Norman Feather (1904–1978), mit dem er schon in Cambridge zusammengearbeitet hatte, in Edinburgh, wo er am pharmakologischen Institut die Methode der radioaktiven Indikatoren für biochemische Zwecke einführte. In Großbritannien beteiligte sich Broda aktiv an der *„Freien Österreichischen Bewegung (Free Austrian Movement/FAM)"* und am *„Bund der österreichischen Ingenieure, Chemiker und wissenschaftlichen Arbeiter in Großbritannien"* (*„Association of Austrian Engineers, Chemists und Scientific Workers in Great Britain"*). Der Freien Österreichischen Bewegung fühlten sich, wie der 1935 nach London emigrierte Theodor Prager (1917–1986)[4] schreibt, die meisten der damals in England befindlichen 17.000 österreichischen Emigranten zugehörig, nur die im Londoner Büro der österreichischen Sozialisten von Oscar Pollak und Karl Czernetz (1910–1978) gesammelte kleine *„Gruppe sozialdemokratischer Parteipatrioten"* war darin nicht vertreten. Dem Vorstand der *FAM* gehörten Kommunisten, bürgerliche Liberale und einige Monarchisten an wie, etwas skurril, der Senatspräsident Georg Lelewer (1872–1960).[5]

Als Geheimnisträger konnte Engelbert Broda erst Ende Mai 1947 aus der Emigration nach Wien zurückkehren. Thirring, der von den Nazis wegen seines Pazifismus aus seinem Amt verjagt worden war, hat sich für die Rückkehr von Broda eingesetzt, auch Karl Przibram (1878–1973), der die deutsche Besetzung in Brüssel als „U-Boot" überlebt hat und jetzt wieder Vorstand des II. Physikalischen Instituts der Wiener Universität war. Thirring hat 1946 (Wien) ein Buch *„Die Geschichte der Atombombe. Mit einer elementaren Einführung in die Atomphysik auf Grund der Originalliteratur gemeinverständlich dargestellt"* geschrieben, das Engelbert Broda in Nature (14. Juni 1947, 792) angezeigt hat, um die wissenschaftliche Welt darauf aufmerksam zu machen, dass es auch ein antifaschistisches Österreich gegeben hat. Broda war in Wien zuerst als wissenschaftlicher Mitarbeiter im Ministerium für Energiewirtschaft und Elektrifizierung unter der Leitung des Kommunisten Karl Altmann (1904–1960) am Wiederaufbau Österreichs beteiligt (16. Juni 1947–31. Oktober 1948) und habilitierte sich Ende 1947 an der Wiener Universität für physikalische Chemie bei Ludwig Ebert (1894–1956). Im Einvernehmen mit Karl Przibram schreibt Ebert am 8. Dezember 1947: *„Es* *muß noch ausdrücklich auf die große Bedeutung des Umstandes hingewiesen werden, daß wir in Dr. Broda einen aktiven jungen Forscher gewinnen werden, der die gesamte wissenschaftliche Entwicklung in den angelsächsischen Länder und in Frankreich während der Kriegsjahre aus eigener Mitarbeit genau kennt und der überdies auf Gebieten gearbeitet hat, für welche hierzulande Sachverständige aus eigener Erfahrung nur in äußerst geringer Zahl vorhanden sind".*

Engelbert Broda blieb an der Wiener Universität, obschon ihn diese im vorauseilenden Gehorsam gegenüber der konservativ reaktionären Unterrichtsverwaltung randständig behandelte. Für TS war es doch ein schöner, das weitere Leben stark beeinflussender Zufall, dass er mit Engelbert Broda nicht nur einen Gesinnungsgenossen, sondern auch einen ausgezeichneten Chemiker als Lehrer, der in der Lage war, eine innovative Dissertation zu betreuen, fand. Broda beschäftigte sich zu jener Zeit, als TS ihn für die Fortsetzung seines Chemiestudiums kontaktierte, mit zur Biochemie übergehenden, von aufwendigen, in Wien nicht vorhandenen Laborinstallationen nicht abhängigen, aber aktuellen radiochemischen Problemen wie der Suche nach langlebigen Alphastrahlern mit Kernspuremulsionen, mit dem 1934 von Leo Szilard (1898–1964), der mehrere geniale Patente eingereicht hatte, und T. A. Chalmers (1905–1976) entdeckten, nach ihnen benannten Effekt (Szilard-Chalmers Effekt) und dem chemischen Verhalten trägerfreier Radionuklide. Er begann mit der Entwicklung von Arbeitsmethoden für die Erforschung belebter Systeme mittels Radioindikatoren. Empfindliche Messverfahren für Radiokohlenstoff und Biosynthesen markierter Verbindungen hoher spezifischer Aktivität wurden ausgearbeitet. Das wurde Grundlage für die biochemischen Forschungen von Broda und seinen Mitarbeitern. Der Stoffwechsel von tierischen Zellen in Kultur wurde untersucht, um insbesondere die Unterschiede zwischen normalen und Krebszellen zu charakterisieren, die Umwandlungen kanzerogener Stoffe im Säugetierorganismus wurden verfolgt. Radioaktiv markiertes Tabakmosaikvirus wurde gewonnen und zur Aufklärung des Vermehrungsmechanismus eingesetzt. Seit Mitte der 60er Jahre waren Ionentransport durch Membrane, die Ionenaufnahme durch Zellen und bioenergetische Fragen die Hauptthemen der Forschungen von Broda. Sein besonderes, von experimentellen Arbeiten begleitetes Interesse galt der stammesgeschichtlichen Evolution bioenergetischer Prozesse. Broda war Pionier der Wissenschaftsgeschichte in Österreich und verfasste insbesondere über den berühmten österreichischen Physiker Ludwig Boltzmann (1844–1906) eine grundlegende Biographie, die dessen herausragende Stellung in der Wissenschaftsentwicklung heraus arbeitet.[6] Broda hat es auch verstanden, allgemein gebildeten, aber nicht speziell naturwissenschaftlich geschulten Menschen ein verständliches Bild von den modernen Naturwissenschaften zu geben.

TS blieb Engelbert Broda zeit seines Lebens loyal verbunden, er hat ihn als wissenschaftliches, politisches und moralisches Vorbild akzeptiert. Der Initiative und Beharrlichkeit von TS ist es zu danken, dass ausgewählte Schriften von Broda mit einem vollständigen Schriftenverzeichnis 1985 herausgegeben werden konnten.[7] Im Kollegium der naturwissenschaftlichen Fakultät hielt TS am 15. Dezember 1983 einen Nachruf, in dem er die Menschlichkeit des wissenschaftlichen Denkens von Broda hervorhebt:

„Sein Verständnis von der Verantwortung des Wissenschaftlers veranlasste ihn, sich – in engem Zusammenhang mit seinen fachlichen Einblicken – in Fragen von allgemeinem Interesse zu engagieren. Intensiv und unermüdlich setzte er sich ein, um der Allgemeinheit die Bedrohung durch das atomare Wettrüsten bewusst zu machen. In diesem Sinn wirkte er als Präsident der Vereinigung Österreichischer Wissenschaftler, der österreichischen Pugwash – Gruppe. Er warnte vor Gefahren, die sich ergeben können, wenn wissenschaftliche und technische Errungenschaften ohne umfassende Berücksichtigung der Konsequenzen in der gesellschaftlichen Praxis eingesetzt werden. So nahm er Stellung zu Problemen des Strahlenschutzes, zu den Behauptungen von ‚biopositiven Wirkungen' ionisierender Strahlen und zu den Fragen des Einsatzes der Kernenergie. Er beschrieb die schon erkannten Möglichkeiten zur Nutzung der Sonnenenergie und befürwortete – in Hinblick auf die langfristig entscheidende Bedeutung dieser Energiequelle – eine wesentliche Intensivierung der Forschungen auf diesem Gebiet. Mit allen diesen Aktivitäten wollte er möglichst wirkungsvolle Beiträge der Wissenschaft zum Wohl der Menschen erreichen helfen".

III. 2. Fortsetzung und Abschluss des Chemiestudiums

Am 30. September 1947 hatte TS am I. Chemischen Universitäts-Laboratorium die mündliche Eintrittsprüfung, abgenommen von Anton

Wacek (1896–1976)[8], abgelegt. Zunächst wurde TS vom Dekan der philosophischen Fakultät Herbert Duda (1900–1975), ein seit 1943 an der Wiener Universität wirkender Turkologe aus Oberösterreich, aber nur bedingt „für Naturwissenschaften ohne Latein-Erg[änzungs].- Prüfung" und gegen nachträgliche Nostrifikation des Reifezeugnisses aufgenommen (19. Oktober 1947). Die von TS unterm 1. Oktober 1948 beantragte Nostrifikation des am Ursinus College erworbenen Bachelor als Reifezeugnis einer österreichischen Realschule war vom österreichischen Unterrichtsministerium schon bewilligt (11. Oktober 1948), die bedingte Aufnahme vom Dekan Duda am 22. Oktober 1947 amtlich gestrichen. Die Gebühren wurden TS als *„geschädigter Hochschüler"* am 3. Dezember 1947 zur Gänze erlassen, er hatte zu diesem Zweck eine Bestätigung des „Komitees der geschädigten Hochschüler, Wien, Organisation der Opfer des Nationalsozialismus in der österreichischen Hochschülerschaft" (Wien IX, Kolingasse 19) vom 9. Oktober 1947 vorgelegt. Zuvor hat sich TS beim *„Verband der wegen ihrer Abstammung Verfolgten"* (Wien II, Praterstraße 25/9), dessen geschäftsführender Obmann Michael Kohn war, als ordentliches Mitglied registrieren lassen. Die Stimmung an der Wiener Universität gegenüber kommunistischen Studenten war nicht gut, von Seiten der weit überwiegenden Mehrheit der Professoren und der Studenten. Im Vorfeld zu den Wahlen der Österreichischen Hochschülerschaft im November 1946 war es zu wütenden Protesten und Drohungen von Seiten studentischer Exnazibanden gegen wahlwerbende kommunistische Studenten wie gegen den von der Gestapo gefolterten Eduard Rabofsky gekommen.[9] Am 9. November 1949 hatten Unbekannte an das Tor des II. Chemischen Instituts in der Boltzmanngasse *„Juden hinaus!"* hin geschmiert. Anfang Jänner 1951 wurden in Wien von Seiten des International News Service in Wien Meldungen verbreitet, das Chemische Institut, an dem Broda wirke, werde in amtlichen Berichten als *„Brutstätte fanatischer Kommunisten"* beschrieben.

Am 8. April 1948 legte TS die mündliche Abschlussprüfung aus Organischer Chemie ab, Prüfer war wieder Wacek, der im Herbst 1948 nach Graz an die Technische Hochschule ging. Das an der Columbia University besuchte Praktikum aus Physikalischer Chemie wurde ihm angerechnet, die mündliche Prüfung aus physikalischer Chemie absolvierte TS bei Ludwig Ebert mit „ausgezeichnet" am 19. Juni 1948. Die als Doktorandum geltende Prüfung aus dem Gesamtgebiet der Chemie legte TS am 29. Juni 1948 ebenfalls bei Ebert „mit gutem

Erfolg" ab. Ebert, ein Schüler des Wieners Physikochemikers Hans von Halban, ist 1940 nach Wien als Vorstand des I. Chemischen Universitätslaboratoriums gekommen und hat sich um die Organisation der österreichischen Chemie nach 1945 große organisatorische Verdienste insbesondere durch die Wiederbelebung des Vereins Österreichischer Chemiker (konstituierende Sitzung des Vorstandes 9. November 1946) erworben.[10] Als dessen Vizepräsident konnte er größere Chemiefirmen dazu veranlassen, Stipendien für Chemiestudenten bereit zu stellen, was in Ermangelung staatlicher Stipendien eine große Hilfe war. Von seinem in den USA absolviertem Studium wurden TS drei Semester in das Studium von der Wiener philosophischen Fakultät angerechnet (18. Februar 1950), das Absolutorium mit fünf Wiener Semestern am 28. Februar 1950 ausgestellt.

Bei Ebert hatte TS im Wintersemester 1947/48 chemische Übungen für Organiker (15-stündig), im Sommersemester 1948 Aufbau der Materie (3-stündig) und Elektrolyte und Elektrochemie (2-stündig) und im Winter- und Sommersemester 1948/49 sowie im Wintersemester 1949/50 Anleitung zum wissenschaftlichen Arbeiten (15-stündig) inskribiert. Im Wintersemester 1947/48 (Strukturlehre, 2-stündig) und im Wintersemester 1948/49 (Konstitution und physikalische Eigenschaften, 1-stündig) hat er an Vorlesungen und Übungen des Privatdozenten für organische Chemie Friedrich Galinovsky (1908–1957) teilgenommen. Im Studienjahr 1947/48 waren von ihm dazu ausgewählte Kapitel aus organisch-chemischer Technologie (2-stündig) bei Wacek, im Sommersemester 1948 ein Kolleg aus Strukturchemie (3-stündig) bei Hans Nowotny (1911–1996) belegt worden. Im selben Sommersemester 1948 hat er auch noch eine Vorlesung Gasanalyse und Hochvakuumtechnik (1-stündig) beim Organiker Adolf Müller (1894–1955) besucht. Einflussreich für seine spätere Arbeit dürfte im Wintersemester 1947/48 die dreistündige Vorlesung „Radioaktivität" der soeben in der Nachfolge des von den Nazis in die Emigration vertriebenen und gleich nach der Befreiung nach Österreich als Honorarprofessor zurückgekehrten Pioniers der Radioaktivitätsforschung in Österreich Stefan Meyer (1872–1949) zur Direktorin des Instituts für Radiumforschung ernannten, gegenüber Meyer auch in der Nazizeit loyalen Kernphysikerin Berta Karlik (1904–1990) gewesen sein. Die Radioaktivität war 1896 durch Henri Becquerel (1852–1908) und durch das Ehepaar Pierre Curie (1859–1906) und Marie Skłodowska-Curie (1867–1934) entdeckt worden. Ausgehend von der Radioaktivität entstand dann die Vorstellung, dass die Atome aus Kern und Elektronenhülle bestehen, was der Ausgangspunkt der Entwicklung der Kernphysik war. Bei Broda hat TS im Wintersemester 1948/49 an der Vorlesung Erzeugung und Verwendung künstlich radioaktiver Stoffe (2-stündig) und im Sommersemester 1949 am zweiten Teil davon teilgenommen.

Die von Broda betreute Doktorarbeit von TS handelt über „*Adsorbtionserscheinungen in hochverdünnten Lösungen (Untersuchungen mit Hilfe radioaktiver Stoffe)*" und wurde von Ludwig Ebert unter Beistimmung vom organischen Chemiker Friedrich Wessely (1897–1967) am 5. Juni 1950 begutachtet. Bei Wessely hat TS keine Vorlesungen oder Übungen absolviert. Beim zweistündigem Hauptrigorosum aus Chemie, das TS am 27. Juni 1950 *„ausgezeichnet"* ablegte, fungierte neben Ebert und Wessely Karl Przibram als Prüfer. Przibram war langjähriger Mitarbeiter am Institut für Radiumforschung, 1938 von seiner Wiener Professur vertrieben, konnte er 1946 als Vorstand des II. Physikalischen Instituts nach Wien zurückkehren. Im Gutachten kommt nicht zum Ausdruck, wie schlimm die Bedingungen in Wien für naturwissenschaftliche Forschung waren. 1948 stellt Broda fest, dass das monatliche Budget der Zentralbibliothek für Physik gerade etwa Schilling 200 beträgt, was zum Ankauf von durchschnittlich vier Büchern genüge, vorausgesetzt, dass auf das Abonnement der etwa 100 notwendigen Zeitschriften vollkommen verzichtet werde, von denen jede einzelne durchschnittlich Schilling 20 monatlich erfordern würde. Bis Mai 1948, also drei Jahre nach der Befreiung, waren die Wiener Naturwissenschaftler mangels irgendwelcher Fonds nicht in der Lage, auch nur einen einzigen ausländischen Kollegen zu einem Gastvortrag einzuladen. Die wenigen Ausländer waren von ausländischen Stellen ausgewählt und finanziert.[11] Viele der fachlich bestqualifizierten naturwissenschaftlichen Absolventen flohen vor diesen Verhältnissen ins Ausland, TS hat sich entschieden in der Heimat zu bleiben.

Zur Vorbereitung auf das „Philosophicum" hat TS Vorlesungen bei Hubert Rohracher (1903–1972), einem naturwissenschaftlich-medizinisch orientierten Psychologen und Philosophen (Wintersemester 1947/48 und Sommersemester 1948, 4-stündig „Allgemeine Psychologie I und II") und bei Victor Kraft, der nach 1945 der einzige an der Universität Wien verbliebene Exponent des logischen Empirismus des Wiener Kreises war, (Wintersemester 1948/49, 2-stündig „Wissenschaftslehre der Naturwissenschaften" und Wintersemester 1949/50, 2-stündig „Einführung in die Philosophie") besucht. Beim katholischidealistischen, 1937 vom Austrofaschismus nach Wien berufenen, 1938 von den NS-Faschisten entlassenen und 1945 zurückgekehrten Philosophen Alois Dempf (1891–1982) hörte TS im Sommersemester 1948 4-stündig „Einführung in die Philosophie".[12] Das einstündige Rigorosum aus Philosophie („gut") legte TS am 13. Oktober 1950 ab.

Am 24. Oktober 1950 wurde TS an der Universität Wien im großen Festsaal zum Doktor der Philosophie promoviert. Mia Schönfeld und Thomas Schönfeld wird in Anbetracht der wuchtigen Streikbewegung der österreichischen Arbeiterklasse und ihrer Niederschlagung durch Regierung und Spitze des Österreichischen Gewerkschaftsbundes im September und Oktober 1950 nicht zum Feiern zumute gewesen sein. Dass der Antikommunismus mit seiner Putschlüge[13] einen Triumph erzielt hatte, wird das seine dazu beigetragen haben.

1950 06 05. Ludwig Ebert begutachtet die Doktorarbeit von Thomas Schönfeld. Als Zweitgutachter unterzeichnet Friedrich Wessely. Original. Maschineschrift. Eigenhändige Benotung und Unterschrift von Ludwig Ebert, eigenhändige Unterschrift von Friedrich Wessely. Archiv der Universität Wien.

Adsorptionserscheinungen in hochverdünnten Lösungen (Untersuchungen mit Hilfe radioaktiver Stoffe).

Auf Anregung von E. Broda hat der Kandidat zunächst die Methode der radioaktiven Indikatoren auf die Aufnahme von Ionen an Cellulose (Filtrierpapier) und Glas angewandt. Es kamen die Atomarten Th B(^{212}Pb), ^{86}Rb und ^{32}P zur Verwendung.

Papier zeigt einen <u>Kationen</u>austausch; Anionen sind nur in dem der aufgesaugten Flüssigkeitsmenge entsprechenden Ausmaße zu finden. Verdrängungsversuche beweisen, dass sich mit Kationen die Austauchgleichgewichte rasch und streng umkehrbar einstellen. Das Verhalten einerseits des (ziemlich stark aufgenommenen) H^+, andererseits der Metallkationen deutet schon stark daraufhin, dass die in der Cellulose vorhandenen Carboxylgruppen für die Kationenaufnahme verantwortlich sind. Fast zur Gewissheit wird diese Annahme durch den Vergleich der Verdrängungsgleichgewichte an Cellulose mit der an Amberlite IRC 50, Carboxylgruppen als kationbindende Gruppen enthält, und durch die quantitative Übereinstimmung der Sättigungswerte der $H^{+\ -}$ Aufnahme mit der chemisch in Cellulose ermittelten Zahl von COOH – Gruppen. Die Austauscherfunktion des Papiers hat für eine Reihe von Anwendungen offensichtlich Bedeutung.

Ionenvorgänge an der Glasoberfläche sind bereits aus anderen Studien bekannt. Der Kandidat konnte erkennen, dass Blei nur sehr langsam ausgetauscht wird. Als Gegenstück zum reinen Ionenaustausch wurde das Verhalten eines typischen Radiokolloides am Beispiel des Th B – (d. h. Blei -) Sulfides untersucht.

Die Arbeit hat ein interessantes Gebiet durch sorgfältige und gut reproduzierbare Versuche erklärt. Sie ist sehr selbständig ausgeführt und erfüllt in *sehr guter* Weise die Anforderungen der Zulassung zu den Rigorosen.

Wien, den 5. Juni 1950
L. Ebert
F. Wessely

III. 3. Organisator demokratischer Studentenpolitik an der Wiener Universität

Im Herbst 1947 begann TS, der die Option einer hauptberuflichen kommunistischen Parteitätigkeit noch nicht ausgeschlossen hat, mit der Organisation der *Vereinigung Demokratischer Studenten (VDS)*. Die *VDS* war nicht als eine Organisation ausschließlich kommunistischer Studenten gedacht, sondern als eine selbständige, demokratische, nicht parteigebundene Alternative zu den bürgerlich reaktionären Studentenorganisationen. Ein vom sozialistischen Innenminister Oskar Helmer (1887–1963) ausgesprochenes Verbot der *VDS* musste auf Beschluss des Alliierten Rates zurückgenommen werden. Im April 1948 kam die erste Nummer der „*Hochschul-Zeitung. Herausgegeben von der Vereinigung Demokratischer Studenten*" heraus, Gründer und Chefredakteur war TS, als Sekretariatsadresse mit eigenem Parteienverkehr wird ein Lokal in Wien IV, Schikanedergasse 12 angegeben. Im von TS geschriebenen, nicht gezeichneten Leitartikel der ersten Nummer wird die Idee einer überparteilichen Vertretung der österreichischen Studenten bejaht: „*Wir treten rückhaltlos für eine Hebung des Niveaus*

①

Faschismus raubt demokratische Rechte, bürgerliche Freiheit.

Dimitroff:

Die imperialistischen Kreise suchen die ganze Last der Krise auf die Schultern der werktätigen abzuwälzen. Dazu brauchen sie den Faschismus.

Sie wollen das Problem der Märkte durch Versklavung der schwachen Völker, durch Steigerung der kolonialen Unterdrückung und durch eine Neuaufteilung der Welt auf dem Wege des Krieges lösen. Dazu brauchen sie den Faschismus.

Sie suchen dem Anwachsen der Kräfte der Revolution durch Zerschlagung der revolutionären Bewegung der Arbeiter und Bauern und durch den militärischen Überfall auf die SU, das Bollwerk des Weltproletariats zuvorzukommen. Dazu brauchen sie den Faschismus.

Gegensätze zwischen den verschiedenen faschistischen Strömungen ausnützen!
Kampf gegen die ideologischen Deckmäntel des Faschismus!

Thomas Schönfeld konzipiert einen Vortrag in der Vereinigung demokratischer Studenten (um 1948).

unserer Hochschulen ein, die in vieler Beziehung veraltet und rückständig sind". Erster *VDS*-Vorsitzende war der Physikstudent Hans J. Grümm (*1919), ein Kriegsheimkehrer, der von den intellektuellen Diskussionsangeboten einiger aus der Emigration zurückgekehrter Kommunisten wie Ernst Fischer angezogen war, jetzt selbst gute Vorträge zum „Anti-Dühring" hielt und 1956 aus der KPÖ wieder ausgetreten ist.[14] Wegen der Niederschlagung der Konterrevolution in Ungarn im Oktober / November 1956 mit Hilfe von Sowjettruppen[15] schwankte, wie Eduard Rabofsky bemerkte, Ernst Fischer *wie ein Rohr im Wind"*.[16] Vor seinem Austritt hat Grümm noch einen Jubelbericht über seine von der KPÖ gesponserte Reise nach China und seinen Eindruck von zwei kohlschwarzen Haarbüscheln bei Mao Tse Tung (1893–1976) veröffentlicht.[17] An der Gründungsphase der *VDS* waren Erich Wolfgang Brassloff, Karl Heiserer, Erich Hofbauer, Theo Kanitzer, Theodor Prager, Helmut Reiss, Albert Reisz, Edith Rosenstrauch (1921–2003),[18] Robert Rosner (*1924), Leopold Spira (1913–1997) und andere mitbeteiligt. Rasch mussten die Beteiligten zur Kenntnis nehmen, dass die Mehrheit von Professoren und Studenten der österreichischen Universitäten aus ihrer Mitschuld an den Verbrechen des österreichischen und deutschen Faschismus nichts gelernt haben.

Die *VDS* knüpfte an die Tradition der „Roten Studenten" der Ersten Republik an, an den aktiven Widerstandskampf gegen den Austrofaschismus nach 1934 und gegen den Hitler-Faschismus seit 1938. In einem handschriftlich, von einem nicht bekannten Autor verfassten, von TS verwahrten Positionspapier heißt es unmittelbar nach 1945: Die kommunistischen und sozialistischen Studierenden *„waren bis 1936 im ‚Geeinten Roten Studentenverband' mit ungefähr 200 Mitgliedern zusammengeschlossen. […] 1936 separierten sich die sozialistischen Hochschüler in einer eigenen Gruppe ‚Revolutionärer Sozialistischer Studenten'. Die ‚Roten Studenten' arbeiteten auf der Linie eines überparteilichen österreichischen Antifaschismus und trachteten ihre Aufgaben trotz der Verfolgungen, Verhaftungen und Relegierungen, denen sie ausgesetzt waren, zu bewältigen […]"*.[19] Im *„Geeinten Roten Studentenverband"* waren nach Angaben von Leopold Spira,[20] der für die Herstellung von illegalen Flugblättern und der Zeitung (Auflage etwa 1.000) verantwortlich war, etwa 300 Aktivisten beteiligt.[21]

Vor dem Hintergrund der sich nach 1945 opportunistisch entwickelnden sozialdemokratischen Studentenbewegung, vor allem aber angesichts des sich wieder etablierenden erzkatholischen Cartellverbandes (CV), der nach 1934 offen austrofaschistisch agiert hatte, fasste TS für eine Schulung in der *VDS* die Tradition der österreichischen Universitätspolitik zusammen: Die österreichischen Hochschulen seien bereits in der Ersten Republik Zentren „*der Reaktion, sowohl der Zusammensetzung der Lehrerschaft als auch von dem sozialen und geistigen Charakter der Hörerschaft [her]. Freiheitlich, fortschrittlich oder gar sozialistisch gesinnte Professoren waren die Ausnahmen ([Julius] Tandler, [Hans] Thirring, Emil Reich, Max Adler usw.). Die überwältigende Mehrzahl der Lehrenden bestand aus Trägern konservativster Ideologie oder gar aus offenen Verfechtern extrem rechter u. profaschistischer Bestrebungen (wie [Othmar] Spann). Die Studentenschaft rekrutierte sich fast ausschließlich aus den bürgerlichen Schichten, nur 3 % aus der Arbeiterschaft. […] Der Dollfuß – [Emil] Fey – Staatsstreich vom Feber 1934, die Errichtung eines autoritären Regimes, bedeutete daher für die Hochschulen keine grundlegende Zäsur: Die Hochschulen, ihre Verfassung, ihr Leben u. ihr Geist waren für das Diktatursystem vorbereitet*".

Grümm schreibt in seinen Erinnerungen, er habe die *VDS* „*einem vom Kaderbüro designierten Genossen*" übergeben.[22] Dieser war der aus der britischen Emigration nach Wien zurückgekehrte Erich Wolfgang Brassloff. Brassloff, wie TS Sohn eines Wiener Rechtsanwaltes, war 1938 nach sechs Klassen Gymnasium in Döbling nach England geschickt worden und hat dort an der Great Ayton School maturiert. 1939 inskribierte er an der University of Durham, Kings College, und wurde 1943 zum Bachelor of Arts graduiert, mit einer ausgezeichneten Schlussprüfung des Honours Course in Modern History, Economics and Philosophy. Von 1943 bis 1945 war er an einem sozialwissenschaftlichen Forschungsinstitut in London tätig, war im „*Free Austrian Movement*" organisiert, kehrte nach Wien zurück und inskribierte an der philosophischen Fakultät Geschichte. Seine Dissertation „*Die Geschichtsauffassung und die sozialpolitischen Forderungen der Radikalen der großen englischen Revolution: Eine Untersuchung der Publizistik der Digger, Leveller und Rotarier während ihrer Blütezeit*" wurde von Hugo Hantsch (1895–1972) und Leo Santifaller (1890–1974) approbiert, Brassloff promovierte am 12. Juli 1951 und kehrte nach England zurück.[23] Hantsch in seinem Gutachten (6. Jänner 1951): „Die Auseinandersetzung der konsequenten Revolutionäre mit den an der Macht befindlichen Vertretern des organischen und mehr konservativen Entwicklungsgedankens ist der Inhalt der vorliegenden Arbeit". TS kommt in den Erinnerungen von Grümm nicht vor, obschon sich beide in Wien immer wieder begegnet sein müssen, zumal Grümm bei der *International Atomic Energy Agency (IAEA)* tätig gewesen ist. Bei den Hochschulwahlen vom 23. Jänner 1948 hatten die Kommunistischen Studenten insgesamt bei nur 66 % Wahlbeteiligung 3.4 % der Stimmen erzielt. Unklarheit bestand darüber, ob die VDS – auch in der Linie des Volksfronterbes – weiter doppelgleisig mit der *Kommunistischen Studentengruppe (KSt)* auftreten solle oder ob dies mit Blick darauf, dass viele *VDS*-Mitglieder nicht der KPÖ angehören, untunlich sei. Für die Hochschülerschaftswahlen 1949 wurde von TS in Aussicht genommen: *„KSt muss Liste aufstellen – Wiederbelebung der Zweigleisigkeit – Vorschlag: Endgültige Liquidierung der KSt. Gr. KP überträgt ihre Hochschulvertretung einer zu schaffenden ‚A[rbeits-]Gem[einschaft]. für fortschrittliche Hochschulpolitik'"*. Für eine Fraktionssitzung am 27. Mai 1949 punktierte TS in der Einschätzung des Wahlergebnisses, dass es grundfalsch wäre, *„jetzt mit Prozenten herumzuschupfen, entscheidend für uns ist allgemeines politisches Bild"*. Der Wahlkampf habe zur Politisierung der Organisation geführt, *„viele Genossen haben sich zum ersten Mal mit der Linie, den Zielen der VDS beschäftigt, wertvolle Lehre für uns alle"*. TS betont die überparteiliche Zielsetzung der *VDS*: *„Genossen verkennen Charakter der VDS, in keiner Weise eine Tarnung. Tatsache, dass über hundert VDS Mitglieder nicht Kommunisten sind, zeigt klar, dass das keine Tarnung ist. Viel entscheidender: Wir sind der Auffassung, dass es an den Hochschulen eine Org[anisation] geben muss, die wirklich für die Interessen der Studenten kämpft, unabhängig von ihrer parteipolitischen Zugehörigkeit. Das ist VDS. Partei hat auch keine komm[unistischen] Siedlervereine oder etwa Sportklubs"*. TS kritisierte in diesem Papier, sich nicht ausnehmend, die Organisationsform der *VDS*:

Wir haben es noch nicht verstanden so zu arbeiten, dass VDS eine wirklich schlagkräftige und zugkräftige Organisation wird. Die Fehler liegen in der Art und Weise wie wir unsere Arbeit gemacht haben, vielfach in schlechter organisatorischer Arbeit. Heute Fehler aufzeigen – Mittel zur Behebung der Missstände ergreifen. Beste Wahlpropaganda hilft nicht, wenn nicht ständige Tätigkeit, Kontakt mit der Masse der Studenten noch viel zu gering. Sie wissen nicht, was VDS macht, sie kennen uns nicht persönlich. Kritik an Veranstaltungstätigkeit der Org[anisation] bereits vielfach geübt. Noch keine Besserung der Lage eingetreten. Veranstaltungskomitee hat verschiedene Fehler gemacht, schlecht geplant, schlampig gearbeitet, immer den Weg des geringsten Widerstandes gewählt. Fehler gehen aber tiefer. Sie liegen in Stellung der gesamten Org[anisation], allen voran das Präsidium zu Rolle der Veranstaltungstätigkeit. Als Sonderaufgabe behandelt, nicht als eine der wichtigsten Aufgaben der Org[anisation]. Veranstaltungen haben darnach ausgeschaut, wer von uns ist gerne gegangen. Wer hat guten Gewissens einen Außenstehenden eingeladen? VDS kann nur durch interessante Veranstaltungen zu einer lebendigen Org[anisation] werden und Außenstehende anziehen. Unsere Aufgabe: Programm, Planung, gute Organisierung.

a. Programmplanung – mehr ideologische Fragen, vom Gesichtspunkte der Studenten aus entwickelt, nicht unbedingt den letzten Tagesereignissen angepasst. Wirkliche Diskussionen. Kulturelle Veranstaltungen nicht irgendwelcher Art, sondern nur ausgezeichnete, mit Prominenten. Programmplanung muss direkt die Leitung der Org[anisation] tragen. Kein eigenes Veranstaltungskomitee mehr, keine Sonderaufgabe, sondern Schlüsselfrage.

b. Organisierung der Veranstaltungen. Insbesondere Propaganda ein klägliches Fiasko. Keine Kontrolle über Ausgabe des Materials. Gewöhnlich wissen Mitglieder selbst nicht, wie, wann Veranstaltungen sind, daher auch keine Agitation möglich. Parallellaufen der Propaganda Org[anisation], Tätigkeit des Veranstaltungskomitees mit anderen organisatorischen Aufgaben der Org[anisation].

TS regte eine planmäßige Intensivierung der Schulungstätigkeit in Zirkel an, *Weg und Ziel* und die *Lehrhefte* der KPÖ sollten dabei als Unterlagen verwendet werden. Die Partei wolle für die *VDS* Plätze in der Parteischule freihalten. TS hebt hervor, dass die Klassengegensätze des österreichischen Lebens auf Hochschulboden hineinspielen, der Klassenkampf aber nur indirekt sichtbar ist. Die Reaktion versuche, die Hochschulen wieder fest in ihre Hände zu bringen, sie erwarte dann einen reaktionär gefügigen Nachwuchs mit verdummter, ergebener Existenz. Der Neofaschismus sei ein Teil des reaktionären Lagers. In Bezug auf die Sozialistischen Studenten erkennt TS, dass deren Führung im wesentlichen aus dem Parteivorstand gefügige Elemente besteht, es sei aber Rücksicht auf die Linken unter den sozialistischen Studenten zu nehmen. Es gebe unter den sozialistischen Studenten wenig Arbeiterelemente, es handle sich um

Kleinbürger, deshalb könne nicht die Losung „Arbeiterstudenten" ausgegeben werden. Die Diskussion mit allen sei notwendig, der Versuch sei zu machen, gemeinsame Aktionen für soziale Rechte der Studenten und gegen reaktionäre Übergriffe zustande zu bringen. Die Orientierung müsse immer auf die fortschrittlichsten, sozial denkenden, politisch bewussten Elemente sowohl bei den Katholiken wie bei den Sozialisten erfolgen.

Bei der Vollversammlung der *VDS* am 22. Februar 1949 wurde TS zum Obmann gewählt, Sekretär war Karl Heiserer. Die Vollversammlung nahm einstimmig eine Resolution gegen den unbelehrbaren Nazigermanisten Josef Nadler (1884–1963)[24] an und sandte *„brüderliche Grüße an die Jugend der Kolonien, die unter den schwersten Bedingungen um ihre Freiheit kämpft".*[25] Im März 1949 wird in der Hochschul-Zeitung[26] auszugsweise das Referat gedruckt, das TS auf der Vollversammlung über die Lage der Studenten gehalten hat. Diese habe sich in der letzten Zeit um nichts gebessert: *„Die übergroße Mehrzahl der Studenten hat mit großen materiellen Schwierigkeiten zu kämpfen. Die lächerlich geringe Anzahl der Stipendien, die vom Staat ausgeworfen werden, sind derart niedrig gehalten, daß sie nicht einmal für die Minimalausgaben reichen. Ein hoher Prozentsatz der Studenten sind Werkstudenten und müssen sich mühevoll, unter schwersten Entsagungen und oft unter Gefährdung ihrer Gesundheit ihr Studium erkämpfen".* Die Ausbildung an den Hochschulen sei mangelhaft, jeder Student wisse, wie schwer es ist, einen Dozenten für eine Dissertation zu finden oder eine Aussprache über wissenschaftliche Fragen zu erreichen. Die Ausrüstung der Laboratorien und Bibliothek sei unzureichend. TS knüpfte direkt an die Ergebnisse der von Broda einberufenen *Enquete über die Lage des wissenschaftlichen Lebens in Österreich* an,[27] worüber TS in der Hochschul-Zeitung im Dezember 1948 berichtet.[28] In der Hochschul-Zeitung schreibt auf Bitte von TS gelegentlich Engelbert Broda, Walter Hollitscher (1911–1986) wird zu Vorträgen eingeladen, aus Anlass des Internationalen Studententages in Wien im November 1948 trug Hollitscher über das Thema *„Der Intellektuelle und der Friede"* vor. Hollitscher verdeutlicht an der Frage der Atomenergie, wie Intellektuelle ihr Wissen für den Frieden einsetzen können und mit Tatsachen gegen Kriegshetze aufgetreten werden kann.[29] Ab Mai 1949 befand sich das Sekretariat der *VDS* in Wien IX, Spitalgasse 31.

Im Sommer 1949 resümiert TS die Situation der linken Studentenschaft: *„Nach der Befreiung [haben] viele Studenten, fortschrittliche*

Menschen überhaupt gehofft, dass Universitäten sich ändern werden.
Stätten, an denen die führenden Köpfe eines fortschrittlichen Öster-
reich ausgebildet werden können. Es hat sich herzlich wenig geändert.
Kontrolle des C[artell]V[erbandes]. Keine fortschrittlichen Professoren
auf die Lehrkanzeln berufen. Die wenigen haben große Schwierigkei-
ten. Den Überdaueren aus der grünen und braunen Periode wird der
Weg geebnet. Fall ,Nadler' – Großdeutsches Gedankengut an unseren
Hochschulen (Geschichte usw.) [...] Spricht man von Studienreform, so
meint man Erschwerung, die Minderbemittelte vom Studium ausschalten
würde". Mitte 1949 notiert TS: *„Tatsächlicher Einfluss der VDS ist noch*
ein geringer".

Die opportunistische sozialistische Hochschulpolitik skizziert TS
1948/49 so: *„SP an den Hochschulen: Keine Ideologie, besten Falls Kampf*
um Professorenstühle – Sozialistische Studenten: Führungswechsel, Re-
daktionswechsel – im wesentlichen dem Parteivorstand gefügige Elemente.
Müssen aber den Linken Rechnung tragen – vor NR-Wahlen notwendig.
Viele sozialistisch oder fortschrittlich gesinnte Menschen im V[erband]
S[ozialistischer]S[tudenten], wenig zu reden. Wenig richtige Arbeiterele-
mente, Kleinbürger – kein Klassenbewusstsein. Nicht ,Arbeiterstudenten'-
Losungen".

TS drängte darauf, dass die *VDS* die Isolation sprengt: *„Diskutieren*
mit allen, Versuch gemeinsame Aktionen herbeizuführen – für soziale
Rechte der Studenten, gegen reaktionäre Übergriffe. Orientierung immer
auf fortschrittlichste, sozial denkende, politisch bewusste Elemente – so-
wohl Katholiken wie Sozialisten. VDS darf sich nicht isolieren". Später
sah TS in den *„linken SP-Kreisen"* aber nur mehr Instrumente zum Auf-
fangen und Neutralisieren von *„linken Stimmungen".*

In der *VDS* herrschte das qualifizierte Debattenniveau einer theoretisch marxistisch-leninistisch geschulten, im praktischen Kampf
erprobten Studentengruppe: Wie kann man Kontakt zu den von der
katholischen Ideologie geprägten Studierenden aufnehmen? Wie kann
die VDS verhindern, dass die Studentenschaft wieder in den Sog der
zunehmenden deutschnationalen, auf das „Erlebnis der Kriegskame-
radschaft" setzenden Provokationen („Ansteigen der Naziaktivität –
V[erband]d[er]U[nabhängigen]-Rolle") gerät? Wie kann man die Studenten aus der gerade im „Kalten Krieg" nachwirkenden, jahrelangen
faschistischen Propaganda lösen? *„Neofaschismus: Studenten dünken*
sich als etwas besseres, isoliert von Arbeiterklasse, leicht für faschistische
Propaganda zugänglich" – hielt TS, der in den *„ehemaligen Faschisten"*

nun ein Reservepotential für das *Lager des Imperialismus*" erkennt, fest und fährt fort: *"Im gegenwärtigen Österreich, an Hochschulen keine Demokratie, daher gehen viele durchaus demokratisch eingestellte Menschen den Neofaschisten auf den Leim*".

In der *VDS* wurde über verschiedenartige Fragen debattiert, über Solidarität mit den sozialistischen Ländern (im Rahmen der *Freien Österreichischen Jugend*, der *Weltfriedensbewegung*, der *Weltjugendspiele*, der *Internationalen Studenten Union (IUS)* etc.), über die Verbesserung der Zusammenarbeit mit der KPÖ („Verbindung mit Partei – durch Gen. [Walter] Brichacek" – notiert TS), über Verbesserung der Schulungen, „Weg und Ziel" und Parteibroschüren sollten vermehrt für marxistische Studentenbildung verwendet werden. Eine *VDS*-Schulung, die der Auseinandersetzung mit dem Wiedererstarken reaktionärer Studentenkader und mit der Rückkehr vorübergehend beurlaubter Naziprofessoren an die nie tatsächlich „entnazifizierten" österreichischen Universitäten gewidmet war, bereitete TS Ende der 1940er Jahre an Hand von Reden und Artikeln von Georgi Dimitroff (1882–1949) vor. Dimitroff hat Österreich gut gekannt. In der österreichischen Arbeiterbewegung war er durch sein vorbildliches Verhalten vor dem Leipziger Gericht im Reichstagsbrand-Prozess, das in der Illegalität durch Tarnschriften bekannt gemacht wurde, wie durch sein perspektivenreiches Konzept im Vorfeld des Weltkongresses der Komintern eine symbolhafte Figur. Im April 1934 hatte Dimitroff mit Stalin über die Februarereignisse in Österreich gesprochen und die Notwendigkeit angemerkt, dass den europäischen Arbeitern gezeigt werden müsse, dass die Bourgeoisie auf Demokratie verzichte und zum Faschismus in der einen oder anderen Form übergehe, weil sie nicht anders herrschen könne.[30] Der VII. Kongress der Kommunistischen Internationale 1935, deren Generalsekretär Dimitroff war, formuliert: *„Der Machtantritt des Faschismus ist nicht die einfache Ersetzung einer bürgerlichen Regierung durch eine andere, sondern die Ablösung einer Staatsform der Klassenherrschaft der Bourgeoisie, der bürgerlichen Demokratie, durch eine andere, durch die offene terroristische Diktatur […]".*[31]

Auf der von Herbert Steiner (1923–2001) als Bundessekretär der *Freien österreichischen Jugend* begrüßten Vollversammlung der *VDS* am 25. Oktober 1949 legte TS seine Funktion als Vorsitzender wegen der anstehenden Fertigstellung seiner Doktorarbeit zurück, neuer Vorsitzender war Karl Heiserer, Vizevorsitzender Albert Reisz, dem Präsidium gehörten noch an Helmut Reiss, Erich Hofbauer, Theo

Kanitzer und Robert Rosner. Die Vollversammlung würdigt TS: *„Die VDS verdankt der selbstlosen und aufopferungsvollen Arbeit des Tommy ungeheuer viel. Der stürmische Dank der Versammlung bewies, daß die Mitglieder und Aktivisten der VDS die Tätigkeit Tommys einzuschätzen verstanden haben. Die ‚Hochschul-Zeitung' dankt an dieser Stelle ihrem Gründer und ersten Chefredakteur für seine Arbeit und gibt ihrer Überzeugung Ausdruck, daß Tommy, an welcher Stelle er auch stehen mag, immer mit dem gleichen Elan für die Sache aller fortschrittlicher Menschen arbeiten wird".*[32] Die Vollversammlung der *VDS* am 25. Oktober 1949 beschloss eine von TS entworfene *Resolution:*[33]

I.

Die jetzt aus dem Amt scheidende Regierung hat die Sorgen und Nöte der Studenten gänzlich unbeachtet gelassen und durch ihre Wirtschaftspolitik die Zukunft der Studenten ernstlich gefährdet. Die neue Regierung wird zweifelsohne in allen entscheidenden Fragen dieselbe Politik wie die bisherige VP – SP – Koalitionsregierung betreiben.

Schon vor einem Jahr hat das Institut für Wirtschaftsforschung festgestellt, dass nur jeder zweite Hochschulabsolvent Aussicht auf eine Anstellung in seinem Fachgebiet hat und heute wird diese Zahl bereits als eine weitaus zu günstige Einschätzung der Lage bezeichnet.

Die trostlosen Berufsaussichten der österreichischen Studenten sind eine direkte Folge der Wirtschaftspolitik der Regierung. Anstatt die Entwicklung der österreichischen Industrie zu fördern und den Warenaustausch mit den natürlichen Handelspartnern Österreichs, den Ländern Ost- und Südosteuropas zu verstärken, hat die Regierung die entscheidenden Positionen der Wirtschaft den amerikanischen Finanzmagnaten und ihren in Österreich amtierenden Marshall-Kommissären ausgeliefert. Gemäß ihren Weisungen darf Österreich nicht wie früher Maschinen und andere hochwertige Waren erzeugen, um durch ihren Export die Einfuhr lebenswichtiger Güter zu ermöglichen. Österreich soll Rohstofflieferant einiger Länder Westeuropas werden, während sein Eigenbedarf an Maschinen und an Konsumgütern in wachsendem Maß aus den USA eingeführt werden soll. Mit dieser Rolle hat sich die Regierung bedingungslos abgefunden. Die Folgen sind bereits heute deutlich zu erkennen: wachsende Arbeitslosigkeit und sinkender Lebensstandard, Brachliegen der industriellen Kapazität unseres Landes.

Die Auslieferung der Kontrolle über die österreichische Wirtschaft an die amerikanische Hochfinanz, die planmäßige Verwandlung Österreichs in einen Rohstofflieferanten muss die studierende Jugend und die jungen Akademiker besonders hart treffen. Hunderte, ja tausende junge Hochschulabsolventen können heute keinen Posten finden. Nur wenige, aber durchaus nicht die Fähigsten, sondern die, die sich der größten Protektion erfreuen, können ohne Sorge der Zukunft entgegenblicken. Zehntausende Studenten werden nach Jahren anstrengendem Studium froh sein müssen, irgendeine Beschäftigung zu finden.

Auch auf kulturellem Gebiet hat die Regierung eine Politik des Ausverkaufes betrieben. Mit geschwollenen Reden über die Leistungen der österreichischen Kultur in der Vergangenheit hat sie versucht, von der katastrophalen Lage des österreichischen Kulturlebens, von der bitteren Not der auf diesem Gebiet Tätigen abzulenken. Anstatt die jungen Schriftsteller und Künstler zu unterstützen, den österreichischen Film und das Theater zu fördern, bei der Verbreitung neuen österreichischen Kulturgutes behilflich zu sein, hat sie der in- und ausländischen Schundproduktion Tür und Tor geöffnet. Auch hier sind es in erster Linie die Studenten und jungen Akademiker, deren Existenz durch die verhängnisvolle Regierungspolitik bedroht wird.

Die Koalitionspolitiker sind sich natürlich bewusst, dass ihre Wirtschaftspolitik eine einschneidende Senkung des Bedarfes an jungen Menschen mit Hochschulbildung mit sich bringt und haben daher den Studenten praktisch keine Unterstützung angedeihen lassen. Österreich ist heute das Land mit den wenigsten und niedrigsten Stipendien in ganz Europa. Die Regierung hat keine Anstrengung gemacht, erschwingliche Wohngelegenheiten in Form von Studentenheimen zur Verfügung zu stellen. Ein Grossteil der Studenten ist nicht ausreichend sozialversichert und daher im Krankheitsfall gänzlich auf sich selbst angewiesen.

Die direkte Folge dieser Politik ist, dass der Anteil der Studentenschaft, der sich aus Kindern von Arbeitern und Bauern zusammensetzt, unverhältnismäßig klein ist.

Die Finanzierung der Hochschulen ist ebenfalls gänzlich unzureichend. Die österreichische Wissenschaft nimmt heute schon eine untergeordnete Stellung ein und muss gänzlich verkümmern, wenn sie nicht von staatlicher Seite aus tatkräftig unterstützt wird, wie das nahezu auf der ganzen Welt der Fall ist. Die Regierungsparteien haben zwar heuchlerisch die Wissenschafter ihres Wohlwollens versichert, bei den entscheidenden Abstimmungen im Nationalrat aber alle Anträge auf eine höhere Dotierung der Hochschulen und Forschungsinstitute rücksichtslos niedergestimmt. Während die Regierung vorgibt, kein Geld für Hochschulen und Studenten zu haben, bereitet sie fieberhaft die Aufstellung eines neuen Bundesheeres vor. Bereits die gegenwärtig laufenden Vorarbeiten verschlingen hunderte Millionen von Schillingen. Die Regierung nimmt sich nicht einmal die Mühe, die volksfeindlichen Zwecke, denen das Heer dienen soll, zu verschleiern. Sie hat offen bekanntgegeben, dass Faschisten aus der Dollfuß wie aus der Hitler-Ära als Führer dieser neuen Wehrmacht ausersehen sind. Die Regierung weiß, dass sie bei der Durchführung ihrer reaktionären Pläne auf den Widerstand des Volkes stoßen muss. Um diesen Widerstand brechen zu können, suchen die Koalitionsparteien Unterstützung bei den erklärten Gegnern der Demokratie, bei den Nazi- und Heimwehrfaschisten. Versucht die VP die Faschisten aller Schattierung in ihren eigenen Reihen zu sammeln, so ist die SP Führung bei der Gründung der neuen Nazipartei, des V[erband]d[er]U[nabhängigen], Pate gestanden. Mit dem VdU haben die Regierungspolitiker eine scheinoppositionelle Gruppe geschaffen, durch die sie die enttäuschten und empörten Menschen von einem wirklichen Kampf gegen den verhängnisvollen Koalitionskurs abhalten wollen.

Im Kampf für ihre Rechte und Interessen müssen die Studenten fordern:

1. Für eine wirklich österreichische Wirtschaftspolitik, die auch den Studenten und der jungen Intelligenz Arbeit und Brot sichert!
2. Die Wirtschaftsquellen unseres Landes müssen im Interesse des Volkes verwertet werden!
3. Für gute Beziehungen zu den natürlichen Handelspartnern Österreichs!
4. Weg mit dem faulen System der Protektion und Korruption!

Staatliche Unterstützung der Studenten, um ihnen ein menschenwürdiges Dasein zu ermöglichen! Ausreichende Stipendien, Studentenheime und Sozialversicherung! Erhöhte Dotationen für die Hochschulen und Stätten der Forschung! Österreich braucht kein volksfeindliches Bundesheer! Schluss mit der Liebdienerei vor den Faschisten, Schluss mit der Förderung ihrer Organisationen!

II.

Die Vereinigung Demokratischer Studenten steht an der Spitze des Kampfes für die Rechte der Studenten. Sie macht es sich zur Aufgabe, immer breitere Kreise der österreichischen Studentenschaft mit dem wahren Charakter der Regierungspolitik vertraut zu machen und sie in den Kampf einzubeziehen.

Die Unzufriedenheit unter den Studenten wächst auf Grund der sich ständig verschlechternden Lage. Die breite Masse der Studenten hat aber die Ursachen der Zustände noch nicht erkannt. Gerade an sie muss sich die VDS enden.

Die bisherigen Regierungsparteien waren bestrebt, die Unzufriedenheit und Empörung der Studenten von sich selbst abzulenken. Die Funktionäre ihrer ‚Hochschulvertretungen', der ‚Union österreichischer Akademiker' und des ‚Verbandes sozialistischer Studenten', haben ihnen hierbei Handlangerdienste geleistet. Sie haben verhindert, dass die Österreichische Hochschülerschaft, in der sie alle entscheidenden Positionen inne haben, die Interessen der Studenten vertritt. Unter ihrer Leitung ist die Ö[sterreichische] H[ochschülerschaft] in stumpfer Bürokratie erstickt und hat sich in eine Filialstelle des Unterrichtsministeriums verwandelt. Wenn auch manchmal von der Hochschülerschaft gewisse Forderungen erhoben werden, so geschieht dies nur zum Schein. Bei den Union- und V[erband] S[ozialistischer] S[tudenten] – Funktionären mangelt es an der Bereitschaft, diese Forderungen auch durchzusetzen oder gar die Masse der Studenten zur aktiven Unterstützung dieser Forderung aufzurufen. Auf Grund dieser Politik hat die ÖH in allen Lebensfragen der Studenten kläglich versagt.

Die Vereinigung Demokratischer Studenten muss den Studenten die Rolle aufzeigen, die die Union und der VSS in den Plänen der Regierungskoalition spielen. Der Kampf der VDS richtet sich nicht gegen die Mitglieder dieser Organisationen. In zäher Aufklärungsarbeit müssen die Mitglieder VDS auch diese Kollegen von der Notwendigkeit eines entschlossenen Kampfes für die Rechte der Studenten überzeugen.

So wie in der ersten Republik versuchen die Faschisten auch jetzt unter den Studenten eine Massenbasis zu gewinnen. Sie sind bestrebt, die geistig Schaffenden und insbesondere die Studenten von den anderen Schichten des Volkes, die unter der bankrotten Regierungspolitik leiden, zu isolieren und sie durch ihre Scheinopposition anzulocken. Sie fördern bewusst die Anschauung, dass die Notlage der Studenten als eine krasse Benachteiligung gegenüber anderen Schichten, insbesondere der Arbeiterschaft, aber nicht die Folge der Wirtschaftspolitik der Regierung anzusehen ist. Durch eine hochgezüchtete Überheblichkeit gegenüber den Werktätigen versuchen sie die Studenten aufzuhetzen und so in ein verlässliches Werkzeug für ihre Pläne der verschärften Ausplünderung aller Schichten zu verwandeln.

Die Vereinigung Demokratischer Studenten muss es sich daher zur Aufgabe machen, die Studenten davon zu überzeugen, dass sie ihre Forderungen nur im gemeinsamen Kampf mit den werktätigen Massen durchsetzen können. Die VDS wird auf das engste mit der fortschrittlichen Arbeiterjugend und ihrer Organisation, der Freien Österreichischen Jugend, sowie mit der fortschrittlichen Intelligenz zusammenarbeiten. Die VDS wird das ideologische Rüstzeug der Faschisten, mit dem sie die Studenten irreführen und verdummen wollen, aufdecken und bekämpfen.

III.

Die Sicherung des Friedens, die Vereitelung der Pläne der imperialistischen Kriegshetzer, die einen neuen Weltkonflikt als Ausweg aus ihren internen Schwierigkeiten betrachten, ist eine Forderung der fortschrittlichen Studenten auf der ganzen Welt. Der Weltstudentenbund (IUS) mit seinen 3½ Millionen Mitgliedern in 60 Ländern hat sich an die Spitze dieses Kampfes der Studenten für den Frieden gestellt. Durch ihre Mitgliedschaft bei der IUS und ihre Zusammenarbeit mit den ausländischen Bruderorganisationen will die VDS ein enges Band der Freundschaft und Solidarität zwischen den Studenten knüpfen und so zur Stärkung der Kampffront gegen die Kriegshetzer beitragen. Die VDS unterstützt vollinhaltlich die Resolution der letzten IUS-Ratssitzung, in der es heißt:

„Der Pariser Weltkongress der Verteidiger des Friedens war die bedeutendste Demonstration der weltumspannenden Bewegung der Völker für den Frieden. Die Beschlüsse dieses Kongresses, auf dem 600 Millionen Männer und Frauen aller Länder vertreten waren, stimmen mit den Forderungen der Studenten überein. ... In ihrer Friedensarbeit, müssen die Studentenorganisationen mit allen demokratischen Organisationen, die für die Erhaltung des Friedens eintreten, zusammenarbeiten".

Die Zusammenarbeit mit der fortschrittlichen Studenten- und Jugendbewegung auf der ganzen Welt kann auch für den Kampf der österreichischen Studenten eine wesentliche Hilfe darstellen. Bis jetzt ist es der VDS noch nicht gelungen, die österr. Studenten mit der entscheidenden Rolle der IUS vertraut zu machen. Es gilt, diesen Mangel in der Arbeit so rasch als möglich zu überwinden.

IV.

Im vergangenen Jahr hat die VDS ihre Arbeit sowohl in politischer als auch in organisatorischer Hinsicht verbessert. Vor allem haben sich die Funktionäre und Aktivisten der VDS ein klares Bild über die Probleme der Studenten und ihre Forderungen erarbeitet.

Aus Anlass des Internationalen Studententages 1948 hat die VDS mehr Studenten als je zuvor erreicht und sie mit der Bedeutung der internationalen Zusammenarbeit der Studenten vertraut gemacht.

Im Rahmen des Kampfes für die Zulassung zu den Hochschulwahlen und im Wahlkampf zur Unterstützung der Liste Demokratischer Studenten im Mai dieses Jahres hat die VDS ihr Programm klarer als je zuvor ausgearbeitet. Durch die Entsendung einer sechzig Mann starken Delegation zu den Budapester Weltjugend- und Studentenfestspielen hat die VDS den freundschaftlichen Kontakt zwischen den österreichischen Studenten und den Jugendlichen der ganzen Welt verstärkt.

Es gibt jedoch noch Mängel in der Arbeit der VDS. Vor allem ist es notwendig, die Arbeit der Fakultätsorganisationen zu verbessern. Sie müssen den Kontakt der VDS mit der gesamten Studentenschaft herstellen. Sie müssen sich mit eigenen Wandzeitungen und Diskussionsabenden an die Studenten wenden, sowie die Verbreitung der ,Hochschul-Zeitung' organisieren. Sie müssen die besonderen Probleme der Studenten an den einzelnen Fakultäten aufrollen und Aktionen der Studenten einleiten. Ihre Aufgabe ist es, alle Mitglieder der VDS in ihre Tätigkeit einzubeziehen.

Wo immer möglich, müssen an den Fakultäten gewählte Leitungen geschaffen werden.

Entscheidend für die Weiterentwicklung der Arbeit der VDS ist die Hebung des Verantwortungsbewusstseins. Nur beharrlicheres Arbeiten der Mitglieder und Funktionäre kann die Durchführung der gefassten Beschlüsse gewährleisten.

Um die Studenten mit den Zielen und der Tätigkeit der VDS vertraut zu machen, muss jedes Mitglied die Diskussion mit anderen Kollegen nicht als eine zufällige Angelegenheit, sondern als eine entscheidende Aufgabe betrachten. Weiters ist es notwendig, die Verbreitung der ‚Hochschul-Zeitung' zu verbessern und jedes Mitglied der VDS für die Kolportage heranzuziehen. Die VDS steht heute vor entscheidenden und großen Aufgaben. Die materielle Lage der Studenten verschlechtert sich unaufhörlich, während die Regierung versucht, jeden Kampf der Studenten um Besserstellung abzuwürgen. Soll die junge Intelligenz Österreichs ein Werkzeug in den Händen der Reaktion werden? Werden sich die jungen Akademiker mit dem aussichtslosen Hungerdasein, das ihnen heute geboten wird, abfinden? Oder werden die Studenten den Kampf um ihre Rechte, den Kampf um eine gesicherte Zukunft annehmen? Die VDS muss dazu beitragen, diese Fragen zu entscheiden und so das Schicksal der österreichischen Intelligenz und damit auch das Schicksal Österreichs zu beeinflussen.

Vor Abschluss seines Studiums konnte TS in der Hochschul-Zeitung von einer Gedenkfeier im Chemischen Institut am 31. März 1950 für die vom fanatischen Naziprofessor Jörn Lange (1903–1945) am 5. April 1945 ermordeten Chemiker Kurt Horeischy (1913–1945) und Hans Vollmar (1915–1945) berichten: *Die Feier gestaltete sich zu einer eindrucksvollen Kundgebung gegen den barbarischen Ungeist des Faschismus. Sie brachte uns die brutale Unmenschlichkeit des Faschismus in Erinnerung, dessen letzte Weisheit Krieg, Zerstörung und Mord ist*". Horeischy war schon Mitglied der „*Roten Studenten*" gewesen, gemeinsam mit Otto Hoffmann-Ostenhof (1914–1992) hatte er eine Widerstandsgruppe am I. Chemischen Institut gegründet. Am 7. April 2005 organisierte TS mit der Fakultätsvertretung Naturwissenschaften und mit dem Dokumentationsarchiv des Österreichischen Widerstandes eine Erinnerungsfeier für Horeischy und Vollmar.

III. 4. Radiochemische Pionierarbeiten in den 50er und 60er Jahren

Die Radiochemie ist ein Teilgebiet der Chemie. Während es sich hierbei im weitesten Sinne um den Teil der Chemie handelt, der allgemein

Thomas Schönfeld in seinem Arbeitszimmer im Wiener Chemieinstitut (ca. 1955).

radioaktive Stoffe zum Gegenstand hat, wird unter Radiochemie oftmals jener Teil der Kernchemie verstanden, der chemische und physikalisch-chemische Methoden zur Herstellung, Darstellung (Trennung) und Anwendung radioaktiver Nuklide benutzt, etwa bei Tracerverfahren in Biologie und Medizin. Die Radiochemie ist daher im Wesentlichen die Chemie von Stoffen, die durch ihre radioaktive Strahlung bestimmt werden. Diese radioaktive Strahlung kann entweder unmittelbar aus dem Atomkern stammen und dann als Kernstrahlung bezeichnet werden, oder sie kann durch Vorgänge im Atomkern hervorgerufen werden, aber selbst aus der Atomhülle stammen. Frederick Soddy (1877–1956) hat 1921 den Nobelpreis für Chemie *„für seine Beiträge zur Kenntnis der Chemie der radioaktiven Stoffe und seine Untersuchungen über das Vorkommen und die Natur der Isotopen"* erhalten.[34] Von einer radiochemischen Analysenmethode wird dann gesprochen, wenn an irgendeiner Stelle des Analysenganges eine Bestimmung der Intensität einer radioaktiven Strahlung vorgenommen werden muss. Das hat der in Wien geborene Friedrich Adolf Paneth (1887–1958), dessen Hauptarbeitsgebiet die Radiochemie, insbesondere die von ihm mit dem Ungarn George von Hevesy (1885–1966) entwickelte Tracer-Methode war, so definiert. Nach der 1933 erfolgten Entdeckung der künstlichen Radioaktivität durch Frédéric Joliot-Curie und Irène Joliot-Curie (1897–1956), beide vereinte Forscherleidenschaft und

Thomas Schönfeld 1957.

fortschrittliche Überzeugungen, erlebte die Tracer-Methode (Methode der markierten Atome oder Methode der radioaktiven Isotope) einen ungeheuren Aufschwung.

Ab 1. März 1950 wurde TS am I. Chemischen Laboratorium als wissenschaftliche Hilfskraft angestellt, mit der Aufgabe, Studenten des von Johann Wolfgang Breitenbach (1908–1978) angebotenen Physikalisch-Chemischen Praktikums im Labor zu beaufsichtigen und anzuleiten. Das erforderte Sorgsamkeit, weil im Labor von den Studenten wertvolle Apparaturen benützt werden mussten. Breitenbach, der bei Hermann Mark studiert und dessen Forschungsrichtung der physikalischen Chemie hochpolymerer Stoffe in Wien fortgeführt hat, hatte ein großes Interesse an der ständigen Ausgestaltung des physikalisch-chemischen Praktikums wie Otto Kratky (1902–1995) in seinem Nachruf betont.[35] Als wissenschaftliche Hilfskraft wurde TS mehrmals weiterbestellt. Er konnte mit seiner Familie im März 1952 in eine größere Wohnung übersiedeln, in die Schleifmühlgasse 1a im IV. Wiener Gemeindebezirk. Ludwig Ebert befürwortet am 27. Juni 1953 gegenüber dem Bundesministerium: „Herr Dr. Thomas Schönfeld hat sich sowohl in seinem Verhalten völlig einwandfrei erwiesen, als auch in seiner Tätigkeit als wissenschaftliche Hilfskraft im Physik. Chem. Praktikum (Abt. Leiter Prof. J. W. Breitenbach) vorzüglich bewährt. Auch seine wissenschaftliche Tätigkeit ist ausgezeichnet, sodass seine Weiterbestellung wärmstens befürwortet wird". Als die Anstellung von TS als wissenschaftlicher Assistent im Dezember 1954 anstand, schreibt Ebert dem Bundesministerium (16. Dezember 1954):

Als Wissenschaftler gibt Herr Dr. Thomas Schönfeld zu berechtigter Hoffnung Anlass. Er hat seit seiner Anstellung bereits 9 wissenschaftliche Publikationen verfasst, die auch von Fachkollegen des Auslands anerkannt werden. Außerdem arbeitet er an einem längeren Beitrag ‚Über radiochemische Methoden der Mikrochemie' am ‚Handbuch der Mikrochemischen Methoden', sowie an einem Buchmanuskript über die ‚Anwendung der Radioaktivität in der Technik'.
Auch in charakterlicher Beziehung hat er sich immer vollkommen einwandfrei benommen. Aus all diesen Gründen wird seine Bestellung zum wissenschaftlichen Assistenten wärmstens befürwortet.

Das I. Chemische Institut und das II. Chemische Institut der Wiener philosophischen Fakultät wurde auf Wunsch der Chemiker mit Wirksamkeit vom 1. Oktober 1959 aufgelassen und gleichzeitig wurden neu eingerichtet das Analytische Institut (Vorstand Friedrich Hecht [1903–1980]), das Organisch-chemische Institut (Vorstand Friedrich Wessely) mit angegliederter Abteilung für Lebensmittelchemie (Leiter Leopold Schmid [1898–1975]) und das Anorganische und Physikalisch-chemische Institut (Vorstand Hans Nowotny) mit angegliederter Abteilung für Anorganische Chemie (Leiter Alfred Brukl [1894–1967]) sowie der Abteilung für Physikalische Chemie (Leiter Johann

Wolfgang Breitenbach).[36] TS wurde der Abteilung für Anorganische Chemie zugewiesen, die als das grundlegende Fach galt, weil es die Aufgabe hatte, die Studienanfänger in die Chemie durch Vorlesungen und Praktika einzuführen. Das I. Chemische Institut hatte zu dieser Zeit drei Arbeitssäle und 25 Speziallaboratorien mit rund 200 Arbeitsplätzen, die dem Leiter der anorganischen Chemie unterstellt waren. Der direkte Vorgesetzte von TS (bis 1966) war jetzt Alfred Brukl.[37] Brukl war erst aus Anlass der Neuorganisation der Wiener Chemie zum Ordinarius ernannt worden (29. Februar 1960), was auf eine etwas verunglückte akademische Karriere hinweist. 1925 an der TH Wien für anorganische Chemie habilitiert, ging Brukl auf Einladung von Walter Noddack (1893–1960) 1935 als Dozent und 1. Assistent an dessen Physikalisch-chemisches Institut der Freiburger Universität, wo auch Ida Noddack-Tacke (1896–1978), die mehrmals für den Chemienobelpreis vorgeschlagen worden war, forschte. Im Herbst 1938 kehrte das NSDAP-Mitglied Brukl an die TH Wien zurück, wurde 1941 Diätendozent und erhielt den Titel eines außerplanmäßigen Professors. Vom Wehrdienst war er zu wissenschaftlichen Arbeiten über die Chemie der Transurane am II. Physikalischen Institut der Wiener Universität befreit. Der Kernphysiker Enrico Fermi (1901–1954) hatte durch Bestrahlung von Uran mit Neutronen eine komplexe Mischung radioaktiver Elemente erhalten, von denen einige als schwerer als Uran angenommen wurden und man sie deshalb Transurane nannte. Als „Minderbelasteter" wurde Brukl nach der Befreiung Österreichs vom Dienst enthoben, Nowotny verschaffte ihm am I. Chemischen Institut eine Anstellung als freier wissenschaftlicher Mitarbeiter, seit 1. Juli 1952 war Brukl dort als nichtständiger Assistent, seit 4. Juni 1954 als ständiger Assistent angestellt. Die erloschene Lehrbefugnis wurde 1952 an der TH erneuert und ohne weitere Diskussion auf die philosophische Fakultät der Universität übertragen. Ebert betonte, dass Brukl die systematische Vorlesung über anorganische Chemie, die früher im Lehrplan völlig gefehlt habe, übernommen habe. Durch seine reichen Erfahrungen im experimentellen Unterricht sei Brukl, der als „bahnbrechender Forscher auf dem schwierigen Gebiete der seltenen Erden" Ansehen habe, ein äußerst erfolgreicher Lehrer der Studenten in der praktischen Laboratoriumsarbeit.[38] Am 17. Mai 1955 war seine Ernennung zum außerordentlichen Universitätsprofessor für anorganische Chemie erfolgt. Brukl galt als Spezialist für die Chemie der Phosphide, Arsenide, des von Ida Noddack, Walter Noddack und Otto Berg (1873–1939) entdeckten Rheniums, besonders aber der seltenen Erden.

In den fünfziger und beginnenden 60er Jahren kristallisierten sich bei TS fünf Arbeitsfelder heraus: 1) Radiochemie – Adsorption von Radioelementen an Oberflächen, Gewinnung von Radioelementen; 2) Ionenaustausch und Komplexbildung; 3) Chemische Analyse – einschließlich radiochemischer Analysemethoden; 4) Technische Probleme – einschließlich technischer Anwendungen der Radioaktivität und 5) Verhalten von Spaltprodukten in der Biosphäre. Dazu kamen Bücher und Beiträge zu Sammelwerken.

Vom 2. bis 6. Juli 1950 wurde in Graz der Erste Internationale Mikrochemische Kongress abgehalten. Engelbert Broda und TS, der Vortragender war, referierten auf diesem Kongress über *Ionenadsorption an Papier- und Glasoberflächen*.[39] Der Gedanke, diesen Kongress in Graz abzuhalten, ist mit dem dortigen Wirken von Friedrich Emich (1860–1940), Hans Molisch (1856–1937) und Fritz Pregl (1869–1930) verknüpft. Vor allem aber hat der in Rio de Janeiro arbeitende weltberühmte Emigrant aus Wien Fritz Feigl die österreichischen Chemiker ermuntert, einen solchen Kongress abzuhalten. Feigl stellte für das Kongressheft den Hauptbeitrag über *„Die Rolle von organischen Reagenzien in der Chemie"* zur Verfügung.[40] Feigl war zu Österreich anhänglich, obschon er gegenüber den im Amt gebliebenen Hochschulnazis aus gutem Grunde Reserven hatte, aber er stellte sich, nicht zuletzt auf Bitte von Broda, für den Aufbau eines neuen Österreich zur Verfügung. Broda hatte das Vertrauen von Feigl, beide kannten sich aus der Zeit vor 1938.[41] Broda hatte von England aus 1945 mit Feigl den Kontakt wieder hergestellt. Das Grazer Vortragsprogramm umfasste 113 Vorträge aus dem Gesamtgebiet der Allgemeinen und Angewandten Mikrochemie und deren Grenzbereiche. Rund 70 % der Vortragenden und 56 % der Kongressteilnehmer waren aus dem Ausland.

Zu einem Hauptarbeitsgebiet von TS wurde mit und im Anschluss an seine Doktorarbeit das *Studium des Verhaltens kleinster, nur durch Einsatz von Radioindikatoren verfolgbarer Stoffmengen.* Insbesondere studierte TS Adsorptionsprozesse aus Lösungen, wie z. B. die Aufnahme von Radionukliden durch Glasoberflächen und Papierfasern, Kolloidbildung (Radiokolloide) und Mitfällungsprozesse. Im Rahmen der Untersuchungen über Adsorptionsprozesse konnte TS Schlüsse auf die Natur dieser Prozesse ziehen und gab Beiträge zur modernen Fragen der Radiochemie und analytischen Chemie, wie z. B. über Störungen analytischer Verfahren durch Adsorptionsverluste. Es entstand die Arbeit über Ionenadsorption an Papier- und Glasoberflächen, auf die im Überblick über die Chromatographieprinzipien von Edgar Lederer (1908–1988) und Michael Lederer (1924–2006) – beide stammen aus Wien, der eine war am physikalisch chemischen Biologie-Institut in Paris, der andere am Pariser Radiuminstitut – eigens hingewiesen wird.[42] Einen Nachruf auf Michael Lederer, der 1938 aus Wien mit seinen Eltern fliehen hatte können und nach dem Studium in Sydney von Irène Joliot-Curie in ihre Forschungsgruppe aufgenommen worden war, hat Karel Macek (*1928) in Prag geschrieben[43]. Dieser hat in seinem mit Ivo M. Hais (1918–1996) herausgegeben Handbuch der Papierchromatographie auf die Pionierarbeiten von Broda und TS aufmerksam gemacht.[44]

Ausgehend von Beobachtungen von TS schrieb Robert Tauber (1915–2000)[45] seine Doktorarbeit *Untersuchung an Alphastrahlern mit Hilfe photographischer Platten*.[46] 1938 ist Tauber, der im Wintersemester 1934/35 in Wien mit dem Chemiestudium begonnen hatte, von den Nazis nach Dachau verschleppt worden, er wurde zufällig wieder nach vier Wochen freigelassen und emigrierte nach Shanghai, wo er zuletzt Laboratoriumsleiter bei der zum Unilever-Konzern gehörenden China Soap Company war. 1948 kehrte er wieder nach Wien zurück und nahm mit Beginn des Sommersemesters 1949 das Chemiestudium wieder auf. Ebert (Erstgutachter) und Wessely nahmen die Dissertation von Tauber am 5. Jänner 1951 mit dem Bemerken an, diese sei von Broda angeregt worden und es handle sich um eine *„sehr fleißige und auch ziemlich selbständige Leistung"*.[47] Ebert betont, dass die weitere Verbesserung der Plattenmethode für die Suche nach äußerst schwacher α-Strahlung ein bedeutendes, auch theoretisches Interesse zukommt, zunächst für die sichere Abgrenzung der für die Kernphysik grundlegend wichtigen Frage des Nachweises der α-Stabilität möglichst vieler Kerne, darüber hinaus aber auch für viele andere analytische und ähnliche Anwendungen. Nach dem Studium trat Tauber in die von Paul Löw-Beer (1910–2003) gegründeten Loba-Chemie ein,[48] TS publizierte mit ihm eine spezielle Arbeit über Adsorption von Radioelementen an Oberflächen.[49] Der aus einer begüterten Fabrikantenfamilie stammende Löw-Beer hat während seines Chemie Studiums in Berlin mit Engelbert Broda eine zeitlang zusammen gewohnt und war der KPD beigetreten. Nach der Machtergreifung der Nazis kehrte er nach Wien zurück, von dort gelang ihm im Juli 1938 die Emigration nach London, von wo aus er nach der Befreiung nach Wien zurückkehrte, wobei er einige Jahre seinen Wohnsitz in London beibehielt. Seit 1949 baute Löw-Beer mit Unterstützung der Sowjetischen Mineralölverwaltung eine Chemiefabrik, eben die Loba-Chemie in Fischamend, auf, die ziemlich viel Geld abwarf, mit der er auch die KPÖ unterstützte. In der Loba Chemie arbeitete auch Robert Rosner, der 1939 als Schüler des Wiener Gymnasiums Albertgasse mit einem Kindertransport nach England gerettet worden war, in England als Metallarbeiter gearbeitet und daneben sich an Abenden und Wochenenden für eine der österreichischen Matura vergleichbare Prüfung vorbereitet hat. 1946 nach Österreich zurückgekehrt begann Rosner 1947 das Studium der Chemie. Die Arbeitsmöglichkeit bei der Loba Chemie hat Tauber dem Werkstudenten Rosner verschafft, die ihn nach der im Spätherbst 1955 approbierten Dissertation (*Über die Vernetzung verschiedener Polyester mittels Epoxyden*)[50] und darauffolgenden Promotion fest anstellte. Rosner gründete (2001) auf Wunsch von Tauber den *Tauber Fonds*, dessen Zinsen im Einvernehmen mit der Wiener Caritas zur Unterstützung junger Migranten verwendet werden, und hatte auch an der Wiedererrichtung der Ignaz-Lieben-Stiftung, welche, 1863 gegründet, die erste Stiftung zur Förderung der Wissenschaften in Österreich gewesen war,[51] einen wesentlichen Anteil. Rosner, der sich in seiner Pension als Wissenschaftshistoriker profiliert hat,[52] hat mit TS auf vielen Gebieten zusammen gearbeitet.

Mit Siegfried Neumann (*Wien, 1922) untersuchte TS den Übergang von an Glas adsorbiertem Radioblei in einen irreversiblen Bindungszustand und ermittelte den Einfluss verschiedener Faktoren auf die Geschwindigkeit dieses Übergangs. Neumann hat nach der Volksschule in Wien das Bundesgymnasium Wien V (Rainergymnasium) besucht und war von dort mit den anderen jüdischen Schüler mit 28. April 1938 vertrieben worden. In der Emigration trat er während des Krieges der britischen Armee bei und kehrte nach seiner Entlassung 1947 nach Wien zurück. Nach dem Besuch eines humanistischen und realistischen Überbrückungskurses erhielt Neumann in sechs Fächern ein Reifezeugnis und konnte mit Wintersemester 1947/48 das Physikstudium aufnehmen. Erste Ergebnisse seiner Zusammenarbeit mit Neumann hat TS auf der Generalversammlung des Vereins Österreichischer Chemiker (VÖCh) in Graz im Oktober 1952 vorgetragen.[53] Die Doktorarbeit von Siegfried Neumann *„Untersuchungen an Glasoberflächen mittels radioaktiver Indikatoren"*[54] wurde von Erich

Schmid (1896–1983) am 12. Juli 1954 mit „sehr gut" begutachtet, sie sei „mit großer Gewissenhaftigkeit sowohl in der experimentellen Durchführung als auch in der theoretischen Deutung ausgeführt" und stelle „zweifellos einen wertvollen Beitrag für unser Verständnis von Glasoberflächen dar".[55] Hans Thirring gab am 14. Oktober 1954 seine Zustimmung.

Eine Art erstes Resümee seiner radiochemischen Analysemethoden bis zur Mitte der fünfziger Jahre trug TS auf der Wiener Mikrochemie-Tagung 1955 am 14. Juli 1955 vor unter dem Titel: *Beiträge der Radiochemie zur Theorie der chemischen Analyse.* Er wies auf die Faktoren hin, die für die Eignung radioaktiver Stoffe zur Untersuchung der physikalisch-chemischen Grundlagen der Analyse sprechen und Gelegenheit zu zerstörungsfreien Untersuchungen und Unterscheidbarkeit zwischen „radioaktiv markierten" und chemisch gleichartigen, aber inaktiven Stoffen gaben.

Mit Broda hielt TS auch nach seiner Doktorarbeit die wissenschaftliche Kooperation in Fragen der reinen und angewandten Radiochemie auf allen Ebenen aufrecht. Gelegentlich übernahm TS Vorlesungen von Broda, wenn dieser im Ausland weilte, so im Mai und Juni 1960, als Broda in Leopoldville einen Trainingskurs über Anwendung radioaktiver Isotope in der Medizin abhielt.[56] Gemeinsam publizierten TS und Broda mehrere Studien über die Möglichkeiten der Anwendung der Radioaktivität in Wissenschaft und Technik. 1955 verfassten Broda und TS in dem von Friedrich Hecht und vom Vorstand des medizinisch-chemischen Institut der Wiener Tierärztlichen Hochschule Michael Karl Zacherl (1905–1990) herausgegebenen Handbuch der mikrochemischen Methoden einen viel beachteten Beitrag über die „*Radiochemische Methoden der Mikrochemie*"[57] und 1956 das trotz großer internationaler Konkurrenz in mehrere Sprachen übersetzte Buch über „*Die technischen Anwendungen der Radioaktivität*".[58] Der aus der Ukraine stammende, mit Broda im brieflichen Austausch stehende Mitarbeiter des Pariser Curie Instituts Moise Haissinsky (1898–1976) hat in seinem 1957 (Paris) verfassten Handbuch „La chimie nucléaire et ses applications" die Arbeiten von Broda und TS als Standardwerke, insbesondere für Strahlenchemie und Radiochemie, zitiert.[59] Wilfrid Herr (1914–1992), einst Doktorand von Otto Hahn (1879–1968), meinte insgesamt, dass das Buch in seiner bewussten Beschränkung auf das Grundsätzliche besonders wertvoll und die Flut der Forschungsergebnisse der letzten „mustergültig" bewältigt worden sei.[60] Der aus Wien vertriebene Emil Abel

(1875–1958) freute sich in London, dass der ihm gut bekannte Broda und seine hier in TS repräsentierte Schule ein solches Nachschlagewerk über die technische Anwendung der Radioaktivität veröffentlicht haben: *„Kein Zweig ist vernachlässigt: wir lesen von der Verwendung der Radioaktivität im Bergbau, in der Schwer- und Metallindustrie, in der chemischen und Leichtindustrie, in der Land-, Forst- und Wasserwirtschaft, in der Mess- und Regeltechnik. Ausgezeichnet und überaus lehrreich sind die beiden Abschnitte, die über die Biologie radioaktiver Strahlen und über die Technologie ihrer Einwirkung auf Stoffe mannigfaltigster Art handeln. Hierbei werden neben bereits erprobten Anwendungen auch aussichtsreiche Verfahren besprochen, mit deren Einführung in die Technik zu rechnen sei, und die Verfasser lassen gerne ihren Blick in die Zukunft schweifen und sagen großtechnische Anwendungen voraus für die Erzeugung von mancherlei Artikeln, so für die von Spezialkunststoffen und für die Sterilisierung von Heil- und Nahrungsmitteln. Auf das letzte Kapitel sei besonders verwiesen; hier werden die gesundheitlichen Gefahren bei Verwendung von Radioelementen in besonders klarer Weise auseinandergesetzt; dieser Abschnitt sollte nicht nur vielseitig gelesen, sondern allseitig beherzigt werden. Es ist eine erstaunliche Fülle von Tatsachen – oder man sollte richtiger sagen: von Kenntnissen seitens der Autoren –, die man in diesem Buche vereinigt findet. Alles Gesagte wird reichlich durch Zitate belegt, die Literatur ist bis auf die neueste Zeit berücksichtigt".*[61]

Ihrem Handbuch über radiochemische Methoden der Mikrochemie stellten Broda und TS einen historischen Überblick über die Radiochemie voran. Das entsprach nicht nur dem wissenschaftshistorischen Interesse beider, sondern ihrem Respekt vor den Leistungen der vorangegangenen Wissenschaftlergeneration. TS hat sein wissenschaftshistorisches Interesse in späteren Jahren produktiv umgesetzt, 1995 (25. Juni – 27. Juni) richtete er mit dem Pharmazeutischen Chemiker Wilhelm Fleischhacker (*1931) ein Symposium zur Erinnerung an den Pionier der Atomistik Josef Loschmidt (1821–1895) aus.[62] Zur Vervollständigung der Biographie über die Teilchenphysikerin Marietta Blau (1894–1970) trug er 2003 organisatorisch und wissenschaftlich viel bei.[63]

Der *Lösung technischer Probleme bzw. den technischen Anwendungen der Radioaktivität* war TS ein gern gepflegtes Arbeitsfeld. Den gleichaltrigen Max Reinharz (*Wien, 1923), der im Jänner 1947 aus der Emigration in England nach Wien zurückgekehrt war und als Externist im Realgymnasium Albertgasse im VIII. Bezirk die Reifeprüfung abgelegt hatte, nahm TS im September 1950 als Dissertant mit der Aufgabenstellung „*Untersuchungen über den Durchschlags- und Ionenleitungsmechanismus in Papier*"[64] in seine Arbeitsgruppe auf. Erich Schmid, der erst 1951 an der Wiener Universität das II. Physikalische Institut übernommen hatte – von 1936 bis Kriegsende war Schmid in Frankfurt Leiter des Metall Laboratoriums der Metallgesellschaft AG und dann bis zur Berufung nach Wien Leiter des Laboratoriums der Vacuumschmelze AG in Hanau –, und Hans Thirring approbierten am 4. Juni 1952 die Ergebnisse als physikalische Doktorarbeit und regten eine auszugsweise Veröffentlichung an.[65] Reinharz hatte die Papierfolien für die Durchschlagsmessungen aus ligninfreiem Natronzellstoff selbst hergestellt. 1952 und 1953 publizierten TS und Reinharz in den Monatsheften der Chemie zu diesem Problem.[66]

Der von Broda und TS angeleitete Doktorand Fritz Passler (*Wien, 1929) beschäftigte sich mit der „*Methode zur Bestimmung der Radiokohlenstoffverteilung in markierten Proteinen*"[67]. Ebert (13. Dezember 1954) und Wessely (15. Dezember 1954) haben die Arbeit („äußerst fleißig, experimentell geschickt und sehr genau") approbiert.[68] Beide Gutachter betonen, dass die methodischen Vorarbeiten, Blindversuche usw. einen erheblichen Aufwand erfordert hätten. TS veröffentlichte mit Passler eine Studie über die Bestimmung der Radiokohlenstoffverteilung in Proteinen, die in Zusammenhang mit den Versuchen am Tabakmosaikvirus steht.[69] Konkret ging es darum, die Probleme des Wachstums des leicht übertragbaren und weltweit verbreiteten Tabakmosaikvirus in der lebenden Pflanze durch genaue Untersuchung des Proteins, insbesondere solcher Pflanzen, die mit markiertem $^{14}CO_2$ ernährt wurden, zu studieren. TS und Passler entwickelten in diesem Zusammenhang für das I. Chemielabor einen einfachen Zeitgeber für magnetisch betätigten Rücklaufteiler.[70] Über seine Teilnahme an der Glastechnischen Tagung vom 25. bis 27. Mai 1954 in Hamburg, die das Ziel hatte, eine möglichst enge Verbindung zwischen wissenschaftlicher Forschung und betrieblicher Praxis herzustellen, berichtet TS in der Österreichischen Chemiker-Zeitung.[71]

Aufmerksamkeit erweckte 1957 die Publikation von TS über die „*Auffindung von Undichtigkeiten in Rohrleitungen mit Hilfe radioaktiver Stoffe*".[72] Über die technischen Anwendungen der Wirkungen radioaktiver Strahlen hielt TS wiederholt Vorträge, so bei der 10. Fortbildungswoche des Vereins zur Förderung des physikalisch chemischen Unterrichts in Wien am 28. April 1956 und am 5. Juni 1957 im Elektrotechnischen

Verein Österreichs. Am 18. April 1958 sprach er über „*Technische Strahlenchemie*" bei einem Kolloquium der Fakultät für Naturwissenschaften der Technischen Hochschule Wien.

Prominent angekündigt war ein Vortrag von TS durch die Arbeitsgemeinschaft „Entwicklungsmöglichkeiten der Österreichischen Technik" und „Die Gesellschaft für Chemiewirtschaft" am 24. November 1960 über „*Die Verwendung radioaktiver Isotope und Kernstrahlungen in der industriellen Mess- und Regeltechnik (mit Lichtbildern)*".

Berichte über die Auffindung von Uran in ausländischen Braunkohlenlagerstätten gaben den Anstoß zu den ersten Uranbestimmungen an österreichischen Braunkohlen, die mit Beteiligung von TS 1955 durchgeführt wurden. Die Österreichische Studiengesellschaft für Atomenergie hatte dem I. Chemischen Institut für Untersuchungen über Uranprobleme ein Galvanek-Morrison-Fluorimeter und einige zusätzliche Geräte zur Verfügung gestellt. Auf dem Chemiker-Treffen in Salzburg (25. bis 28. April 1956) berichtet TS über „*Urangehalte österreichischer Braunkohlenaschen*".[73] Unter Anleitung von TS erarbeitete der in Elminia (Ägypten) geborene und seit Oktober 1956 mit einem Stipendium der staatlichen Atomenergie-Kommission der Vereinigten Arabischen Republik in Wien studierende Mohamed Ahmed ElGarhy (*1933) die Doktorarbeit „*Chemische Untersuchungen zu Fragen der Gewinnung von Uran aus Kohlen*", die im Juni 1959 abgeschlossen war.[74]

Der Arbeitsschwerpunkt *Verhalten von Spaltprodukten in der Biosphäre* hängt mit der wachsenden Nutzung der Kernenergie zusammen, die eine Vertiefung der Kenntnisse des Verhaltens radioaktiver Spaltprodukte erforderlich machte, insbesondere in Verbindung mit den bei Kernenergieanlagen zu ergreifenden Sicherheitsmassnahmen und mit dem in der öffentlichen Diskussion an Bedeutung gewinnenden Umweltschutz. Durch die Versuche mit großen Kernwaffen, die bis einschließlich November 1958 durchgeführt wurden, war zudem eine beträchtliche weltweite, auch in Österreich feststellbare Kontamination mit radioaktiven Spaltprodukten hervorgerufen worden. Das bedeutete für die Untersuchungen „frischer" Spaltprodukte, d. h. jener Spaltprodukte, die, wie beispielsweise aus Atomenergieanlagen erst vor kurzer Zeit gebildet worden sind, eine Erschwernis. Das chemische Verhalten der Spaltprodukte war nicht mehr allein im Laboratorium, sondern auch in den komplizierten Systemen der Biosphäre zu untersuchen. Aufgrund eines Forschungskontraktes, der im Frühjahr 1958 zwischen dem I. Chemischen Institut und der Internationalen Atomenergieorganisation (*International Atomic*

Energy Agency – IAEA) abgeschlossen wurde und, dreimal verlängert, den Zeitraum vom 15. Mai 1958 bis 15. November 1961 umfasste, wurden unter der Leitung von TS verschiedene Untersuchungen zum Problem des Verhaltens von Spaltprodukten in der Biosphäre durchgeführt. TS übernahm die Verantwortung für die Forschungsresultate seiner Gruppe, deren Angehörige von der Kollegialität und Forscherleidenschaft, die T. S. repräsentierte, geprägt waren. Zur empfindlichen Bestimmung von Radionukliden in Proben aus der Biosphäre wurden geeignete radiophysikalische und radiochemische Trennmethoden ausgearbeitet bzw. Apparaturen (Gammaspektrometrie, Low-Level-Counter in Antikoinzidenzschaltung) aufgebaut. Die in den USA und in der Sowjetunion betriebenen Forschungen auf diesem Gebiet wurden geheim gehalten. Erst jetzt wurde bekannt, wie die USA gleich nach der von der Sowjetunion streng geheim gehaltenen Nuklearexplosion auf dem Testgelände von Semipalatinsk im Nordosten Kasachstans am 29. August 1949 erfahren haben. Die USA hatte mit einem Wetterflugzeug mit feinen Luftfiltern Luftproben gesammelt und mit entsprechenden Untersuchungsmethoden analysiert, was zum Schluss geführt hat, dass den Sowjets ein Atomtest gelungen war.[75]

1959 berichtet TS mit Kurt Liebscher (*Wien, 1929) über die Messung der Radioaktivität von Oberflächenwässern mit dem Gammaspektrometer unter Hinweis darauf, dass die in den Gewässern aufgefundenen radioaktiven Spaltprodukte auf die zu dieser Zeit durchgeführten Kernwaffenversuchsexplosionen zurückgeführt werden können, da in Österreich noch keine Atomreaktoren und Aufarbeitungsanlagen in Betrieb seien und Isotopenanwendungen, bei denen Radioelemente in Gewässer abgegeben werden, nur in geringem Masse durchgeführt werden. Liebscher hat eine von Berta Karlik und Hans Thirring approbierte Doktorarbeit über *„Antikoinzidenzversuche mit Radiokohlenstoff (C-14)"* (1956) verfasst und war am Radiuminstitut tätig. Die materiellen Möglichkeiten für die Forschung waren in Österreich in den fünfziger Jahren sehr beschränkt, die Arbeit der technisch-wissenschaftlichen Intelligenz überhaupt materiell und ideell krass unterbewertet. Viele junge, hoch qualifizierte Kräfte aus dem wissenschaftlich-technischen Bereich taten sich schwer, eine adäquate Anstellung zu finden, und nahmen Angebote aus dem Ausland an. Liebscher wanderte aus und ist seit den 60er Jahren in Schottland.

Mit Fahti Habashi (*Al-Minia, Egypt, 1928) und Kurt Liebscher untersuchte TS die Möglichkeit der Feststellung der Freisetzung von

„frischen" Spaltprodukten in der Biosphäre durch Gammaspektrometrie. Zu dieser Frage stellte TS mit Habashi und Liebscher Beobachtungen über das Verhalten von einzelnen durch die Kernwaffenversuche verursachten Spaltprodukten in Staub und Oberflächenwässern an.[76] Fathi Habashi, Chemieabsolvent der Universität Kairo (1949), hatte 1959 an der TH Wien das Doktorat erworben und war für ein Jahr von TS in seine Arbeitsgruppe aufgenommen worden. 1960 ging Habashi an das Department of Mines and Technical Surveys in Ottawa (Kanada), 1970 wurde er Professor of Extractive Metallurgy an der Laval University in Quebec City. Einige Jahre blieben TS mit Habashi in losem Kontakt, der sich meist als Neujahrsgruß dokumentiert. Am 20. Dezember 1962 schreibt TS an Habashi, dass er gerade am Sachverzeichnis für die neue Auflage der „Technischen Anwendungen" arbeite, er seine Probevorlesung gehalten und es in den letzten Wochen viel Arbeit gegeben habe. Im Sommer 1984 bedankt sich TS bei Habashi für eine Grusskarte aus China.[77] Laufende Messungen an Wasserproben wurden aus der Donau bei Wien und an Regenwasser (Sammlung am Institutsdach in der Währingerstraße) durchgeführt sowie einige Proben aus kleineren Flüssen in der Umgebung von Wien, von Quellwässern, von Wiener Leitungswasser und von Wasser aus der Filtrationsanlage Wienerwaldsee untersucht.

Mehrjährige Untersuchungen von TS und seiner Arbeitsgruppe betrafen das IAEA-Projekt *„Deposition of Inhaled Fission Products in Lungs and Lymph Nodes of Human Beings"*, welches das erste Forschungsprojekt überhaupt war, das von der IAEA vergeben wurde. Von Anfang 1958 bis Ende 1965 wurden an die 660 Organproben verascht und der höher aktive, aus der Anfangsphase der Kernwaffentests stammende Teil gammaspektrometrisch mit einem vom Projektsponsor finanzierten Einkanal-Messgerät untersucht. Der niedriger aktive Teil der Organproben aus der späteren Phase der Tests wurde nach radiochemischer Abtrennung von Cer-144 mit einem von Ferdinand Karl (*St. Pölten, 1936) gebauten „Low-Level-Betazähler in Antikoinzidenzschaltung" im Rahmen seiner Dissertation bei TS („Messungen des radioaktiven Spaltproduktes Cer-144 in menschlichen Lungen") untersucht (approbiert von Erich Schmied). Karl ging nach seiner Promotion in die USA und arbeitete in der Entwicklungsabteilung einer Nuklear-Elektronikfirma. Nach Arbeit bei Leitz Wetzlar und Rückkehr nach Österreich vertrat er bis 1982 die Fa. Perkin-Elmer in der DDR und Polen und unterrichtete dann an der HTBLuVA St. Pölten. In Nature 1960 (Jänner) resümiert TS im Zusammenhang mit der Inhalation radioaktiver Aerosole Aspekte des fluorimetrischen Verfahrens, insbesondere die Störung durch Anwesenheit fluoreszenzlöschender Stoffe, und erstellte Arbeitsvorschriften für Beschäftigte in Kernkraftwerken.[78]

Um 1957 begann TS mit Studien zu *Ionenaustausch und Komplexbildung*. An diesen Untersuchungen beteiligte TS mehrere ausländische Gäste und Mitarbeiter des I. Chemischen Instituts, so Maksymilian Wald vom Institut für Kernforschung der Polnischen Akademie der Wissenschaften und Maria Bruno aus Padua[79] oder A. A. K. Al-Mahdi vom Chemie Departement der Universität Bagdad. Zum chemischen Institut in Padua hat es in diesen Jahren einen engeren Forschungskontakt gegeben, TS hielt Vorträge über *„Einige Arbeiten über Ionenaustauschprozesse in der Radiochemie"* (26. Mai 1958) und über *„Erfahrungen bei der Bestimmung von Spaltprodukten in der Biosphäre durch Gammaspektrometrie"* (19. Oktober 1959). Mit Al-Mahdi, der mit Unterstützung der irakischen Regierung und der Internationalen Atomenergieorganisation als Gast in Wien forschte und dann nach Belfast abreiste, widmete TS 1962 zum 70. Geburtstag Feigl *„in Verehrung"* den Artikel *„Beobachtungen über komplexbildende Eigenschaften der Rhodizonsäure"*, zumal Feigl die Eignung der Rhodizonsäure als analytisches Reagens zuerst erkannt hatte.[80] Über die 1958 einsetzenden Arbeiten von TS in Seibersdorf siehe weiter unten.

III. 5. Friedliche Nutzung der Kernkraft. Bericht über eine Vortrags- und Besichtigungsreise nach Polen 1958

Über die Verbrechen der deutschen Okkupanten in Polen war in den fünfziger Jahren in Österreich wegen des Kalten Krieges nur wenig bekannt. Nach den Plänen der deutschen Faschisten sollte die soziale Struktur der polnischen Bevölkerung mit dem Ergebnis umgeändert werden, dass diese nur als ein Reservoir billiger Arbeitskräfte für das Deutsche Reich existiert.[81] Die Deutschen unternahmen deshalb gezielte Aktionen zur Ausrottung der polnischen Intelligenz und Wissenschaft. Die enormen menschlichen Verluste und materiellen Schäden, die der polnischen Wissenschaft von den Deutschen zugefügt worden waren, waren für den Wiederaufbau eine große Behinderung. TS war dieser historische Hintergrund präsent. Umso mehr dürfte es ihn doch ein wenig überrascht haben, dass die Anstrengungen von Polen, den

Anschluss an die moderne Wissenschaft zu gewinnen, in dem von ihm überblickbaren Fachgebiet gute Ergebnisse gebracht haben. Für die Industrialisierung von Polen musste vor allem die Frage der Energiegewinnung gelöst werden. Die friedliche Nutzung der Kernenergie bot sich an, dabei konnte Polen wie die anderen sozialistischen Staaten auf die Unterstützung der Sowjetunion zählen.

Ausgangspunkt in allen sozialistischen Ländern war die Einschätzung von Lenin, dass die Energieversorgung des Landes die wichtigste Voraussetzung seiner wirtschaftlichen Entwicklung ist. Obschon während des Zweiten Weltkrieges auf dem Territorium der UdSSR über 60 Großkraftwerke mit einer Gesamtleistung von 5,8 Millionen Kilowatt und fast 10.000 Kilometer Hochspannungsleitungen zerstört und eine ungeheure Anzahl von Kesseln, Turbinen und Elektromotoren nach Deutschland verschleppt worden sind, begannen die Sowjets noch während der Kriegsjahre mit dem Wiederaufbau der ruinierten Wirtschaft, darunter der Energiewirtschaft. Nach dem Zweiten Weltkrieg gingen die sowjetischen Völker, zuerst im europäischen Teil, später in Sibirien, an den Bau neuer Großkraftwerke, eines der ersten war jenes von Kuibyschew (Wolga-Wasserkraftwerk Lenin). In der Sowjetunion wurde das erste Kernkraftwerk bei Obninsk mit einer elektrischen Leistung von 5.000 Kilowatt am 27. Juni 1954 seiner Bestimmung übergeben.[82] Gleichzeitig wurde es als Forschungs- und Versuchsbasis benützt, wo einzelne Konstruktionsteile geprüft und verarbeitet sowie Fachkräfte ausgebildet wurden. Der Bericht über diesen sowjetischen Erfolg auf der ersten Genfer Konferenz für die friedliche Anwendung der Kernenergie (1955) erregte großes Aufsehen. Im September 1958 wurde die erste Baufolge des Sibirischen Atomkraftwerkes in Betrieb genommen. In Großbritannien wurde am 22. Mai 1956 in Calder Hall ein Atomkraftwerk in Betrieb genommen, in den USA in Shippingport bei Pittsburgh am 2. Dezember 1957.

Im Februar 1958 unternahm TS eine offizielle Vortrags- und Besichtigungsreise nach Polen, er erstattete darüber dem Unterrichtsministerium einen Bericht, der seine Sympathie für den wissenschaftlichen Elan und den Aufbauwillen des polnischen Volkes in dem von den Deutschen völlig zerstörten Land deutlich macht. TS hielt Vorträge vor dem Komitee der polnischen Akademie der Wissenschaften für die Nutzung der Atomenergie in Warschau am 18. Februar 1958 (*Die Anwendung von Ionenaustauschern in der Radiochemie*) und am 19. Februar 1958 (*Die Grundlagen der Anwendung radioaktiver Strahlen in der industriellen Messtechnik*). In seinem Resümee spricht TS das Zusammenwirken von Plan und Freiheit an.[83]

Atomenergieforschung und -Entwicklung in Polen.
Eindrücke von einer Vortrags- und Besichtigungsreise

1) Einleitung

Der Unterzeichnete hatte Gelegenheit, sich vom 16.–22. Feber 1958 in Warschau und Krakau aufzuhalten und dort Forschungsinstitute zu besichtigen, die mit Problemen der Atomenergie befasst sind. Insbesondere konnten die in Zeran untergebrachten Abteilungen des Instituts für Kernforschung und das im Aufbau befindliche Reaktorzentrum in Swierk – beides in der Nähe von Warschau – besichtigt werden. In Aussprachen mit Mitarbeitern des „Buiro Petnomocnika Rządu dla Spraw Wykorzystania Energii Igdrowej" („Büro des Bevollmächtigten der Regierung für die Nutzbarmachung der Kernenergie") ergab sich Gelegenheit, die Pläne für die Entwicklung der Atomenergie in Polen kennenzulernen. Einblick konnte auch in die Pläne für den Aufbau des Strahlenschutzes und für die Ausbildung von Fachleuten gewonnen werden. In Krakau konnte das im Bau befindliche kernphysikalische Institut (Zyklotron) und die bereits seit einiger Zeit bestehenden physikalischen Forschungsstellen besichtigt werden.

Während seines Aufenthaltes in Polen hielt der Unterzeichnete zwei Vorträge: „Die Anwendung von Ionenaustauschern in der Radiochemie" und „Die Grundlagen der Anwendung radioaktiver Strahlen in der industriellen Messtechnik". Beide Vorträge wurden vom „Komitet do Spraw Pokojowego Wykorzystania Energii Jadrowej – Polska Akademia Nauk" („Komitee der polnischen Akademie der Wissenschaften für Angelegenheiten der friedlichen Nutzbarmachung der Kernenergie") veranstaltet und fanden im Palais Staszio der Akademie der Wissenschaften in Warschau statt. Die Aufnahme in Warschau und Krakau war besonders freundlich und die Gastgeber waren in jeder Weise bemüht, die gewünschten Aussprachen und Besichtigungen zu ermöglichen. Mit mehreren polnischen Kollegen konnte ein anregender und nützlicher Gedankenaustausch durchgeführt werden.

Hier soll nun über den Aufbau und die Zielsetzung der Atomenergieforschung und – Entwicklungstätigkeit in Polen berichtet und etwas eingehender die Arbeit jener Institute bzw. Abteilungen beschrieben werden, über die sich der Unterzeichnete näher informierte, d. h. vor allem Institute, die chemische oder verwandte Probleme auf dem Atomenergiegebiet bearbeiten.

2) <u>Organisation der Atomenergieforschung in Polen</u>
Nach dem Ende des Krieges befand sich die polnische Wissenschaft in einer äußerst schwierigen Lage. Der Grossteil der Industrie war zerstört, viele Wissenschaftler hatten den Krieg nicht überlebt oder das Land verlassen. Größte Anstrengungen waren auf allen Gebieten erforderlich, um die riesigen Zerstörungen zu überwinden, so dass der Wissenschaft keine großen Mittel zur Verfügung standen. Nach einigen Jahren konnte die kernphysikalische Forschung aufgenommen werden. Mit der allgemeinen Intensivierung der wissenschaftlichen Tätigkeit begann dann die Arbeit auf verschiedenen Gebieten, die mit der Nutzung der Atomenergie in Beziehung stehen.

Der erste Schritt zu einer Zusammenfassung der Arbeiten auf dem Atomenergie-Gebiet wurde 1955 unternommen: Im Rahmen der Akademie der Wissenschaften wurde das „Instytut Badań Jądrowych" (Institut für Kernforschung) gegründet. Dieses stellte zuerst eine Zusammenfassung der schon früher tätigen Gruppen dar. Man begann jedoch sofort mit einer starken Erweiterung der Forschungstätigkeit. Innerhalb kurzer Zeit wurden die Aufstellung neuer Arbeitsgruppen und die Errichtung zusätzlicher Arbeitsstätten durchgeführt.

Eine Neugestaltung der Organisation auf dem Gebiet der Atomenergie wurde Mitte des Jahres 1956 von der Regierung Polens vorgenommen. Damals wurde als staatliche Stelle für die Arbeiten auf dem Gebiet der Atomenergie das „Biuro Pelnomocnika Rządu dla Spraw Wykorzynstania Energii Jadrowej" (Amt des Bevollmächtigten für Atomenergie) geschaffen und Minister Wilhelm Billig zum „Bevollmächtigten für Atomenergie" ernannt. Dem „Amt des Bevollmächtigten für Atomenergie" untersteht seit 1956 vor allem das Institut für Kernforschung, ferner ein Zentrallaboratorium für Strahlenschutz und eine Investitionsabteilung. Es besteht die Möglichkeit, jederzeit zusätzliche Abteilungen oder Betriebe zu schaffen. 1956 wurde auch ein staatlicher Rat für die Anwendung der Atomenergie gebildet. Diesem gehören Minister, stellvertretende Minister und führende Wissenschaftler an, die auf Grund ihrer

Arbeitsrichtung oder wissenschaftlichen Qualifikation zur Planung auf dem Gebiet der Atomenergie und zur Koordinierung mit anderen Industriezweigen beitragen können.

Innerhalb der polnischen Akademie der Wissenschaften besteht seit einigen Jahren ein eigenes Komitee, das wissenschaftliche Fragen, die sich in Verbindung mit der Atomenergieentwicklung ergeben, bearbeitet. Dieses Komitee hat Untergruppen für Chemie und Radiochemie, Kernphysik, Biologie und Radiobiologie und für internationalen Austausch, wozu die Beschickung wissenschaftlicher Konferenzen zählt. Die praktische Forschungs- und Entwicklungstätigkeit wird derzeit vor allem im Rahmen des Instituts für Kernforschung durchgeführt. Seine zehn Abteilungen sind zum Teil an bereits bestehenden wissenschaftlichen Instituten, zum Teil in eigenen Gebäuden des Institutes untergebracht. Die folgende Liste der Abteilungen soll das breite Arbeitsprogramm des Instituts, das sich sowohl mit wissenschaftlichen, wie auch mit technologischen Fragen beschäftigt, veranschaulichen:

1) Kernphysik, Neutronenphysik (Warschau)
2) Kernphysik (Krakau)
3) Elektronische Abteilung und Konstruktion eines Linearbeschleunigers
4) Technologie der Reaktormaterialien
5) Radiochemie
6) Kosmische Strahlen
7) Theoretische Kernphysik
8) Chemische Analyse
9) Reaktortechnik
10) Strahlenschutz

3) Abteilungen des Instituts für Kernforschung in Zeran:
In Zeran – etwa 10 km nördlich von Warschau – befinden sich gegenwärtig mehrere Abteilungen des Instituts für Kernforschung, mit deren Aufbau vor etwa 2 ½ Jahren begonnen wurde. Es sind dies die Abteilungen: Elektronik und Linearbeschleuniger, Technologie der Reaktormaterialien, Radiochemie, Chemische Analyse, Strahlenschutz. Das Institut in Zeran ist in adaptierten Baracken untergebracht, die ursprünglich eine Siedlung für Bauarbeiter bildeten. Man hat diese mit viel Geschick adaptiert. Sie erweisen sich jedoch immer mehr als zu eng und man sieht daher der Fertigstellung des Instituts in Swierk

mit Ungeduld entgegen. Wahrscheinlich werden die Abteilungen für Technologie und Chemische Analyse – zumindest zum Grossteil – in Zeran verbleiben, die Abteilungen für Radiochemie und Strahlenschutz werden nach Swierk übersiedeln. Der Unterzeichnete hatte Gelegenheit, alle derzeit in Zeran unterbrachten Abteilungen zu besuchen und sich über deren Arbeiten zu informieren.

Elektronische Abteilung (Leiter: J. Keller): In dieser Abteilung werden Entwicklungsarbeiten für kernphysikalische Messgeräte durchgeführt. Die Entwicklung zahlreicher Zählrohrtypen wurde bereits abgeschlossen und ihre Produktion in einem Industriebetrieb in Gang gebracht. Das Gleiche gilt für ein Zählgerät (Hochspannungsteil, 2-Dekaden-Untersetzer), das heute in größeren Serien industriell hergestellt wird. Eine andere Arbeitsgruppe der Abteilung für Elektronik führt die Entwicklung von Dosimetermessgeräten auf Transistorbasis durch. Eine dritte Gruppe ist mit der Anfertigung von Spezialgeräten, z. B. einem Viel-Kanal-Impulsspektrometer, befasst. Dieses und andere Geräte werden in Kürze beim Forschungsreaktor Verwendung finden. Eine weitere Gruppe ist mit Entwicklungsarbeiten für einen Linearbeschleuniger befasst.

Technologie der Reaktormaterialien (Leiter: Doz. T. Adamski): In den etwa zwei Jahren seit dem Beginn ihrer Tätigkeit hat diese Abteilung vor allem technische Verfahren für die Gewinnung von Uran aus polnischen Rohstoffen ausgearbeitet. Die ersten Probleme von hochreinem metallischem Uran – etwa in Kilogrammmengen – liegen bereits vor.

Das Verfahren, das wahrscheinlich zuerst in größerem Maßstab Anwendung finden wird, verwendet zur Anreicherung des Urans eine Fällung als Natriumdiuranat. Die weitere Reinigung erfolgt durch Extraktion mit Tributylphosphat. Das auf diesem Wege gewonnene reine Uranoxyd wird zum Fluorid umgewandelt, und dieses mit Kalzium zum metallischen Uran reduziert.

Man denkt auch daran, die Anreicherung von Uran aus verdünnten Lösungen mit Hilfe von Ionenaustauschern durchzuführen. Arbeiten zur Entwicklung eines geeigneten Austauschers sind an einem Universitätsinstitut im Gange. Andere Wege der Reinigung und Darstellung von Uran werden ebenfalls untersucht.

Auch die Technologie anderer für den Reaktorbau wichtiger Materialien wird bearbeitet. Gute Erfolge wurden bei der Herstellung von hochgradigem Reaktorgraphit erzielt.

Gegenwärtig ist in Zeran eine Anlage im Bau, die die Produktion bedeutend größerer Uranmengen, d. h. schon im technischen Maßstab, ermöglichen wird, die aber im Wesentlichen doch noch den Charakter einer Versuchsanlage haben und daher Abänderungen des Verfahrens gestatten wird.

Radiochemie (Leiter: Dr. I. G. Campbell): In der Abteilung für Radiochemie wird ein besonders vielseitiges Arbeitsprogramm durchgeführt. In dieser Abteilung befindet sich gegenwärtig die Isotopenverteilung für ganz Polen. Die Radioisotope werden vor allem aus der UdSSR bezogen, jedoch kommen einzelne Sendungen auch aus anderen Ländern. Für die Isotopenverteilung stehen verschiedene Boxen zur Verfügung, die ein gefahrloses Arbeiten mit grösseren Radioelementmengen gestatten. Jedoch ist man vorläufig bemüht, die Anlieferung der Radioelemente in einer solchen Form zu erwirken, dass möglichst wenige Operationen (Aufteilung oder chemische Umwandlung) durchzuführen sind.

In der Abteilung für Radiochemie wird auch die Entwicklung von Geräten für radiochemische Laboratorien durchgeführt. So wurden u. a. verschiedene Boxen, Greifer und dergleichen konstruiert. Derartige Geräte sollen für die Versorgung der polnischen Laboratorien – aber auch für den Export – hergestellt werden.

Im Folgenden seien einige der Probleme genannt, die im Rahmen der Abteilung für Radiochemie bearbeitet werden: Methoden zur Erzeugung von Radiokohlenstoff im Reaktor, Plutoniumchemie – dazu zählen Untersuchungen über den Plutoniumtransport im Körper – Adsorption von Radioelementen an Metalloberflächen, Chemie der heißen Atome (Szilard-Chalmers-Reaktionen), Synthese markierter Verbindungen, radiochemische Trennungen durch Chromatographie und andere Verfahren.

Abteilung für chemische Analyse (Leiter: Doz. J. Minczewski): In dieser Abteilung hat man sich bis jetzt vor allem mit jenen analytischen Problemen beschäftigt, die sich bei der Ausarbeitung der Urantechnologie ergeben. Es mussten also Bestimmungsmethoden für Uran in den verschiedenen Konzentrationen und für die Verunreinigungen im Uran ausgearbeitet werden. Eine zweite Arbeitsrichtung ist die chemische Analyse von Ausgangsmaterialien für die Isotopenproduktion.

Eine der bevorzugten Arbeitsmethoden ist die Emissionsspektrographie, die vor allem für die Bestimmung kleiner Uranmengen eine wichtige Rolle spielt. Es wird eine Empfindlichkeit bis zu 0,001 % Uran erzielt und zwar ohne vorherige chemische Anreicherung. Allerdings muss die Auswertung der Spektrogramme bei jeder zu analysierenden Stoffklasse nach besonderen Eichkurven erfolgen. Spurenhafte Verunreinigungen im Uran werden ebenfalls spektrographisch bestimmt. Hiebei kommen Methoden der „Carrierdestillation", z. B. mit Galliumoxyd oder mit Silberchlorid, zur Anwendung. Man kann 20–30 Elemente in einer Bestimmung ermitteln, wobei Empfindlichkeiten von 1–100 Mikrogramm pro Gramm erzielt werden. Nach einem spektrographischen Verfahren wird auch die Bestimmung von Bo in Graphit durchgeführt. Die Empfindlichkeit des entwickelten Verfahrens beträgt o,1 Mikrogramm.

Für die Uranbestimmung findet vielfach auch die Spektrophotometrie Anwendung, während die Polarographie nur als Hilfsmethode eingesetzt wird.

Die Abteilung führt auch Arbeiten zur Entwicklung neuer analytischer Verfahren durch, z. B. über die Anwendung der potentiometrischen Titration in nichtwässrigen Systemen.

Strahlenschutz (Leiter: Doz. E. Kowalski): Diese Abteilung hat gegenwärtig die Strahlenschutzkontrolle für das Institut in Zeran – d. h. vor allem für die radiochemische Abteilung. – über, und wird später ähnliche, aber bedeutend größere Aufgaben in Swierk zu erfüllen haben. Jede Öffnung oder Bearbeitung von Isotopensendungen muss in Anwesenheit eines Mitarbeiters der Dosimetriegruppe erfolgen. Jede die radiochemische Abteilung verlassende Person wird auf Aktivität geprüft. Mit Hilfe eines wöchentlichen Plakettendienstes werden die von den Mitarbeitern der radiochemischen Abteilung erhaltenen Strahlungsdosen ermittelt. In Vorbereitung sind Aktivitätsmessungen an den Exkrementen der Mitarbeiter der radiochemischen Abteilung. Die Strahlenschutzabteilung führt auch regelmäßige (alle drei Monate) Blutuntersuchungen an jenen Personen aus, die radioaktiven Strahlen ausgesetzt sind. Im Rahmen der Abteilung für Strahlenschutz werden auch verschiedene biochemische Probleme untersucht.

—

Man gewinnt den Eindruck, dass in Zeran in kurzer Zeit voll arbeitsfähige Forschungsgruppen aufgebaut wurden, die vor allem die unmittelbaren Probleme der polnischen Atomenergieentwicklung lösen, darüber hinaus aber zahlreiche Forschungsarbeiten von allgemeinerem Interesse durchführen. Die Leiter der Abteilungen sind erfahrene Wissenschaftler, die Mitarbeiter der Abteilungen in erster Linie junge Hochschulabsolventen, die sich schnell in die für sie zum Teil ganz neuen Arbeitsgebiete hineingefunden haben. Im Vergleich zu österreichischen Instituten muss die Ausrüstung in Zeran als sehr gut bezeichnet werden. Schwierigkeiten bei der Beschaffung mancher Geräte ergeben sich nicht wegen der Begrenzung der zur Verfügung stehenden Mittel, sondern wegen Devisenmangel und Verbotsbestimmungen im Ost-West-Handel.

4.) Institut für Kernforschung in Swierk.
Bei Swierk – etwa 40 km südöstlich von Warschau – wird das neue Institut für Kernforschung errichtet, das den 2 MW-Reaktor beherbergt, den die UdSSR an Polen liefert. Zum Zeitpunkt der Besichtigung waren die Arbeiten am Reaktor bereits weit gediehen; die eigentlichen Bauarbeiten am Reaktorgebäude und Reaktor waren abgeschlossen und die Montage der Steuerung des Reaktors wurde gerade durchgeführt. Man rechnete damit, dass der Reaktor Ende April zum ersten Male kritisch werden würde. Es handelt sich um einen Tankreaktor mit gewöhnlichem Wasser als Moderator und Kühlmittel. Der Reaktor wird einen maximalen Neutronenfluss von 1.10^{13} Neutronen $.cm^{-2}.sec^{-1}$ erreichen. Für Verwendung beim Reaktor sind verschiedene komplizierte Forschungsinstrumente, z. B. Neutronenspektrometer, Beta- und Gammaspektrometer im Bau.
Im Reaktorgebäude ist eine große Anzahl von Experimentierräumen vorgesehen. Andere Gebäude in Swierk werden kernphysikalische und radiochemische Laboratorien – einschließlich eines eigenen Plutoniumlaboratoriums –, und den Linearbeschleuniger beherbergen. In den zu errichtenden radiochemischen Laboratorien wird die Isotopenproduktion durchgeführt werden.
„Heiße Zellen" für starke Präparate befinden sich unmittelbar unterhalb des Reaktors, sodass Proben, die im Reaktor bestrahlt wurden, einfach und schnell in die Zellen gebracht werden können. Nach der Fertigstellung des ganzen Forschungszentrums in Swierk werden dort etwa 1.500 Personen beschäftigt sein.

5.) Institut für Kernforschung Krakau.
Am Stadtrand von Krakau (Bronowice) ist ein zweites großes kernphysikalisches Forschungsinstitut im Bau, das ebenfalls dem „Institut

für Kernforschung" zugehört. Herzstück dieses Instituts ist ein Zyklotron, das von der UdSSR geliefert wird und jetzt der Fertigstellung entgegengeht. Der Magnetdurchmesser des Zyklotrons beträgt 120 cm, die maximale Teilchenenergie (Deuteronen) 12 MeV. In diesem Institut werden bereits verschiedene kernphysikalische Forschungsgeräte konstruiert, darunter Geräte zur Feststellung extrem kurzlebiger Zustände. Eine Abteilung des Instituts, die bereits weitgehend aufgebaut ist, beschäftigt sich mit paramagnetischer Resonanz. Das Krakauer Institut wird 1960 etwa 200 Beschäftigte zählen.

6.) <u>Abteilungen für Kernphysik in Krakau.</u>
Im Physikalischen Institut der Krakauer Bergakademie (Prof. M. Hiesowicz, Prof. L. Jurkiewicz) werden verschiedene Forschungsarbeiten durchgeführt, die dem Institut für Kernforschung unterstellt sind. Es befindet sich dort eine Arbeitsgruppe für kosmische Strahlen, der vor allem ein Hodoskop zur Verfügung steht. Ferner werden Arbeiten über die Anwendungen der Radioaktivität im Bergbau, darunter z. B. über Neutronenkarottage, durchgeführt.
Von diesem Institut aus wird auch die Messung der Radioaktivität der Luft und der Niederschläge für das ganze Land koordiniert. Derartige Messungen werden gegenwärtig an sieben oder acht Stellen in Polen durchgeführt.

7.) <u>Strahlenschutz in Polen.</u>
Über die Organisation des Strahlenschutzes in Poen konnte sich der Unterzeichnete durch ein längeres Gespräch mit dem Stellvertreter des Bevollmächtigten für Atomenergie, Ing. Meters, informieren. Die Verantwortlichen für die Durchführung des Strahlenschutzes liegt nicht bei einer, sondern bei mehreren Stellen. Diese sind: 1.) Die staatliche Gesundheitsinspektion beim Ministerium für Gesundheitswesen. 2.) Das technische Arbeitsinspektorat beim Zentralrat der Gewerkschaften (in Polen, wie auch in der Sowjetunion und in den meisten anderen volksdemokratischen Ländern üben die Gewerkschaften wichtige Funktionen bei der Gewährleistung des Gesundheitsschutzes in den Betrieben aus). 3.) Der Bevollmächtigte für Atomenergie.
Schon vor mehr als einem Jahr wurde eine Verordnung des Ministerrates herausgegeben, die in einer allgemeinen Form den Schutz beim Arbeiten mit ionisierenden Strahlen regelt. Diese Verordnung

hat für alle Arten von Betrieben, das heißt also auch für medizinische Betriebe, Gültigkeit. Sie gibt die einzuhaltenden Toleranzdosen an, enthält jedoch keine Vorschriften über das Arbeiten mit radioaktiven Materialien.

Obwohl noch keine gesetzlich geregelte Genehmigungspflicht für das Arbeiten mit Isotopen besteht, wird – da der Import der Isotope zentralisiert erfolgt – eine gewisse Kontrolle über die Verbraucher durch das Institut für Kernforschung ausgeübt. In Kürze soll jedoch eine Verordnung herausgegeben werden, die die Anwendung von Isotopen von der Erlangung einer Arbeitsgenehmigung abhängig macht. Im Amt des Bevollmächtigten ist man sich darüber im Klaren, dass eine solche Verordnung nur dann sinnvoll ist, wenn, einerseits, ihre Durchführung wirklich kontrolliert werden kann und wenn, andrerseits, qualifizierte Fachleute zur Verfügung stehen, die den Einzelverbraucher von Isotopen in allen einschlägigen Fragen beraten können.

Zur Durchführung der Kontrolle aller mit ionisierenden Strahlen arbeitenden Stellen und für eine Forschungstätigkeit auf dem Gebiet des radiologischen Schutzes wurde im Oktober 1957 das „Zentrallaboratorium für radiologischen Schutz" geschaffen. In der Phase des Aufbaus musste sich dieses Laboratorium die Aufgabe stellen, eine größere Gruppe von Strahlenschutzfachleuten heranzubilden: in einem vier Monate währenden Kurs, der Ende März zu Ende ging, wurden 25–30 Ingenieure und Techniker entsprechend ausgebildet.

Aus dieser Gruppe werden kleine Kontrollteams gebildet werden, die alle mit ionisierenden Strahlen arbeitenden Laboratorien ein- bis zweimal im Jahr überprüfen werden. Obwohl man sich darüber im Klaren ist, dass gerade bei den medizinischen Röntgenanwendungen häufig Überschreitungen der Toleranzdosen vorkommen, wird man erst zu einem späteren Zeitpunkt an eine systematische Überprüfung der medizinischen Röntgenanlagen gehen können.

Eine weitere wichtige Aufgabe des Zentrallaboratoriums für radiologischen Schutz ist die Durcharbeitung und Begutachtung von Plänen für neue Laboratorien.

Ferner wurde im Rahmen des Amtes des Bevollmächtigten für Atomenergie eine beratende Gruppe für Fragen des radiologischen Schutzes geschaffen. Dieser Gruppe gehören Fachleute aus dem Zentrallaboratorium für radiologischen Schutz, aus der Strahlenschutzabteilung des Instituts für Kernforschung und aus anderen Instituten an, ferner

Mitarbeiter des polnischen Normenkomitees und der Gewerkschaften. Diese Gruppe arbeitet gegenwärtig weitere Verordnungen und technische Normen aus. So werden Richtlinien für kernphysikalische und radiochemische Laboratorien, Normen für Strahlenschutzmaterialien (Beton, Blei), Richtlinien für den Transport radioaktiver Materialien, Vorschriften für die Unschädlichmachung radioaktiver Abfälle und Standardmethoden der Dosimetrie ausgearbeitet. Man ist der Meinung, dass die endgültigen organisatorischen Formen des Strahlenschutzes erst im Zuge der praktischen Entwicklung des ganzen Gebietes der Atomenergie geschaffen werden können.

Die Aussprachen und Besichtigungen ergaben den Eindruck, dass die verantwortlichen Stellen den Fragen des radiologischen Schutzes große Aufmerksamkeit widmen.

8.) <u>Fragen der Ausbildung.</u>

Der bereits im Gang befindliche Ausbau der polnischen Atomenergieforschung und die weiter unten dargelegten Pläne für die praktische Ausnutzung der Atomenergie haben zu einem beträchtlichen Bedarf an Fachleuten geführt. Dieser soll vor allem durch die Einführung entsprechender Spezialkurse im Rahmen des Hochschulstudiums und durch besondere Kurse für Hochschulabsolventen befriedigt werden. Noch heuer soll in Swierk ein Kurs für Reaktoringenieure anlaufen, welcher ein bis zwei Jahre dauern wird und an dem 10–20 Physiker und Ingenieure teilnehmen werden. Ein Teil der Instruktoren wird aus dem Kreis der polnischen Fachleute kommen, man hofft aber auch, Fachleute aus der UdSSR als Instruktoren zu gewinnen.

Chemiker mit einer Spezialausbildung, die sie zu einer Tätigkeit auf dem Gebiet der Atomenergie befähigt, sollen vor allem im Rahmen der Hochschulen herangebildet werden. An der Universität Warschau besteht ein Lehrstuhl für Radiochemie (Prof. Zlotowski). Die Radiochemie ist eine jener Arbeitsrichtungen, in denen sich die Studenten im Laufe ihres 5–5 1/2jährigen Chemiestudiums spezialisieren können. Das Studium ist so aufgebaut, dass die Studenten 6–7 Semester nach einem allgemeinen Curriculum lernen und sich dann auf eine Arbeitsrichtung spezialisieren, in der sie später auch ihre Diplomarbeit ausführen.

Die Studenten, die sich auf dem Gebiet der Radiochemie spezialisieren, werden u. a. folgende Vorlesungen hören: Einführung in die Kernphysik, Elektronik und Grundlagen der Elektrotechnik,

Kernchemie, Trennung stabiler Isotope, Erzeugung radioaktiver Isotope, Synthese markierter Verbindungen, Isotopenanwendung in Chemie und Technologie, Strahlenschutz.

Man erwartet, dass von der Warschauer Universität pro Jahr etwa zehn Absolventen mit einer Spezialausbildung in Radiochemie zur Verfügung stehen werden.

Möglichkeiten für andere Spezialausbildungen, die für das Gebiet der Atomenergie Bedeutung haben, sollen an anderen Hochschulen geschaffen werden. So soll in Wroclaw eine Spezialausbildung für die Chemie der Reaktormaterialien eingerichtet werden. Da bis zum Wirksamwerden dieser Schulungsprogramme an den Hochschulen noch einige Zeit vergehen wird, werden gegenwärtig im Rahmen des Institutes für Kernforschung viermonatige Spezialkurse für Hochschulabsolventen, und zwar auf dem Gebiet der Radiochemie und der Chemie der Reaktormaterialien, durchgeführt. Am physikalischen Institut der Bergakademie Krakau läuft ein einjähriger Spezialkurs (mit etwa 30 Teilnehmern) für Ingenieure über die Anwendung von Radioisotopen in der Technik.

Ganz abgesehen von diesen Schritten zur Ausbildung von Spezialisten finden Kernphysik, Radiochemie und andere Fragen der Atomenergie natürlich einen immer breiteren Raum im Rahmen der allgemeinen Ausbildungsprogramme der Hochschulen. So ist z. B. eine zweisemestrige Vorlesung (2 Stunden in der Woche) über Kernchemie Pflichtfach für alle Chemiestudenten der Warschauer Universität. Es ist auch beabsichtigt, an diese Vorlesung Laboratoriumsübungen anzuschließen, doch ist dies wegen Platzmangel vorläufig nicht möglich.

9.) Publikationen auf dem Gebiet der Atomenergie.
Um die Ausbildung von Fachleuten auf dem Gebiet der Atomenergie in Polen zu fördern, ist eine große Anzahl bekannter, in anderen Ländern erschienener Fachbücher ins Polnische übersetzt worden. Die Mehrzahl dieser Übersetzungen ist im Verlag PWN erschienen. Es seien folgende Werke genannt:

G[erhart]. Friedländer, J[oseph W.]. Kennedy: „Kernchemie und Radiochemie"
S[amuel]. Glasstone, M[ilton C.]. Edlund: „Grundlagen der Theorie der Kernreaktoren"
S. Glasstone: „Einführung in die Kernenergie"

E. Broda: „Fortschritte der Radiochemie"
D[onald]. J[ames]. Hughes: „Neutronenoptik"
I[rving]. Kaplan: „Kernphysik"
L[ev D.]. Landau, I[Jakov A.]. Smorodinskij: „Vorlesungen über
die Theorie des Atomkerns"

Seit 2 ½ Jahren erscheint eine eigene Atomenergiezeitschrift „Nukleonika". 1956 und 1957 erschienen vier Nummern pro Jahr, heuer sind bereits sechs Nummern pro Jahr vorgesehen. Nachdem in den ersten Nummern vor allem Übersichtsarbeiten und Übersetzungen von Arbeiten ausländischer Autoren gebracht wurden, nimmt der Anteil von Originalarbeiten polnischer Autoren mehr und mehr zu.
Vom Institut für Kernforschung werden „Atomenergieberichte" herausgegeben, die immer auch in einer Weltsprache (Englisch, Russisch, Deutsch) erscheinen. Das Institut für Kernforschung ist an einem Austausch dieser Berichte gegen entsprechende Berichte der Atomforschungsstellen anderer Länder interessiert. Die in diesen Berichten niedergelegten Arbeiten erscheinen zum Teil – allerdings mit einer Verzögerung von mehreren Monaten – auch in wissenschaftlichen Zeitschriften Polens.

10.) Perspektivprogramm der polnischen Atomenergieentwicklung.
Nach Inbetriebnahme des ersten Versuchsreaktor 1958 soll an die Konstruktion eines zweiten Reaktors gegangen werden. Projektierung und Konstruktion der Bauteile sollen bereits vorwiegend in Polen durchgeführt werden. Eine Entscheidung über die Größe oder den Typ dieses Reaktors ist noch nicht gefallen, jedoch wird an einen gasgekühlten Graphitreaktor gedacht. Dieser zweite Reaktor soll etwa 1963 fertiggestellt werden.
Zwei Jahre später, d. h. etwa 1965, soll das erste Atomkraftwerk Polens seinen Betrieb aufnehmen. Bei seiner Errichtung wird man die Hilfe anderer Länder in Anspruch nehmen.
Das für die Atomenergieentwicklung benötigte Uran soll weitgehend im eigenen Land gewonnen werden.
Die polnischen Fachleute sind der Ansicht, dass die Atomkraft für die polnische Energiewirtschaft bald wesentliche Bedeutung erlangen wird. Dass nur geringe ausbaufähige Wasserkraftreserven zur Verfügung stehen, bildet einen der Ausgangspunkte für diese Einschätzung.

Folgende Zahlen kennzeichnen die Lage der polnischen Elektrizitätswirtschaft (Bevölkerung von Polen = 27 ¼ Millionen):

Installierte Leistung 1938 1,668 MW
1956 4,368 MW (davon Wasserkraft 236 MW)
Erzeugte elektrische Energie
1938 3,945 Milliarden KWh
1956 19,408 = =

Es ist also Polen gelungen, nicht nur die schweren Kriegsschäden, die zu einem praktisch vollständigen Zusammenbruch der Stromversorgung führten, wiedergutzumachen, sondern die Produktion elektrischer Energie auf mehr als das Vierfache des Vorkriegsstandes zu erhöhen. Jedoch liegt die Produktion noch immer bedeutend niedriger als die anderer Industrieländer, z. B. von Österreich (Österreich – etwa 1600, Polen jedoch nur etwa 700 KWh pro Kopf der Bevölkerung und Jahr). Der geplante weitere Ausbau der polnischen Industrie macht ein schnelles Ansteigen der Energieproduktion unbedingt notwendig. Man hofft, die Atomenergie von etwa 1965 an in wachsendem Maße zur Bewerkstelligung dieses Anstiegs der Elektrizitätserzeugung einsetzen zu können.

11.) Abschließende Bemerkungen
Die Besichtigungen und Aussprachen in Warschau und Krakau haben vor allem den Eindruck hinterlassen, dass Polen einer schnellen Entwicklung der Atomenergie-Nutzung große Bedeutung beimisst. In den letzten zwei oder drei Jahren ist eine starke Erweiterung der Forschungstätigkeit und der Ausbildung von Fachleuten eingeleitet worden. Zahlreiche leistungsfähige Forschungsgruppen sind geschaffen worden – vor allem im Rahmen des Institutes für Kernforschung. Die jetzt kurz bevorstehende Inbetriebnahme des 2-MW-Forschungsreaktors und des Zyklotrons wird diese Entwicklung sicher noch beschleunigen. In einzelnen Zweigen ist man auch schon direkt mit der Ausarbeitung technologischer Prozesse beschäftigt – z. B. in der Gewinnung von spaltbarem Material und anderen Reaktorwerkstoffen. Bemerkenswert sind auch die Bemühungen, die für die Entwicklung der Kerntechnik wichtigsten Geräte in Polen selbst serienmäßig herzustellen. Das gilt z. B. für Radioaktivitätsmessgeräte, Dosimeter und Ausrüstungen radiochemischer Laboratorien verschiedener

Aktivitätsniveaus. Die bereits erzielten Fortschritte und die Durchführung des geplanten Entwicklungsprogramms wären sicherlich ohne die Vorausplanung, Koordinierung und Anleitung durch die von der polnischen Regierung geschaffenen Stellen nicht möglich. Trotz dieser großen Bedeutung der zentralen Stellen besitzen die einzelnen Forschungsgruppen beträchtliche Freizügigkeit in der Auswahl der zu bearbeitenden Probleme und der anzuwenden Methoden.

TS fuhr wie Engelbert Broda wiederholt ins Ausland, in die USA beide offenkundig nicht. Die Amtsakten spiegeln die Reisetätigkeit von TS nicht wider, 1963 (9. September bis 21. September) wurde ihm ein Studienurlaub nach Moskau und Leningrad bewilligt. Was die Atomenergiewirtschaft anlangt, trat TS für eine angemessene Nutzung der Kernenergie zum Wohl der Menschheit ein. Dass das in Österreich geplante Kernkraftwerk Zwentendorf aufgrund des Ergebnisses der Volksabstimmung vom 5. November 1978 nicht in Betrieb gehen konnte, bedauerte TS. Die Volksabstimmung war ihm wohl keine wirklich demokratische Entscheidung, denn die für eine solche notwendige Voraussetzung der Informiertheit und Einsicht in die Notwendigkeit war nicht nur nicht gegeben, vielmehr haben manipulierte Informationen der die kleinbürgerlichen, rückwärts gewandten Kapitalismuskritiker sammelnde Antikernkraftbewegung die öffentliche Meinungsbildung massiv beeinflusst und zu diesem die friedliche Verwendung der Kernenergie in Österreich ablehnenden Entscheid geführt. Das erste Atomkraftwerk (Beznau I) in der Schweiz war Ende 1969, der zeichnungsgleiche zweite Block (Beznau II) und das Kernkraftwerk Mühleberg sind 1972 in Betrieb gegangen. Erst dann wurde in der Schweiz die Nutzung der Kernenergie zu einem nationalen Politikum. Es entsprach nicht dem Denken von TS so zu tun, als ob die Kernenergie niemals entdeckt worden wäre, sie war, wenngleich durch die Atombombe, in das Bewusstsein der Menschen getreten, Teil des nicht rückgängig zu machenden Fortschritts und technisch vertretbar. Die Reaktorkatastrophe von Černobyl (1986) war prinzipiell kein Anlass, die Nutzung der Kernenergie als reale Alternative zu den traditionellen Energiequellen grundsätzlich in Frage zu stellen. TS sah die Bedeutung der friedlichen Nutzung der Kernenergie gerade darin, dass diese die technisch ausgereifte Lösung des Weltenenergieproblems ermöglichen kann. Die Anhebung der Lebensbedingungen für die große Mehrheit der Menschheit wird aus ökonomischen und technischen Gründen nur mit Hilfe der Nutzung der Kernenergie möglich sein. Es kann davon ausgegangen werden, dass bei der Lösung von Problemen der Betriebssicherheit von Kernkraftwerken große Fortschritte erzielt wurden und werden. Bei Beendigung des Wettrüstens können weitere Mittel und wissenschaftliches Potentials auf diese Fragen konzentriert werden. TS hatte in der Frage der friedlichen Nutzung in Österreich einen Bündnis- und Ansprechpartner in Wilhelm Frank (1916–1999), der seit Mitte der 70er Jahre die Sektion Energie im Bundesministerium für Handel, Gewerbe und Industrie leitete.[84]

III. 6. Lehrbefugnis und Professur für Anorganische Chemie mit besonderer Berücksichtigung radioaktiver Stoffe

Als Habilitationsschrift für das Fachgebiet *„Anorganische Chemie, mit besonderer Berücksichtigung radioaktiver Stoffe"* reichte TS unterm 5. Dezember 1961 beim Professorenkollegium der philosophischen Fakultät der Wiener Universität *„Die Aufnahme von Ionen metallischer Elemente durch Anionenaustauscher in Gegenwart von Chelatbildnern"* ein. Die Arbeit ist in der Nationalbibliothek überliefert (143 Blatt, maschineschriftlich) und handelt über die Aufnahme von Ionen metallischer Elemente in Anionenaustauscher in Gegenwart von Chelatbildnern, wobei die Grundlage eine systematische Diskussion der in diesen System auftretenden Gleichgewichte bildete. Die bisher abgeschlossenen Arbeiten dazu mit Beteiligung von Mitarbeitern sind als Anhänge beigefügt. Als Programm seiner Vorlesungen nahm TS in Aussicht: Komplexchemie – Theorie und Anwendung von Ionenaustauschern – Die Chemie der Transurane.

Der am 16. Dezember 1961 eingesetzten Habilitationskommission gehörten an Alfred Brukl (Anorganische Chemie), Hans Nowotny (Physikalische Chemie), Friedrich Wessely (Organische Chemie), Friedrich Hecht (Analytische Chemie), Leopold Schmid (Organische Chemie), Berta Karlik (Kernphysik), Erich Heintel (Philosoph), Johann Wolfgang Breitenbach (Physikalische Chemie), Georg Stetter (Physik) und Felix Machatschki (Mineralogie/Kristallchemie). Aus aktenmässig nicht mehr erkennbaren Gründen zog sich die Erteilung der Lehrbefugnis bis 1963 hin. Erst am 19. Juni 1962 fand die erste kommissionelle Beratung des Habilitationsausschusses statt. In der Sitzung vom 27. Juni 1962 hat das Professorenkollegium mit 46 Ja, 8 Nein und 4 Stimmenthaltungen die Zulassung zu den weiteren Schritten des Habilitationsverfahrens

Thomas Schönfeld im Wiener Chemielabor (1966).

beschlossen. Das am 18. Oktober 1962 abgehaltene Habilitationskol-
loquium wurde als befriedigend befunden, in der Sitzung vom 5. November 1962 beschloss das Professorenkollegium die Fortsetzung des
Verfahrens mit der Probevorlesung über Neuere Entwicklungen auf
dem Gebiete der anorganischen Ionenaustauscher im Hörsaal 36 der

Universität am 14. Dezember 1962. Das Professorenkollegium der philosophischen Fakultät fasste am 30. Jänner 1963 mit 58 Ja, 1 Nein und 1 Stimmenthaltung den Beschluss für die Erteilung der Lehrbefugnis „*Anorganische Chemie mit besonderer Berücksichtigung Radioaktiver Stoffe*", das Bundesministerium für Unterricht gab seine Zustimmung am 14. Februar 1963.

Thomas Schönfeld im Wiener Chemieinstitut (ca. 1960).

1966 war an der Wiener Chemie unter entscheidender Mitwirkung von TS die Neugestaltung des Anfängerpraktikums „*Chemisches Grundpraktikum*" erfolgt. 1965/66 hat TS die Hauptvorlesungen aus allgemeiner und anorganischer Chemie gehalten, er hielt Vorlesungen über Einführung in die Chemie der Komplexverbindungen, Ionenaustauscher, Grundlagen für das chemische Rechnen, Reaktionsmechanismen in der anorganischen Chemie, Anorganische Polymere, Oberflächenchemie anorganischer Feststoffe, Isotopeneffekte, Radioaktivität der Atmosphäre, Hydrosphäre und Biosphäre, Radiochemische Probleme im Strahlenschutz und über Neuere Probleme der anorganischen Chemie.

Den Titel eines außerordentlichen Universitätsprofessors bekam TS mit Entschließung des Bundespräsidenten vom 8. April 1968. Die philosophische Fakultät mit ihrer Hauptkommission Naturwissenschaften hatte ihn nach vorhergehender kommissioneller Beratung – anwesend waren Broda, Breitenbach, Hecht, Kurt Komarek, Nowotny, Leopold Schmid, Ulrich Schmidt (Organische Chemie) und Franz Vieböck (Pharmazeutische Chemie), abwesend und entschuldigt Siegfried Korninger (Anglist), Oskar Polansky (Theoretische Chemie) und Josef Zemann (Mineralogie) – in der Sitzung vom 7. November 1967 mit 41 Ja (kein Nein und keine Stimmenthaltung) mit einem von Kurt Komarek (*1926) ausformulierten Bericht der Kommission eingereicht. Komarek war erst 1966 nach seinem jahrelangen US Aufenthalt an der New York University nach Wien zurückgekehrt. Die Kommission stützte sich auf mehrere Gutachten, darunter auf eine Stellungnahme von Henry Seligmann (1909–1984), der mehr als zehn Jahre lang der erste IAEA Direktor für Forschung und Isotopen war. Komarek selbst hat es bei einer Gedenkveranstaltung für TS am 14. Mai 2009 als ein Privileg bezeichnet, mit TS am selben Institut zusammen gearbeitet zu haben.

Die von Doz. Schönfeld nach seiner Habilitation verfassten wissenschaftlichen Arbeiten befassen sich hauptsächlich mit angewandter Radiochemie, und zwar kann man sie nach dem Gesichtspunkt der <u>Messung</u> von radioaktiven Spaltprodukten in der Biosphäre und deren <u>Entfernung</u> aus der Biosphäre einteilen. In dem allerersten Forschungskontrakt, den die International Atomic Energy Agency je vergeben hat, untersuchte Doz. Schönfeld die Faktoren, die die Verteilung von radioaktiven Spaltprodukten in der Biosphäre kontrollieren. Es wurde erstmalig bewiesen, daß

unter bestimmten Bedingungen Gammaspektrometrie für solche
Messungen an Proben aus der Biosphäre verwendbar ist. Zuerst
wurden Messungen an Staub und Regenwasser durchgeführt und
die Resultate mit der durch die Kernwaffenversuche verursachten
Radioaktivität in Beziehung gebracht. Dann wurden Messungen
an menschlichen Lungen und Lymphknoten durchgeführt und
es konnte aus Vergleichen mit obigen Resultaten gezeigt werden, daß die in den Lungen aufgefundenen Radioisotope durch
Einatmung deponiert wurden. In vielen Fällen konnte eine
10 – 20 fache Anreicherung der Spaltprodukte in den Lymphknoten festgestellt werden. Weiters wurde die Adsorption und
Desorption von Spaltprodukten an tonartigen Substanzen untersucht und die Trennung von Spaltprodukten mittels Ionenaustauscher und Chelatbildung verfolgt. In einer prinzipiell verwandten
Untersuchung hat Schönfeld die Aufnahme von Fluorid in einen
Kationenaustauscher in Anwesenheit von Aluminiumionen
untersucht.

Anknüpfend an obige Untersuchungen hat Doz. Schönfeld in
Zusammenarbeit mit dem Reaktorzentrum in Seibersdorf, die
theoretischen Grundlagen der für den Zivilschutz wichtigen
Dekontaminierung radioaktiv verseuchter Biosphäre behandelt
und dann in sehr einfallsreichen Versuchen Adsorbentien untersucht, die aus verschiedenen Materialien leicht hergestellt werden
können. Radiojod und Radiocer konnten leicht und einfach durch
Asche von Photographien entfernt werden, Radiocäsium durch
die Diatomeenerde Libagit. Daneben erwies sich Knochenasche
für Radiocer wirksam, und Radiostrontium konnte durch Mar-
mor und $NaHCO_3$ entfernt werden.

Doz. Schönfeld hat ferner in Zusammenarbeit mit Prof. E. Broda
einen interessanten Übersichtsartikel über die nuklearen Methoden in der chemischen Analyse geschrieben.[85] Die wichtigste
Arbeit ebenfalls in Zusammenarbeit mit Prof. E. Broda ist aber
zweifellos ein Buch über die technischen Anwendungen der Radioaktivität. Die dritte, verbesserte und stark erweiterte deutsche
Auflage erschien 1962 und die erste englische Auflage, die wieder eine sehr gründliche Umarbeitung und Erweiterung erfuhr,
1966. Mit diesem Buch hat sich Doz. Schönfeld internationale
Anerkennung verschafft. Es wurde einstimmig als ein unentbehr-
liches Nachschlage- und Übersichtswerk beschrieben. Ein Auszug

der Buchbesprechungen in verschiedenen in- und ausländischen Zeitschriften liegt dem Antrag bei. Ein Blick auf die Zahl der in diesem Werk verarbeiteten Literaturzitate (ungefähr 2500) lässt ahnen, wie viel Arbeit die Zusammenstellung des Buches erforderte. Dabei ist zusätzlich zu betonen, daß es den Autoren dabei auch gelang, die Fülle des Materials auf engem Raum sehr übersichtlich zu gestalten.

Doz. Schönfeld wirkte auch mehrmals bei Ausbildungskursen der Internationalen Atomenergiekommission als Vortragender mit und gab Vorträge vor wissenschaftlichen Gesellschaften und an auswärtigen Instituten. Seit seiner Habilitation hielt er Vorlesungen über verschiedene moderne Gebiete der anorganischen Chemie wie über Ionenaustauscher, Komplexverbindungen, anorganische Polymere und Reaktionsmechanismen, die ihn als vielseitig interessierten modernen Chemiker zeigten. Auf Grund eines Lehrauftrages hielt Doz. Schönfeld die Hauptvorlesung in Anorganischer Chemie, wobei er sich durch eine durchgreifende Modernisierung des Stoffes besonders auszeichnete. Doz. Schönfeld setzte sich immer voll und ganz für das Institut ein und ist gegenwärtig für die Umgestaltung des Anfängerpraktikums verantwortlich, eine Arbeit, die er mit großer Umsicht und Einsatz ausführt.

Briefliche Gutachten von sechs ausländischen Wissenschaftern liegen dem Antrag bei und zwar von Prof. [Moise] Haisssinsky (Paris), Prof. [Michael] Lederer (Rom), Dr. [Henry] Seligmann (IAEA Wien), Prof. [Alfred G.] Maddock (England), Prof. [Jacob A.] Marinsky (USA) und Prof. [Jan] Rydberg (Schweden). Alle sechs Gutachten sprechen sich sehr positiv über Doz. Schönfeld aus.

In der Diskussion wurde auf die umfangreiche literarische Arbeit von Doz. Schönfeld hingewiesen und dabei betont, daß er im Interesse des Lehrbetriebes und des Instituts stets bereit war, dringende persönliche, wissenschaftliche Arbeiten zurückzustellen. Überhaupt wurde als besonderes Merkmal seiner Arbeit Präzision und Gewissenhaftigkeit genannt. Durch diese Umstände bedingt, habilitierte sich Doz. Schönfeld relativ spät, obwohl er schon viel früher einen habilitationsreifen Zustand erreicht hatte.

Besonders wurde hervorgehoben, daß zwischen der Einreichung seiner Habilitationsschrift (Dez. 1961) und der Genehmigung

durch das Bundesministerium für Unterricht (15. Feber 1963)
wegen formaler Einwände eine ungewöhnlich lange Zeit ver-
strich.
Die Kommission sprach sich deshalb einstimmig für die Verlei-
hung des Titels eines a. o. Univ. Prof. an Doz. Schönfeld aus.

Mit Entschließung des Bundespräsidenten vom 8. April 1968 wurde TS der Titel *„Außerordentlicher Universitätsprofessor"* verliehen.
Am 12. Jänner 1972 und am 7. März 1972 traf sich eine Kommission der Wiener Philosophischen Fakultät zu Beratungen über die Besetzung der ordentlichen Lehrkanzel *„Spezielle Anorganische Chemie".* Ihr gehörten Breitenbach, Broda, Hecht, Otto Hoffmann-Ostenhof (Biochemie), Gerald Kainz (Analytische Chemie), Friedrich Kohler (Physikalische Chemie), Komarek, Karl Kratzl (Organische Chemie), Nowotny, Polansky, Karl Schlögl (Organische Chemie) und Ulrich Schmidt an. Zur Sitzung am 7. März 1972 war Roland Stickler (Physikalische Chemie) kooptiert worden. Näher charakterisiert wurden die Kandidaten im von Komarek gezeichnete *Kommissionsbericht* (o. D., 7./8. März 1972):

a) <u>Gamsjäger Heinz</u>, geb. 1932 in Donawitz, 1960 zum Dr. mont. an der Mont[anistischen]. Hochschule Leoben promoviert, von 1956–1958 W[issenschaftliche]H[ilskraft], von 1958–1968 nichtständiger Hochschulassistent (Leoben), 1968–1969 Forschungsassistent (Univ. Bern), 1969 Habilitation in Leoben, 1969 Oberassistent-Privatdozent (Univ. Bern), 1970 Unhabilitation, seit 1971 vollamtlich an der Univ. Bern tätig.
27 Veröffentlichungen. Arbeitsgebiete: Analytische Chemie, Thermodynamik von Lösungsgleichgewichten in wässrigen Lösungen.

b) <u>Jangg Gerhard</u>, geb. 1927 in Villach, 1954 zum Dr. techn. an der T. H. Wien promoviert, seit 1954 Assistent am Inst. für chem. Technologie anorganischer Stoffe (T. H. Wien), 1965 Habilitation. 1972 Verleihung des Titels a. o. Professor.
≈ 75 Veröffentlichungen. Arbeitsgebiete: Elektrochemie, Physik. Chemie. Technologie metall[ischer]. Werkstoffe.

c) <u>Konopik Nelly</u>, geb. 1921 in Wien, 1946 zum Dr. phil. an der Univ. Wien promoviert, 1946–1949 WH, 1950–1960 nichtständiger

Hochschulassistent, ab 1960 Vertragsbedienstete des wissenschaftlichen Dienstes und Oberassistent am Inst. für physik. Chemie (Univ. Wien). 1962 Kardinal Innitzer-Preis.

≈ 70 Veröffentlichungen. Arbeitsgebiete: Elektrochemie, Reaktionen in wässrigen Lösungen.

d) <u>Meller Anton</u>, geb. 1932 in Krems, 1959 zum Dr. phil. an der Univ. Wien promoviert, seither Hochschulassistent am Inst. für Anorg. Chemie d. T. H. Wien, 1968 habilitiert, 1969 Kard. Innitzer-Preis. 55 Veröffentlichungen. Arbeitsgebiete: Präparative Chemie von Bor-Verbindungen.

e) <u>Rossmanith Kurt</u>, geb. 1929 in Prag, 1957 zum Dr. phil. an der Univ. Wien promoviert, seither Hochschulassistent am Inst. für Anorg. Chemie (Univ. Wien), 1967 habilitiert, 1965 Kard. Innitzer-Preis. 36 Veröffentlichungen. Arbeitsgebiete: Emissionsspektralanalyse mit Anwendung auf chemische und urgeschichtliche Probleme, Präparative Chemie von Seltenerdverbindungen, Trennungsverfahren für Seltenerd-Verbindungen.

f) <u>Schönfeld Thomas</u>, geb. 1923 in Wien, 1950 zum Dr. phil. an der Univ. Wien promoviert, von 1950 bis 1955 WH, von 1955–1963 Assistent, seit 1963 Oberassistent am Inst. für Anorg. Chemie der Univ. Wien, 1963 Habilitation, 1968 Verleihung des Titels „außerordentlicher Professor".

38 Veröffentlichungen, 2 Bücher, Arbeitsgebiete: Radiochemie, Adsorptionsprozesse in Lösungen, Ionenaustausch und Komplexbildung, radiochemische Analytik und chemische Analyse, Verhalten radioaktiver Spaltprodukte in der Biosphäre.

g) <u>Utvary Kurt</u>, geb. 1928 in Wien, 1960 zum Dr. phil. an der Univ. Wien promoviert, 1958–1960 WH, seit 1960 Hochschulassistent am Inst. für Anorg. Chemie (T. H. Wien), 1965–1967 Gastprofessor an der Univ. Florida, 1969 Habilitation, seither Oberassistent. 47 Veröffentlichungen. Arbeitsgebiete: Präparative Chemie von Stickstoff- und Phosphor-Verbindungen.

In der folgenden Diskussion wurde betont, daß auf Grund der sehr umfangreichen Lehrverpflichtung des Instituts f. Anorg. Chemie der neu zu berufende Ordinarius nicht nur wissenschaftliche Qualifikationen aufweisen müsse, sondern sich auch im hohen Maß an jenen Verpflichtungen beteiligen müsse. In der Bewertung der Kandidaten wurden bei Schönfeld neben seinem wissenschaftlichen Werk besonders seine große Erfahrung und sein beispielloser Einsatz im Unterrichtsbetrieb sowie seine Mitwirkung bei der Neugestaltung des Anfängerpraktikums hervorgehoben. Er wurde deshalb eindeutig als der am besten geeignetste Kandidat betrachtet. Aus dem eingehenden Vergleich der wissenschaftlichen Arbeiten von Meller, Rossmanith und Utvary wurde der Schluss gezogen, daß es sich hier um sehr tüchtige Anorganiker handelt, die prinzipiell als gleichwertig anzusehen sind. Gamsjäger, Konopik und Jangg wurden in alphabetischer Reihenfolge auf die dritte Stelle gesetzt. Bei hoher fachlicher Qualifikation handelt es sich hier um Wissenschaftler, die nicht als reine Anorganiker anzusprechen sind.

Nach eingehender Diskussion wurde folgender Besetzungsvorschlag einstimmig angenommen:

Präambel: [Edwin] Hengge und [Ulrich] Wannagat sind Anorganiker von erstem internationalen Rang. Da sie bereits Vorstände großer Hochschulinstitute sind, wurde von ihrer Aufnahme in den Vorschlag Abstand genommen.

Primo loco: Schönfeld

Secundo loco: Meller, Rossmanith, Utvary

Tertio loco: Gamsjäger, Jangg, Konopik.

Die philosophische Fakultät bzw. die Hauptkommission Formal- und Naturwissenschaften hat in ihrer Sitzung vom 8. März 1972 mit 43 Ja, 4 Nein und 1 Stimmenthaltung diesen Besetzungsvorschlag angenommen und unterm 20. März 1972 dem Bundesministerium für Wissenschaft und Forschung präsentiert. Dieses handelte rasch, obschon der eitle Sektionschef Walter Brunner auf dem Bericht des Wiener Dekans Karl Lintner handschriftlich anmerkte: *„7 Präsentierte sind eine Fleißaufgabe! Br".* Die vom Ministerialrat Otto Drischel mit TS geführten Verhandlungen fanden rasch einen Abschluss, die Ernennung von TS durch Bundespräsident Jonas erfolgte zum 1. September 1972. Hauptaugenmerk von TS war eine bessere Forschungsausstattung durch Sonderdotationen für Geräte, insbesondere für Radioaktivitätsmessung, für die Messung elektrochemischer und optischer Eigenschaften von Lösungen (2,000.000.–S.), für die hiezu erforderliche Adaptierung

(500.000.–S.), für die Erweiterung der automatischen Messdatenverarbeitung (1,000.000.–S.) und für die hiefür erforderliche Adaptierung (100.000.–S.). Dazu wurden TS 2 Dienstposten für Hochschulassistenten 1973 und ein weiterer Dienstposten für einen Hochschulassistenten 1974 zugewiesen sowie der Dienstposten eines Laboranten 1973. Der Dienstposten für eine Schreibkraft sollte TS 1974 zugewiesen werden. 1993 emeritierte TS, blieb aber viele Jahre weiter am Institut tätig. Am 21. November 1997 erhielt er als *„führender Radiochemiker Österreichs"* von der Österreichischen Akademie der Wissenschaften in Anerkennung seiner *„grundlegenden Beiträge auf dem Gebiet der Radio- und Strahlenchemie"* den Erwin Schrödinger-Preis verliehen.[86] Zum Mitglied dieser Akademie war TS so wie Engelbert Broda nicht gewählt worden. Dort hatten die alten Nazis und der unter den Tisch gekehrte katholische Antisemitismus das Sagen über die Aufnahmerituale. Der gelehrte Rechtshistoriker Nikolaus Grass (1913–1999) hat in seinen jetzt veröffentlichten Briefen darüber wiederholt geklagt.[87]

IV.
Als Experte im Forschungszentrum Seibersdorf (seit 1966)

Der Erfolg in der Wissenschaft kommt von Menschen,
nicht von Geräten.

Pyotr Kapitsa (1894–1984)

Das Forschungszentrum Seibersdorf war 1956 als Österreichisches Reaktorzentrum gegründet worden mit dem Ziel, neue Technologien für die österreichische Wirtschaft zu erforschen. Eine der Großversuchsanlagen von Seibersdorf war der Forschungsreaktor, der am 29. September 1960 in Betrieb genommen wurde. Die Schweiz war drei Jahre früher daran, dort wurde in Würenlingen, wo der Sitz der am 1. März 1955 gegründeten schweizerischen Reaktor AG war, am 30. April 1957 der Forschungs- und Demonstrationsreaktor SAPHIR, so genannt wegen seiner leuchtend blauen Strahlung, durch schweizerische Wissenschaftler erstmals in Betrieb genommen. Dieser war aus dem amerikanischen Ausstellungsreaktor an der Genfer Konferenz „Atome für den Frieden" 1955 hervorgegangen.[1] Die Schweiz hatte zur Entwicklung der Kernenergie eine dynamische Einstellung. Den wissenschaftlichen Institutionen Österreichs wurde die Möglichkeit der Zusammenarbeit geboten und es sollten Forschungs- und Entwicklungsaufträge für Industrie und Wirtschaft ausgeführt werden.[2] TS hat es grundsätzlich für notwendig erachtet, Fachleute am Reaktorzentrum für jene Zeit rechtzeitig auszubilden, in der die Stromerzeugung aus Atomenergie in Österreich unmittelbar auf der Tagesordnung stehen würde.[3] 1956 (12. März) hatte er auf Wunsch des Elektrotechnischen Vereins Österreichs, der Vereinigung Österreichischer Chemiker und der Chemisch physikalischen Gesellschaft, die einen Einführungskurs über die chemischen Grundlagen der Atomenergie-Verwertung abhielt, über Atomeigenschaften und ihre Bedeutung für Vorgänge in Reaktoren gesprochen. Seibersdorf wurde von der *Österreichischen Studiengesellschaft für Atomenergie Ges. m. b. H. (SGAE)* betrieben. Es wurden Institute für Physik, Chemie, Metallurgie, Elektronik, Isotopenanwendung, Reaktortechnik, Strahlenschutz, Biologie und Landwirtschaft eingerichtet. 1972 hatte die SGAE rund zweihundert Mitarbeiter und ca 100 Dissertanten und Diplomanden.[4] Die Arbeiten in Seibersdorf sind in drei Schwerpunktbereiche einordenbar: Neue Technologie, Umweltschutz und Gesundheit sowie Bildung und Ausbildung.

Max Perutz schreibt, dass man vor 1957 die Bestrahlung durch Radioaktivität bis zu einer gewissen Grenze für harmlos hielt, aber in den folgenden Jahren die Wissenschaftler immer mehr auf die biologischen Auswirkungen des radioaktiven Niederschlags aus Atomwaffenversuchen aufmerksam wurden. Sie erkannten, dass jede auch noch so kleine Bestrahlungsdosis die Wahrscheinlichkeit, dass eine Maus Krebs entwickelt oder dass die Brut von Obstfliegen genetisch mutiert, erhöht.[5] Im Dezember 1962 erteilte das Bundesministerium für soziale Verwaltung der SGAE einen Forschungsauftrag zur Ausarbeitung einer Dekontaminierungsmethode für Wasser. Dabei wurde die Forderung gestellt, daß die Gesamtradioaktivität des durch Fall-out kontaminierten Wassers vor allem durch Eliminierung der biologisch bedeutungsvollen Spaltprodukte um mindestens 80 % herabgesetzt wird und daß die Anforderungen, die hinsichtlich der sonstigen Qualitätskriterien bei Trinkwasser üblich sind, erfüllt werden. Die zu erarbeitende Methode sollte so einfach sein, daß sie von Laien in einem Haushalt an Hand einer einfachen Beschreibung durchgeführt werden kann und daß die einzusetzenden Dekontaminierungsmittel entweder im Haushalt üblicherweise vorhanden sind oder jederzeit leicht und billig beschafft werden können. Die Methode sollte sowohl für Verwendung in Haushalten wie auch für Dekontaminierung von Zisternenwässern, wie sie in vielen Schutzhütten zur Wasserversorgung dienen, anwendbar sein. Bis Mitte 1964 legte der Leiter des Instituts für Strahlenschutz des Reaktorzentrums Seibersdorf Christoph Tritremmel Ergebnisse der bis dahin durchgeführten Untersuchungen in mehren Zwischenberichten und in einem Abschlussbericht dar. Als gutes Adsorbens wurde die in Österreich abgebaute Diatomeenerde Libagit (Lagerstätte Limberg-Maissau im Weinviertel) gefunden, wobei dieses nur geringe Dekontaminierungswirkung für Radiojod zeigte. Der kombinierte Einsatz von Libagit und von versilberter Aktivkohle zeigte hingegen sehr befriedigende Dekontaminierungswirkung für alle praktisch bedeutsamen Radionuklide. Es war aber offenkundig, dass die Bereitstellung dieses Materials für größere Bevölkerungsgruppen wie beispielsweise für die Einwohner einer ganzen Stadt nicht möglich sein werde. Nach

Beratung in der Strahlenschutzkommission am 16. Dezember 1964 richtete das Bundesministerium für soziale Verwaltung an die SGAE das Ersuchen, die Entwicklungsarbeiten in Hinsicht auf die Auffindung geeigneter Dekontaminierungsmittel für radioaktiv verunreinigtem Trinkwasser fortzusetzen. Dafür war TS seit 1966 als Konsulent tätig.

Spezielle Forschungskontrakte von TS mit der *International Atomic Energy Agency* setzen schon Ende der 50er Jahre ein und betrafen von 1958 bis 1961 „*Factors controlling the distribution of fission products in the biosphere*" und von 1962 bis 1965 „*Deposition of inhaled fission products in lungs and pulmonary lymph nodes of human beings*". Über beide Forschungskontrakte liegen Reports vor.[6] Von Anfang 1958 bis Ende 1965 wurden an die 660 Organproben verascht und gammaspektrometrisch mit einem Einkanal-Meßgerät untersucht, ein weiterer Teil wurde nach radiochemischer Trennung mit einem im Rahmen einer Dissertation gebauten Betazähler in Antikoinzidenzschaltung gemessen.[7] Es konnten Aussagen über die Anreicherung eingeatmeten radioaktiven Aerosols in Lungen und den zu den Lungen gehörenden Lymphknoten gemacht. In Nature 1960 (Jänner) resümiert T S im Zusammenhang mit der Inhalation radioaktiver Aerosole Aspekte des fluorimetrischen Verfahrens, insbesondere die Störung durch Anwesenheit fluoreszenzlöschender Stoffe, und erstellt Arbeitsvorschriften für Beschäftigte in Kernkraftwerken.[8]

Gemeinsam mit dem Leiter des Instituts für Strahlenschutz Christoph Tritremmel betreute TS den Wiener Chemiestudenten Karl Irlweck (*Wien, 1941) mit Berechnungen über die Gefährlichkeit der einzelnen Spaltproduktnuklide unter Bedingungen, wie sie im Fall der Notwendigkeit des Einsatzes einer einfachen Trinkwasser-Dekontaminierungsmethode angenommen wurden. Diese quantitativen Angaben zeigten, für welche Spaltprodukte in erster Linie hohe Dekontaminierungsfaktoren angestrebt werden müssen, woraus sich Richtlinien für die Untersuchungen zur Trinkwasser-Dekontaminierung ergaben. Irlweck hat 1959/60 mit dem Chemiestudium begonnen und während einer zweisemestrigen Unterbrechung im Sommersemester 1963 und Wintersemester 1963/64 als technische Hilfskraft in der Materialprüfabteilung der Siemens-Schuckert-Werke in Wien gearbeitet.

Einen ersten Fortschrittsbericht der Berechnungen von Irlweck, die darlegten, für welche Spaltprodukte in erste Linie hohe Dekontaminierungsfaktoren angestrebt werden müssen, legte Tritremmel und TS am 25. März 1966 vor. Die Dissertation „*Über die Aufnahme von*

Erdalkaliionen, insbesondere von Radiostrontium, durch Hydroxylapatite und andere Kalziumphosphate" (Wien 1969) von Irlweck, der am 11. Juni 1969 promovierte, wurde von Komarek und Hecht approbiert. Im Vorwort seiner Dissertation dankt Irlweck TS *„für die Themenstellung, sowie für die unmittelbare Betreuung und Beratung".* TS war in Seibersdorf an Akquisition und Durchführung von Projekten maßgeblich beteiligt. So bildete er 1981 mit Irlweck und Christine Friedmann in Seibersdorf eine Arbeitsgruppe mit Werkvertrag über *„Radiojodimmissionsmessungen und Pu-Bestimmung in Luft".* Eine Publikation dieser Arbeitsgruppe über *„Die Plutoniumkonzentration der bodennahen Atmosphäre in Wien in den Jahren 1962 bis 1979"* interessierte sich besonders für drei Probleme der Messung der bei Kernwaffenversuchen freigesetzten Radionuklide: 1) Abschätzung der Strahlenbelastung der Menschen, 2) Verfolgung des weiteren Weges der Radionuklide in der Biosphäre (einschließlich der Inkorporierung durch Menschen) durch Korrelierung der Konzentrationen in Luft mit Radionuklidgehalten in verschiedenen Teilen der Biosphäre und 3) Aufklärung atmosphärischer Transportprozesse.[9] Leiter des Seibersdorfer Instituts für Strahlenschutz war Herbert Sorantin (*Graz, 1922). Irlweck habilitierte sich 1989 an der Wiener Universität für Radiochemie und übernahm von TS den größeren Teil der radiochemischen Vorlesungen.

Am 2. Juni 1967 trug TS in der Sitzung der Strahlenschutzkommission des Instituts für Strahlenschutz am Reaktorzentrum Seibersdorf der ÖSGAE über seine im Zeitraum von Jänner 1966 bis März 1967 gemeinsam mit Christoph Tritremmel, der Leiter des Instituts war, durchgeführten *„Untersuchungen zur Dekontaminierung radioaktiv verunreinigten Trinkwassers"* vor. Auch hielt T. S. im Laboratorium der IAEO in Seibersdorf Kurse und Vorlesungen in englischer Sprache ab, im Oktober und November 1964 im Kurs *„Use of isotopes in agricultural biochemistry"* im Laboratorium der IAEO über Structure of the atom, radioactive decay, fission and fission products, absorption and scattering of ionizing radiations, radiation effects, isotope production, tracer techniques, radiochemical separation techniques, isotope dilution sowie im November 1965 im Kurs *„Surveys for radionuclides in foods"* auch weitgehend mit oben angeführten Themen.

Als Berater in Seibersdorf war TS vor allem in Fragen der Inkorporationsüberwachung und Reinigung radioaktiver Abwässer tätig. Das entsprach einem seiner Hauptarbeitsgebiete über das Verhalten kleinster, nur durch Einsatz von Radioindikatoren verfolgbarer Stoffmengen.

Verknüpft damit ergaben sich interdisziplinäre Fragestellungen, die TS behandelte: Entwicklung von Methoden der Ausscheidungsanalyse, Arbeiten über Sorption und Mitfällung radioaktiver Stoffe, Bau eines Teilkörperzählers, Aufbau eines Alphaspektrometers, welches das erste in Österreich war[10] und für Ausscheidungsanalysen zur Inkorporationsüberwachung und für Untersuchungen im Rahmen der Umgebungsüberwachung auf alphastrahlende Radionuklide[11] eingesetzt wurde, sowie eines Betaflüssigszintillationsspektrometers (LSC), komplexchemische Arbeiten in wässriger Lösung, Bau eines mobilen Hochleistungssammlers zu Überwachung grenznaher Kernkraftwerke, womit TS nach dem Reaktorunfall in Černobyl neben dem zeitlichen Verlauf der Aktivitätskonzentration der Luft in Österreich und der Bestimmung von Resuspensionsfaktoren auch den Plutoniumgehalt der Luft messen konnte.

Untersuchungen zur Dekontaminierung radioaktiv verunreinigten Trinkwassers führte TS in Seibersdorf, wohin er zumindest einmal in der Woche mit seinem Auto fuhr, in Kooperation vor allem mit Christina Friedmann geborene Popper (1917–1994) durch.[12] Friedmann hat 1935/36 in Wien mit dem Chemiestudium begonnen, war Mitglied des illegalen Roten Studentenverbandes (RSV) gewesen und war 1938 zur Emigration gezwungen, von wo sie erst 1953 mit ihrem Ehemann Hans Friedmann (1914–2006) zurückgekehrt ist. Mit Friedmann hat TS über diesen Forschungskontrakt von Beginn an mehrere Berichte dem Auftraggeber vorgelegt.[13]

Die in der Zeit vom Oktober 1968 bis Februar 1973 am Institut für Strahlenschutz von Seibersdorf durchgeführte und von TS gestellte und betreute Doktorarbeit *„Ein Körperzähler für Strahlenschutzmessungen. Aufbau und Anwendung des Seibersdorfer Inkorporationsmonitors SIM"* (Wien 1976) war jene von Ferdinand Steger (*Ehrwald, 1936). Peter Weinzierl (1923–1996), 1960 Leiter des Physikinstituts am Reaktorzentrum von Seibersdorf, seit 1967 Ordinarius für Physik an der Universität Wien, und Grümm, seit 1961 Leiter des Instituts für Reaktortechnik in Seibersdorf, haben die Arbeit von Steger gefördert. Weinzierl hat sich in der Pugwash Bewegung engagiert, im Wiener Physikalischen Institut hielt er im Dezember 1969 einen Vortrag über Fragen der Abrüstung, die auf der 19., im Oktober 1969 in Sotschi abgehaltenen Pugwash-Konferenz diskutiert worden waren und wohin er als Vertreter der österreichischen Vereinigung österreichischer Wissenschaftler delegiert worden war. Engelbert Broda hat ihn und Heinrich

Schneider (*1929) als Vizepräsidenten der Vereinigung österreichischer Wissenschaftler gewonnen. Ausgangspunkt für die Arbeit von Steger war die Überlegung, einerseits Mitarbeiter, die in Forschungszentrum Seibersdorf mit offenen radioaktiven Stoffen arbeiten, auf inkorporierte Radionuklide zu überwachen und andererseits jene Personen aus der Bevölkerung und Anwender von Radionukliden zu überwachen, bei denen durch zunehmende Nutzung der Kernenergie und vielseitiger Anwendung von offenen Radionukliden in Industrie und Forschung auch Inkorporationen auftreten können. Der Umfang solcherart vom Standpunkt des Strahlenschutzes aus erforderlichen Inkorporationsmessungen kann erheblich sein, wobei neben anderen Methoden vor allem die direkte Messung der aus dem Körper austretenden Gammastrahlung von Bedeutung ist. Steger entwickelte ein Gerät, das mit zwei 3×3-inch-NaJ(Tl)-Kristallen als Strahlungsdetektoren arbeitet und verhältnismäßig leicht transportierbar ist. Die Arbeit wurde an der Wiener Universität von Weinzierl und Walter Thirring (*1927), seit 1959 theoretischer Physiker an der Wiener Universität, als Referenten begutachtet. Steger hatte als Werkstudent mit Unterbrechungen von 1956 bis 1963 an der TH Wien technische Physik studiert und war 1963 zur Physik an die Wiener Universität übergegangen. Seit 1972 war er als Strahlenschutztechniker, nach seiner Promotion als wissenschaftlicher Mitarbeiter und seit 1994 als Strahlenschutzbeauftragter in Seibersdorf angestellt, in welcher Eigenschaft er mit TS weiter zusammenarbeitete[14]. Er war auch in der Strahlenschutzakademie des Instituts für Strahlenschutz im Forschungszentrums Seibersdorf als Vortragender über „Inkorporationsüberwachung" tätig und hatte von 1988 bis 2001 einen Lehrauftrag am Institut für Physik und Biophysik der Universität Salzburg und hielt Vorlesungen über „Das biokinetische Verhalten von Radionukliden im menschlichen Körper".

Zur selben Zeit verfertigte Franz Vojir (*Wien, 1946) seine ebenfalls von TS gestellte und betreute Doktorarbeit „*Über die Bildung von Zirkoniumphosphat – Niederschlägen in schwach sauren Lösungen*" (Wien 1976), worüber diesmal TS selbst als Erstreferent und Roland Stickler (Physikalische Chemie, Wien) referierten.[15] Die Arbeit von Vojir knüpft an Beobachtungen an, die bei der Aufnahme von Radionukliden durch Zirkoniumphosphatniederschlägen im Rahmen der Erforschung von Mitfällungs- und Sorptionsprozessen im Laboratorium von TS gemacht worden sind. Zu dieser Arbeitsrichtung gehört auch die von Eshrat Fakhari (*Tabriz, 1956) seit 1987 ausgearbeitete

Doktorarbeit „*Bildung und Auflösung von Zirkoniumphosphat-Niederschlägen in sauren Fluoridlösungen und andere Untersuchungen zur Chemie polymerer Zirkoniumionen*" (Wien 1991). Fakhari hat 1979 sein Studium der Chemie in Teheran mit dem Lizentiat abgeschlossen und dann seine Heimat verlassen müssen.

In die Zeit um 1990 fallen Untersuchungen von Katharina Pock (*Wien, 1966) im Rahmen ihrer Diplomarbeit bei T. S. über die Bestimmung des Thoriumgehalt in Stuhlausscheidungen mittels Aktivierungsanalyse (1991 „Contributions to the determionation of micro amounts of thorium in humans secretions). Die vorbehandelten Proben mussten in Quartzampullen im Reaktor in Seibersdorf mit Neutronen bestrahlt werden. Um genaue Resultate der Inkorporation zu bekommen, wurden auf Vorschlag von T. S. zuvor die Thoriumverunreinigung in diesen Ampullen untersucht, da diese die Messungen empfindlich stören könnten.[16] Katharina Pock betreute noch während des Studiums Biologiestudenten im chemischen Labor der Universität Wien und arbeitete danach im Institut für Lebensmitteluntersuchung und Forschung in Wien. Seit Abschluss ihres Studiums und Promotion am Institut für angewandte Mikrobiologie der Universität für Bodenkultur und in Zusammenarbeit mit dem Institut für analytische Chemie der Universität, ist sie als wissenschaftliche Mitarbeiterin und Projektleiterin in einer Wiener Pharmafirma tätig.

Einige schriftlich ausgefertigte Studien, die TS allein und in Co-Autorschaft für Seibersdorf vorgenommen hat, sind im Internet abrufbar.[17] Im Zusammenhang mit dem geplanten Kernkraftwerk Zwentendorf standen die Fragen der „*Messung kleiner Radiojodaktivitäten in Luft im Rahmen der Umgebungsüberwachung bei Kernenergienanlagen*", worüber TS mit Helmut Richard (Institut für Anorganische Chemie der Wiener Universität) und Herbert Sorantin der SGAE berichtet.[18] Untersuchungen von Radionuklid Jod-129 in der Biosphäre führte TS in Zusammenarbeit mit Viktor Karg (*Wien, 1954)[19] und Gabriele Wallner (*Villach, 1960)[20] in Seibersdorf durch. Karg hat 1983 eine von Broda angeregte Doktorarbeit „*Photochemische Untersuchungen an Chlorphyll A und seinen Derivaten*" fertiggestellt, Wallner 1989 ein von Peter Hille am Institut für Radiumforschung und Kernphysik in Wien gestelltes Dissertationsthema „*Thermolumineszenz-Datierung Eiszeitlicher Sedimente*".

V.
Über den Austausch von Informationen als Faktor der Entwicklung von Wissenschaft und Technik (1967)

Geheimniskrämerei in der Wissenschaft beraubt sie von dem wichtigsten Element, das sie gesund erhält: der wissenschaftlichen öffentlichen Meinung
Pyotr Kapitsa

Bruno Schönfeld hatte bis 1938 eine große Privatbibliothek (etwa 12.000 bis 14.000 Bände) gesammelt, die viel sozialistische Literatur enthielt und freidenkerische und friedenspolitische Schwerpunkte beinhaltete. Durch die Gestapo wurde ein großer Teil dieser Bibliothek beschlagnahmt, vor allem sozialistische Literatur. Die Gestapo meinte, diese würde sich gut als Nachschlagemöglichkeit für ihre Recherchen anbieten. Teile der Bibliothek wurden vor der Emigration von Freunden der Familie übernommen und vieles davon nach seiner Rückkehr zurückgegeben. Aus Platzgründen schenkte Thomas Schönfeld Teile der Bibliothek seiner Eltern der Universität Linz, dem Zeitgeschichteinstitut Wien und der Bibliothek für fremdsprachige Literatur in Moskau. Alle diese Bücher sind mit dem Stempel *„Aus dem Nachlass von Dr. Bruno Schönfeld (*Wien 1881, + Wien 1955), Edith Schönfeld (*Wien 1890, + Wien 1981)"* signiert.

Dass TS die Bibliothek seines Vaters nicht einfach einem bestbietenden Antiquariat angeboten hat, was finanziell ertragreich und jedenfalls bequem gewesen wäre, ist Ausdruck seines auf Wissenstransfer abzielenden Denkens. Das kann als eine fundamentale Eigenschaft von TS angesprochen werden. Im Juni 1967 TS hielt auf Einladung von Wilhelm Frank im *Arbeitskreis Automation* der Zentralen Fraktion der Gewerkschaftlichen Einheit in Wien einen Vortrag über *„Neue Methoden der wissenschaftlich-technischen Dokumen-*

tation und Information".[1] Der Arbeitskreis war von Fred Margulies (1917–1986) organisiert worden, treibende Kraft des Arbeitskreises war Wilhelm Frank. Frank sprach im November 1960 über *„Die Rolle der Mathematik in der modernen Technik"*[2] und im Frühjahr 1963 über *„Anwendung der Mathematik in den Gesellschaftswissenschaften"*.[3] Im Februar 1967 hielt Frank dort einen Vortrag über *„Denkmaschine und menschliches Denken"*.[4]

Der wissenschaftliche Koordinationsbedarf war nach dem zweiten Weltkrieg enorm angewachsen. Bis dahin mag es genügt haben, dass Spezialisten, die auf demselben oder einem ähnlichen Gebiet arbeiteten, unter sich Erfahrungen austauschten oder in Briefen gerade anstehende Probleme diskutierten. Der Briefwechsel von Wolfgang Pauli (1900–1958) ist dafür charakteristisch. Das funktionierte nach dem zweiten Weltkrieg so nicht mehr, für den Aufbau und Austausch von Wissen musste ein innovatives Wissensmanagement entwickelt werden. TS ging von den konventionellen Methoden aus zur Überwindung der Schwierigkeiten, mit denen jeder „Konsument" wissenschaftlich-technischer Dokumentation und Information zu tun hatte, insbesondere Naturwissenschaftler, die mit einer wahren Informationsexplosion konfrontiert waren. Nicht nur bei seinen Handbüchern, denen internationale, im Wien der Nachkriegszeit und des Kalten Krieges nur sehr mühsam zu beschaffende Literaturreferenzen beigegeben sind, waren ihm die Probleme für das zeitaufwendige Sammeln aller notwendigen Informationen deutlich geworden. Die Referateblätter („Abstracts") hatten gerade auf dem Gebiet der Chemie eine alte, ins 19. Jahrhundert zurückreichende Tradition. Eine Association for Information Management (Aslib) war seit 1924 damit beschäftigt, Möglichkeiten, wie die Masse von öffentlichen und privaten Informationen effizient verwaltet werden kann, zu finden. Brian Campbell Vickery (*1918), zuerst Chemiker, dann Spezialist für Informationswissenschaft, hat etwa zur selben Zeit wie TS dazu veröffentlicht, so 1973 das Buch „Information Systems".[5] TS sprach die auf den sich schnell entwickelnden Forschungsbereichen eingeführten Vorabdrucke („preprints") an, die abgezogen oder auf andere Art vervielfältigt, gleich nach Fertigstellung, etwa gleichzeitig mit dem Einsenden an eine Zeitschrift interessierten Kollegen zugesandt wurden. Die Forschungsberichte (Reports) sind von der Atomenergie- und Radarforschung während des 2. Weltkrieges ausgegangen, da die Forschungsergebnisse nicht Zeitschriften für eine allgemeine Veröffentlichung übergeben werden konnten. TS: *„Die*

Ergebnisse der Atomenergieforschung aus der Zeit von 1941 bis 1946 sind zunächst vor allem in dieser Report-Form niedergelegt worden. Diese *Form der Dokumentation wird aber auch heute sehr viel verwendet, vor allem wenn man nur einen verhältnismäßig kleinen Kreis erreichen will, oder wenn der Umfang so groß ist, dass ein Erscheinen in einer Zeitschrift nicht möglich ist".* „Übrigens", so TS mit Rückgriff auf seine Beobachtung in Deutschland im Auftrag der US-Army, „*hat die Dokumentation in Form von Berichten wahrscheinlich zuerst in den zwanziger Jahren in der I. G. – Farben – Industrie Anwendung gefunden. Die Bericht-Literatur wird heute von den Referatzeitschriften erfasst und so allgemein zugänglich gemacht. Auch zusammenfassende Listen über Bericht-Literatur stehen zur Verfügung, z. B. von der Internationalen Atomenergieorganisation über Berichte auf dem Gebiet der Kernenergie".* Die Verbreitung von Mikrofiches sei wegen der Platzersparnis notwendig, zumal, wie in der von TS benützten Bibliothek der Internationalen Atomenergieorganisation, Kopien im Normalmassstab schnell angefertigt werden könnten. Überhaupt hätten sich in den Bibliotheken neuartige Kopierverfahren günstig ausgewirkt, sodass Zeitschriftenbände gar nicht mehr ausgeliehen werden, sondern für jeden Interessenten Arbeiten, die er in Ruhe lesen will, einfach aus den Zeitschriften kopiert werden.

TS beschäftigt sich mit dem durch die Technologie des Computers fundamental neuen Wissensaufbau, Wissenstransfer und Wissenserhalt:

Bedeutend größere Leistungsfähigkeit werden die vollautomatisierten Informationssysteme der Zukunft aufweisen. Sie werden die Bibliotheken von morgen darstellen – wenn man auch dann kaum mehr von Bibliotheken im herkömmlichen Sinn wird sprechen können. Die wesentlichen Maschinenelemente für die Schaffung solcher Systeme stehen schon zur Verfügung. Die Aufgabe der Systeme wird das vollautomatische Auf-dem-Laufenden-Halten von Wissenschaftern und Technikern über alle Fortschritte sein, die für sie von Interesse sind. Man wird nicht mehr in einem Register Schlagworte suchen, sondern man wird die interessierenden Schlagworte einem Maschinenzentrum übermitteln, in dem die gesamte dort gespeicherte wissenschaftliche Information nach den angegebenen Gesichtspunkten durchsucht wird. Die Maschine wird dann eine Bibliographie für den auftraggebenden Wissenschafter ausdrucken.

Von einer ‚Informationsmaschine' muss man natürlich sowohl die möglichst schnelle Übermittelung von Hinweisen auf wichtige neue

Arbeiten, wie auch umfassendes Durcharbeiten der älteren Dokumentationen, also zurückschauende Literatursuche verlangen. Die Informationsmaschinen müssen daher die Schlagworte und anderen Aufgaben aller Publikationen und Dokumentationen zumindest der letzten 20 oder 30 Jahre eingespeichert haben. Es soll hier nicht der Eindruck erweckt werden, dass in Zukunft nur mehr maschinelle Systeme in der wissenschaftlich-technischen Dokumentation und Information eine Rolle spielen werden. Bücher und Zeitschriften werden weiterhin große Bedeutung haben. Allerdings werden sich die Akzente durch das Aufkommen der Maschinen verschieben. Bücher und Zeitschriften werden wohl die geeignete Form für Übersichtsarbeiten sein. Ich halte es für möglich, dass Rolle und Umfang solcher Publikationen, z. B. von der Art der ,Annual Reviews', weiter zunehmen wird. Bei ihrer Herstellung werden Maschinen eine wichtige Rolle spielen, denn die Verfasser der Übersichtsarbeiten werden sich einen großen Teil des Materials maschinell zusammenstellen.

Es ist nicht zu befürchten, dass die reizvolle Tätigkeit des ,Herumschmökerns' in Bibliotheken sinnlos werden wird. Es wird genug gedrucktes Material auf Bücherregalen geben, das man in die Hand nehmen kann, bei dem man sich in mehr oder weniger wahlloser Weise neuen Informationen aussetzen und so zur Entwicklung neuer Ideen angeregt werden kann.

Nicht nur die Lesegewohnheiten des Wissenschafters, auch seine Publikationen werden sich verändern müssen. Vielleicht wird man die wichtigsten Forschungsergebnisse in bestimmten ,Hauptzeitschriften' erscheinen lassen, während apparative Details und weniger wichtige Angaben in einer anderen Form niederzulegen sein werden. Jedenfalls wird die Tendenz bestehen, nur die wichtigsten Ergebnisse in normalen gedruckten Zeitschriften zu publizieren. Weniger wichtige Datenangaben usw. wird man in bestimmten Bibliotheken in Form von Mikrofiches speichern.

Und T. S. nimmt naturgemäß auf gesellschaftliche Aspekte der neuen Informationsvermittlung und Dokumentation Bezug:

Technische Verfahren, Konstruktionen und dergleichen werden oft noch als Geheimnis, als interne Information eines Betriebes betrachtet. Gerade die neuen Möglichkeiten der Informationsvermittlung machen deutlich, dass solche Geheimhaltung gesamtgesellschaftlich betrachtet Widersinn ist. Es ergibt sich auch die Frage, ob es wirtschaftlich ist, moderne Informationssysteme für einzelne Betriebe oder auch für einzelne Konzerne aufzubauen. (Gefahren der Duplizierung einerseits, der unvollständigen Erfassung andererseits). [...] Zwischen den Naturwissenschaften und der Technik einerseits und ihrer gesellschaftlichen Anwendung andererseits entsteht eine immer engere Wechselbeziehung. In wachsendem Masse wird untersucht, wie sich wissenschaftliche Entwicklungen auf die Lebensverhältnisse der Menschen auswirken. Die Ergebnisse dieser Studien, diese Information, werden in Zukunft bei vielen Entscheidungen herangezogen werden müssen. Dadurch wird aber eine Abgrenzung von Informationssystemen für naturwissenschaftliche Fragen einerseits und für gesellschaftliche Fragen andererseits kaum mehr möglich sein. Man wird also eine zukünftige Integrierung der Informationssysteme zwischen diesen beiden Gebieten im Auge haben müssen. Gerade die letzten Hinweise machen wohl deutlich, dass die Probleme der wissenschaftlichen Dokumentation nicht nur für einen kleinen Kreis von Spezialisten von Interesse sind, sondern dass es sich hier um Fragen handelt, die bei der Weiterentwicklung der menschlichen Gesellschaft zunehmend Bedeutung gewinnen werden und damit alle Menschen betreffen.

TS hat sich immer wieder bibliographischen Problemen und der Aufbereitung von Spezialbüchereien auf verschiedenen Gebieten gestellt und mühsame Arbeit auf sich genommen. Für die österreichische Studiengesellschaft für Atomenergie Seibersdorf sammelte er im September 1980 gemeinsam mit Franz Vojir und Elisabeth Hedrich eine *Bibliography on radioanalytical chemistry in Austria*. Aus Anlass der von ihm mit gestalteten Konferenz „Österreichische Wissenschafter und Ärzte für den Frieden" regte er beim Leiter der Zentralbibliothek für Physik in Wien Wolfgang Kerber eine am 19. Oktober 1984 eröffnete Ausstellung einschlägiger Literatur aus den Beständen der Nachlässe von Hans Thirring und Engelbert Broda an.

VI.
Als Marxist in der Krise der KPÖ nach den ČSSR-Ereignissen 1968. Forderung nach Höherer Schulbildung für alle

Im Frühjahr 1968 wurde von führenden Kräften der tschechoslowakischen Kommunistischen Partei die schon länger eingeleitete Entwicklung forciert, aus den durch viele Probleme in allen sozialistischen Ländern objektiv holprig gewordenen sozialistischen Weg auszubrechen und, unter Beibehaltung einiger sozialistischer Errungenschaften, bürgerlich demokratische Formen mit antisozialistischer Zielsetzung zu installieren. Die Konsequenz wäre jedenfalls die Zersetzung des gesamten politischen sozialistischen Systems Europas gewesen. Die Sowjetunion war außenpolitisch schon seit längerem in eine schwierige Situation gekommen. Der Sechstagekrieg des Vorjahres (Juni 1967) war ein Triumph Israels über die von der Sowjetunion unterstützten Araber und zugleich ein Triumph der USA über die Sowjetunion. In der Nacht zum 21. August 1968 kam es deshalb zum Einmarsch von Militär aus der Sowjetunion, Polen, Ungarn und Bulgarien in der Tschechoslowakei, was als eine Aktion internationaler sozialistischer Solidarität eingeschätzt werden kann. Wie in vielen europäischen Parteien kam es darüber auch in der KPÖ zu einem scharfen, von den österreichischen Massenmedien geschickt lancierten Konflikt. Von der Partei lebende, bisher schlafende Revisionisten wurden als progressive Reformkräfte gehätschelt, Kommunisten als orthodoxe Hardliner diffamiert.[1]

Im Verlauf dieser Parteikrise orientierten sich von der Partei finanzierte Medien wie das Wiener Tagebuch zunehmend am bürgerlichen Applaus und ließen sich von diesem in Richtung Sozialdemokratismus und Antikommunismus lenken. Inwieweit Ernst Fischer, Franz Marek (1913–1979) und andere von Anfang an bewusst separatistische Tendenzen in Richtung einer „Neuen Linken" gegangen sind, ist nicht bekannt. Ernst Fischer hat stets Wert auf seine Publizität gelegt, an sein Interview, das er im April 1950 jungen kommunistischen Studenten wie TS über sein politisches Drama *„Der große Verrat"*[2] gegeben hat, wird er sich jedenfalls nicht mehr erinnert haben: *„Wie ist es zu erklären, daß immer wieder Menschen, die in führenden Positionen der Arbeiterbewegung angehört haben, zu Verrätern geworden sind? In dem Stück wird die Antwort gegeben, daß der Klassenkampf nicht nur ein ökonomischer und politischer Kampf ist, sondern daß dieser Kampf auch um jeden einzelnen Menschen geführt werden muss, daß auch die Angehörigen der Arbeiterbewegung in der kapitalistischen Welt unter den Einflüssen dieser Umwelt leben und ein ununterbrochenes Ringen zwischen dem alten bürgerlichen und neuen sozialistischen Bewusstsein vor sich geht".*[3] Zu dieser Zeit war Fischer wegen seiner epigonalen Romane noch von jener bürgerlichen Presse verrissen worden, deren Beifallklatschen ihn jetzt betörte. Fünf Monate nach dem 20. Parteitag der KPÖ (3.–6. Jänner 1969) sammelten sich, weil auch im Zentralorgan der Partei „Volksstimme" die Probleme mit dem „Tagebuch" wenn überhaupt nur zögerlich besprochen wurde, eine Reihe von erfahrenen Kommunisten, die nicht nur in der Partei großes Ansehen hatten, um eine neue politische, eine kommunistische Zeitschrift auf marxistisch leninistischer Grundlage herauszugeben. Mit der ebenso blendenden wie übertreibenden Rhetorik eines Ernst Fischer, der als Staatssekretär für Volksaufklärung, Unterricht, Erziehung und Kultusangelegenheiten für das neue Österreich innovativ gewirkt hat, oder mit dem sogenannten kritischen Marxismus eines Franz Marek konnte TS wenig anfangen. Personenkult und Liebedienerei, wie sie von Ernst Fischer kolportiert wurden – dieser soll beim Tod von Stalin gesagt haben, dessen Sprache sei *„so klar wie klassisches Latein"*[4] – war ihm stets fremd. Alfred Hrdlicka hat Fischer und Marek in guter Erinnerung: *„Wenn jemand ein Stalinist war, dann Ernst Fischer. Und der allerschönste Stalinist war der Herr Marek. Denn ich besitze noch ein Buch vom Marek, dagegen sind die Geschichten des Hitlerjungen Quex freie Lyrik. Wie der den Stalin ansingt, da wirst du rot, aber nicht aus Überzeugung, sondern aus Scham".*[5]

Fred Margulies aus Wien,[6] 1937 der illegalen KPÖ beigetreten, konnte 1938 nach Palästina emigrieren, war 1944 Angehöriger der jugoslawischen Befreiungsarmee und kehrte 1945 nach Wien zurück, studierte an der TH Wien Maschinenbau und Elektrotechnik, graduierte zum Diplomingenieur und gehörte von 1965 an dem Zentralkomitee der KPÖ an. Margulies, der im selben 4. Gemeindebezirk wie TS organisiert war, schreibt am 4. Dezember 1970 an die Schiedskommission der KPÖ, dass der Beschluss der Partei, Franz Marek auszuschließen, „die zielstrebige Fortsetzung einer Politik, die auf die Unterdrückung jeder eigenen Meinungsäußerung und jeder Diskussion" beweise, er mit den Auffassungen von Marek voll und ganz übereinstimme: „Unter den gegebenen Umständen muss es ein Kommunist als Diskriminierung empfinden, von der derzeitigen Führung der KPÖ nicht ausgeschlossen zu werden". Der Wunsch von Margulies wurde erfüllt, er wurde mit einstimmigem Beschluss der Bezirksleitung vom 4. Februar 1971 „wegen parteifeindlicher und parteischädigender Tätigkeit" aus der KPÖ ausgeschlossen. Er sei, so die Begründung nach einer stundenlangen Aussprache, nicht bereit, die Beschlüsse der Partei, des 21. Parteitages (28.–30. Mai 1970) sowie die Beschlüsse des Zentralkomitees vom September 1969 zu vertreten und in seinem Bereich im Sinne der Partei zu wirken: „Obwohl das ‚Wiener Tagebuch' eindeutig eine parteifeindliche Orientierung hat, distanziert sich F. M. weder vom Inhalt noch von den verantwortlichen Artikelschreibern. Wie er selbst schriftlich und auch bei der Aussprache mündlich wiederholte, stimmt er vollkommen mit diesen Auffassungen überein. F. M. ist in seiner Tätigkeit und Verhalten im Widerspruch zu den Normen und den Statuten der K. P. Ö". Der Einspruch von Margulies wurde von der Schiedskommission abgewiesen.[7] Diese hat den am 8. Mai 1969 erfolgten Ausschluss von Ernst Fischer aus der KPÖ schon am 22. Oktober 1969 unter dem Vorsitz des bekannten österreichischen Widerstandskämpfers Theodor Heinisch (1908–1998) bestätigt.[8]

Wilhelm Frank,[9] der, in Budapest geboren, in Wien aufgewachsen ist, hat seit 1936, mit Agitationsaufgaben des Kommunistischen Jugendverbandes im 19. Bezirk beauftragt, mit seinen Genossinnen und Genossen in seiner Wohnung den *Kurzen Lehrgang der Geschichte der KPdSU*, das Kapital, das Kommunistische Manifest, den Anti-Dühring, Staat und Revolution, Imperialismus, Empiriokritizismus, Marxismus und nationale Frage sowie Probleme des Leninismus studiert und diskutiert. Für diese jungen, an der Zukunft der Menschheit interessierten Intellektuellen und Arbeiter Wiens bedeuteten die marxistischen Klassiker wie auch die Schriften von Stalin ebenso eine Anleitung zur revolutionären Politik wie die Einübung in die Methode des dialektischen Denkens. 1937 wurde Frank wegen seiner Betätigung als österreichischer Kommunist inhaftiert, konnte noch im Juli 1938 die 1. Staatsprüfung an der TH Wien ablegen und flüchtete am 1. August 1938 in die

Schweiz. In seiner im Juni 1944 im Schweizer Arbeitslager Bassecourt im Berner Jura für einen Wettbewerb des Weltstudentenwerkes verfassten Schrift über *Studenten und Universitäten nach dem Krieg"* hebt Frank hervor, dass die Universität nur dann ihrer Aufgabe entsprechen werde, *„wenn sie sich die Erforschung objektiver, allgemeingültiger Wahrheiten zum Ziel setzt, wenn sie die Existenz der vom erkennenden Subjekt unabhängigen, objektiven Erkenntnis bejaht und sich damit auf den Boden der Universitas, d. h. der Allgemeinverbindlichkeit von Wahrheit und Wissen stellt".*[10] Die Emigrationsjahre in der Schweiz waren kein Honiglecken, wenngleich nicht vergleichbar mit den Arbeitslagern der Nazis. Im Herbst 1945 ist Frank nach Wien zurückgekehrt. Von besonderer Bedeutung waren seine Anleitungen zur Lösung der dringenden energiepolitischen Probleme Österreichs. Zuerst Betriebsingenieur in der Erdölproduktionsgesellschaft in Zistersdorf, der einzigen wenigstens zur Hälfte österreichisch gebliebenen Erdölfirma, trieb er, vom Ministerium des Bundesministers für Elektrifizierung und Energiewirtschaft (bis 20. November 1947) Karl Altmann (1904–1960) als Leiter der Abteilung Planung und Studien geholt, als Geschäftsführer der Projektkommission des Donaukraftwerkes Ybbs-Persenbeug und als stellvertretender Geschäftsführer im Baukomitee für das Speicherwerk Kaprun diese beiden größten österreichischen Vorhaben entscheidend voran. Nach Auflassung seines Ressorts wurde Frank mit 1. Februar 1950 als Referent für allgemeine Energiewirtschaft in den Personalstand des Bundesministeriums für Handel und Wiederaufbau übernommen. Seine Position war wegen seiner kommunistischen Haltung sehr kompliziert. Frank produzierte heute als klassisch geltende Arbeiten auf dem sich stark wandelnden Energiesektor, welche die Interdependenz der Energieformen betonen. International beachtet wurde seine Tätigkeit als Leiter des Wissenschaftlichen Programmkomitees für die im Juni 1956 in Wien abgehaltene 5. Weltkraftkonferenz mit an die 2.000 Delegierten aus 53 Staaten. Einer der Generalberichterstatter war Hans Thirring. Schrödinger war aus diesem Anlass in Wien, sein Porträt war auf der Titelseite der Juli / August Nummer 1956 *der österreichischen Friedenszeitung* unter dem Titel *„Weltkraftkonferenz für die friedliche Nutzung der Atomkraft"* platziert. Dass die Internationale Atombehörde ihren Sitz gegen scharfe Konkurrenz in Wien genommen hat, ist, wie Frank hervorhebt, auf das hohe Niveau dieser Konferenz und der weltweiten Reputation von Schrödinger zurückzuführen.[11] Frank (1. Bezirk) hat mit dem kennzeichnendem Datum 12.

Februar 1964 gemeinsam mit Ernst Musial (3. Bezirk) und Kurt Urban (10. Bezirk) innerhalb der KPÖ eine Initiative angeregt, die Aufgaben der Partei und die Ursachen ihrer Isolierung ebenso an Hand beigegebener Materialien zu diskutieren wie die zur Durchsetzung einer demokratischen Mitbestimmung erforderlichen Politik und den inneren Zustand der Partei. Die Wiener Stadtleitung wusste nichts Besseres als Antwort, als das als „Verleumdungen und bösartige Verdächtigungen" zurückzuweisen.[12] Die Hauptverantwortung für das schroffe Vorgehen trug Friedl Fürnberg, der einen Fraktionismus aufdämmern sah und mit dem sich Frank gar nicht verstand. Jedenfalls war es kein geeignetes Mittel, solche Kommunisten wie Wilhelm Frank im Interesse der Partei einzusetzen. Frank, der ja nun gewiss kein Opportunist war, konnte mit dem Verhalten der Parteiführung im Gefolge der Erschütterungen durch die Intervention von Warschauer Paktstaaten in der CSSR 1968 nichts mehr anfangen. Frank appellierte am 30. August 1968 an das Mitglied des Politischen Büros der KPÖ Erwin Scharf (1914–1994). Scharf war bis 1938 aktiv in der illegalen Organisation der Revolutionären Sozialisten tätig und nach der Inhaftierung durch die Nazis im Kampf um die Befreiung Österreichs in den Reihen der jugoslawischen Partisanen beteiligt gewesen. Von 1945 bis 1948 war er als Zentralsekretär der SPÖ um eine Zusammenarbeit mit der KPÖ bemüht. Auf dem SPÖ Parteitag 1947 hatte er eine Resolution von linken Sozialisten eingebracht,[13] die im wesentlichen ausdrückt, dass der Feind rechts steht und, bei aller Kritik, nicht die Kommunisten der Hauptfeind sein könne. Das führte im Ergebnis dazu, dass Scharf zuerst als Zentralsekretär abgesetzt und 1948 aus der SPÖ ausgeschlossen wurde.[14] Scharf hat dann die Liste der Links-Sozialisten gegründet, die eine Episode blieb und sich 1956 mit der KPÖ vereinigte. Als Chefredakteur der Volksstimme von 1957 bis 1965 und Mitglied des Zentralkomitees der KPÖ (bis 1987) beeinflusste Scharf die ideologische Orientierung der KPÖ, konnte aber die Zersetzung durch revisionistische Kräfte nicht verhindern. In der SPÖ galt gegenüber linken Mitgliedern viele Jahre Scharf als Synonym für einen „KP-Agenten". Gegen Hilde Krones (1910–1948), die Scharf unterstützt hat, wurde eine derartige wilde Hetze geführt, dass sie, wie der in der SPÖ verbliebene angepasste Linke Josef Hindels (1916–1990) berichtet, den Freitod wählte.[15] Frank schreibt an Scharf: *„Auf Dich sind deshalb die Blicke praktisch aller Genossen gerichtet, die Brutalität und der Hohn der sowjetischen Besatzer zwar zu der schmerzlichen Einsicht geführt hat, dass es mit der heutigen* *sowjetischen Führung und ihren Handlangern – wo immer sie auch seien – keine Gemeinsamkeit geben kann, die aber an ihrer sozialistischen Überzeugung festhalten".* Scharf druckt diesen Brief in seinen Erinnerungen mit dem Bemerken ab, dass Frank seine seinerzeitige Schrift *„Ich darf nicht schweigen"* gründlich missverstanden habe, er müsse auch jetzt Stellung nehmen, aber nicht mit den antisowjetischen Strömungen sondern gegen sie.[16] Mit Schreiben vom 30. August 1968 an den Parteivorsitzenden Franz Muhri (1924–2001) und die Mitglieder des Politischen Büros der KPÖ Maria Urban, Franz Marek, Alfred Ruschitzka, Franz West, Josef Lauscher, Egon Kodicek und Erwin Scharf mit Kenntnisnahme der Zentralkomiteemitglieder Ernst Fischer, Theodor Prager, Fred Margulies meinte Frank, dass die Partei durch das öffentliche Auftreten von Muhri und Ernst Fischer die Partei „in den ersten Tagen des russischen Einfalls in die CSSR ihr Ansehen und ihre Würde bewahren [habe] können", durch das Auftreten von Fürnberg im Fernsehen sei ihr aber bereits „ein schwerer Schlag" versetzt worden: *„Ich kann nur hoffen, dass auch Ihr endlich zur Einsicht gelangt, dass die Einheit der Partei nur um den Preis ihrer Reinigung von Menschen möglich ist, die sich moralisch und politisch verbraucht haben. Fürnberg: d. i. eine Ermutigung für alle durch stalinistische Traditionspflege irregeleiteten Personen, die den Überfall in die CSSR gutheißen. Solange Fürnberg seine Funktion ausübt, werden diese an die Prawda glauben und nicht die Wahrheit sehen – die Spaltung der Partei wird unvermeidlich".* Frank koppelte seine weitere Mitgliedschaft in der KPÖ mit dem Hinauswurf von Fürnberg. Das Politische Büro solidarisierte sich mit Schreiben von Muhri gegenüber Frank vom 13. September 1968 mit Fürnberg, was Frank empört am 13. September 1968 antworten lässt: *„[…] Ferner: Ihr habt mittlerweile beschlossen, kein Dokument über ‚Demokratie und Sozialismus' dem kommenden Parteitag mehr vorzulegen. Diesen Beschluss habt Ihr mittlerweile durch das ZK sanktionieren lassen. Damit kapituliert Ihr bereits ideologisch total vor der neuen Linie der KPdSU. Die weitere Anpassung wird nicht mehr lange auf sich warten lassen. Wird doch dort, wo der schlechte Vorsatz – z. B. die Provokation mit angeblichen Waffenfunden etc. – offenkundig ist, der ‚gute Glaube' geltend gemacht! Der politische Zuhälter Fürnberg hat Euch also in den Griff bekommen. […] Das klägliche Bild, das Muhri im Fernsehen am 11. September geboten hat, hat zwar noch nicht das infernalische Vorbild Fürnbergs erreicht, aber es ist die Folge Eurer politischen Prostitution. Diese veranlasst Euch auch dort, wo es um einwandfreie*

Fakten geht, schamlos von ‚Verleumdung' zu sprechen. Ich wiederhole: Fürnberg hat vor Zeugen – darunter Muhri – erklärt, von Anfang an gewusst zu haben, dass [Rudolf] Slansky[17] unschuldig ist. Aber von diesem Wissen hat er keinen Gebrauch gemacht. So handelt nach dem Urteil anständiger Menschen nur ein Schuft. Als Prostituierte habt Ihr nicht die Qualifikation für ein moralisches Urteil. Ihr werdet im Mist versinken. Es ist kein Schaden um Euch". Die Briefe von Frank zeigen, wie tief auch emotional der Riss durch die Partei ging. Frank führte die Reaktion mancher Funktionäre des Politischen Büros der Partei nicht unrichtig auf deren von der Sowjetunion abhängigen materiellen Grundlagen zurück.

Theodor Prager, von 1946 bis 1963 Angestellter der wirtschaftspolitischen Abteilung des Zentralkomitees der KPÖ, dann Mitarbeiter der wirtschaftswissenschaftlichen Abteilung der Arbeiterkammer Wien und seit 1961 im Zentralkomitee,[18] erklärte seinen Austritt aus der Partei mit 21. Dezember 1969, ging aber damit zum Unterschied von Frank an die Öffentlichkeit. Und dem Zentralkomitee schreibt er noch am 21. Dezember 1969: Es sei hinlänglich klar, *„dass Ihr in Eurer großen Mehrzahl entschlossen seid, jeden Kurs der sowjetischen Führung mitzumachen, und sei er auch noch so reaktionär; die einen aus Opportunismus, die andern aus Blindheit".*[19]

Der Weiterverbleib von TS in der Partei ist auf dem Hintergrund solcher Briefe wie von Frank oder Margulies zu diskutieren. Er, der sich in der Wissenschaft und auf der Universität im Zenit seiner Wirksamkeit befand, wollte die tiefgehenden Probleme, mit denen die realsozialistischen Länder konfrontiert waren, nicht zur Fraktionsbildung oder mit eurokommunistischer Attitüde für den Übergang zum Sozialdemokratismus nutzen, sondern sich verstärkt für Geschlossenheit im Kampf und Weiterentwicklung der Partei in dieser einsetzen. TS musste damit rechnen, dass er von Leuten wir Leopold Grünwald als *„Sowjetkommunist"* denunziert werden würde[20], das störte ihn nicht, weil ihm die Geschäftsinteressen solcher Überläufer offenkundig waren.

Am 1. Juni 1969 erschien mit der ersten Nummer *„neue politik. Zeitschrift für Probleme der Arbeiterbewegung"* ein die in der Partei verbliebenen Kommunisten organisierendes Organ. Als provisorisches *„Kollegium"* werden genannt: Professor DDr. Georg Fuchs (Wien), Dr. Erich Hofbauer (Wien), Arbeiterkammerrat Anton Hofer (Gänserndorf), Landtagsabgeordneter Franz Leitner (Graz), Alois Peter (Wien), Otto Podolsky (Wien), Heinrich Praxmarer

(Bregenz), Dr. Eduard Rabofsky (Wien), Univ.-Prof. Dr. Thomas Schönfeld (Wien), Josef Wodratzka (Salzburg). Dem „*Redaktionskollegium*" gehörten an: Bruno Furch, Univ.-Prof. Dr. Walter Hollitscher, Otto Janecek, Ernst Wimmer, Hans Wolker, Dr. Heinz Zaslawski. Als *Eigentümer und Herausgeber* zeichnen Hollitscher, Ernst Wimmer (1924–1991) und Heinz Zaslawski (1924–2005), der durch seine Position im Globus Verlag eine wichtige Rolle innehatte. Für den Inhalt verantwortlich zeichnete der Volksstimme Redakteur Otto Janecek. Erwin Scharf unterstützte die Initiative, er schrieb „*Zum Geleit*", dass sich die Arbeiterbewegung die Fähigkeit zur Umwälzung der bürgerlichen Welt nur erwerben könne, „*wenn sie auch geistig und organisatorisch vom Bürgertum unabhängig, also selbständig und autonom ist*". So wie TS war Scharf der Auffassung, dass die sich an das Parteistatut und an die Beschlüsse des 20. Parteitages haltende neue Zeitschrift, die sich die Auseinandersetzung mit dem Revisionismus innerhalb und außerhalb der KPÖ zur Aufgabe gemacht hat, eine Hilfe für die ganze Partei war. Die *neue politik* sollte auch alle jene Leser ansprechen, die sich für eine vom Revisionismus nicht entstellte marxistische Theorie interessierten. Scharf[21] war einer der wenigen Funktionäre, für den der Marxismus ein Instrument war, die historischem Erfahrungen der Arbeiterbewegung zu verarbeiten: „*Den Marxismus nicht anpassen sondern weiterentwickeln!*"– so ruft Scharf mit seiner Broschüre „*Lob der Ideologie*" (Berlin 1968) auf. Die erste Nummer der *neuen politik* hat als Titelbild das Bild „*Lesender Arbeiter*" von Renato Guttuso (1912–1987). Redaktion und Kollegium betonen, dass diese Publikation nicht von Fachleuten gemacht werden könne, vielmehr: „*Sie muss aus der Summe von Erfahrungen entstehen, die sich überall dort einstellen, wo immer das bestehende, die kapitalistische Ordnung, gleich auf welche Weise, ernstlich in Frage gestellt wird*". Als Zielsetzung wird angegeben, „*die politische Lethargie zu überwinden, unsere Aktivitäten zu erhöhen und nach außen zu richten*". In der Septembernummer 1969 schreiben Herausgeber und Redaktion: „*Die Initiative zur Herausgabe der ,NP' erfolgte nicht, weil es zu wenige Publikationen in der Partei geben würde. Ausschlaggebend war allein die Tatsache, daß die zur Gesundung der Partei unerlässliche ideologische Auseinandersetzung in den vorhandenen Parteipublikationen, sofern überhaupt, zu wenig nachdrücklich und konsequent geführt wird. Die ,NP' betrachtet sich nicht als Selbstzweck. Sie hält es allerdings für lebensnotwendig, daß bestimmte Aufgaben der Partei erfüllt werden, nicht zuletzt die der Auseinandersetzung mit Strömungen, die nicht bloß diese oder jene Publikation, diesen oder jenen Punkt des Statuts und der Parteitagsbeschlüsse, sondern schon die Partei als ganzes für entbehrlich halten".*

Das Politbüro der KPÖ hat zuerst die Einstellung der *neuen politik*, dann deren Auslieferung an die Redaktion von Franz Marek verlangt. Muhri hat die Zeitschrift nicht für zweckmäßig erachtet. Schließlich unterstützte eine Mehrheit des Zentralkomitees die „neue politik", zumal das „Tagebuch" seine Parteifeindlichkeit verschärft hatte. Scharf meint im Rückblick, dass die *„neue politik"* entscheidend dazu beigetragen habe, den Revisionismus ideologisch zu schlagen. Ende der 80er Jahre, als Scharf seine Erinnerungen niedergeschrieben hat, war das im Rückblick sein Wunschdenken.[22] Von einer entscheidenden Niederlage des Revisionismus war überhaupt keine Rede.

In der Juli / August Nummer 1969 (6 f.) der *neuen politik* nimmt TS zu dem in Österreich von der Arbeiterbewegung seit langem eingeforderten Abbau von bürgerlichen Bildungsprivilegien im Schulbereich Stellung. Für ihn ist der Bildungsmythos ein Schutzwall der Klassengesellschaft:

Schulreform und Bildungsprivileg
Die Schulgesetze 1962 haben sich nicht als Start zu einer umfassenden Modernisierung des österreichischen Schulwesens, sondern als Weg in den Irrgarten aufeinander prallender Sonderinteressen erwiesen. Die Verantwortung für die verfahrene Situation liegt bei den beiden Parteien, die diese Schulgesetze ganz im allgemeinen Arbeitsstil der kurzfristigen Kompromisse der Koalitionsära ausgehandelt haben. Nun wollen ÖVP und SPÖ wieder Verhandlungen über Schulprobleme führen. Welchen Verlauf sie nehmen werden, ist kaum vorhersagbar, denn noch stehen nicht einmal die Ausgangspositionen der Verhandlungspartner fest. Eines kann aber mit Bestimmtheit gesagt werden: Einen Fortschritt werden diese Verhandlungen nur dann bringen, wenn die großen Probleme des österreichischen Schulwesens im Mittelpunkt stehen werden.
Das wichtigste Problem ist nach wie vor die Brechung des Bildungsprivilegs. Das kann nur durch ein einheitliches Pflichtschulsystem erreicht werden, also durch die Schaffung der einheitlichen Mittelschule für alle befähigten 10 bis 15-jährigen Kinder. Die heute mit dem 10. Lebensjahr erfolgende Aufspaltung der jungen Menschen auf verschiedene Schultypen (Volksschuloberstufe, Hauptschule, Unterstufe der allgemein bildenden höheren Schule) schafft nach wie vor Bildungsprivilegierte und Bildungsunterprivilegierte. Die

Kinder aus den materiell besser gestellten Schichten treten zu einem viel größeren Anteil in den weiterführenden Schultyp, also in die Unterstufe der allgemeinbildenden höheren Schulen ein, als die Kinder aus ärmeren Bevölkerungsschichten. Und unter den Absolventen der höheren Schulen, – der allgemeinbildenden wie die der berufsbildenden –, ist der Anteil junger Menschen aus wenig bemittelten Familien noch viel geringer. Gewiss kann auch die Schaffung der einheitlichen Pflichtschulen hier nicht vollkommenen Wandel schaffen. Gewiss werden auch nach Einrichtung eines solchen Systems die Kinder bemittelter Familien in größerem Ausmaß die Oberstufe der allgemeinbildenden höheren Schulen und die berufsbildenden höheren Schulen besuchen. Aber die einheitliche Pflichtschule ist die Grundvoraussetzung für den Abbau der Bildungsprivilegien.

Keine andere Lösung vorstellbar

Die einheitliche Mittelschule wurde nicht nur in den sozialistischen Staaten Europas weitgehend verwirklicht, sie ist auch in England und Schweden mit Erfolg eingeführt worden. Auf der Konferenz europäischer Unterrichtsminister, die vor kurzem in Versailles stattfand, haben die Vertreter dieser beiden Länder die Zweckmäßigkeit eines derartigen Schulsystems bestätigen und man sich dort schon keine andere Lösung mehr vorstellen könne.

Jetzt gehen Meldungen durch die österreichischen Zeitungen, die Vertreter der ÖVP bei den Schulverhandlungen würden vielleicht einer Einheitsmittelschule zustimmen, wenn sich die SPÖ bereit erkläre, das 9. Schuljahr an den allgemeinbildenden höheren Schulen auszusetzen. Die Zustimmung der SPÖ zu einer solchen Maßnahme ist bekanntlich erforderlich, weil die Schulgesetze vom Parlament nur mit Zweidrittelmehrheit abgeändert werden können. Eine Einigung über die Schaffung der (Einheitsmittelschule) wäre natürlich sehr wünschenswert, aber die bisherige Erfahrung veranlasst zu großer Skepsis über die realen Chancen einer solchen Entwicklung.

Eine Un-Österreichische Einrichtung?

Verantwortliche Schulpolitiker der ÖVP haben sich bisher gegen die Einheitsmittelschule gestellt. Als Ersatz haben sie Erleichterung für den Übergang zu weiterführenden Schultypen, insbesondere von der Hauptschule in die allgemeinbildenden höheren Schulen, angeboten. So hat der Abgeordnete [Adolf] Harwalik, der jetzt als Vorsitzender des Unterrichtsausschusses zurückgetreten ist, noch vor einigen Wochen behauptet, dass Österreich bereits „Eine gemäßigte und damit vernünftige Form der Vereinheitlichung der Mittelstufe…. mit dem Prinzip der Brücken und Übergänge durchgeführt hat". Aber diese Brücken sind nur von einer kleinen Anzahl von Schülern genutzt worden. Bei derselben Gelegenheit ist der Abgeordnete Harwalik jedem weiteren Schritt in Richtung „Einheitsschule" entschieden entgegengetreten. Er warnte davor, „Extremformen zu schaffen, fremde Modelle zu verpflanzen und schulpolitische Fragen wieder zu ideologisieren". Nach dieser Denkweise wäre die Einheitsmittelschule eine bedrohliche „un-österreichische" Einrichtung.

In der Schulpolitik der ÖVP werden nun die Kräfte, die das Schulvolksbegehren unterstützt haben, mehr Einfluss gewinnen. Dieses Volksbegehren wurde vor allem von Kreisen gefördert, die sich jeder Schulreform widersetzen, die die Schulgesetze 1962 nicht etwa deshalb kritisieren, weil sie zu wenig Fortschritte gebracht haben, sondern eher weil sie bisher Übliches aufgegeben haben. Aus dieser Sicht scheint es eher fraglich, ob die neuen ÖVP-Schulpolitiker größere Bereitschaft zur Schaffung der Einheitsmittelschule zeigen werden als ihre Vorgänger.

In der SPÖ, die 1962 auf die Durchsetzung der Einheitsschule verzichtet hat, gibt es auch heute noch keinen klaren Beschluss, sich nun entschieden und beharrlich für die Schaffung der Einheitsmittelschule einzusetzen. Die kulturpolitische Tagung der SPÖ, die Mitte Juni in Perchtoldsdorf abgehalten wurde, hat keinen derartigen Beschluss gefasst. Und auch ein Beschluss, diese Forderung zur Hauptfrage der neuen Schulverhandlungen zu machen, wäre nur ein erster Schritt. Denn die Einheitsmittelschule wird nur erreicht werden, wenn breite Kreise verstehen, dass die Schaffung eines solchen Schulsystems der Schlüssel zum Fortschritt im österreichischen Schulwesen ist und wenn für die Probleme der Umstellung realistische Lösungen vorgeschlagen werden. Die Einführung der Einheitsmittelschule wird bedeutende Umstellungen in der Schulorganisation und Lehrerausbildung erfordern. Um zu zeigen, dass diese Umstellungen nicht unüberwindliche Schwierigkeiten bedeuteten und letztlich nicht die Interessen dieser oder jener Gruppe, insbesondere bestimmter Lehrerkategorien, beeinträchtigen, müsste schon jetzt ein Plan für den Übergang zum neuen System der Öffentlichkeit vorgelegt werden. Ein derartiger Plan hätte die einzelnen Schritte des Überganges organisatorisch und zeitlich zu fixieren.

Einheitsschule und Demokratisierung

Von größter Bedeutung aber wird das Verständnis der breiten Öffentlichkeit sein. Nur wenn in Stadt und Land eine wirkliche Unterstützung für die Schaffung der Einheitsmittelschule entsteht, wird der Widerstand gegen eine solche Demokratisierung von Schule und Bildung, der teils in wohlmeinendem Konservatismus und ungenügender Kenntnis der Erfordernisse der Zeit, zum Teil aber in der direkten Verteidigung der Bildungsprivilegien wurzelt, überwunden werden können.

Eine solche Bewegung für die Einheitsschule wäre auch von politischer Bedeutung im Sinn des Bewusstmachens gesellschaftlicher Zusammenhänge: Denn das Festhalten an Bildungsprivilegien bringt heute besonders deutlich zum Ausdruck, dass die bestehenden Gesellschaftsverhältnisse in Widerspruch zu den Erfordernissen der technischen und wirtschaftlichen Entwicklung geraten und den Interessen der großen Mehrheit der großen Mehrheit der Bevölkerung nicht gerecht werden.

Bei der Darlegung ihrer Stellungnahme zu den heutigen Problemen von Schule und Bildung dürfen die Kommunisten nicht versäumen zu zeigen, dass für sie der Kampf um ein besseres Bildungswesen in enger Verbindung mit ihren Bemühungen um die Veränderung der gesellschaftlichen Verhältnisse steht. Ihre Vorschläge für die Umgestaltung der Schule und Bildung dienen nicht nur der Anpassung an den technischen Fortschritt und der Schaffung von Voraussetzungen für das Wirtschaftswachstum. Die Kommunisten werden auch weiterhin ihre Vorschläge auf Grund ihrer Konzeption von der Zukunft der Gesellschaft erarbeiten, in der die Menschen nicht Rädchen einer immer komplexer werdenden Technologie, sondern bewusste Gestalter des individuellen und gesellschaftlichen Lebens sein wollen.

Ende Juli 1969 trat die vom Nationalrat beschlossene Schulreformkommission das erste Mal zusammen, TS machte die kommunistischen Positionen in der Septembernummer 1969 der *„neuen politik"* deutlich.[23] Es zeichnet TS aus, sich nach Bündnispartnern umzusehen und er fand solche in Stimmen aus christlichen Organisationen. Der Grazer, seit 1972 an der Wirtschaftsuniversität Wien lehrende Pädagoge Alois Eder (1919–2006) hat es auf einer Tagung der Vereinigung christlicher Lehrer an den höheren Schulen Österreichs im April 1969 für notwendig bezeichnet, die humanistische Bildungsform einer kritischen Analyse zu unterziehen und den Abbau des Bildungsprivilegs voranzutreiben. Das von der sich selbst als einzige fortschrittliche schulpolitische Kraft bezeichnende SPÖ im Juli 1969 veröffentlichte Schulprogramm „Bildung für die Gesellschaft von Morgen" gehe nicht von der Kritik der Gesellschaft von heute aus, es sei aber zu begrüßen, dass die SPÖ die Einheitsmittelschule der 10- bis 14-jährigen durch „Zusammenlegung der Hauptschule und der Unterstufe der allgemeinbildenden höheren Schule zu einer Mittelschule" verlange. Für TS ist es befremdlich, „daß diese Forderung vor allem mit der dringenden Notwendigkeit begründet wird, ‚eine Bildungskatastrophe und damit auch einen Wirtschaftsrückgang zu verhindern', nicht aber mit der Zielsetzung des Kampfes gegen bestehende Ungerechtigkeit, nicht mit der Forderung, das Bildungsprivileg der Begüterten zu beseitigen". In der Arbeiterbewegung werde, so TS, die Bedeutung des Kampfes um die Einheitsmittelschule erst dann ganz erfasst werden, „wenn klar ausgesprochen wird, daß dies nicht zuletzt ein Kampf um soziale Gerechtigkeit ist". In Bezug auf eine vorgesehene weitere Differenzierung nach Begabung und Lernfähigkeit in wichtigen Gegenständen wie Mathematik und Fremdsprachen durch Bildung von Leistungsgruppen meint TS, dass ein solches Organisationsschema in manchem zu kompliziert sei und zu einer Überbetonung der Differenzierung führt. Es müsse vor allem überprüft werden, „ob es vertretbar ist, die klassischen Fremdsprachen Latein und Griechisch weiter im bisherigen Ausmaß zu unterrichten, sowohl was die Zahl der erfassten Schüler wie die Stundenzahl des Unterrichtes betrifft". Für den Naturwissenschaftler TS ist der Gedanke wichtig, zu schauen, ob nicht durch Schaffung eines umfassenden Gegenstandes „Naturwissenschaften" an Stelle der bisherigen Fächer Physik, Chemie und Naturgeschichte eine Verbesserung des Unterrichts erreicht werden könne. Eine ähnliche Zusammenfassung verwandter Gegenstände könne auch zum Unterrichtsfach „Gesellschaftswissenschaften" führen. Für TS war die Schulreform eminent wichtig, er konnte die eminente Bedeutung der Schulreform von Otto Glöckel für die Wiener Arbeiterbewegung beurteilen: „Die Arbeiterbewegung kann aber zweifellos mehr erreichen, wenn sie sich der Bedeutung der Schul- und Bildungsfrage bewusst wird, wenn sie den Kampf um Schulreform als einen Hebel zur Demokratisierung der Gesellschaft, zur Mobilisierung gegen Privilegien, gegen deren Verteidigung und Duldung, versteht. In diese Richtung zu wirken, muss

Aufgabe der Kommunisten sein".[24] Am 13. Februar 1971 übernahm TS den Vorsitz einer von Muhri eröffneten und von Wimmer eingeleiteten Konferenz der KPÖ zum Thema „*Die Gesamtschule – ein entscheidender Schritt zu gleichen Bildungschancen"*.[25] Mit der 7. Nummer vom Jänner 1970 wurde die „*neue politik"* wieder eingestellt. Ihr Kollegium hatte sich inzwischen erheblich erweitert durch Dr. Hans Kaes (Wien), Herbert Kandel (Wien), Alfred Matzinger (Neunkirchen), Betriebsrat Josef Progsch (Waidhofen, Ybbs), Betriebsrat Karl Russheim (Donawitz), Betriebsratsobmann Max Thum (Wien) und Friedl Zizlavky (Schwechat). Insgesamt sind in der Zeitschrift anregende, weiterführende Artikel abgedruckt, vom Arzt und Friedenskämpfer Georg Fuchs (1908–1986) über den Krebstod, vom herausragenden Juristen der österreichischen Arbeiterklasse Eduard Rabofsky über Betriebsverfassung, von Arthur West politische Gedichte, vom Musikwissenschaftler Georg Knepler, der 1947 (Wien) nach seiner Rückkehr aus der Emigration eine Grundsatzbroschüre über „*Die geistigen Arbeiter und die Kommunisten"* geschrieben hat, über Gegenwartskultur oder vom Philosophen Hollitscher einige Gedanken über Differenzen. Hollitscher erläutert das von Fischer vertretene Konzept in seinem Wesen, an die Stelle des Zusammenwirkens der sozialistischen Länder, der revolutionären Arbeiterbewegung der hochentwickelten kapitalistischen Länder, der antikolonialen Bewegung solle ein ganz andres Bündnis gesetzt werden, „*das aller sogenannten ‚selbständig' und ‚nüchtern' Denkenden, über alle Klasse, alle Ideologien hinweg! Ein solches Konzept bedeutet den Verzicht auf den Sozialismus"*.[26] Die parteiinterne Situation hatte sich mit Muhri auf tendenziell zentristische Positionen eingependelt, Herausgeber und Redaktion der „*neuen politik"* wollten, wie sie in eigener Sache in der letzten Nummer erläuterten, die anormale Lage nicht weiter festigen, vielmehr die bis dahin eingetretene Klärung beschleunigen. Als Resümee, an dem TS mitgearbeitet hat, wird gegeben: „*Die „Neue Politik" war von Seiten derer, die sie schrieben und jener, die sie lasen, Ausdruck der Überzeugung, daß für Fortschritte der Sache des Sozialismus, für eine Gesundung der Partei Initiativen, ein aktives Auftreten unerlässlich sind. Jetzt gilt es, neue Initiativen zu entwickeln, alle Kräfte darauf zu konzentrieren, daß die Kommunistische Partei im Stande gesetzt wird, wirksamer in den Klassenkampf einzugreifen und so ihrer revolutionären Aufgabe gerecht zu werden"*.

VII.
Zu Fragen des Verhältnisses von Kommunistischer Partei und Wissenschaft

VII. 1. Arbeitsgruppe „Partei und Wissenschaft"

Die Verbindung zwischen Wissenschaft und Kommunistischer Partei reicht zurück in die Anfänge des Marxismus. Karl Marx (1818–1883) und Friedrich Engels (1820–1895) lebten in einer Epoche, in der die Naturwissenschaften eine explosive Entwicklung genommen haben. Die Verdienste von Marx und Engels um die Arbeiterklasse und für die Perspektive einer humanitären Zukunft liegen vor allem darin, dass sie *„den Sozialismus aus einer Utopie zur Wissenschaft"* entwickelten. Die marxistische Theorie sei eben deshalb, weil sie eine wissenschaftliche ist, nicht ein unantastbares Dogma, sie hat aber die Grundpfeiler gelegt, *„die die Sozialisten nach allen Richtungen weiterentwickeln müssen, wenn sie nicht hinter dem Leben zurückbleiben wollen"*.[1] Lenin hat die Tätigkeit der Kommunistischen Partei nach Errichtung des sozialistischen Staates Russland definiert mit den Begriffen *„Kommunismus = Sowjetmacht + Elektrifizierung"*. Er verstand darunter eine Regierung, die ihre Entstehung der Anwendung des wissenschaftlichen Sozialismus, der Gesellschaftswissenschaft im weitesten Sinne des Worte, verdankt und die Anwendung der Naturwissenschaft in ihrer fortgeschrittensten Entwicklungsstufe ermöglicht. Nach dem Leninschen Prinzip war der Sozialismus also angewandte Gesellschafts- und Naturwissenschaft.[2] Der Wiener Philosoph Leo Gabriel (1902–1987), der mit TS in der Friedensbewegung kooperierte, bezeichnete Lenins Weg der Erkenntnis als „rein rational", Lenin, der wie kein anderer Staatsmann und Politiker ein so bewusstes Verhältnis zur Philosophie gehabt habe, gehöre der „wissenschaftlich – technischen Welt des Westens" an, er sei die „Inkarnation" dieser Rationalität.[3]

Stalin hat die Wissenschaft in allen Sphären des öffentlichen Lebens eingefordert, wenn er 1928 (16. Mai) in seiner Rede auf dem VIII. Kongress des Kommunistischen Jugendverbandes hervorhebt, dass die Bolschewiki sich nicht auf die Heranbildung kommunistischer Kader überhaupt beschränken können, *die über alles ein wenig zu schwätzen verstehen*": *"Was wir jetzt brauchen"*, so Stalin, *"sind bolschewistische Spezialisten"*: *"Die Wissenschaft meistern, neue Kader bolschewistischer Spezialisten in allen Wissenszweigen schmieden, lernen, lernen, mit größer Beharrlichkeit lernen"* [4] – das sei die Aufgabe der bolschewistischen Partei. Erstmals in der Geschichte wurde also durch die Sowjetunion versucht, die Ideen des wissenschaftlichen Sozialismus, die Ideen des wissenschaftsgeleiteten Humanismus zur herrschenden Idee eines Staates zugrundezulegen. Um die gewaltigen Herausforderungen zu sehen, darf nicht vergessen werden, dass 1920 in der ganzen Sowjetunion bloß vierzig geschulte Physiker vorhanden waren. Es herrschte dennoch eine optimistische und sachliche Grundstimmung der Menschen, die die Gesellschaft mit der kommunistischen Partei als treibende Kraft in Richtung Sozialismus umgestalten wollten. Das spiegelt sich in dem damals viel gelesenen Werk *"Wie der Stahl gehärtet wurde"* des sowjetischen Revolutionärs Nikolai Alexejewitsch Ostrowski (1904–1936) gut wider.

Viele hervorragende Wissenschaftler, Natur- und Gesellschaftswissenschaftler, waren von der in der Sowjetunion herrschenden wissenschaftlichen Grundgesinnung angezogen – weltweit und in der kleinen Republik Österreich. Ein Ausdruck dieser wissenschaftlichen Gesinnung, die junge kommunistische Parteien wie jene in Österreich erfasste, waren – stimuliert von den theoretischen, in deutscher Sprache in Auszügen bekannten Grundgedanken Stalins über die Nation aus den Jahren 1912 bis 1913 – die historisch wissenschaftlichen Erörterungen von Alfred Klahr (1904–1944) in Weg und Ziel 1937 zur nationalen Frage in Österreich. Das war für den Kampf gegen den deutschen Faschismus und für den Wiederaufbau der österreichischen Republik von allergrößter Bedeutung. In Großbritannien waren John Burdon Sanderson Haldane (1892–1964), der der Begründer der mathematischen Genetik ist, oder der Physiker John Desmond Bernal (1901–1971), von dem tiefen Einsichten über die soziale Funktion der Wissenschaften stammen[5], über die Perspektiven der Menschheit, die der Sozialismus in sich birgt und in der Sowjetunion am Horizont sichtbar waren, tief beeindruckt. Populärwissenschaftliche Arbeiten von Haldane und

Bernal, der Doktorvater des österreichischen Nobelpreisträgers Max Perutz (1914–2002) war, wurden nach 1945 durch die KPÖ abgedruckt. Im ersten Heft von *Weg und Ziel* 1946 erschien ein Artikel des Nobelpreisträgers und Mitglieds der französischen kommunistischen Partei Paul Langevin (1872–1946), der optimistisch meint: „*Ebenso wird die Verwendung von technischen Methoden und Maschinen, die immer raffinierter werden in einer menschlichen Gemeinschaft, die immer zusammenhängender und solidarischer wird, von jedem im Interesse aller einen immer höheren Bildungsgrad verlangen, ein immer vollständigeres Verständnis der Beschaffenheit der Welt und der Gesetze, welche die Natur und den Menschen beherrschen*".[6] Vor allem nach Österreich zurückgekehrte Emigranten aus Großbritannien, den USA und aus der Sowjetunion haben durch ihre wissenschaftlichen Kenntnisse in der ersten Phase der wiedererstandenen KPÖ ein am wissenschaftlichen Fortschritt orientiertes Denken verbreitet.

In der KPÖ der Nachkriegszeit wurde das Interesse geweckt und verbreitet, sich Kenntnisse über die positiven und negativen Aspekte der wissenschaftlich-technischen Entwicklung auf wissenschaftlicher Basis anzueignen. Über die *wissenschaftlich-technische Revolution* wurde noch nicht diskutiert, aber es war den Wissenschaftlern offenkundig, dass mit der Kernwaffentechnik nicht nur das Kriegswesen revolutioniert worden ist, sondern eine wissenschaftlich-technische Revolution als aktiver Prozess begonnen hat. Dieser Prozess der eng verknüpften Umsetzung von Wissenschaft und Technologie in Technik und Produktion war nicht auf ein, zwei wissenschaftliche Entdeckungen oder Erfindungen wie die Schaffung der Dampfmaschine oder die praktische Anwendung der Elektrizität beschränkt. Als Autor des einen Bestandteil des realen gesellschaftlichen Prozesses charakterisierenden Begriffes *wissenschaftlich-technische Revolution* gilt Bernal, der diesen, anknüpfend an den Gedanken von Marx über die Wissenschaft als Produktivkraft, benützte, um die wissenschaftliche Revolution des 15.–17. Jahrhunderts von den Veränderungen in der Wissenschaft und Technik des 20. Jahrhunderts zu unterscheiden. Einen Markstein in den Phasen solcher Veränderungen sieht Bernal und mit ihm die meisten Wissenschaftler in der Nutzung der Kernenergie.

Es gibt keine Hinweise, dass der Parteiapparat der KPÖ die mit der wissenschaftlich-technischen Revolution[7] einher gehenden politischen Probleme, die in Zusammenarbeit mit den in der Partei wirkenden Wissenschaftlern beraten hätten werden müssen, initiativ aufgegriffen hätte.

Prominente Parteifunktionäre waren skeptisch gegenüber der Tatsache, dass für Wissenschaftler die Bindung an die Prinzipien der Wissenschaft und damit an den Marxismus, der sich zum Marxismus-Leninismus weiter entwickelt hatte, stärker war als die Bindung an die Kommunistische Partei bzw. an den Parteiapparat. Diese skeptische Haltung wirkte sich auf die KPÖ negativ aus, das zeigt sich in ihrem Verhalten bei den Auseinandersetzungen um die kultisch dogmatisierten, aber nicht bewiesenen, im Widerspruch zu Rudolf Virchow (1821–1902) aufgestellten Thesen von Olga Borissowna Lepeschinskaja, die sich auf Theorien von Trofim Denissowitsch Lyssenko (1898–1976) stützte. Lyssenko war ein Genetiker, dessen ziemlich kryptisch formulierten Argumente sich im Kalten Krieg nicht so simpel widerlegen ließen wie das im Rückblick vielleicht zu sehen ist. Er hat als ein einfallsreicher Experimentator, der an die Tradition von Iwan Wladimirowitsch Mitschurin (1855–1935) anknüpfte, während des Krieges für den Fortbestand der Sowjetunion einen konkreten Beitrag geleistet, indem er vorgeschlagen hat, zur Aussaat nur die Augen der Kartoffel zu verwenden, der übrige Teil des Knollens wurde für die Ernährung verwendet. Verkürzt gesagt stellte Lyssenko die legitime Frage nach der gesetzmäßigen Beeinflussung von Erbanlagen durch Umweltbedingungen, was den von Charles Darwin (1809–1882) entdeckten Naturgesetzen widersprach. Lyssenko's produktive Ideen verkamen unter den Bedingungen einer bürokratischen Kommandowirtschaft zum dogmatischen „Lyssenkoismus", der mit administrativen Maßnahmen durchgesetzt wurde. Daran war auch der Altösterreicher Arnošt Kolman (1892–1979) beteiligt.[8] Ein tragisches Opfer dieses dogmatischen Wissenschaftsmonopols war der Pflanzenzüchter und Sammler Nikolai Iwanowitsch Wawilow (1887–1943), der noch 1932 auf dem VI. Internationalen Kongress für Genetik in Ithaka über das Thema *Der Evolutionsvorgang in kultivierten Pflanzen* auf Grund der globalen Expeditionen des sowjetischen Instituts für angewandte Botanik mit internationalem Beifall referiert hatte. Auch unter kapitalistischen Bedingungen können in krisenhaften Perioden wissenschaftliche Hochstapler – das erläutert Georg Lukács (1885–1971) – Einfluss gewinnen, insgesamt und auf Dauer können sie aber keine maßgebliche Monopolstellung erlangen, weil eine solche die instrumentelle Funktionsfähigkeit der kapitalistischen Gesellschaft lähmen würde. In der sozialistischen Planwirtschaft gab es, wie heute offenkundig ist, keine hinreichenden Korrekturmechanismen gegen wissenschaftliche Pseudotheorien.

Die KPÖ tat, obschon dazu nicht gezwungen, mit ihrem Funktionärsapparat bei vom Apparat der KPdSU zu verantwortenden Fehlentwicklungen einfach mit. Der einflussreiche Volksstimme Redakteur Jenoe Kostmann (1906–1993) äußerte sich gegenüber Broda, der es abgelehnt hatte, einen Artikel für den Scharlatan G. M. Boschjan zu schreiben, so: *„Was für die Sowjetunion gut genug ist, wird auch für den Genossen Broda gut genug sein".* Solche angestellten Funktionäre gab es in der KPÖ zuhauf, sie delegierten das Denken in die Sowjetunion, zum Schaden der Sowjetunion und der eigenen Partei. Eine Folge dieser Herangehensweise war, dass sich Broda und andere Wissenschaftler, die solidarisch zu den sozialistischen Ländern waren, vom Parteileben der KPÖ zurückzogen. Diese Wissenschaftler blieben Kommunisten und sie verfolgten die Entwicklung in der Sowjetunion mit großer solidarischer Aufmerksamkeit. Der Krieg war an der Sowjetwissenschaft nicht ohne tiefe Spuren vorüber gegangen und hat enorme Widersprüche entstehen lassen. Nach dem Überfall Deutschlands auf die Sowjetunion musste mitsamt der Industrie die Akademie der Wissenschaften nach Osten „umgeleitet" werden. Die ungeheueren Verluste der Sowjetunion im Kampf gegen die Hitlerwehrmacht und der nach Beendigung des Krieges rasch einsetzende Kalte Krieg sowie die atomare Bedrohung durch den US-Imperialismus waren nachhaltig. Kommunistische Wissenschaftler konnten sich erklären, weshalb diese historische Situation in der Sowjetunion defensive Positionen in allen Bereichen des Lebens, so eben auch in der Wissenschaft heranreifen hatte lassen. Aber wie sollten diese überwunden werden? Obschon die Sowjetregierung mit der 1949 bis 1953 errichteten, nach dem Universalgelehrten Michail Wassiljewitsch Lomonossow (1711–1765) benannte Universität auf den Lenin Bergen bei Moskau ihre Wertschätzung der Wissenschaft gegenüber sichtbaren Ausdruck gegeben hat und am 4. Oktober 1957 mit dem Sputnik Satelliten einen spektakulären Erfolg erzielte, machten sie sich Sorgen über Stagnationserscheinungen in vielen Bereichen. Der 1957 eingeleitete Bau des Wissenschaftszentrums Akademgorodok bei Novosibirsk wurde nicht nur als qualitative Konzentrierung von Spitzenwissenschaftern eingeschätzt, sondern auch als eine langfristig schädliche Gettoisierung der wissenschaftlichen Intelligenz. So wie das verfügbare menschliche Wissen nie in seiner Gesamtheit bei einem Einzelnen sich konzentrieren lässt, so muss die Forschung dezentral betrieben werden, um für die Gesellschaft als ganzes genutzt werden zu können.

1958 (Februar und März) veröffentlichte Broda, der 1957 in Weg und Ziel *einige Probleme der sowjetischen Biologie"* besprochen hat,[9] im Wiener Tagebuch zwei Artikel über die Sowjetbiologie ("Lyssenko – Der Geist und der Buchstabe" und "Genetik – Vererbung erworbener Eigenschaften").[10] Anlass war ein Artikel von Hollitscher über seine Eindrücke während einer Studien- und Vortragsreise in die Sowjetunion. Hollitscher hat sich dabei aus reiner Parteidisziplin an die Anhänger von Lyssenko gehalten und deren Meinung wiedergegeben. Das war von Hollitscher purer Opportunismus, weil er es als qualifizierter Biologe besser wusste. Er hat Wilhelm Frank und anderen Mittelschülern und Studenten aus dem Umfeld des Wiener Kreises schon 1936 über die faschistischen Rassentheorien die wissenschaftlichen Grundlagen der Erblehre ausführlich erörtert. TS äußerte sich öffentlich zu diesen Problemen, die ihn brennend interessieren mussten, nicht. Broda hoffte, dass durch die Beseitigung des Personenkultes, der eine Facette der patriotischen und emotionalen Seite der sowjetischen Gelehrtentätigkeit widerspiegelt, die Freiheit der Diskussion wiederhergestellt sei. Diese Hoffnung erfüllte sich in der gewünschten Dimension nicht, was sich in der ignoranten Herangehensweise des Parteiapparats an die Auswirkungen der wissenschaftlich-technischen Entwicklung auf das gesamte gesellschaftliche Leben einschließlich der Partei selbst zeigen sollte.

Die Ergebnisse der wissenschaftlich-technischen Revolution wurden, das war offenkundig, nicht im Interesse der ganzen Gesellschaft genutzt, vielmehr profitierte nur ein kleiner Teil der Gesellschaft davon. Fest stand, dass sich durch die wissenschaftlich-technische Revolution mannigfaltige alternative Entwicklungsmöglichkeiten ergaben. Ob diese Entwicklung im Interesse der Menschen sein würde, musste davon abhängen, ob privatkapitalistische Interessen zurückgedrängt werden können. Der Prozess der wissenschaftlich-technischen Revolution war kein isolierter, sondern mit der sozialen Struktur der ganzen Gesellschaft wie mit der sozialpolitischen Weltlage untrennbar verknüpft. Der Prozess der Vergesellschaftung der Produktion beschleunigte sich rapide, die Integration aller menschlichen Tätigkeit wurde auf eine neue Stufe gehoben. Dem standen die Produktionsverhältnisse entgegen, bei denen das Privateigentum an den Produktionsmitteln weiterhin bestimmend ist. Kommunisten hatten reale Anhaltspunkte, dass die wissenschaftlich-technische Entwicklung einen starken Druck zur Überwindung des Kapitalismus ausüben könnte – für eine durch die Vergesellschaftung allen Mitgliedern der Gesellschaft dienende Form der Wechselbeziehungen der Menschen, für den Sozialismus. Aber es gab dazu eben auch Alternativen. Der Parteiapparat, der seine Politik auf zwei, drei Jahre hinaus plante, kam nicht mehr umhin, jenen neuen Faktoren in der parteilichen Tätigkeit irgendwie Rechnung zu tragen.

1957 hatten sich aus KPÖ Mitgliedern eine politisch völlig unabhängige und autonome Arbeitsgemeinschaft „*Probleme der wissenschaftlich-technischen Revolution*" und deren Auswirkungen eingerichtet. Zuerst war Friedl Fürnberg Parteiverantwortlicher, dann Fred Margulies. Wilhelm Frank, Hans Friedmann, Robert Rosner und TS beteiligten sich von Anfang. Die bescheidene organisatorische Unterstützung durch die Partei wurde von dieser wieder schrittweise abgebaut. Es kam aber doch, um die Basis des Wissens zu verbreitern, zu Vortragsveranstaltungen. Margulies hielt dann als Parteiverantwortlicher seine Zusagen ebenso nicht ein wie Fürnberg, Frank beendete ausdrücklich wegen der nicht eingehaltenen Zusagen von Margulies und Resultatlosigkeit seine Mitarbeit, die Arbeitsgemeinschaft löste sich im April 1966 ohne viel Resonanz auf. Im selben Monat publizierte Frank in *Weg und Ziel* noch einen vom Parteiapparat allerdings kaum zur Kenntnis genommenen Artikel über „*Wissenschaft und Arbeiterbewegung*", indem er resümiert, dass die Arbeiterbewegung ihre Begegnung mit den Trägern der Wissenschaft nicht dem Zufall überlassen könne, sondern systematisch pflegen müsse.[11] Als ungelöstes Problem benennt Frank, der sich schon als Mittelschüler unter dem Einfluss von Mitgliedern des Wiener Kreises für mathematische Logik zu interessieren begonnen hat, die Verbreitung der Ergebnisse des wissenschaftlichen Fortschritts. Das gilt auch in der Gegenwart: „*Es kann nicht die Absicht sein, alle Menschen auf allen Gebieten zu Fachleuten zu machen – aber es soll sich bei der Verbreitung der Forschungsresultate auch nicht um oberflächliche, am Wesen der Sache vorbeigehende Popularisierungen handeln, sondern um eine echte Vermehrung an positivem Wissen, das zu selbständiger Urteilsbildung befähigt und damit kulturell bereichert*".[12] Auf ihrem 19. Parteitag (27. bis 30. Mai 1965) hatte die KPÖ keine klare Linien deutlich gemacht, Franz Muhri als Nachfolger von Johann Koplenig war in seinem ganzen persönlichen Verhalten ein Kompromiss, das von Friedl Fürnberg und Franz Muhri bemühte „Neubeginnen" der KPÖ wurde von Ernst Fischer ignoriert, er nahm Beschlüsse der Partei nicht zur Kenntnis und stellte in den Medien von diesen gerne aufgegriffene antimarxistische Positionen als wahre marxistische Positionen dar. Die Zukunft liege, so Fischer, in den Händen der Intelligenz.[13]

Am 24. Oktober 1967 konstituierte sich innerhalb der KPÖ eine neue Arbeitsgruppe „Partei und Wissenschaft", ihr gehörten Max Eckstein, Ernst Fridrich, Walter Hollitscher, Gustav Keyl, Alois Kihs, Johann Margulies, Fritz Minich, Max Schneider, TS und Ernst Zehetbauer an. Vorsitzender war Peter Zottl, Schriftführer Alois Kihs. Leopold Grünwald und andere wie Fritz Mautner, Robert Bondy, Franz Hager und Franz Marek stießen später dazu. Das Programm, das sich der Arbeitskreis unter dem Vorsitz von TS gab, war seriös, konnte aber wegen der politischen Widersprüche nicht durchgehalten werden: „Es kommt darauf an, jene Dinge und Veränderungen festzuhalten, die geeignet sind, unseren Genossen eine Orientierung zu vermitteln. Wir haben die entsprechend qualifizierten Genossen, die uns in die Lage versetzen, nicht zu bescheiden bei dieser Arbeit zu sein und doch wissenschaftlich vorzugehen". TS, der in der Chemie ein sehr zeitintensives Arbeitsprogramm hatte und auf den sich die Friedensbewegung stützte, musste allerdings auf der zweiten Beratung der Arbeitsgruppe im November 1967 wegen Arbeitsüberlastung vom Vorsitz wieder zurücktreten. Vielleicht hat er die Hoffnung gehabt, dass die Partei in dieser speziellen Frage durch Bruderparteien der sozialistischen Länder eine Anleitung erhält. Franz Marek übernahm den Interimsvorsitz, die Mehrheit des Arbeitskreises benützte die mit der wissenschaftlich-technischen Revolution einher gehenden Fragestellung, um mit dieser bürgerliche Anschauungen in die Kommunistische Partei hineinzutragen. Da von Anfang an in solchen Arbeitsgruppen der Keim der Bürokratisierung liegt, war es Mitgliedern des Apparats möglich, die Richtung vorzugeben. Insgesamt gelang es nicht, die Begegnung zwischen der von der Kommunistischen Partei vertretenen Arbeiterbewegung und der Wissenschaft, so notwendig sie gewesen wäre, irgendwie zu steigern. Eine vermittelnde Rolle von Seiten der Gewerkschaftlichen Einheit im Österreichischen Gewerkschaftsbund kam nur sporadisch zustande.

Der erfahrene Gewerkschaftler Leopold Hornik (1900–1976) klagte auf dem 20. Parteitag (3. bis 6. Jänner 1969): „Wir sind auf dem ideologischen Gebiet, vor allem was die Auseinandersetzungen mit den bürgerlichen Ideologien betrifft, sehr im Rückstand. Wir haben vor allem ideologisch die Probleme nicht bewältigt, die sich aus der wissenschaftlich-technischen Revolution ergeben". Ernst Wimmer war das Problem deutlich, für ihn war das Bündnis zwischen Arbeiterklasse und fortschrittlicher Intelligenz unentbehrlich für den Kampf gegen das Monopolkapital und für die Befreiung wichtiger intellektueller Bereiche von der Diktatur des Profitgesetzes.

Leopold Grünwald hatte aufgrund seiner Kontakte in die Tschechoslowakei von dort spezifische Unterlagen über „Perspektiven der wissenschaftlich-technischen Revolution" für den Arbeitskreis „Wissenschaft und Partei" organisiert. In einer Studie von 28 marxistischen Wissenschaftlern der CSSR, die vom Parteitag der Kommunistischen Partei der CSSR im Mai 1966 gebilligt worden war, heißt es, dass „*die Führungsmethode der Partei immer mehr einen wissenschaftlichen Charakter annehmen und die alten machtpolitischen Methoden überwunden werden müssen*". Von der Sicherung der Arbeitermacht war in diesen Papieren nicht mehr die Rede. Vielmehr wurden in der Kritik an den Stalinschen Gesetzen der planmäßigen, proportionellen Entwicklung, die den Planungsorganen die Möglichkeit geben sollte, richtig zu planen, falsche Einschätzungen der kapitalistischen Entwicklung abgeleitet: „*Die Erkenntnis aus dem Wachstum der kapitalistischen Wirtschaft, dass ihre Triebkraft die Anwendung der Wissenschaft geworden ist, wurde als ‚unmarxistisch' und ‚idealistisch' abgetan. Das dynamische Element der ganzen Nachkriegsentwicklung des Kapitalismus, das in der geistigen Arbeit liegt, wurde ignoriert*". Der Einwand von marxistischen Wissenschaftlern wie TS, die Wissenschaft und Technik nicht kultisch betrachten, sondern als die eigentliche Triebkraft der kapitalistischen Wirtschaft den Profit erkennen, es also keine lineare Verbindung zwischen der wissenschaftlich-technischen Revolution und dem gesellschaftlichen Fortschritt gibt, wurde von solchen Funktionären ignoriert.

Nach dem von Grünwald zitierten Radovan Richta (1924–1983) vom Philosophischen Institut der Akademie der Wissenschaften in Prag sollte die führende Rolle der Partei immer mehr bedeuten, der Wissenschaft den Weg zu öffnen. Dadurch käme es zu keinen subjektivistischen Entscheidungen, sondern die Entscheidungen würden auf wissenschaftliche Grundlage gestellt werden, eine möglichst genaue Analyse sei notwendig, was eine bestimmte Maßnahme erreiche. Richta knüpft an ein Grundprinzip des Marxismus-Leninismus an, zu dessen Merkmalen es gehört, dass er „*strenge und höchste Wissenschaftlichkeit mit revolutionärem Geist vereint, und zwar nicht zufällig[…], sondern […] innerlich und unzertrennbar vereint*".[14] Die wissenschaftlichen Aktivitäten sind, so wie das auch Ilya Prigogine (1917–2003)[15] formuliert hat, in die Gesellschaft zu integrieren. Die einleuchtende Erkenntnis des „standhaften proletarischen Internationalisten und treuen Marxisten-Leninisten" Richta[16] wurde von jenen in der Kommunistischen Partei absichtlich missverstanden und reaktionär verwendet, die für deren Rückzug aus dem gesellschaftlichen Prozess eintraten. Die Erfordernisse der Politik, selbst wenn diese noch so sehr durch wissenschaftliche Analyse begründet sind, sind aber nicht identisch mit wissenschaftlichen Aussagen, auch wenn sie im Idealfall aus diesen mehr oder weniger abgeleitet werden können. Für TS war die humane Gestaltung des wissenschaftlich-technischen Fortschritts im übrigen unlösbar mit den gesellschaftlichen Produktionsverhältnissen verknüpft, weil die Wissenschaften insgesamt in das jeweilige sozialökonomische System, welches eben in der Gegenwart entweder ein imperialistisches oder sozialistisches ist, integriert sind. Die Wissenschaften werden unter den gegebenen gesellschaftlichen Bedingungen und politischen Herrschaftsverhältnissen modifiziert und durch ökonomische, politische und ideologische Einflüsse inhaltlich strukturiert.[17] Erst in der sozialistischen Gesellschaft würden, das war die Meinung von TS, die wissenschaftlich-technischen Errungenschaften sich voll entfalten können, im Interesse und zum Nutzen aller Menschen.[18] Die Gegenwart macht im übrigen sehr deutlich, dass mit jedem Tag der Teil der Menschheit wächst, der außerhalb des Produktionsprozesses und der Anwendung der wissenschaftlich technischen Erkenntnisse steht.[19]

TS sprach auf dem *Parteitag am 5. Jänner 1969* über die Auswirkungen der wissenschaftlich-technischen Revolution auf Kommunistische Parteien. Er hat die in deutscher Sprache vorliegenden Beiträge zu einer Anfang April 1968 abgehaltenen tschechoslowakischen Konferenz *„Der Mensch und die Gesellschaft in der wissenschaftlich-technischen Revolution"* genau studiert. Die tschechoslowakischen Wissenschaftler hatte in den sozialistischen Ländern großes Ansehen. 1973 wurde von Wissenschaftlern der UdSSR und der ČSSR ein Gemeinschaftswerk über *„Die wissenschaftlich-technische Revolution und der Sozialismus"* herausgegeben.[20] TS ging davon aus, dass die Politik der Partei vom wissenschaftlichen Denken beeinflusst werden muss und nicht umgekehrt:[21]

In den Industriestaaten hat in den letzten Jahren ein schneller Vormarsch von Naturwissenschaft und Technik eingesetzt, der Auswirkungen auf viele Seiten des gesellschaftlichen Lebens und die Lebensweise des einzelnen hat. Das immer stärkere Eindringen der Wissenschaft in die Produktion hat zu einer neuen Dynamik in der Entwicklung der Produktivkräfte geführt. Eine vielschichtige

Verflechtung wissenschaftlicher Forschungstätigkeit mit der Produktion und mit allen Gebieten des gesellschaftlichen Lebens bildet sich heraus. Mit Recht wird heute von einer wissenschaftlich-technischen Revolution gesprochen.

In mehreren kommunistischen Parteien beziehungsweise den wissenschaftlichen Institutionen sozialistischer Länder wird den Problemen der wissenschaftlich-technischen Revolution große Aufmerksamkeit gewidmet. Es ist sehr zu begrüßen, dass auch in unserer Partei vor etwa anderthalb Jahren ein Arbeitskreis für diese Probleme geschaffen wurde. Etwa 50 Genossen haben an den Arbeiten dieses Kreises teilgenommen. Von diesem Arbeitskreis liegt dem Parteitag ein für die Diskussion bestimmtes Material vor, über das Genosse Fred Margulies gestern referiert hat.

Ich bin der Ansicht, dass dieses Material wohl viele interessante Darlegungen und richtige Einschätzungen enthält, in wichtigen Punkten aber ernste Mängel aufweist, die seinen Wert als Grundlage für die Erörterung der Probleme der wissenschaftlich-technischen Revolution in unserer Partei, in den verschiedenen Parteiorganisationen in Frage stellen.

Diese Mängel sind nicht zuletzt eine Folge der Arbeitsmethoden, die bei der Abfassung des Materials angewendet wurden. Nachdem im Juni dieses Jahres aus dem Arbeitskreis ein Redaktionskomitee zur Ausarbeitung eines derartigen Materials gebildet worden war, wurde den Mitgliedern des Arbeitskreises Ende Oktober brieflich mitgeteilt, dass die einzelnen Kapitel nach Fertigstellung allen Mitgliedern zur Stellungnahme zugehen würden und dass das gesamte Material Anfang Dezember bei einer Plenartagung des Arbeitskreises ausführlich diskutiert und beschlossen werden würde. Nichts dergleichen geschah. Erst nach Weihnachten erhielten wir, die Mitglieder des Arbeitskreises, das Material in der bereits für Verteilung auf dem Parteitag abgezogenen Form. Obwohl vergangenen Montag doch noch eine Zusammenkunft des Arbeitskreises stattfand, war es natürlich nicht mehr möglich, das Material ernstlich zu diskutieren oder irgendwelche Abänderungen vorzunehmen. Ich sehe darin eine sehr undemokratische Vorgangsweise. Dabei geht es mir nicht um die Einhaltung irgendwelcher formaler Regeln. Aber die Partei braucht bei einer so komplexen Materie die Mitwirkung aller qualifizierten Genossen. Dass es unter ihnen zu verschiedenen Punkten unterschiedliche Auffassungen geben wird, ist selbstverständlich.

Die sich daraus ergebene Diskussion kann, wenn sie sachlich geführt wird, nur zur Vertiefung des Einblicks führen. Stattdessen wurde das Material in einem kleinen Redaktionskomitee ausgearbeitet, in dem Genosse Margulies federführend war, und man hat auf die Mitberatung des doch eigentlich für diesen Zweck geschaffenen Arbeitskreises verzichtet.

Ich möchte andeuten, worin ich die Hauptmängel des dem Parteitag vorgelegten Materials über die wissenschaftlich-technische Revolution sehe. Das geschieht nicht, um den Eindruck zu erwecken, dass etwa die ganze Themenstellung unrichtig ist oder daß alle Thesen abzulehnen sind. Es geschieht, damit die Genossen, die das Material nun studieren werden, wissen, dass es auch bei Mitarbeitern des Arbeitskreises ernste Kritik an verschiedenen Teilen des Materials gibt. Zunächst die Frage der Entwicklung der Demokratie. Hier wird sehr stark die Notwendigkeit betont, Formen der direkten Demokratie durchzusetzen, die unmittelbare Selbstverwaltung der Menschen in ihrem Lebensbereich, im Rahmen kleiner Gemeinschaften. Gewiss eine richtige Forderung, besonders in Österreich, wo aus der Monarchie übernommene politische Formen noch eine große Rolle spielen. Aber die Forderung nach direkter Demokratie ergibt sich nicht im besonderen aus der wissenschaftlich-technischen Revolution. Vor allem aber wird im Material nichts über die Formen der Wirtschaftslenkung gesagt, die auf Grund der Entwicklung der wissenschaftlich-technischen Revolution angestrebt werden sollen. Dadurch entsteht der Eindruck, dass die Einführung direkter demokratischer Entscheidungen in kleinen Wirtschaftseinheiten die wichtigste Maßnahme ist. Auf die Notwendigkeit zentraler Planung wird nicht eingegangen, obwohl zentrale Planung in dieser Zeit der wissenschaftlich-technischen Revolution immer notwendiger wird. In der zentralen Planung sozialistischer Länder hat es gewiss ernste Mängel gegeben, ungenügende Elastizität und ungenügende Entfaltungsmöglichkeit für die Initiative in einzelnen Produktionseinheiten. Aber wenn wir klarmachen wollen, dass die wissenschaftlich-technische Revolution nur in einer sozialistische Gesellschaftsordnung voll zum Nutzen der Menschen entfaltet werden kann, so müssen wir aufzeigen, dass die neue Dynamik der Produktivkräfte eine zentrale Planung und Leitung erforderlich macht, eine moderne Planung und Leitung unter Ausnutzung der neuen ökonomischen Erkenntnisse und mit gleichzeitiger Entfaltung der Eigeninitiative bei den einzelnen Produktionseinheiten. In den kapitalistischen Ländern werden die Bemühungen um Wirtschaftsplanung verstärkt. Es geht darum, zu zeigen, dass diese Bemühungen an die Schranken des kapitalistischen Systems stoßen müssen, gerade unter den Bedingungen der wissenschaftlich-technischen Revolution.

Auch in den Kämpfen um Strukturreformen im Kapitalismus kommt der Forderung nach Wirtschaftsplanung auf Teilgebieten, zum Beispiel von Energieplänen, große Bedeutung zu. Die Betrachtung der Entwicklung der wissenschaftlich-technischen Revolution kann uns dazu verhelfen, die Bereiche zu erkennen, in denen der Kampf um Wirtschaftsplanung zu führen ist.

Die wissenschaftlich-technische Revolution reicht weit über die produktionstechnischen und wirtschaftlichen Fragen hinaus und hat Auswirkungen auf alle Aspekte des gesellschaftlichen Lebens. In diesem Komplex kommt aber den ökonomischen Problemen eine sehr wichtige, eine zentrale Stellung zu. Im vorgelegten Material findet das jedoch keinen Ausdruck.

Unbefriedigend scheint mir auch, was über die individuelle Entwicklung des Menschen, über die persönliche Selbstentfaltung, ausgesagt wird.

Hier heißt es an einer Stelle: „Das Streben nach persönlicher Selbstentfaltung nimmt zu, in dem Maße, in dem die Befriedigung materieller Bedürfnisse Körper und Geist für höhere Interessen frei machen". Man hat den Eindruck, dass die persönliche Selbstentfaltung hier als etwas angesehen wird, was von der Arbeitstätigkeit des einzelnen und von den gesamtgesellschaftlichen Prozessen losgelöst ist. Die höheren Interessen werden nicht – wie das eigentlich sein müsste – mit einem zunehmenden gesellschaftlichen Bewusstsein in Beziehung gebracht.

Problematisch ist der Abschnitt über die Entwicklung der Wissenschaft zur Produktivkraft. Hier sind eine Reihe von Tatsachen unrichtig, und die ganze Darstellung ist so kompliziert, dass viele Menschen das Gefühl bekommen müssen, die Probleme sind so schwierig, dass man sie ohnehin nicht begreifen kann.

Sehr erschwert wird die Diskussion des Materials durch die Einbeziehung von Fragen, die mit der wissenschaftlich-technischen Revolution kaum etwas zu tun haben. In die Einleitung wurde eine Stellungnahme zur tschechoslowakischen Frage eingebaut, an anderer Stelle wird zur Politik der Partei festgestellt, dass allgemeine

Formeln, wie „führende Rolle der Arbeiterklasse", „demokratischer Zentralismus", uns keinen Schritt weiterbringen und dass heute das Problem in der Verwirklichung allgemeiner Feststellungen besteht. Diese Notwendigkeit ist gewiss nicht erst jetzt durch die wissenschaftlich-technische Revolution neu entstanden. Es ist sicherlich notwendig, die starre Verwendung allgemeiner Formeln und eine unrichtige oder nicht genügend differenzierte Politik, die aus solchen Formeln abgeleitet wird, zu kritisieren. Eine solche Kritik muss konkret sein, soll weiterhelfen. Das fehlt im vorgelegten Material, und man bekommt daher den Eindruck, dass hier zur Initiierung einer alles umfassenden unsachlichen Kritik beigetragen werden soll.

Damit in der Partei die unmittelbare Notwendigkeit verstanden wird, sich mit den Fragen der wissenschaftlich-technischen Revolution zu beschäftigen, muss man die Bedeutung für die Aufgabenstellungen der Partei deutlich herausarbeiten. Dabei geht es nicht um ein Detailprogramm. Es geht darum, zu zeigen, dass wir den Prozess der wissenschaftlich-technischen Revolution verstehen müssen, um unsere Politik entsprechend den drei Hauptaufgabenstellungen zu entfalten:

Für den Kampf um den Sozialismus ist es von entscheidender Bedeutung, zu zeigen, dass die Monopole die Anwendung des wissenschaftlichen und technischen Fortschritts zum Wohl der Menschen unterbinden, dass es heute im Kapitalismus unter den Bedingungen der wissenschaftlich-technischen Revolution Widersprüche gibt, die deutlich machen, dass dieses Gesellschaftssystem historisch überholt ist.

Für den Kampf um Etappenziele, um Strukturreformen, brauchen wir Einblick in die wissenschaftlich-technische Revolution, um zu erkennen, welches die entscheidenden Fragen sind, auf welchen Gebieten der Kampf um Wirtschaftsplanung geführt werden kann, wie die Forderung nach Mitbestimmung am besten geltend gemacht werden kann.

Auch für den tagespolitischen Kampf gilt, dass wir in vielen wichtigen Fragen – so zum Beispiel bei den Schul- und Bildungsproblemen, bei der Stadt- und Raumplanung, in der Wirtschaftspolitik – nur richtig auftreten können, wenn wir die Zusammenhänge mit der wissenschaftlich-technischen Revolution verstehen.

Ich bin der Meinung, dass das neugewählte Zentralkomitee die bisherige Tätigkeit des Arbeitskreises über die wissenschaftlich-technische Revolution kritisch bewerten und, davon ausgehend, für die Weiterführung der Arbeit Beschlüsse fassen soll, die einen echten, offenen Meinungsaustausch ermöglichen und damit zugleich die Basis für gemeinsames, einheitliches Wirken der Partei auf diesem wichtigen Gebiet schaffen.

VII. 2. Beteiligung an der Theoretischen Konferenz der KPÖ 1970. Lösungsansätze für Fragen des Verhältnisses von Wissenschaft und Gesellschaft

Der Arbeitskreis *Wissenschaftlich-technische Revolution* war am 13. Oktober 1969 nochmals zusammengetreten, mit Karl Flanner, Gold, Kihs, Fred Margulies, Fritz Mautner und Spira. TS ging vorzeitig, er sah, dass mit den schon geschehenen Austritten und noch zu erwartenden nichts mehr möglich war. Scharf schrieb am 8. Jänner 1970 dem Arbeitskreis quasi einen freundlichen Abschiedsbrief, das Zentralkomitee hätte infolge der schwierigen inneren Probleme dieser Arbeit nicht die notwendige Aufmerksamkeit schenken können, nach den Nationalratswahlen wolle man Möglichkeiten prüfen, die Funktionsfähigkeit des Arbeitskreises wieder herzustellen. Das war bürokratisch, Scharf wusste allerdings, dass Margulies auf seinen Ausschluss aus der Partei ungeduldig wartete.

Mit den Wahlen am 1. März 1970 erlangte die Sozialistischen Partei Österreichs mit Bruno Kreisky überraschend die relative Mehrheit und konnte mit Duldung der von Friedrich Peter (1921–2005), der von den Verbrechen seiner SS Kameraden nichts gewusst haben wollte, geführten Freiheitlichen Partei Österreichs eine Minderheitsregierung bilden. Bei den Wahlen am 10. Oktober 1971 errang die Sozialistische Partei dann die absolute Mehrheit. Die Kommunistische Partei musste ihre Position zur Sozialistischen Partei als Regierungspartei neu überdenken und rief dazu in den Saal der Niederösterreichischen Kammer für Arbeiter und Angestellte in Wien am 25./26. April 1970 eine Theoretische Konferenz ein.[22] Erwin Scharf präsidierte die Veranstaltung und leitete mit einem Referat „Was bedeutet die Beteiligung sozialdemokratischer

Parteien an Regierungen bürgerlicher Staaten vom Standpunkt des Kampfes um den Sozialismus" ein. Kurzreferate hielten der Chefredakteur der „Marxistischen Blätter" und Mitbegründer der DKP Max Schäfer (1913–1986) sowie der Redakteur der Hefte des Instituts Maurice Thorez in Frankreich Jean Gacon. Die Einschätzungen von TS, markant und im sprachlichen Ausdruck direkt, zeigen von seinen vielen Erfahrungen und Kenntnissen:[23]

Entscheidender Faktor der neuen politischen Situation, die mit dem Wahlausgang vom 1. März und der Bildung der SP-Regierung entstanden ist, sind die Erwartungen der Wähler der SPÖ. Sie erwarten, daß zumindest einige Punkte des SPÖ-Wahlprogramms erfüllt werden. So ergeben sich Aussichten, daß die Änderung des Kräfteverhältnisses in Parlament und Regierung der Arbeiterschaft die Möglichkeit erfolgreicher Aktionen im gewerkschaftlichen und innerbetrieblichen Kampf bewusst machen wird. In der kommenden Periode kann es also um verschiedene politische und wirtschaftliche Fragen, um Lebensfragen der Arbeiterschaft zu härteren Auseinandersetzungen kommen. An ihnen mitzuwirken, sie zu initiieren, für die Einheit in der Aktion zu wirken, das sind die wichtigsten Aufgaben, vor denen die Kommunisten heute stehen.

Über die Absichten der SP-Führung und der SP-Regierung dürfen wir uns keinen Illusionen hingeben. Wir betonen: An der sozial-ökonomischen Struktur Österreichs hat sich nichts geändert und wird sich auch in nächster Zeit nichts Grundsätzliches ändern. Was die konkrete Politik der SP-Regierung betrifft, so mehren sich die Anzeichen, daß die SP-Führung hofft, ihre Regierung abzusichern, die Lebensdauer dieser Regierung möglichst zu verlängern durch ein Zusammenwirken mit einflussreichen Kreisen der Bourgeoisie, nämlich mit der kapitalstärksten Gruppe, mit den Großindustriellen. Es war überraschend, als schon wenige Tage nach der Wahl Zeitungen der SPÖ über einen Artikel im Organ des Industriellenverbandes berichtet haben, in dem – laut Grazer *„Neuen Zeit"* (vom 10. März 1970) – von einer Regierung unter SP-Führung *„Schwung und klare Zielsetzungen, die Schaffung von Voraussetzungen für den Anschluss an den Standard der westlichen Industriestaaten"* erwartet werden. Dieses Bild von den Intentionen der SP wird nun durch Meldungen über Maßnahmen verstärkt, die die SPÖ plant. Unter der Schirmherrschaft der Regierung soll sich das Privatkapital in viel stärkerem Maße in den Wohnungsbau einschalten als bisher. Milliarden Schillinge soll das Privatkapital in den Wohnbau investieren. Weder ein SP-Minister noch irgend jemand anderer hat versucht, zu behaupten, daß diese Investitionen aus Wohltätigkeitsgründen erfolgen sollen und daß für diese Investitionen nicht hohe Zinsen zu bezahlen sein werden. Offenbar hofft man, maßgebende Vertreter der Hochfinanz zu überzeugen, daß ein solches Wohnbaukonzept in ihrem Interesse sein wird.

Die SP bietet sich also der Großbourgeoisie als verlässlicher Helfer bei der Modernisierung der Wirtschaft an, das heißt, beim Vorantreiben des wirtschaftlichen Konzentrationsprozesses, bei der weiteren Bereicherung der Großen auf Kosten der Kleinen. Die VP-Politik hat versucht, es allen Gruppen der Bourgeoisie recht zu tun. Dazu mußte sie zwischen verschiedenen Gruppen vermitteln, die Politik der VP-Regierung mußte durch einen Ausgleich zwischen den Sonderinteressen der Sektoren der Bourgeoisie erstellt werden. Es ist offensichtlich, daß dabei die Interessen des Großkapitals öfter nicht so zum Zug gekommen sind, wie sich das die Hochfinanz wünscht. Eine Regierungspolitik, die Interessen der kleineren Besitzenden auf die Seite schiebt und dadurch den schnelleren Vormarsch der Hochfinanz sichert, wäre gewiss im Interesse des Industriellenverbandes. Aus diesem Gesichtswinkel werden die Erklärungen des Industriellenverbandes und die Stellungnahme von SPÖ-Zeitungen dazu verständlich.

Es ist nicht auszuschließen, daß sich bei einem solchen Zusammenwirken von Großindustrie und SP-Regierung durch Zurückdrängen des Zwischenhandels und durch verstärkte Liquidierung kleinerer, weniger wirtschaftlicher Erzeugungsstätten auch manchmal Verbilligungen und dadurch bestimmte Vorteile für die breite Masse der Bevölkerung ergeben. Wer aber Hauptnutznießer solcher Kooperation sein würde, unterliegt natürlich keinem Zweifel. Die in- und ausländischen Großindustriellen könnten den Konzentrationsprozess des Kapitals in Österreich stark vorantreiben und damit ihre Position festigen. Von diesen erstarkten Positionen würden sie dann nicht nur den weiteren Konkurrenzkampf mit den Kapitalschwächeren, sondern auch den Klassenkampf gegen die Arbeiterschaft führen. Das Ergebnis solchen Zusammenwirkens von SP-Regierung und Hochfinanz, dessen Zustandekommen und Bestandsdauer noch offene Fragen sind und das sich jetzt als Möglichkeit abzeichnet, kann letztlich nur die Stärkung der Positionen des Großkapitals sein. Der „modernisierte Kapitalismus à la SPÖ" würde nicht ein in den Wirtschaftsentscheidungen demokratisierter Kapitalismus sein, sondern, ganz im Gegenteil, ein Kapitalismus, in dem die wichtigsten Entscheidungen in den Händen sehr kleiner mächtiger Gruppen konzentriert sein würden.

Für viele Wähler der SPÖ wird die Bildung der SP-Regierung nicht nur zur Frage führen, welche unmittelbaren Forderungen der Arbeitenden und der Volksmassen nun erfüllt werden können, sondern auch zu bedeutend weitergehenden Überlegungen. Denn mit dem Ende der 25-jährigen Vorherrschaft der ÖVP, der angestammten Vertreterin der Bourgeoisie, mit dem Verlust der ÖVP-Mehrheit im Parlament wird zwangsläufig die Frage nach der Perspektive der Entwicklung des politischen und gesellschaftlichen Systems in Österreich gestellt. Zweifellos werden viele Wähler der SPÖ hoffen, daß es nun zu bedeutenden Veränderungen kommt: Zu einer Demokratisierung wichtiger Bereiche des öffentlichen Lebens, zu zunehmender Mitbestimmung der Arbeiterschaft, zu einem Zurückdrängen des Einflusses des Großkapitals. Ob die SP-Führung darüber erfreut ist oder nicht, die Bildung der neuen Regierung rollt diese Fragen auf und zwingt zur Stellungnahme. Es sind die Grundfragen der gesellschaftlichen Entwicklung, um die es geht.

Das bedeutet, daß es zu einer Verstärkung der ideologischen Auseinandersetzungen kommen wird. Die SP-Führung, aber auch die Massenmedien werden nicht zögern, die Unmöglichkeit tiefergehender Veränderungen der Gesellschaft zu beweisen, zu zeigen, daß solche Veränderungen nicht wünschenswert sind, daß der Wohlfahrtsstaat, das System der Sozialpartnerschaft, bereits das anzustrebende Ziel der gesellschaftlichen Entwicklung sind, daß in der Weiterentwicklung jedenfalls keine qualitativen Systemänderungen wünschenswert sind. Welche Seiten auch immer die ideologische Argumentation der SP-Führung in den Vordergrund stellen wird, sie wird gewiss Kapitalismus-Apologetik sein.

Eine Flut von Gesellschaftsanalysen, die Einzelmerkmale der wirklichen Verhältnisse verabsolutierend überbetonen, wird sich über uns ergießen: Industriegesellschaft, Konsumgesellschaft, Bildungsgesellschaft, Freizeitgesellschaft – alles Begriffe, die von den durch den Marxismus aufgedeckten Entwicklungsgesetzmäßigkeiten der

Gesellschaft ablenken sollen, vom Klassenkampf als fundamentaler Triebkraft aller bisherigen Geschichte, von den Besitzverhältnissen an den Produktionsmitteln als entscheidendem Charakteristikum für die historisch aufeinanderfolgenden Gesellschaftsordnungen.

Den ideologischen Manövern zur Verteidigung der Sozialpartnerschaft und damit der kapitalistischen Ordnung müssen wir die wissenschaftliche Kapitalismusanalyse des Marxismus, den wissenschaftlichen Sozialismus, entgegensetzen. Das ist in der nun beginnenden Periode von entscheidender Bedeutung. Nicht zuletzt aus folgender Überlegung: Wenn die mit einer SP-Regierung Unzufriedenen nichts vom wirklichen Gehalt des wissenschaftlichen Sozialismus wissen, wenn wir nicht alles uns Mögliche tun, um den Zerrbildern von der sozialistischen Gesellschaft entgegenzuwirken, mit denen die antikommunistischen Massenmedien Österreich überfluten, dann wächst die Gefahr, daß die mit der SP, mit der Sozialpartnerschaftspolitik der Gegenwart Unzufriedenen nicht auf linke Positionen, nicht zur marxistischen Arbeiterbewegung kommen, sondern sich vielleicht einem [Franz] Olah [(1910–2009)], dem alten oder einem neuen Olah, vielleicht dem ÖAAB oder vielleicht sogar der FPÖ zuwenden. Die Enttäuschten in diese Richtung zu lenken ist das bewusste Ziel der ideologischen Bemühungen der Verfechter der Sozialpartnerschaft.

Hier wurde mit Absicht der wissenschaftliche Charakter der marxistischen Theorie unterstrichen. Denn die Auseinandersetzung mit der Sozialpartnerschaftsideologie macht es notwendig, gleichzeitig gegen die opportunistischen Entstellungen unserer gesellschaftlichen Zielvorstellungen anzukämpfen. Das ist gerade jetzt zu betonen, wo wir die Herausbildung einer neuen Situation für die Entwicklung von Klassenkämpfen für möglich halten. Unsere Position in den ideologischen Auseinandersetzungen kann nicht aus taktischen Überlegungen in Verbindung mit den Kämpfen der Arbeiterklasse um ihre aktuellen Forderungen abgeleitet werden. Etwas anders ausgedrückt: Das, was wir über die kapitalistische Ordnung und über den Sozialismus sagen, kann nicht davon abhängig sein, ob wir glauben, damit bei jenen „gut anzukommen", mit denen wir gemeinsam für Tagesforderungen oder auch weitergehende, aber im Rahmen des kapitalistischen Systems verbleibende Änderungen kämpfen. Einheitliche Aktionen – das bedeutet durchaus nicht immer gemeinsame ideologische Positionen.

Die Propagierung des Sozialismus ist heute nicht leicht. Vor allem deshalb, weil durch das Ausbleiben großer Klassenauseinandersetzungen in Österreich die Widersprüche der kapitalistischen Ordnung der Arbeiterklasse nicht genügend bewusst sind, weil die Wirtschaftskonjunktur den Kapitalismus breiten Massen als akzeptabel erscheinen lässt; andererseits aber auch, weil die Entwicklung in sozialistischen Ländern trotz der Erringung von Erfolgen größter historischer Bedeutung durch viele Schwierigkeiten, durch Fehler und Deformationen gekennzeichnet ist.

Den Schwierigkeiten bei der Propagierung des Sozialismus kann unsere Partei aber nicht mit opportunistischen Wendungen ausweichen, nicht mit der Abwendung vom real bestehenden Sozialismus zu utopischen, unhistorischen Sozialismusmodellen. Eine solche Wendung zum Opportunismus führt schließlich nicht zu einem überzeugenderen und wirkungsvolleren Eintreten für die Veränderung der Gesellschaft, sondern weg von der Revolutionären Bewegung. Das zeigen die Erfahrungen unserer eigenen Partei. Von ihnen sei hier nicht die Rede, um gegen diese oder jene Person Anklage zu erheben, sondern um die Notwendigkeit aufzuzeigen, opportunistischen Anschauungen ohne Zögern entgegenzutreten.

Durch die Utopie vom „ganzen Menschen" hat Ernst Fischer versucht, ein Idealbild der menschlichen Gesellschaft im allgemeine, des Sozialismus im besonderen zu schaffen, ein Idealbild, an dem die Errungenschaften jeder sozialistischer Ordnung gemessen werden können, ein Modell, das als Bezugspunkt der Kritik am realen Sozialismus dienen könnte. Aber solche idealisierende, unhistorische Maßstäbe mögen sich für klassische Dichtungen eignen, sie müssen versagen und desorientieren, wenn es um Analyse und Beeinflussung der wirklich historischen Prozesse geht. Karl Marx und Friedrich Engels haben betont, daß die von ihnen erarbeiteten, prinzipiellen Vorstellungen vom Kommunismus nicht Erfindungen von träumenden Weltverbesserern, sondern Erkenntnis eines geschichtlichen Prozesses sind.

Jene Darstellungen der Entwicklung der sozialistischen Länder, in denen nur von Erfolgen, nicht aber von Problemen, Schwierigkeiten und Fehlern die Rede war, mögen Ausdruck unhistorischen, utopischen Denkens gewesen sein. Als sie sich im Zuge der Entwicklung als unrichtig erweisen, mussten die Kommunisten sich die Methoden viel differenzierterer Analyse erarbeiten. Ernst Fischer aber verwandelte den realen Sozialismus, den er zuerst als schon erreichte Utopie dargestellt hatte, nun in eine negative Utopie, in einen Orwellschen Alptraum, und verlegte die Utopie in eine unendlich ferne, in eine unerreichbare Zukunft. Die zuerst schon als realisiert dargestellte Utopie wurde bei ihm nun faktisch überhaupt unerreichbar.

Zum Propheten der „Utopie vom ganzen Menschen" machte Fischer keinen anderen als Karl Marx, von dem wir genau wissen, daß er seine Gesellschaftstheorie nicht als Utopie, sondern als wissenschaftliche Analyse der historischen Wirklichkeit verstanden wissen wollte. So ging Fischer daran, Marx zu „reinterpretieren". Heute, wo die große Bedeutung der Marxschen Lehre gerade auf Grund der von Lenin geleiteten Realisierung ihrer Gesellschaftsprognose weithin erkannt wird, ist „Reinterpretation" von Marx moderner als „Revision", aber dem Inhalt nach ist auch die „Reinterpretation" revisionistisch. Daß sich Marx-Gegner mit zunehmendem Sichtbarwerden der Erfolge des Marxismus in der theoretischen Analyse der Gesellschaftsprozesse und in der Verwirklichung des Sozialismus in praktischer Hinsicht immer häufiger als Marx-Anhänger ausgeben würden, hat schon Lenin vorhergesehen.

Die unhistorischen Sozialismus-Utopien mussten mit Gesetzmäßigkeit zu sich immer weiter zuspitzender Kritik am bestehenden Sozialismus führen. Vom Vergleichsmaßstab seines idealen Sozialismus ausgehend, in dem das wahre Reich des Menschen nicht in der Arbeit, nicht in der gesellschaftlichen Tätigkeit, sondern in der Freizeit, in nicht zweckorientierter Tätigkeit liegt, zog Fischer gegen die „Fanatiker der Produktionsziffern" zu Felde, also gegen die bewundernswerten Anstrengungen der sozialistischen Länder, ihren industriellen Rückstand aufzuholen, den Lebensstandard ihrer Bevölkerung zu heben und zugleich der imperialistischen Bedrohung entgegenzuwirken. Daß solche Kritik sich schließlich zum Bruch mit den Bemühungen der Kommunisten in den sozialistischen Ländern und damit der kommunistischen Bewegung überhaupt entwickeln mußte, war vorauszusehen und hätte auch ausgesprochen werden sollen.

Nehmen wir kurz ein anderes Beispiel opportunistischer Haltungen. In dem Dokument über die wissenschaftlich-technische Revolution, das unserem 20. Parteitag als Material für die Diskussion vorgelegt wurde, werden die gesellschaftlichen Prozesse ohne ausreichende Berücksichtigung ihres ökonomischen Kerns dargestellt. So treten natürlich auch die Klassenbeziehungen und die Machtverhältnisse in den Hintergrund, es kommt zu einer Verwischung der Unterschiede zwischen Kapitalismus und Sozialismus, und man hat bei manchen Abschnitten den Eindruck, ein Pamphlet für die Theorie der Konvergenz zu lesen.

Das sind Beispiele, die die Notwendigkeit klarmachen sollen, opportunistische Wendungen nicht leichtfertig zu übergehen, sondern sich mit ihnen entschieden auseinanderzusetzen.

In den kommenden ideologischen Auseinandersetzungen werden auch Fragen der Moral, der Moral der Arbeiterbewegung, eine Rolle spielen. Genosse Kalt hat in seinem Diskussionsbeitrag höchst anschaulich geschildert, wie die SP und auch der ÖGB für ihre Mandatare und Funktionäre hochbezahlte Posten und ein ganzes System von Privilegien geschaffen haben. Es wäre ein schwerer Fehler, die die großen Privilegien genießenden Funktionäre und die Mitglieder dieser Organisationen der Arbeiterbewegung in einen Topf zu werfen.

Aber wir dürfen nicht übersehen, welche große Ausdehnung das System der Privilegien auch am Arbeitsplatz und in Organisationen der Arbeiterbewegung gefunden hat. Ein System kleiner persönlicher Vorteile als Ersatz für entscheidende Lohnerhöhungen, für Besserstellung großer Gruppen der Arbeiterschaft, der Arbeiter von ganzen Betrieben oder Industriezweigen ist entstanden. Das ist bis zu einem gewissen Grad ein charakteristisches Merkmal der Entwicklung in Österreich. Die SP- und die Gewerkschaftsführung fördern diese Entwicklung im allgemeinen genauso wie dies die Unternehmer tun. Denn ein Arbeiter, dem individuelle Bevorzugung gewährt wurde oder der auf eine solche Bevorzugung hofft, wird weniger geneigt sein, gemeinsam mit seinen Klassengenossen für die Besserstellung aller zu kämpfen. Die Ausdehnung des Systems der Privilegien wird so zum Hilfsmittel der Sozialpartnerschaftspolitik, der es vor allem darum geht, entschlossene Kampfaktionen der Arbeiterschaft zu verhindern.

Der Arbeiterschaft bewusst machen, daß sie heute oft vom Kampf um ihre Interessen durch Gewährung kleiner Vorteile an einzelne oder kleine Gruppen abgelenkt wird, wird also Aufgabe der ideologischen Auseinandersetzung sein. Wir müssen zeigen, daß unser Kampf gegen die Privilegien der Politiker und Manager nicht nur um die Umverteilung von Budgetmitteln geht, sondern gegen die Korrumpierung der Politik, auch der Politik der Arbeiterbewegung, durch die zur bürgerlichen Moral gehörende persönliche Gewinnsucht, die die moralischen Prinzipien des solidarischen Klassenkampfes unterminieren soll. Von Bedeutung für diese Auseinandersetzung ist das Ansehen, das unsere Partei in dieser Hinsicht selbst bei politischen Gegnern genießt. Sogar die vor wenigen Wochen in der Sendefolge „Panorama" ausgestrahlte Fernsehsendung des ORF über unsere Partei, die sich keine Gelegenheit für Ausfälle und Verdrehungen entgehen ließ, mußte zugeben: Es ist nicht persönlicher, materieller Vorteil, der die Mitglieder und Funktionäre der KPÖ veranlasst, politisch aktiv zu sein, sondern es ist ihre Überzeugung.

Die Aufgaben, die es in den ideologischen Auseinandersetzungen der kommenden Periode der SP-Regierung zu lösen gilt, können nur bewältigt werden, wenn wir unsere Partei stärken. Den Versuchen, die Kommunistische Partei als überflüssig darzustellen, die ja auch in unseren eigenen Reihen unternommen wurden und vielleicht bis zu einem gewissen Grad auch noch unternommen werden, müssen wir auch aus der Sicht der Notwendigkeit des ideologischen Kampfes entgegentreten. Eine unorganisierte, aus losen Gruppen bestehende „Neue Linke" kann diesen Aufgaben nicht gerecht werden.

Höchst aktuell ist, was Lenin in den verschiedenen Perioden seiner politischen Tätigkeit über die Bedeutung der revolutionären Partei der Arbeiterklasse gesagt hat. 1913 mußte er sich in einer für die Partei sehr schwierigen Situation – die Sozialdemokratische Partei Russlands war damals klein, und neben ihr gab es andere, zumindest ebenso große Gruppen in der russischen Arbeiterbewegung – mit Tendenzen auseinandersetzen, die Ähnlichkeit zu manchen heutigen Tendenzen aufweisen. Damals schrieb er: *„Es gehört zu den Eigenheiten politischer Eigenbrötler, … das Parteiprinzip abzulehnen und sich in schwülstigen Phrasen über der Partei anhaftende ,Engherzigkeit', ,Schablonenhaftigkeit', ,Unduldsamkeit' usw. usf. zu ergehen. In Wirklichkeit aber widerspiegeln solche Worte nur den lächerlichen und kläglichen Eigendünkel oder die Selbstrechtfertigung von Intellektuellen, die von den Massen losgelöst sind … Politik im ernsten Sinne des Wortes können nur die Massen machen, aber eine Masse ohne Partei, eine Masse, die von keiner Partei geführt wird, ist zersplittert, ist sich ihrer Aufgabe nicht bewusst, ist nicht zu beharrlichem Kampf fähig und wird zum Spielball geschickter Politikaster aus den herrschenden Klassen …"* (W. I. Lenin, Werke, Band 19, S. 428).

Die Bildung der SP-Regierung stellt die Kommunisten zwingend vor die Aufgabe, mit ganzer Kraft für die ideologische, politische und organisatorische Stärkung der Partei zu wirken, damit Erfolge im

Kampf für die Aktionseinheit errungen werden können, damit wir die Ideologie der Sozialpartnerschaft und dem Opportunismus entgegenwirken können, damit der Kampf gegen das kapitalistische System und für den Sozialismus in Österreich in der neuen politischen Situation verstärkt geführt werden kann.

Der Parteiapparat der KPÖ hat es nicht verstanden, die Probleme der wissenschaftlich-technischen Revolutionen in Kooperation mit den Wissenschaftlern in der Partei wissenschaftlich aufzugreifen. Die Verantwortung dafür tragen, was zunächst nicht so auf der Hand liegt, jene vielen und oft eitlen Intellektuellen einer jüngeren Generation, die Ende der sechziger und Anfang der siebziger Jahre, aus vielen verschiedenen Gründen angezogen vom Marxismus, in die als marxistisch geltende KPÖ eingetreten sind. Unter ihnen waren Naturwissenschaftler wie TS und Techniker eine winzige Minderheit, wie es ja auch eine Folge von 1968 überhaupt war, dass naturwissenschaftliche und technische Fächer eher geringer eingeschätzt wurden. Viele von diesen Intellektuellen machten mit aufgesetzten Marx Schwätzereien, von denen Marx selbst sagte, dass, wenn das Marxismus ist, er jedenfalls kein Marxist sei, Parteikarriere. Die in der Partei verbliebenen Wissenschaftler, die, wie Eduard Rabofsky imstande waren, zur gesellschaftswissenschaftlichen Praxis konkret anzuleiten, waren zu wenige, um diese Entwicklung umzukehren und wurden vom Parteiapparat randständig behandelt. Mit Rabofsky verstand sich TS gut. Er nahm am 29. September 1976 an der Überreichung von dessen Festschrift „Rechtswissenschaft und Arbeiterbewegung" im großen Saal des Franz-Domes-Heimes der Wiener Arbeiterkammer teil.[24] Bei dieser Gelegenheit hielt Johann J. Hagen (*1943) einen von TS exzerpierten Vortrag über *„Friedliche Koexistenz und wissenschaftlicher Meinungsstreit"*.

1972 nahm TS an dem von der österreichischen Bundesregierung aus Anlass des Nationalfeiertages veranstalteten, von Bruno Kreisky eröffneten Symposium *„Die Zukunft von Wissenschaft und Technik in Österreich"* teil. Mit der allgemeinen Einleitung zur Problemstellung von Victor F. Weisskopf (1908–2002), der über die Zukunftsperspektiven der Wissenschaft sprach, war TS sicher einverstanden: *„Die Erforschung der Natur ist nicht nur eines der bedeutendsten Ziele der heutigen Kultur und der heutigen Weltanschauung; ihr kommt auch ein ganz besondere Bedeutung zu als ein übernationales kollaboratives*

Bestreben der ganzen Menschheit, in dem alle Beteiligten, ungeachtet der Nationalität und Herkunft, dieselbe wissenschaftliche Sprache sprechen. Die Wissenschaft ist daher eines der wesentlichen Elemente, die die Menschen zusammenbringt, sie ist eine wesentliche Stütze des Weltgedankens der Menschheit".[25] Engelbert Broda gab den Teilnehmern einen historischen Hintergrund durch seine Gedanken zur Geschichte von Wissenschaft und Technik in Österreich,[26] Michael Lederer hatte in der Fachgruppe Reine und angewandte Chemie über die Notwendigkeit der speziellen Erforschung der Chemie von Metallionen und Anionen in wässeriger Lösung im mittleren Konzentrationsbereich gesprochen, die Kenntnis der Chemie wässeriger Lösungen sei, abgesehen von analytischen Anwendungen grundlegend für die Chemie des Meerwassers, die Geochemie und die Chemie der biologischen Flüssigkeiten.[27]

Die Wissenschafts- und Hochschulentwicklung beschäftigten TS intensiv. In der *Volksstimme* veröffentlichte er seine Eindrücke über die Herangehensweise der Deutschen Demokratischen Republik zu diesen Problemen. Infolge der praktisch vollständigen Verwirklichung der zehnjährigen Einheitsschule, die der Kernbestandteil des einheitlichen Bildungswesens der Deutschen Demokratischen Republik war, seien dort inzwischen die besonderen Maßnahmen zur Förderung des Bildungszuganges von Arbeiter- und Bauernkindern überflüssig geworden. Studenten würden sich an der Entwicklung der Universitäten mit Vorschlägen beteiligen.[28] Auf der von ca 250 Teilnehmern besuchten Theoretischen Konferenz der KPÖ zum staatsmonopolistischen Kapitalismus in Österreich am 29. Jänner 1972 spricht TS in Anknüpfung an Bernal zu Problemen der Wissenschaftsentwicklung, wobei er die wissenschaftlich-technische Innovationskraft des Kapitalismus zu pessimistisch eingeschätzt hat:[29]

Für die Analyse der naturwissenschaftlich-technischen Forschung und der Wissenschaftspolitik unter den Bedingungen des staatsmonopolistischen Kapitalismus kommt den ökonomischen Aspekten besondere Bedeutung zu. Im Rahmen von Betrachtungen, die zur Konvergenztheorie hinneigen, wie sie auch in unserer Partei einige Jahre lang Raum gefunden hatten, werden gerade die ökonomischen Wechselwirkungen der wissenschaftlichen Forschung oberflächlich behandelt oder – in der Absicht, irrezuführen – bewusst übergangen.

Hier soll auf einige allgemeine, sich international bemerkbar machende Tendenzen und einige aktuelle Probleme in Österreich hingewiesen werden.

Parallel zur Konzentration der Produktion wird die wissenschaftliche Forschung, und zwar auch die Grundlagenforschung, zunehmend in den Herrschaftsbereich der Monopole eingegliedert. Dieser Prozess geht auf verschiedenen, zum Teil wenig bemerkbaren Wegen vor sich. Die Unterordnung selbst der Grundlagenforschung unter die Monopole rührt zunächst schon daher, daß oft nur die Monopole in der Lage sind, neue Ergebnisse der Grundlagenforschung in neue Produkte oder neue Produktionsverfahren umzusetzen. Nur sie können die Mittel für die Entwicklungsarbeiten aufbringen, die notwendig sind, um von wissenschaftlichen Ergebnissen zu produktionsreifen Verfahren zu gelangen beziehungsweise um Anlagen für die neue Produktion zu errichten.

Für die wissenschaftlichen Arbeiten, die unmittelbareren Bedürfnissen der Monopolgiganten dienen, werden zunehmend konzerneigene Netze von Forschungseinrichtungen geschaffen, die die kapitalistische Welt überziehen und in die nun auch Österreich einbezogen wird. Während die großen Konzerne, insbesondere die der USA, früher Forscher aus aller Welt in ihre Zentralen geholt haben, finden sie es jetzt oft billiger und vorteilhafter, Forschungseinrichtungen in verschiedenen Ländern zu schaffen. Die Kosten der Anstellung hochqualifizierter Wissenschafter werden dadurch gesenkt, die Verbindung der Konzerne mit der wissenschaftlichen Tätigkeit außerhalb ihrer eigenen Laboratorien wird in viele Länder ausgeweitet. Die Errichtung solcher Forschungsnetze der Monopole widerspiegelt die Bewegungsfreiheit, die Leichtigkeit, über Staatsgrenzen hinweg zu operieren, die sie sich in der kapitalistischen Welt gesichert haben.

Immer größeren Umfang erreichen die staatlichen Mittel, die den großen Konzernen für Forschungsprojekte zur Verfügung gestellt werden. Immer häufiger wird die Nutzung der Ergebnisse dieser Forschungen den Monopolen entschädigungslos oder gegen geringfügige Beträge überlassen. Vor kurzem sind die Bestimmungen, welche die Übertragung von Patentrechten der US-Regierung an Privatfirmen betreffen, wesentlich abgeändert worden. Jetzt können Regierungsstellen Patente und Erfindungen, die mit staatlichen Mitteln erarbeitet wurden, in Form von Exklusivlizenzen oder durch direkte Übertragung der Eigentumsrechte an einzelne Firmen übergehen. In der Rüstungsindustrie war eine solche weitgehende Übernahme der Kosten von Forschung und Entwicklung durch die US-Regierung schon lange üblich. Jetzt wird sie auch auf anderen Gebieten in großem Umfang erfolgen.

Der entscheidende Einfluss der großen internationalen Konzerne auf die Finanzierung und Verwertung der wissenschaftlichen Forschung macht es für kleine Länder schwer, eine selbständige Wissenschaftspolitik zu betreiben.

Bis vor einigen Jahren wurde in Österreich auf eine, den modernen Erfordernissen entsprechende Wissenschaftspolitik praktisch verzichtet. Das hat zu einem Zurückbleiben in der wissenschaftlichen und technischen Entwicklung auf wichtigen Gebieten geführt und es dem Auslandkapital erleichtert, seine Position in Österreich stark auszubauen.

Erste Ansätze, die krasse Vernachlässigung der Wissenschaftspolitik zu überwinden, gab es schon unter der ÖVP-Alleinregierung. Die Regierung Kreisky setzt die Erhöhung der Budgetmittel für die wissenschaftliche Forschung fort und arbeitet Konzepte für eine umfassende Wissenschaftspolitik aus. Wesentliches Merkmal dieser Konzepte ist, daß sie die wirtschaftlichen Zusammenhänge kaum berücksichtigen, daß es sie hier um eine von der Industriepolitik weitgehend isolierte Wissenschaftspolitik handelt.

Daß die Budgetmittel für die Wissenschaft jetzt vergrößert werden, ist gewiss zu begrüßen. Aber der Charakter der von der Regierung Kreisky geplanten Wissenschaftspolitik ergibt sich aus ihren wichtigsten Auswirkungen. Die verstärkte Förderung der wissenschaftlichen Forschung wird vor allem die Infrastruktur der Forschung verbessern. Neue und modernere Forschungseinrichtungen werden entstehen, der Stab qualifizierter Forscher wird anwachsen. Auf Grund seiner relativen Stärke wird sich vor allem das Auslandkapital dieser verbesserten Infrastruktur bedienen, sei es durch seine Niederlassungen in Österreich, sei es durch Aufträge aus dem Ausland, deren Umfang schon in den letzten Jahren bedeutend war.

Für eine wirkungsvolle Koordinierung der verschiedenen Ebenen der Forschung mit der Entwicklung der österreichischen Industrie liegen keine Pläne der Regierung vor. Das muss nochmals betont werden.

Ein zweiter Aspekt der Wissenschaftspolitik der Regierung Kreisky ist die Befriedigung spezieller Interessen der wissenschaftlich-technischen Intelligenz. Die Vernachlässigung der wissenschaftlichen Forschung und die schlechte materielle Lage der Forscher in Österreich hat zu mitunter scharfer Kritik an der Regierung, an den Herrschenden durch Angehörige der wissenschaftlich-technischen Intelligenz geführt. Die ‚Aufwertung der Wissenschaft' durch die jetzige Regierung soll dieser Kritik entgegenwirken und der Bourgeoisie die Möglichkeit geben, die Entfremdung zwischen ihr und der wissenschaftlich-technischen Intelligenz abzubauen.

Durch die verstärkte Wissenschaftsförderung will die Regierung Kreisky auch den Eindruck erwecken, daß sie eine Politik der ‚Modernisierung' der Gesellschaft verfolgt. Breite Schichten der Bevölkerung verstehen, daß wissenschaftliche Forschung notwendige Vorarbeit für die Produktion von morgen und wesentlicher Bestandteil des Fortschritts ist. So erscheint gerade eine aktive Wissenschaftspolitik nun geeignet, dem jetzigen staatsmonopolistischen System ein fortschrittliches ‚Image' zu geben.

Aber den Möglichkeiten, durch eine aktivere Wissenschaftspolitik die wissenschaftlich-technische Intelligenz stärker an das herrschende System zu binden und dieses System als eine ‚moderne' Gesellschaftsordnung zu präsentieren, sind enge Grenzen gesetzt. Denn heute sind die Krisenerscheinungen in der wissenschaftlichen Forschung der größten kapitalistischen Länder unübersehbar. In den Vereinigten Staaten, aber auch in anderen Ländern, hat man die staatlichen Forschungsmittel in den letzten zwei Jahren stark gekürzt. Die Herrschenden sind unsicher geworden, wie weit die bisher verfolgte Forschungsorientierung ihren Interessen entspricht. Umverteilung von Forschungsmitteln auf andere als die bisher bevorzugten Gebiete werden durchgeführt. Zehntausende Wissenschafter haben ihre Stellungen verloren. Für eine mehrfach so große Zahl ist die Perspektive ihrer weiteren Tätigkeit ungewiss. Solche Krisenerscheinungen erwecken Zweifel, ob die die naturwissenschaft-technische Forschung die Weiterentwicklung der Gesellschaft gewährleisten kann. Um zu verhindern, daß die tatsächliche Ursache solcher Krisen, die der kapitalistischen Ordnung innewohnende Unfähigkeit zu umfassender Planung und Wissenschaftsanwendung, erkannt wird, verbreitet man eine entgegengesetzte Einschätzung der Rolle der Wissenschaft. Jetzt heißt es, daß Wissenschaft und Technik die Probleme der Menschheit gar nicht zu lösen vermögen, daß vielmehr durch den stürmischen wissenschaftlich-technischen Aufschwung eine Fehlentwicklung eingesetzt hat. Solcher 'Wissenschaftspessimismus' wird bis zu Vorstellungen von einem unaufhaltbaren Niedergang der menschlichen Gesellschaft, bis zu einer 'Weltuntergangsstimmung' gesteigert.

Daß ein Zusammenwirken von Naturwissenschaft und Technik mit Gesellschaftswissenschaften entscheidend für die weitere Entwicklung der menschlichen Gesellschaft ist, wird heute auch von vielen Nicht-Marxisten erkannt. So hat der bekannte englische Physikochemiker, Sir Frederick Dainton [1914–1997], Vorsitzender des britischen Rates für Wissenschaftspolitik, vor einigen Wochen die Notwendigkeit einer engen Zusammenarbeit zwischen Natur- und Gesellschaftswissenschaft betont. Aber er hat zugegeben, daß er nicht weiß, wie solche Zusammenarbeit erreicht werden kann, wie man die Wechselbeziehungen in den Griff bekommen kann. Das ist eben nur mit Hilfe des Marxismus möglich.

Die marxistisch-leninistische Analyse des staatsmonopolistischen Kapitalismus ist daher notwendige Grundlage für das Verständnis der heutigen Wissenschaftsentwicklung. Durch sie kann der wissenschaftlich-technischen Intelligenz ihre Lage und die Notwendigkeit der Überwindung historisch überholter gesellschaftlicher Verhältnisse, die die umfassende Entfaltung und Anwendung der Wissenschaft in allen Bereichen verhindern, bewusst gemacht werden.

Im Frühjahr 1973 (29. bis 31. März) organisierten Georg Fuchs und TS in Wien im Rahmen des Internationalen Instituts für Frieden ein internationales Symposium *„Die wissenschaftlich-technische Revolution und das Problem der Erhaltung des Friedens".* Die 38 angemeldeten Teilnehmer waren Gunnar Adler-Karlsson (Wien und Rom), Pierre Biquard (Paris), Eric Burhop (London), Georg Fuchs (Wien), Vladimir Gantman (Moskau), Anatoly Gromyko (Moskau), Heinz-Karl Heise (Berlin / DDR). Walter Hollitscher (Wien), Reinhard Hujer (Darmstadt), Gerhard Kade (Darmstadt), Hansjürgen von Kries (Westberlin), Vincent Labeyrie (Tours). Friedrich Levczik (Wien), Sverre Lodgaard (Oslo), Joseph Lukas (Prag), Uwe Möller (Hamburg), Lev Moskvin (Moskau), Boguslav Mrozek (Warschau), Franz Nemschak (Wien), Joseph Nyilas (Budapest), Eugeniusz Olszewski (Warschau), Petru Panzaru (Bukarest), Aurelio Peccei (Rom), Georgi Pirinsky (Sofia), Nicolai Polyanov (Moskau), Hans Röde (Berlin / DDR), Kurt Rothschild (Linz), Benjamin Sanders

(Internationale Atomenergie Agentur Wien), Adam Schaff (Warschau / Wien), Leopold Schmetterer (Wien), Thomas Schönfeld (Wien), Walter Schütze (Paris), Jaromir Sedlak (Prag), Sergiu Tamas (Bukarest), Tontcho Trendafilow (Sofia), Jan Vogeler (Moskau), Ernest F. Winter (Wien) und Jakobus Wössner (Linz). Dass der Leiter des USA Instituts in Moskau Anatoly Gromyko, ein Sohn von Außenminister Andrei Gromyko (1909–1989), das Hauptreferat über *„Die wissenschaftlich-technische Revolution und das Problem der Erhaltung des Friedens"* gehalten hat, verdeutlicht den hohen Stellenwert dieses Symposiums, das durch die Anwesenheit des Präsidenten der Weltföderation der Wissenschaftler und Träger des von der Sowjetunion verliehenen Internationalen Lenin Friedenspreises des Jahres 1972 Eric Burhop (1911–1980) ausgezeichnet wurde.

Bürgerliche Gesellschaftswissenschaftler verbreiteten nicht zuletzt wegen der studentischen 68er Bewegung optimistische Auffassungen, dass sich durch den unaufhaltsamen Fortschritt von Wissenschaft und Technik der Weg zu einer klassenneutralen, nach wissenschaftlichen Regeln sich ausrichtenden Gesellschaft öffnen werde. Die Ideologiefunktion solcher Prognosen analysierte TS 1974 in einer in *Weg und Ziel* publizierten wissenschaftlichen, auf seinem in Wien im März vor Lehrern gehaltenen Vortrag über *„Prognosen der gesellschaftlichen Entwicklung"* basierenden Abhandlung.[30] Solche „Konzepte verlegen", wie TS begründet, „die Hauptfront gesellschaftlicher Auseinandersetzungen weg vom grundlegenden Widerspruch der kapitalistischen Gesellschaft, der Ausbeutung der Werktätigen auf Grund des Privateigentums an Produktionsmitteln". Erst die kommunistische Gesellschaft werde die allseitige und planmäßige Anwendung wissenschaftlicher Erkenntnisse aus Natur- wie Gesellschaftswissenschaften ermöglichen: *„Aber diese Phase der gesellschaftlichen Entwicklung kann nicht durch ein allmähliches ‚An-Bedeutung-Verlieren des Konzeptes des Besitzes', sondern nur durch die Aufhebung des Privatbesitzes an Produktionsmitteln erreicht werden. Das erfordert den bewussten Kampf für das Zurückdrängen und die Entmachtung des Monopolkapitals".*[31] Bürgerliche Zukunftsprognosen in Bezug auf „Grenzen des Wachstums" führt TS auf bestimmte Entwicklungstendenzen der entwickelten kapitalistischen Länder zurück, mit der krassen Vergeudung von Ressourcen und den durch raffinierte Werbetechniken deformierten Konsumbedürfnissen, die als allgemeine, fortdauernd gültige Gesetze betrachtet werden. Diesen Propheten gehe es nicht um eine langfristige Harmonisierung der Beziehungen zwischen Mensch und Natur, sondern um das Überwinden von Krisenerscheinungen, wobei die Folgen des Wachstumsrückganges auf die Werktätigen abgewälzt werden sollen. Nach Auffassung von TS will die bürgerliche Gesellschaftsanalyse und -prognostik die wirklichen Bewegungsgesetze und Entwicklungsperspektiven der Gesellschaft nicht aufzeigen, sie biete keine Grundlage für die Lösung langfristiger Menschheitsprobleme: *„Die Prognosen des wissenschaftlichen Sozialismus, der marxistisch-leninistischen Gesellschaftswissenschaft, haben hingegen ihre Leistungsfähigkeit als Wegweiser für die gesellschaftliche Umgestaltung und damit als Grundlage bewusster Weiterentwicklung der Menschheit bewiesen. Der bedeutendste historische Wandel unseres Jahrhunderts, der Übergang zum Sozialismus zunächst in einem Land und dann in einer Reihe weiterer Länder, konnte nur durch die Erkenntnis der allgemeinen Entwicklungsperspektiven, der in ihrem Rahmen schrittweise zu realisierenden Veränderungen, der Hauptmerkmale der zu errichtenden neuen Gesellschaftsordnung vollzogen werden. […] Die Überlegenheit der Gesellschaftsprognose des wissenschaftlichen Sozialismus gegenüber der bürgerlichen Prognostik ist zugleich Ausdruck der Notwendigkeit, eine Ordnung abzulösen, deren Verteidigung der Möglichkeit beraubt, die Zukunft der Menschheit zu erkennen".*[32]

Auf einer eintägigen theoretischen Konferenz der KPÖ im Jahre 1975 (19. Juni) *Zur Lage der Intelligenz in Österreich,* die von Muhri eröffnet, von Wimmer eingeleitet und vom Hoffnungsträger der Partei Walter Silbermayr (*1951) mit dem Grundsatzreferat *„Probleme der wissenschaftlich-technischen Intelligenz"* eröffnet wurde, griff TS nochmals die vom Parteiapparat unterschätzte Frage des Verhältnisses von *Wissenschaft und Gesellschaft* auf:[33]

Die Rolle der Wissenschaft als unmittelbare Produktivkraft nimmt auch unter monopolkapitalistischen Verhältnissen stark zu. Doch die Grundwidersprüche dieser Gesellschaftsordnung verzerren die Entwicklung der naturwissenschaftlich-technischen Forschung. Die monopolkapitalistischen Produktionsverhältnisse schaffen Barrieren für eine langfristige Orientierung der Forschung auf die Befriedigung der menschlichen Bedürfnisse wie für eine systematische Entwicklung der Grundlagenforschung. Diese Deformationen und Hemmnisse sind Elemente der Lage der wissenschaftlich-technischen Intelligenz. Ein beträchtlicher und weiter wachsender Teil der Forschung wird direkt von den Großkonzernen durchgeführt. Durch verschiedene

Mechanismen gelingt es ihnen aber auch, die Ergebnisse von Forschungen zu nutzen, die nicht im eigenen Rahmen durchgeführt wurden. In der Strategie der Konzerne zur Sicherung und zum Ausbau ihrer Positionen spielt die Erarbeitung neuer Produkte und neuer Verfahren eine entscheidende Rolle. Im Kampf mit der Konkurrenz setzen sie die Forschung als eine Waffe neben anderen- wie Werbekampagnen, politische Pressionen und Bestechungen – ein. Bei solcher Orientierung kommt es zur Duplizierung von Forschungen, und oft wird der Entwicklung von Produkten der Vorzug gegeben, bei denen erwartet werden kann, durch intensive Werbung schnell große Umsätze zu erzielen. Das sind häufige Arten der Deformation der Forschung.

Die Budgetmittel für Forschungsförderung haben in den meisten Ländern des staatsmonopolistischen Kapitalismus einen großen Umfang erreicht. Sie werden gemäß den von der herrschenden Klasse verfolgten allgemeinen Zielen, wie zur Gewährleistung ausreichender Infrastrukturen oder in der Rüstungsforschung, wie auch gemäß den besonderen Interessen einzelner ihrer Gruppen eingesetzt, denn ein wesentlicher Teil dieser Budgetmittel fließt den Konzernen entweder direkt für ihre Forschungsprojekte zu oder kommt ihnen in Form der Forschungsergebnisse zugute. Der Widerspruch zwischen gesellschaftlicher Aufbringung von Forschungsmittel und ihrer vorwiegenden Nutzung durch die Konzerne ist ein Hauptmerkmal staatsmonopolitischer Forschungspolitik.

Auch in Österreich sind die Forschungsmittel seit Ende der sechziger Jahre wesentlich gesteigert worden, und die Zahl der in Wissenschaft und Forschung Tätigen ist angewachsen. Ebenso wie in anderen kapitalistischen Ländern sind gleichzeitig Versuche zur Definition der Forschungspolitik unternommen worden. Eine Forschungskonzeption wurde vorgelegt und zuletzt ein Energieforschungskonzept. Etwa zur selben Zeit wie die Energieforschungskonzeption ausgearbeitet wurde, ist eine Entscheidung von weittragender Bedeutung für Österreichs Energiepolitik gefallen. Durch den Beitritt zur Internationalen Energieagentur hat die Regierung die österreichische Energiepolitik mit der jener Länder verbunden, in denen die großen internationalen Konzerne dominieren. Damit ist auch für die Energieforschung eine wesentliche Weichenstellung erfolgt. Diese Forschung wird nun kaum Schwerpunkte aufweisen, die der Herauslösung der österreichischen Energieversorgung aus den

Bindungen an die internationalen Energiekonzerne dienen könnte. Hier wird deutlich, daß auch verstärkte Forschungsförderung nicht dem Zurückdrängen der im staatsmonopolistischen System wurzelnden Widersprüche und Deformationen dient.

Auch die Lage in den forschungsintensiven Gebieten Elektrotechnik und Elektronik zeigt, daß die ausländischen Konzerne ihre Positionen in Österreich stark ausbauen konnten und die Aktivitäten in Forschung und Entwicklung dominieren. Manche von österreichischen Firmen verfolgte Entwicklungsrichtungen wurden eingestellt, andere den Bedürfnissen der Auslandskonzerne angepasst. Die wesentlichen Entscheidungen über die Forschungen auf diesen Gebieten erfolgen nicht im Rahmen einer österreichischen Forschungskonzeption, sondern in den Direktionen ausländischer Elektro- und Elektronikkonzerne.

Die Forschungskonzeptionen, die das Interesse des staatsmonopolistischen Kapitalismus an einer möglichst rationellen Nutzung der Budgetmittel für Forschung widerspiegeln, geraten aber auch in Widerspruch mit den angestammten Denkweisen vieler Forscher, mit ihrer Kleinunternehmermentalität. Daß sich die Repräsentanten des staatsmonopolistischen Systems mit dieser Mentalität nicht grundsätzlich auseinandersetzen, verwundert nicht. Bei einer solchen Auseinandersetzung müsste ja auf die Vergesellschaftung von Produktion und Wissenschaft, auf den Anachronismus der Kleinunternehmermentalität hingewiesen werden. Das hieße aber jene Tendenzen sichtbar machen, aus denen die Notwendigkeit der Entwicklung zum Sozialismus folgt. Dort, wo die wissenschaftlichen Einrichtungen den Ausbildungs- und Forschungsbedürfnissen des staatsmonopolistischen Kapitalismus besser angepasst werden sollen, greift man deshalb zu administrativen Maßnahmen. Dieses Dilemma staatsmonopolistischer Politik ist auch ein wesentliches Element im Streit um die Universitätsorganisation.

Gegen die Unternehmermentalität in Kreisen der wissenschaftlich-technischen Intelligenz kämpft das Monopolkapital nicht nur nicht an, es gibt sogar Bestrebungen zu ihrer Förderung. So hat die OECD, die ‚Organisation für wirtschaftliche Zusammenarbeit und Entwicklung‘ der kapitalistischen Staaten Europas und Nordamerikas, mehrere Schriften publiziert, die den ‚Entrepreneur der Wissenschaft‘, den Forscher, der die Mittel für seine Abteilung, für sein Institut in eigener Initiative organisiert und sich im Konkurrenzkampf gegen andere Forscher durchsetzt, als Grundelement eines gut funktionierenden Wissenschaftssystems darstellen. Ein solches Bild der Wissenschaftsorganisation entspricht natürlich keineswegs den Realitäten der staatsmonopolistischen Phase. Vielmehr soll es verhindern helfen, daß die wissenschaftlich-technische Intelligenz ihre wirkliche Stellung, ihre Abhängigkeit von den Konzernen, und den Vergesellschaftungsprozess in Produktion und Forschung erkennt. Die gesellschaftlichen Auswirkungen des wissenschaftlich-technischen Fortschritts, vor allem in Hinblick auf die Perspektive der menschlichen Entwicklung, treten immer stärker ins Bewusstsein. Das hat zur Folge, daß Fragen der Verantwortung des Wissenschafters gegenüber der Gesellschaft unter Naturwissenschaftern und technischen Forschern der kapitalistischen Länder zunehmend diskutiert werden. Dabei wird oft von positiven Grundhaltungen ausgegangen, insbesondere wird eine Verantwortung der Wissenschafter zur Lösung solcher Probleme wie der Bekämpfung des Hungers in der Welt, des Umweltschutzes, der rationellen Nutzung der Rohstoffreserven usw. akzeptiert. Bei allen diesen Fragen spielen naturwissenschaftlich-technische Aspekte eine wichtige Rolle. Es sind aber natürlich Probleme der sich entwickelnden Gesellschaft, und ihre Lösung kann nicht ohne Berücksichtigung der sozial-ökonomischen Verhältnisse erfolgen, quasi außerhalb der Gesellschaft, in einem Raum, in dem nur Naturgesetze Gültigkeit haben. Das Monopolkapital will aber die Zusammenhänge zwischen den wissenschaftlich-technischen Fragen und der gesellschaftlichen Entwicklung, der herangereiften Notwendigkeit der Überwindung der Kapitalherrschaft verschleiern. Diesem Zweck dient ein wahrer Strom von Artikeln und Büchern, die irreführende Theorien über die genannten Probleme propagieren. Meist sind das Spielarten des Technizismus. Die Technik wird als alleinbestimmender Faktor der gesellschaftlichen Entwicklung dargestellt, über die sozial-ökonomischen Verhältnisse geht man hinweg.

Hauptthese einer der neueren technizistischen Theorien ist die Behauptung, wesentliches Kennzeichen der modernen Technik sei ihre immer größere Gewalttätigkeit. Es sei deshalb notwendig, die Technikentwicklung einzufrieren beziehungsweise sie auf ein erträgliches Ausmaß der Gewalttätigkeit zurückzuführen. Das ist also eine Theorie, die das für mehr und mehr Menschen beunruhigende Anwachsen der Gewalttätigkeit des verfallenden Imperialismus – wie sie etwa im

Vietnamkrieg so erschreckend deutlich wurde – als Gewalttätigkeit der Technik mystifiziert. Es wäre ein Fehler, die Probleme, die jetzt in Kreisen der wissenschaftlich-technischen Intelligenz zunehmend diskutiert werden, zu ignorieren oder als unwesentlich abzutun. Vielmehr geht es darum, die Beziehung dieser Probleme der Umwelt, der Rohstoffe, des Bevölkerungswachstums zu den gesellschaftlichen Auseinandersetzungen unserer Zeit im einzelnen klar darzustellen und überzeugend herauszuarbeiten, daß diese Probleme nicht außerhalb der Klassenkämpfe, sondern nur in Verbindung mit ihnen gelöst werden können. Das bedeutet, zugleich zu zeigen: Der Kampf der fortschrittlichen Kräfte entspricht den allgemeinen Interessen des Fortschritts der Menschheit. Nur der Marxismus-Leninismus führt zum Verständnis der Natur dieser Probleme und ermöglicht es, Lösungen für sie zu finden. So werden durch die Befassung mit diesen Problemen aber auch die großartige Kraft und der umfassende Gültigkeitsbereich der marxistisch-leninistischen Wissenschaft veranschaulicht. Das gibt Gelegenheit, Diskussionspartnern aus der wissenschaftlich-technischen Intelligenz bewusst zu machen: Wer nicht nur an Einzelproblemen, sondern an die zusammenhängenden Fragen von Natur und Gesellschaft wissenschaftlich herangehen will, wer Wissenschafter in einem umfassenden Sinn sein will, muss sich auf den Boden dieser Weltanschauung stellen und sich jenen anschließen, die in ihrem Sinn handeln.

Signet des Weltforums für Verbindungen der Friedenskräfte (1977), dessen Vertrauensperson in Wien Thomas Schönfeld war

VIII.
Im Friedenskampf

Es ist ein Gebot der rechten Vernunft, den Frieden zu
suchen, sobald eine Hoffnung auf denselben sich zeigt.
Thomas Hobbes (1588–1679)

Bloßes Lob des Friedens ist einfach, aber wirkungslos.
Was wir brauchen, ist aktive Teilnahme am Kampf gegen den Krieg
und alles, was zum Krieg führt.
Albert Einstein (1879–1955)

VIII. 1. Leitendes Mitglied des Österreichischen Friedensrates

Schon als Student wird sich TS gedacht haben, dass die Chemie wie
jede andere Wissenschaft auch von anderen betrieben oder fortgesetzt
werden kann, dass es aber zum wichtigsten gehört, dass der Krieg be-
siegt wird, damit eben die Wissenschaft weiterleben kann. TS sah es
als seine Pflicht an, eigene Interessen in der Forschung zurückzustellen und einen Hauptteil seiner Kraft für die Friedensbewegung einzusetzen.

Das Wirken von TS in der Friedensbewegung war auf Information,
Aktion und Kooperation ausgerichtet. Persönlich ohne jede Geltungs-
sucht orientierte er darauf, die Erfahrung und das Wissen eines jeden
Einzelnen in der Friedensbewegung zusammenzuführen. 1958 verfasste
er für den Österreichischen Friedensrat gemeinsam mit Primar Friedrich
Scholl (1911–1985) die Broschüre *„tödliche Strahlen / tödlicher Staub“*,[1]
die in großer Auflage verteilt wurde. Das wichtigste organisierende
Element des Friedensrates war das fallweise erscheinende *„Informationsbulletin. Stimmen zur Zeit“*. Dieses wurde vom Österreichischen
Friedensrat mit seinem Vorsitzenden Erwin Kock herausgegeben. Die
Stimmen zur Zeit wurden mit der Nummer 1 im Dezember 1965 als
zehnseitige Vervielfältigung gestartet. Zielsetzung war den in der österreichischen bürgerlichen Presse nur geringen oder verzerrten Informationen über den barbarischen Kriegszug der USA gegen das von den

USA tausende Meilen entfernte Vietnam entgegenzuwirken. Führende Figuren der österreichischen Sozialdemokratie wie Karl Czernetz denunzierten als willfährige Agenten des US-amerikanischen Imperialismus den nationalen Befreiungskampf des Vietnamesischen Volkes als militärischen Machtkampf der Kommunisten.[2] Die breite Solidaritätsbewegung für die von den US-amerikanischen Aggressoren bedrohten Völker in Indochina zählt zu den ruhmreichsten Taten des Österreichischen Friedensrates und des Weltfriedensrates. TS war ebenso an der Entlarvung und Verurteilung der imperialistischen Kriegsverbrechen gelegen wie an der Zusammenarbeit mit allen friedliebenden Menschen und Gruppen, die Abrüstung forderten und für Freiheit und Unabhängigkeit eintraten. Er vertrat seine Position mit Passion, aber ohne Dogmatik. In Nummer 1 der *Stimmen zur Zeit* wurde vor allem über die Weltbewegung zur Beendigung des Krieges in Vietnam berichtet, insbesondere über den Protestmarsch in Washington am 27. November 1965, der der größte Demonstrationsmarsch seit den Bürgerrechtsdemonstrationen von 1963 war. In einer Spalte der ersten Nummer wurde über eine Medikamentenübergabe auf Grund des Aufrufs eines Komitees österreichischer Ärzte durch die Zeitung *„Der Volksarzt"* am 9. Dezember berichtet. Dem Ärztekomitee gehörten Fuchs an, der mit TS und Mia Schönfeld befreundete Chefarzt in der Wiener Gebietskrankenkasse Obermedizinalrat Dr. Franz David (1900–1992), der in die Sowjetunion emigriert ist, in Moskau eine Chirurgische Klinik geleitet und ab Oktober 1944 als Arzt den österreichischen Kontingenten der jugoslawischen Befreiungsarmee geholfen hat, Polizeiobersanitätsrat Dr. Emanuel Edel (1910–1991), der als Kommunist in Spanien („Emanuel Lustig") gekämpft hat,[3] die von den Klerikalfaschisten als Studentin wegen kommunistischer Betätigung inhaftierte Kinderfachärztin Dr. Gertrude Kreilisheim (-Saxl) (1911–1997), Medizinalrat Dr. Olga Kurz (1898–1991), Oberphysikatsrat Dr. Peter Lorant (*Wien, 1912) und der Primar des Zentrallabors im Wilhelminenspital Dr. Friedrich Scholl, der 1933 der KPÖ beigetreten ist und nach Großbritannien flüchten hatte können. Den Vertretern Nordvietnams und der südvietnamesischen Befreiungsfront wurden Medikamente und medizinische Instrumente im Wert von einer halben Million Schilling zu übergeben.[4] Die Ärzteaktion war vor allem von Georg Fuchs stimuliert und organisiert worden. Der österreichische Arzt Fritz Jensen (d. i. Friedrich Jerusalem) (1903–1955), dessen Buch *„Erlebtes Vietnam"* (Wien 1955) große Verbreitung gefunden hat, hat den Appell des Wiener Ärztekomitees nicht unterschreiben können, er war am 11. April 1955 einer Flugzeugsprengung angloamerikanischer Mordagenten zum Opfer gefallen.[5] Jensen's Buch „*Erlebtes Vietnam*" hat nach Meinung von TS, „was die glückliche Vereinigung von sachlich-historischem Bericht und kluger Analyse mit leidenschaftlich teilnehmender Schilderung der Erlebnisse eines Augenzeugen betrifft, in der vorhandenen fortschrittlichen Literatur nicht viel seinesgleichen".[6]

Georg Fuchs war in der Friedensbewegung ein enger Vertrauter von TS, beide haben in intensiver Weise Hand in Hand zusammengearbeitet. Georg Fuchs ist der Sohn des aus dem deutsch jüdischen Prag stammenden Wiener Neurologen Alfred Fuchs (1870–1927)[7], sein Bruder ist Albert Fuchs. Georg Fuchs hat an der Wiener Universität nach der Reifeprüfung am Bundesreformrealgymnasium in Wien VIII (28. Juni 1927) Medizin studiert und war am 9. Juni 1933 zum Dr. med. promoviert worden. Während seines Studiums hatte er ein besonderes Interesse für Strahlenheilkunde entwickelt, als deren Pionier der aus einer jüdisch böhmischen Familie stammende Leopold Freund (1868–1943) anzusehen ist.[8] Freund, 1938 nach Brüssel geflüchtet, hat in Wien mit seinen Versuchen 1896 nur wenige Monate nach der Entdeckung von sehr durchdringenden Strahlen durch Wilhelm Conrad Röntgen (1845–1923) begonnen. Zur weiteren Spezialisierung inskribierte Fuchs nach Abschluss des Medizinstudiums mit Beginn des Sommersemesters 1933 an der philosophischen Fakultät der Wiener Universität Physik und Mathematik. Er arbeitete als Gastarzt an der I. Medizinischen Klinik und erhielt von Oktober 1933 bis Mai 1934 eine Ausbildung zum Röntgenfacharzt bei Primar Fritz Eisler (1883–1936) am Röntgeninstitut im Wiedner Krankenhaus. Fuchs besuchte Vorlesungen einschließlich „wissenschaftliches Arbeiten" bei Stefan Meyer, der seit 1910 dem neugegründeten Institut für Radium-Forschung der Akademie der Wissenschaften in Wien (Boltzmanngasse 3) vorstand, hörte beim Experimentalphysiker Felix Ehrenhaft (1879–1952), beim Theoretischen Physiker Hans Thirring, beim Spezialisten für allgemeine Relativitätstheorie Friedrich Kottler (1886–1965), der sich mit Hilfe von Einstein in die USA retten konnte, beim Spezialisten für Spektroskopie Eduard Haschek (1875–1947) und beim Mathematiker Philipp Furtwängler (1869–1940). Organische Chemie hat Fuchs bei Ernst Späth belegt, Physikalische Chemie bei Hermann Mark. Eine einstündige Vorlesung von Arthur Haas (1884–1941) über Vektoranalyse hatte er vor dessen Abreise in die USA besucht. Mit Karl Przibram diskutierte Fuchs im Radiuminstitut. Zur Vorbereitung auf das

Philosophicum besuchte Fuchs die fünfstündige Vorlesung „Einführung in die Philosophie" bei Schlick, auch Vorlesungen von Robert Reininger (1869–1955) und Karl Bühler (1879–1963). Fuchs hat sein Programm an der philosophischen Fakultät sehr präzise ausgewählt. Da in Österreich wegen der das Land beherrschenden reaktionären Kreise, die am wissenschaftlichen Fortschritt überhaupt nicht interessiert waren, für Fuchs wie für so viele junge Forschungskader keine Festanstellung möglich war, musste er verschiedene kurzzeitige Angebote wahrnehmen, so vor allem 1935 einen ihm von Meyer angebotenen Forschungsplatz am Institut für Radiumforschung[9], dazu bis 1938 noch Anstellungen im Krankenhaus Lainz, im Spital der Kaufmannschaft und im Rothschildspital. Fuchs konnte sein Studium der Physik und Mathematik also nur mit Unterbrechungen vorantreiben, im Sommersemester 1937 stand Fuchs im achten Semester und war neben seinen vielen anderen Verpflichtungen mit der Ausarbeitung seiner Doktorarbeit befasst. Der Einmarsch der deutschen Wehrmacht in Österreich, die Machtergreifung der Nazis und die Rassegesetze zwangen Georg Fuchs zur Flucht. Der Almanach der Akademie der Wissenschaften in Wien für das Jahr 1938 druckt noch den Bericht des Radiuminstituts mit Stefan Meyer als Vorstand ab und nennt Georg Fuchs als Mitarbeiter, auch die von Einstein sehr geschätzte Marietta Blau[10], die am 12. März 1938 am Abend, einen Tag nach der Kapitulation der österreichischen Regierung, aus Wien geflüchtet ist. Als „Glanzpunkt" des international verschickten Almanachs dürfte die hohe Akademie aber doch die abgedruckte Rede ihres Präsidenten Heinrich von Srbik (1878–1951) unter dem Titel *„Die deutsche Wissenschaft und die Wiener Akademie im Großdeutschen Reich"*, gehalten am 23. November 1938, angesehen haben.[11] In Anbetracht seines exzellenten Studienverlaufs und der vielen Probleme, die sich bei seinem Berufsstart ergeben haben, könnte man annehmen, dass Fuchs sich in den dreißiger Jahren ausschließlich seinem wissenschaftlichen und beruflichen Fortkommen gewidmet hat. Das war aber nicht der Fall, vielmehr ist er so wie sein älterer Bruder der Kommunistischen Partei Österreichs zu einer Zeit beigetreten, als diese schon illegal war (1935). Das kann nicht allein auf den Einsatz der KPÖ für ein demokratisches, unabhängiges und für den Frieden eintretendes Österreich zurückzuführen sein. Viele naturwissenschaftlich und gesellschaftswissenschaftlich orientierte Intellektuelle waren vom Versuch der Kommunisten in der Sowjetunion, Naturwissenschaft und Gesellschaftswissenschaft als Einheit für den Aufbau einer neuen Gesellschaft zu nutzen, angezogen. Die Sozialdemokratie war in diesen qualifizierten Kreisen wegen ihrer rückgratlosen Politik völlig diskreditiert, insbesondere nach dem Desaster im Februar 1934. Georg Fuchs gelang 1938 die Flucht nach Belgien, wo Karl Przibram als U-Boot dank der guten Kontakte zwischen dem Radiuminstitut und der Union Minière du Haut Katanga in Brüssel die Nazizeit überleben konnte.[12] Von Brüssel emigrierte Fuchs 1939 in die Türkei, wo er bis 1942 als Röntgenologe an der vom deutschen Emigranten Erich Frank (1884–1957)[13] geleiteten Medizinischen Klinik der Istanbuler Universität arbeitete. Der Gründer der Türkischen Republik Mustafa Kemal Atatürk (1881–1938) hat 1933 für seine Universitätsreform hervorragende, aus Deutschland vertriebene Wissenschaftler gewonnen. 1942 ging Fuchs auf Grund der durch den Überfall Hitlerdeutschlands auf die Sowjetunion veränderten internationalen Lage nach Palästina, erhielt ein Stipendium an der Radiologischen Universitätsklinik in Jerusalem, wurde Mitbegründer der *Free Austrian Movement in Palestine* und trat als Freiwilliger und Arzt in die britische Armee ein.[14] Fuchs kam mit der britischen Armee nach Wien zurück, leitete die Röntgenstation in einem Britischen Lazarett in Graz und wurde zum 1. August 1946 als Primararzt am Zentralen Röntgeninstitut des Kaiser Franz Josef Spitals in Wien X von der Stadt Wien angestellt, welche Stelle er bis zu seiner Pensionierung zum 30. April 1974 einnahm. Fuchs setzte sich wie auch TS mit ganzer Kraft für die Gestaltung eines neuen, demokratischen Österreich ein, er war überzeugt von der Möglichkeit, die Welt könne verändert werden. Fuchs publizierte wissenschaftlich und engagierte sich für den Friedenskampf an vorderster Front.

Im Herbst 1968 wurden in der österreichischen Friedensbewegung die Ereignisse in der CSSR diskutiert, insbesondere wegen der Erklärung des Tschechoslowakischen Friedensrates, *„dass die Besetzung der Tschechoslowakischen Sozialistischen Republik durch die Truppen der fünf Staaten als gesetzwidrig und den internationalen Abkommen sowie der Charta der Vereinten Nationen widersprechend betrachtet wird".*[15] Das Präsidium des Österreichischen Friedensrates beschloss mit Mehrheit eine Erklärung, dass es *„mit tiefster Bestürzung von der militärischen Besetzung der CSSR durch die Sowjetunion und vier verbündeten Staaten Kenntnis"* nehme und: *„Durch diesen Akt wird das Selbstbestimmungsrecht des tschechoslowakischen Volkes flagrant verletzt und der Friede in der ganzen Welt gefährdet".* Eine Erklärung der *Aktion für Frieden und Abrüstung* mit der Forderung nach Wiederherstellung der freigewählten legalen Staats- und Parteiorgane der CSSR und den unverzüglichen

Abzug aller fremden Truppen wurde von TS so wie von Georg Fuchs nicht unterzeichnet, wohl aber von Persönlichkeiten, mit denen beide im Friedenskampf eng kooperiert haben wie von Engelbert Broda, Otto Kreilisheim oder Tilly Kretschmer-Dorninger (1911–1989).[16] Engelbert Broda hat registriert, wie auf der 18. Pugwash-Konferenz in Nizza im September 1968 angesehene US-amerikanische Wissenschaftler, die, wie Carl Djerassi wiederholt auf den Pugwash Konferenzen den Vietnam Krieg verurteilt haben, die Forderung nach Abzug der Sowjets aus der Tschechoslowakei erhoben haben. Dem Präsidenten der Tschechoslowakischen Akademie František Šorm (1913–1980), ein weltweit anerkannter Organiker, der sich an den Pugwash Konferenzen sehr aktiv beteiligt hat, war die Teilnahme am Kongress in Nizza von den tschechoslowakischen Behörden verweigert worden, er hatte gegen den Einmarsch protestiert.[17]

Schwerpunkt der *Stimmen zur Zeit* des *Österreichischen Friedensrates* blieb viele Jahre die Berichterstattung über Vietnam und die Solidarität mit diesem vom US-Imperialismus terrorisierten Land. TS beteiligte sich im Oktober 1972 im Rahmen der internationalen Woche der Solidarität mit den Völkern von Indochina an der Unterschriftensammlung gegen den unter der Administration von Präsident Richard Nixon (1913–1994) gegen das Vietnamesische Volk forcierten Krieg, er forderte das offizielle Österreich unter Hinweis auf das neutrale Schweden auf, seine Pflicht zu erfüllen und mit der Demokratischen Republik Vietnam sofort diplomatische Beziehungen aufzunehmen. Schweden hatte den US-Krieg nicht nur verurteilt, sondern darüber hinaus der Demokratischen Republik Vietnam (DVR) große Geldsummen zur Verfügung gestellt hat. Österreich hatte dagegen mit dem korrupten Saigoner Marionettenregime diplomatische Beziehungen. Am 8. Jänner 1973 forderte der *Österreichische Friedensrat* mit dem in der Nachfolge (1971) von Kock zum Vorsitzenden gewählten Dr. Friedrich Kollmann (1905–1986) in einer Erklärung *„die völlige Einstellung der amerikanischen Bombenangriffe und die sofortige Beendigung des Vietnamkrieges durch ein Abkommen, das den schon im Oktober des Vorjahres zwischen beiden Verhandlungspartnern vereinbarten Abmachungen entspricht. Der Völkermord in Vietnam muss jetzt ein Ende nehmen! Dieser Forderung richtet der Österreichische Friedensrat in Übereinstimmung mit der gesamten gesitteten Welt an die Regierung der Vereinigten Staaten von Amerika".*[18] Nach dem mörderischen Bombardement von Hanoi und Haiphong durch die US-Luftwaffe in der Weihnachtswoche 1972 demonstrierten in Wien am 19. Jänner 1973 in der Mariahilferstrasse Wiener und Wienerinnen für die sofortige Beendigung aller Bombenangriffe in Indochina, für die sofortige Unterzeichnung des 9-Punkte-Friedensabkommens vom Oktober 1972 und für gewerkschaftliche Boykottmaßnahmen gegenüber der USA. In seiner Vorstandssitzung am 1. September 1973 gab der *Österreichische Friedensrat* eine von TS vorbereitete Erklärung zur Lage in Südvietnam ab und forderte die volle Wirksamwerdung der Pariser Abkommen (27. Jänner 1973), die von der Saigoner Regierung sabotiert wurde.

Bei der Generalversammlung des *Österreichischen Friedensrates* am 12. Mai 1973 wurde Kollmann als Vorsitzender bestätigt, stellvertretende Vorsitzende waren Dr. Franz Haiböck, Georg Fuchs und TS, Sekretär war die Kommunistin Elfriede Grundböck (1924–2004). Kollmann, Übersetzer von Prosa und Lyrik aus den romanischen Sprachen und Hörspielautor, war ein parteiungebundener, christlich motivierter Humanist, der wie TS in seinem Nachruf unter dem Titel *„Der Freundschaft der Völker dienen"* schreibt, „oft die Notwendigkeit der Zusammenarbeit von Menschen aller politischen und weltanschaulichen Richtungen für den Frieden betont" hat.[19] Das Büro des Österreichischen Friedensrates war zuerst im 4. Wiener Bezirk, Möllwaldplatz 5, nach der dortigen Kündigung im Frühjahr 1971 im 1. Bezirk, Wollzeile 29/1/3 und seit Juli 1974 im 3. Bezirk, Hetzgasse 42.

In Chile war mit Unterstützung der USA am 11. September 1973 gegen die Unidad-Popular-Regierung Chiles geputscht, der verfassungsmäßig gewählte Präsident Salvador Allende (1908–1973) ermordet und eine faschistische Militärdiktatur errichtet worden.[20] Ein knappes Jahr zuvor, vom 4.–9. Oktober 1972, hatte der Weltfriedensrat mit seinem Präsidium noch in Santiago de Chile getagt und damit erstmals in der Geschichte des Weltfriedensrates die Konferenz seiner Leitung in Lateinamerika abgehalten. Der Bericht darüber von Generalsekretär Romesh Chandra beginnt so: *„Auf allen Kontinenten sind heute die Augen von zahllosen Menschen, die hinter der mächtigen Bewegung der Weltöffentlichkeit für Frieden, nationale Unabhängigkeit, Gerechtigkeit, Sicherheit und sozialen Fortschritt stehen, auf diese Tagung des Präsidiums des Weltfriedensrates in der Hauptstadt des unabhängigen, revolutionären Chile gerichtet. [...] Diese Tagung kennzeichnet eine neue Etappe in dem Vorwärtsschreiten der Weltfriedensbewegung. Sie entspricht dem gegenwärtigen ruhmreichen neuen Abschnitt im Kampf der lateinamerikanischen Völker um ihre Emanzipation".* Am 1. Oktober 1973 gab das Präsidium des *Österreichischen Friedensrates* eine Erklärung an die Presse, in der es seine Empörung über den verbrecherischen Anschlag auf die demokratischen Grundrechte des chilenischen Volkes zum Ausdruck brachte: *„All dies erweckt in uns die Erinnerung an die Zeit, als der Nazifaschismus begann, sich Europa zu unterwerfen. Jetzt müssen alle demokratischen Kräfte in der Welt, alle Regierungen und alle Organisationen der Öffentlichkeit, ihren Protest gegen den reaktionären Staatsstreich zum Ausdruck bringen, und durch Bekundung weltweiter Solidarität mit dem chilenischen Volk erreichen, dass das Terrorregime entlarvt und politisch wie moralisch isoliert wird".* TS unterstützte im Österreichischen Friedensrat am 19. November 1973 die Bildung der Chile-Solidaritätsfront.[21]

VIII. 2. Mitinitiator von Hiroshima-Tagen und Ostermärschen in Wien

Ich lebte in Hiroshima
Das ist zehn Jahre her.
Jetzt bleib' ich für immer sieben Jahr',
Tote Kinder wachsen nicht mehr.

Zuerst fing das Feuer mein Haar,
Dann sind mir die Augen verbrannt,
Die Hände – mein Blut ist verdampft,
Bis ich nur mehr Asche war.

Nichts Liebes mehr tun könnt ihr mir.
Nichts, nichts, ihr müsst bedenken,
Ein Kind ist verbrannt wie Papier.
Ihr Könnt ihm nichts mehr schenken.

Leis' klopf ich an eure Türen.
Gebt mir eure Unterschrift,
Daß es nie mehr Kinder trifft,
Daß nie mehr Kinder verbrennen
Und daß sie Bonbons essen können.

Nâzım Hikmet (1902–1963)

Thomas Schönfeld spricht auf dem Ostermarsch 1963.

Die österreichische Friedensbewegung nach 1945 hatte ihre größten Erfolge bei der Mobilisierung der Menschen mit ihren Aktionen für Kernwaffenabrüstung. Nach der wissenschaftlich fundierten Überzeugung der Friedensbewegung würde ein mit Kernwaffen geführter Dritter Weltkrieg den Untergang der Zivilisation bedeuten. Es gelang der Weltfriedensbewegung in einem schwierigen Prozess die nationalen Friedensorganisationen zu stärken und zugleich eine gute Form nationaler und internationaler Zusammenarbeit zu finden. Ausgangspunkt der Erfahrungen von TS in der Zusammenarbeit mit den verschiedensten gesellschaftlichen Gruppen in der Friedensbewegung war die Sammlung von Unterschriften zur Unterstützung des *Stockholmer Appells* (1950) und die damit verknüpften vielen Gespräche. Die Erinnerungstage an den Abwurf der Atombomben auf die beiden wehrlosen Städte Hiroshima und Nagasaki am Ende des Zweiten Weltkrieges am

6. bzw. am 9. August 1945 durch die USA, die damit die Auswirkungen von Kernwaffen ausprobieren wollte, war für TS immer ein Anlass, auf die Bedrohung der ganzen Menschheit durch das gewaltige Vernichtungspotential der Kernwaffen und die Notwendigkeit der Abrüstung aufmerksam zu machen. Im Gefolge der Unterschriftensammlung für den Stockholmer Appell 1950 entwickelte sich der *Hiroshima Gedenktag* als praktische Aufgabe der Friedensbewegung. Ende Juli 1960 bildete sich in Wien ein *Österreichisches Hiroshima Komitee* mit der Postadresse des vielleicht von Przibram angesprochenen Kristallchemikers Felix Machatschki (1895–1970), das einen Aufruf „*Vor 15 Jahren – Hiroshima*" veröffentlichte, der das Gedenken an die Opfer von Hiroshima und Nagasaki verband mit dem Appell zur Einstellung der Versuchsexplosionen mit Atom- und Wasserstoffbomben und zur Abschaffung der Kernwaffen: „*Das Schicksal von Hiroshima droht heute jeder Stadt, ja der ganzen Menschheit. Mögen wir alle einen Weg finden, die Errungenschaften von Wissenschaft und Technik nur für friedliche Zwecke, zu Bekämpfung von Krankheiten und zur Mehrung des Wohlstandes anzuwenden!*" Eine Reihe von parteilich neutralen Persönlichkeiten unterzeichnete diesen Aufruf, aber auch bekannte Kommunisten wie eben TS, Engelbert Broda und Georg Fuchs. Es müssen diese Aufrufe immer auf dem Hintergrund gelesen werden, dass von radikalen Kreisen in den USA ein Atomkrieg tatsächlich geplant wurde. Hermann Kahn (1922–1983), der zwölf Jahre lang „military planner" der Rand Development Corporation war, stellt in seinem von der Princeton University Press 1960 herausgegebenen Buch „On Thermonuclear War" Überlegungen an, wie viele Millionen Menschen zu opfern es sich lohnen würde, um die Kommunisten endlich zu vernichten. Er kommt zum Ergebnis, dass etwa ein Drittel der Staatsbürger der USA, rund 60 Millionen Todesopfer, ein akzeptabler Preis wäre. Der langjährige Senator von Arizona und Präsidentschaftskandidat der Republikaner Barry Goldwater (1909–1998) vertrat ganz ähnliche Tendenzen.

Im Oktober 1962 beschäftigten sich die Kommunisten des Österreichischen Friedensrates mit dem Zustandekommen eines österreichischen Ostermarsches, auf Wunsch des Parteiapparats sollte aber eine nähere Besprechung bis nach den Nationalratswahlen (18. November 1962) verschoben werden. Seltsam, die Welt stand in diesen Monaten wegen der Krise um Kuba vor dem atomaren Abgrund, der KPÖ-Apparat wollte die Nationalratswahlen vorbereiten. Diese waren von antikommunistischen Plakaten der Österreichischen Volkspartei begleitet, als „dritte Kraft" wurde mit dem SS-Obersturmbannführer i. R. Friedrich Peter an der Spitze die Freiheitliche Partei Österreichs angeboten. Die KPÖ samt Linkssozialisten erreichte bei 92,73 % Wahlbeteiligung nur 3,04 %. TS brachte sich mit einem Schreiben vom 26. November 1962 bei der Parteiführung in Erinnerung und teilte mit, dass sich herausgestellt habe, dass die Durchführung eines Ostermarsches 1963 auch in anderen Kreisen in Erwägung gezogen werde, insbesondere im Jugendklub „Neues Studio" im Haus der Jugend (8. Bezirk, Zeltgasse) und im Verband sozialistischer Mittelschüler: *„Während noch vor einem Jahr die Voraussetzungen für die Durchführung eines Ostermarsches auf breiter Grundlage nicht gegeben waren, so scheint dies heute durchaus der Fall zu sein. Die folgenden Entwicklungen können als Ausdruck dieser Änderung der Situation angesehen werden: Zustandekommen einer repräsentativen Teilnehmergruppe aus Österreich beim Moskauer Weltfriedenskongress, Erklärung von Persönlichkeiten des öffentlichen Lebens für ein Treffen [John F.] Kennedy – [Nikita S.] Chruschtschow in Wien, Tätigkeit des Österr. Hiroshima-Komitees, Kontakte zwischen Verband sozialistischer Mittelschüler und Mittelschülerforum"*. Der Parteiapparat griff den Vorschlag von TS, sich verstärkt für die Vorbereitung und Durchführung eines österreichischen Ostermarsches 1963 einzubringen, nicht auf. Am Ostermarsch dann teilnehmende KPÖ-Funktionäre wie Friedl Fürnberg waren ziemlich überrascht, wie groß diese Kundgebung der Atomwaffengegner geworden ist.

Die Resonanz auf den Aufruf „Vor 15 Jahren – Hiroshima", aber auch die sich während der Teilnahme an einer nicht sehr großen Demonstration (ca 70 Teilnehmer) gegen Atomwaffen und Aufrüstung, die vor den Weihnachtstagen vom Westbahnhof zum Stephansplatz zog, ergebenden grundlegenden Aussprachen mögen TS und andere in Wien lebende Friedenskämpfer wie Günther Anders (1902–1992), Robert Jungk (1913–1994) oder Georg Breuer (*1919) bewogen haben, sich als ein Komitee für die erstmalige Organisierung eines Ostermarsches in Österreich zu organisieren. Ostermärsche hat es in zahlreichen Ländern schon früher gegeben, um weniger gut informierte Bevölkerungsteile mit dem Ausmass der Gefährdung der Menschheit im Falle eines Atomkrieges aufmerksam zu machen. Treibende Kraft war TS. Am 22. Februar 1963 unterzeichneten die parteiunabhängigen – TS wurde als in Wien bekannter Kommunist nicht genannt, um die antikommunistische Diffamierung der Ostermarschaktion nicht zu erleichtern – Günther

Anders, Karl Bruckner (1906–1982), Steffi Endres (1891–1974), Friedrich Heer, Robert Jungk und Tilly Kretschmer-Dorninger einen vervielfältigten, an einzelne Persönlichkeiten adressierten Brief mit dem Ersuchen, als Befürworter (Sponsoren) für den geplanten Ostermarsch aufzutreten. Der aus der US-Emigration zurückgekehrte Schriftsteller Günther Anders,[22] der seit 1950 in Wien lebte und durch seine beiden ziemlich verbreiteten Bücher *Die Antiquiertheit des Menschen. Über die Seele im Zeitalter der zweiten industriellen Revolution*[23] und *Der Mann auf der Brücke. Tagebuch aus Hiroshima und Nagasaki*[24] grosse Reputation in der Öffentlichkeit hatte, stellte sich als Vorsitzender des *Ostermarschkomitees für Frieden und Abrüstung* mit der Wiener Postadresse Spiegelgasse 21/6 (1. Bezirk) zur Verfügung. Die von Anders im Februar 1959 einer Studentengruppe der „Freien Universität Berlin" diktierten *Thesen zum Atomzeitalter* wurden vervielfältigt und interessierten Lesern zur Verfügung gestellt.[25] Günther Anders, Sohn des Gründers des Berliner Instituts für Angewandte Psychologie William Louis Stern (1871–1938), unterzeichnete einen von TS konzipierten Brief vom 22. März 1963, der Organisationen, die für die friedliche Verständigung und für die Abwendung der Atomkriegsgefahr eintraten, um Unterstützung des Ostermarsches bat. Als Schriftführer des Ostermarschkomitees wird Günter Wolf genannt, der Leiter einer Jugendeinrichtung der Stadt Wien war. Der Wiener Automechaniker Karl Bruckner war mit seinem im Globus Verlag verlegten Buch *Die Spatzenelf*[26] als Jugendschriftsteller bekannt geworden und hat 1961 die berührende Geschichte über ein an Leukämie erkranktes Hiroshima Kind „Sadako will leben!"[27] geschrieben. Hauptsächlich wegen Differenzen mit dem Globus Verlag, der in ihm bloss einen zu Dank verpflichteten Lohnschreiber sah, war Bruckner aus der KPÖ ausgetreten. Jungk lebte seit 1957 in Wien, sein Buch „Heller als tausend Sonnen"[28] wurde viel gelesen. Steffi Endres war eine als Volksbildnerin in Wien bekannte Gymnasiallehrerin, Heer war ein aus dem linkskatholischen Widerstand kommender Historiker und Kretschmer-Dorninger war Vertreterin der „International Federation of Settlements and Neighbourhood Centres" (IFSNC), die sich seit 1945 in Wien (Lienfeldergasse 60c und d, 16. Bezirk) große soziale Verdienste erworben hat. Mit Kretschmer-Dorninger hat TS telefonischen Kontakt gepflegt. Georg Breuer, in der englischen Emigration Funktionär des Österreichischen Kommunistischen Jugendverbandes, hat als führendes Mitglied der FÖJ von 1946 an (bis 1950) deren Wochenzeitung „Jugend voran" als Chefredakteur betreut,[29] anschliessend war er von der KPÖ zur Redaktion eines Organs der Österreichisch-Sowjetischen Gesellschaft verwendet worden. Alle Proponenten mussten mit perfiden Verleumdungsmethoden österreichischer US-Lakaien rechnen. Jungk, der Wien 1970 nicht zuletzt deswegen wieder verließ, wurde vom skrupellosen Friedrich Torberg (1908–1979) besondes infam angegriffen.[30]

Am Sonntag nach Ostern am 21. April 1963 war von Mödling hinein nach Wien der erste österreichische „Ostermarsch" für Frieden und Abrüstung mit ca 550 Teilnehmer unterwegs. Für den Aufruf *Was alle treffen kann, betrifft alle"* formulierte TS Flugblatt-Losungen:

Gegen die Fortdauer des Wettrüstens,
Gegen die Fortsetzung der Atomtests,
Gegen die Erhöhung der Anzahl der Atommächte,
Gegen die systematische Vernebelung und Verniedlichung der Gefahr,
Und dagegen, dass die Entscheidung über das Sein oder Nichtsein der Menschheit allein in den Händen jener ‚Experten' liegt, die nur die politisch-taktische, die technische oder die wirtschaftliche Seite der Rüstungs- und Kriegsprobleme sehen, nicht aber den möglichen Effekt:
Die Selbstausrottung der Menschheit.

Auf dem Ostermarsch, deren Teilnehmer keine Partei-, Vereins- und sonstige Abzeichen mit Ausnahme des Ostermarschabzeichens, keine Vereinstrachten und -uniformen tragen und keine Flugzettel, Zeitschriften, Broschüren etc. mit Ausnahme der vom Ostermarschkomitee selbst herausgegebenen Materialien verteilen durften, waren die Hauptlosungen:

Warum wir marschieren? Damit auch Deine Kinder morgen leben
Gegen Atomwaffen in West und Ost
Auch Wien kann morgen Hiroshima werden
Neutralität schützt nicht vor Atomtod
Aktive Neutralitätspolitik
Österreichs Beitrag zum Weltfrieden
Österreichs Aufgabe und Verpflichtung
Initiative für Atomabrüstung

Unter den Sponsoren des ersten österreichischen Ostermarsch war der Bürgermeister von Hiroshima Shinzo Hamai (1905–1968). In Mödling sprachen im Rahmen der Kundgebung der Bürgermeister von Mödling und Februarkämpfer Josef Deutsch (1890–1970), Robert Jungk und Günter Wolf, in Brunn a. Gebirge TS, in Perchtoldsdorf der 1947 aus der Schweizer Emigration nach Wien zurückgekehrte Graphiker Carry Hauser (1895–1985) und, als Delegierte der deutschen Ostermarschbewegung, Hannelies Schulte (*1920), eine Religionslehrerin, die durch ihre internationale Solidarität mit den vom Imperialismus geschundenen Völkern über die Grenzen der Bundesrepublik hinaus bekannt war. In Mauer sprach Albert Massiczek (1916–2001), der zu dieser Zeit Vorsitzender einer von der SPÖ institutionalisierten *Arbeitsgemeinschaft sozialistischer Katholiken* (ASK) war.[31] Bei der Abschlusskundgebung auf dem Wiener Josefsplatz sprachen Guenther Anders, nochmals Schulte, der katholische Soziologe August Maria Knoll (1900–1963) und Friedrich Heer. Knoll, Heer, Leo Gabriel und andere waren katholische Repräsentanten jenes Wiens, das nach der Kollaboration der katholischen Kirche mit dem Nationalsozialismus für eine nicht-reaktionäre katholische Religiosität stand. Am Ostermarsch waren Menschen aus den verschiedensten politischen, konfessionellen und ideologischen Bereichen beteiligt, um ihren Protest gegen das atomare Wettrüsten und ihre Hoffnung auf Abrüstung Ausdruck zu geben. Die Rede von TS ist auszugsweise überliefert:[32]

Der Vorrat an Atomwaffen in den Arsenalen der Grossmächte hat ein gigantisches Ausmass erreicht. Nach Schätzungen bekannter Wissenschafter besitzen diese Vorräte die gleiche Sprengkraft wie 250 Milliarden Tonnen herkömmlichen Sprengstoffes. Eine einfache Rechnung ergibt, dass dies rund 100 Tonnen Sprengstoff auf jeden Einwohner unseres Planeten bedeutet. Dabei muß man bedenken, daß die größten Sprengbomben, die im letzten Weltkrieg zum Einsatz kamen, etwa 10 Tonnen Sprengstoff enthielten. Auf den Abschussrampen stehen Raketen riesiger Zerstörungskraft startbereit, die die grössten Städte des Gegners – sei es nun New York oder Moskau – nach Flugzeiten von Minuten völlig vernichten und praktisch alles Leben in ihnen auslöschen können. Gegen massive Angriffe mit Fernraketen gibt es keine Schutz. Das ist die Situation, in der wir leben, das ist der unheimliche Schatten, der ständig über der Menschheit hängt. Die Schätzungen ergeben, dass der Atomkrieg schon in einer Woche rund ein Drittel der Erdbewohner töten und vor allem die dichtest besiedelten Gebiete Europas und Nordamerikas entvölkern würde, hunderte Millionen Überlebende aber würden schwer verwundet und krank sein. Wer würde sie pflegen, wer würde für ihre Ernährung sorgen? Unsere Bewegung will die Menschen darüber aufklären, was der Atomkrieg bedeutet, damit der Druck der öffentlichen Meinung immer stärker wird, damit die Forderung unüberhörbar wird: Schluss mit dem atomaren Wettrüsten, Schluss mit den Kernwaffenversuchen, schliesst ein Abkommen über allgemeine und vollständige Abrüstung.

Wirklichkeitsfremdes Denken war schon immer gefährlich. Im Atomzeitalter wird es aber zu einer tödlichen Gefahr für den Fortbestand unserer Zivilisation, für die Existenz der Menschheit überhaupt. Es ist die Pflicht der Wissenschaftler und Techniker, die sich ein Bild von der Größe der Gefahr machen können, immer wieder den wahren Sachverhalt aufzuzeigen, immer wieder Warner vor der unermesslichen Gefahr zu sein.

Die bürgerliche Wiener Presse nahm den ersten Ostermarsch gerade noch zur Kenntnis, dessen Ziel, die Öffentlichkeit auf die Gefahren der Atomwaffen, der Aufrüstung und die Möglichkeit ihrer Bekämpfung aufmerksam zu machen, wurde ignoriert. Die Beteiligung des Schauspielers Richard Eybner (1896–1986) wurde benützt, um die Frage zu stellen, was denn ein „Kasperl" dabei verloren hätte. Eybner dazu in einem Interview: „Nehmen Sie es wie Sie wollen, ich finde es eher traurig, dass fast schon Mut dazu gehört, für eine gute Sache einzutreten. … Aber wenn sich die Bevölkerung in aller Welt erhebt, ist das auch nicht zu übersehen". Der Wiener Montag (22. April 1963) schreibt, dass sich Ostermarschierer in Mödling und Perchtoldsdorf statt in Moskau und Washington verirrt hätten, die Arbeiterzeitung (23. April 1963) nannte die Redner mit Ausnahme von TS und schreibt, dass es mit Zuschauern wiederholt zu Diskussionen gekommen sei, weil diese gemeint hätten, dass Österreich nicht zu den Atommächten gehöre. Im Herbst 1963, vom 30. September bis 26. Oktober, beteiligte sich TS deshalb an einer Aufklärungsaktion der *Aktion für Frieden und Abrüstung* in Wien.

Die Volksstimme brachte eher pflichtgemäss einen grösseren Artikel „Ostermarsch für Frieden und Abrüstung war ein voller Erfolg" (23. April 1963). Noch 1963 trat Anders wegen seiner vielfältigen Reiseverpflichtungen in der internationalen Bewegung gegen die Atomgefahr als Vorsitzender des Ostermarschkomitees zurück, blieb aber als Beisitzer im Ostermarschkomitee, als welcher auch TS fungierte. TS erwartete so wie in der Schweiz der Chemienobelpreisträger Leopold Ruzicka (1887–1976) von den Ostermärschen eine mobilisierende Wirkung für die Abrüstung. Ruzicka hatte 1964 aus Anlass der Verleihung des Friedensnobelpreises an Pauling geschrieben: *„Kaum ein anderer Nobelpreis hat mich so gefreut als Freund Pauling's Friedensnobelpreis. Das Komitee des Norwegischen Parlaments stellte in der Begründung fest, dass ‚Pauling seit 1946 gekämpft hat nicht nur gegen das Testen von Atomwaffen, nicht nur gegen deren Ausbreitung und Einsatz, sondern auch gegen den Einsatz jeglicher Waffen zur Lösung internationaler Konflikte'. Es wäre sehr zu wünschen, dass Parlamente anderer Länder – auch der Schweiz! – bei ihren Entscheidungen die Mentalität dieser Norweger etwas mehr berücksichtigen wollten als es bisher der Fall war. Hoffentlich wirken die Osterfriedensmärsche in diesem Sinne ansteckend und wecken in allen Kreisen aller Völker ein stärkstes Verantwortungsgefühl für die Zukunft der Meschheit. Nur die allgemeine Abrüstung würde die Mittel frei machen für eine wirklich wirksame Hilfe der reichen Länder an ihre notleidenden Brüder".*[33] Pauling erklärte sich Anfang 1964 bereit, als Mitglied des Patronanzkomitees für den Österreichischen Ostermarsch 1964 genannt zu werden.[34]

Vorsitzender des Ostermarschkomitees war 1964 Robert Jungk, Vizevorsitzender Albert Massiczek, Schriftführerin Hilde Mayerhofer, Kassier Ferdinand Lacina. Beisitzer waren Günther Anders, Georg Breuer, Dr. Hildegard Goss-Mayr, Mitarbeiterin des Internationalen Versöhnungsbundes und tätig für die gewaltlose Befreiungsbewegung in Lateinamerika,[35] Albrecht Konecny (Redakteur der „Sozialistischen Korrespondenz"), Tilly Kretschmer-Dorninger, der Furche-Redakteur Werner Mörixbauer, Franz Sager, Margarete (Grete) Scherer, Walter Schneider und TS. Rechnungsprüfer wurden Wilhelm Lot und Schuldirektor Rudolf Göpfrich.[36] Dass bei der Ostermarschbewegung sich Quäker wie Grete Scherer beteiligten, hängt mit persönlichen Kontakten zusammen. Die Quäker, die als Pazifisten glauben, dass es keine gerechten Kriege gibt, beteiligen sich selten an Massenveranstaltungen, sie setzen vielmehr auf die Überzeugungskraft persönlicher Begegnung, auf den persönlichen Kontakt, der sich in der Friedensbewegung ergab.[37] Unter Wiener Kommunisten und Sozialisten hatten sie schon deswegen Ansehen, weil sie sich nach 1934 um die inhaftierten Schutzbündler und deren Familien gekümmert haben.

Die Kooperation unter den in Wien und Österreich tätigen Friedensorganisationen war aus verschiedenen, nicht allein politischen Gründen oft harzig. Ein gemeinsames Band war die von der österreichischen *Aktion für Frieden und Abrüstung (Ostermarsch gegen Atomgefahr)* herausgegebene und von Jungk bevorwortete Broschüre „Könnte Österreich überleben? *Die Folgen eines totalen Atomkrieges",[38] deren redaktionelle Leitung Georg Breuer übernommen hatte und, ohne Namensnennung, deren naturwissenschaftliche Passagen von TS stammen. Bei einer Sitzung des Ostermarschkomitees am 5. August 1964 drängte Anders auf eine scharfe Verurteilung der amerikanischen Bombenaggression in Vietnam, die er mit Hitlers Aggression verglich, Konecny und Sager lehnten den Vergleich mit Hitlerdeutschland ab, waren aber für eine Verurteilung der USA, Massiczek lehnte das überhaupt ab und wollte nicht, dass das Ostermarschkomitee als solches bei einer allgemeinen Verurteilung der USA mitmacht, er als Person würde das aber tun.

Am 17. Dezember 1965 traf sich TS als Vertreter der *Aktion für Frieden und Abrüstung (Ostermarsch Komitee)* zu einer Aussprache mit Delegierten der *Arbeitsgemeinschaft Österreichischer Friedensvereine.* Diese war ein Zusammenschluss verschiedener bürgerlich humanistischer Friedensorganisationen, welcher am 24. Mai 1965 auf Einladung der Vorsitzenden des Bundes österreichischer Frauenvereine Henriette Hainisch (1890–1972) in deren Büro (Wien 9, Exnergasse 36) zustande gekommen ist. Bei dieser Gelegenheit hat Hans Thirring als Vertreter der Berta von Suttner-Gesellschaft und der Vereinigung österreichischer Wissenschafter mit Rücksicht auf die antikommunistische Stimmung in Österreich ausdrücklich davor gewarnt, *„den 'Weltfriedensrat' als Mitglied aufzunehmen oder zu Sitzungen einzuladen".* Er meinte, persönliche Verbindungen könnten die Festigung freundschaftlicher Beziehungen zwischen „Ost" und West" fördern.[39] Franz Rona, Korrespondent von Peace News, war der Meinung, dass in den Kreis der Arbeitsgemeinschaft Organisationen, die den Krieg und den Bürgerkrieg nicht ablehnen, bei einem Dachverband von Friedensvereinen kaum mitarbeiten könnten. Ernst Schwarcz (1923–2008)[40], 1939 mit einem Kindertransport von Wien nach Schweden gerettet und seit 1946 in Wien für den Friedensgedanken wirkend, war als Delegierter der Gesellschaft der Freunde (Quäker), des Österreichischen Versöhnungsbundes und der Suttner-Gesellschaft bereit, im Quäkerhaus im der 3. Gemeindebezirk (Jauresgasse 13) eine Zentralstelle für Friedensarbeit einzurichten und kostenfrei für Briefpapier und Drucksorten zu sorgen. Im Quäkerhaus hatte seit 1950 die *Arbeitsgemeinschaft der Friedensvereine* ein Lokal, deren Botschaft auf dem Friedenskongress 1950 war von Thirring verlesen worden.[41] Auf der vierten Delegiertenkonferenz der *Arbeitsgemeinschaft österreichischer Friedensvereine* am 17. Dezember 1965 beteiligte sich TS an der Diskussion nicht, zu offensichtlich war ihm die Ergebnislosigkeit einer eventuellen Wortmeldung von ihm. Die *Arbeitsgemeinschaft*, die sich als überparteiliche Föderation von Friedensorganisationen und „als Gemeinschaft politisch absolut unabhängig" bezeichnete, hatte in der „Reformer-Zeitung" zehn Grundsätze abgedruckt. Alle Kriege, Bürgerkriege und Kriegsvorbereitungen werden abgelehnt, die totale Abrüstung in raschen Etappen gefordert, die einseitige Abrüstung kleiner Staaten auf Grund von internationalen Vereinbarungen begrüßt. In Punkt 6 wird betont, dass Österreich seine Neutralität nützen solle, für internationale Entspannung und Sicherheit zu wirken. Schwarcz regte an, eine Versammlung zur Information über den Krieg in Vietnam zu veranstalten. TS hat an weiteren Sitzungen der Arbeitsgemeinschaft nicht mehr teilgenommen.

1965 wurden wegen der Feiern zum 20. Jahrestag der Befreiung Österreichs und der Feiern zum 10. Jahrestag des Staatsvertrages der *Österreichische Marsch gegen die Atomgefahr* als *Marsch für internationale Verständigung, Abrüstung und Frieden* am Sonntag nach Pfingsten am 13. Juni 1965 in Wien abgehalten. Vor dem Ostermarsch 1966 beantwortete TS die Frage *Warum Ostermarsch?*[42]

Nicht nur in Vietnam, auch in Europa gibt es beunruhigende Entwicklungen. Die Atomwaffenlager werden weiter vergrößert und es gibt Regierungen, die in der einen oder anderen Form ein Mitspracherecht über den Atomwaffeneinsatz oder den unmittelbaren Atomwaffenbesitz anstreben. Dabei muß man sich bewußt sein, daß die heute in Europa bestehenden Grenzen noch nicht von allen europäischen Ländern als bleibend anerkannt worden sind. Deshalb hat die Forderung des Ostermarsches nach Entspannung in Europa besondere Bedeutung. Die Teilnehmer an den Ostermärschen werden nicht die Verhandlungen über Entspannungsschritte führen, aber sie können den Regierungen und den Menschen in ihren Ländern in Erinnerung rufen, welche Möglichkeiten für Entspannung und Friedenssicherung sich heute abzeichnen. Die Schaffung einer atomwaffenfreien

Zone in Mitteleuropa wäre zweifelsohne ein Schritt, der die Ausbreitung des Atomwaffenbesitzes in einem noch immer spannungsgeladenen Teil der Welt unterbinden würde. Auch eine Erklärung der mitteleuropäischen Länder, daß sie auf Atomwaffen in jeder Form verzichten – wie es Österreich im Staatsvertrag getan hat, hätte große Bedeutung. Daran zu erinnern, dafür einzutreten, ist wohl einer der wichtigsten Aufgaben des kommenden Ostermarsches.

TS hebt in der *Aktion für Frieden und Abrüstung* immer hervor, dass Österreich als Land, dessen Neutralität von allen Seiten geachtet wird, Möglichkeit und Verpflichtung hat, zur friedlichen Lösung internationaler Streitfragen, zur Herstellung von Vertrauen zwischen den Völkern sowie zur allgemeinen Abrüstung beizutragen und damit am Aufbau einer Welt mitzuwirken, *„in der wir Menschen ohne Furcht vor dem morgigen Tag leben können"*.[43] Für die Ostermarschbewegung schrieb Massiczek eine Broschüre über „Sinn unserer Neutralität – Österreich muß Frieden stiften".[44] Im Mitteilungsblatt der *Aktion für Frieden und Abrüstung* gibt TS im Juli 1966 eine grundsätzliche Stellungnahme ab über gegenseitiges Verstehen und gemeinsamen Handeln von Kommunisten in der Friedensbewegung, insbesondere in der Ostermarschbewegung:[45]

Ein neuer Weltkrieg würde ein Krieg mit Kernwaffen und Interkontinentalraketen sein. Schon innerhalb weniger Tage würde ein großer Teil der Erdbevölkerung getötet werden. Ein solcher Krieg würde die Vernichtung unserer Zivilisation bedeuten. Deshalb ist die Erhaltung des Friedens zum Hauptproblem unserer Zeit geworden. Ich denke, daß diese Erkenntnis allen Menschen gemeinsam ist, die die Ostermarschbewegung unterstützen, und daß wir – ich meine jene österreichischen Kommunisten, die in dieser Bewegung mitwirken – uns hier in voller Übereinstimmung mit den Angehörigen anderer Richtungen befinden. Diese gemeinsame Erkenntnis und die Anschauung, daß sich aus ihr eine Verpflichtung zu einem aktiven Eintreten für Verständigung und Friedenssicherung ergibt, haben zu der nun schon mehrere Jahre bestehenden und von gegenseitiger Achtung getragenen Zusammenarbeit in der Ostermarschbewegung geführt.
Für diese Zusammenarbeit kann es nur förderlich sein, wenn wir verstehen, wie die Angehörigen verschiedener Richtungen die

Beziehungen ihrer Teilnahme an den gemeinsamen Bemühungen gegen die Atomkriegsgefahr und ihren umfassenderen weltanschaulichen und politischen Auffassungen sehen.

Die Kommunisten bringen klar zum Ausdruck, daß sie für eine bedeutende Veränderung der gesellschaftlichen Verhältnisse eintreten. Verhinderung eines Atomkrieges, das ist die Hauptaufgabe unserer Zeit; aber dieses Ziel kann nicht durch ein Einfrieren der gesellschaftlichen Entwicklung erreicht werden; ein solches Einfrieren ist weder möglich noch wünschenswert. Die Kommunisten streben eine Gesellschaftsordnung an, in der die Produktivkräfte zumindest zu ihrem Hauptteil vergesellschaftet sind, also eine sozialistische Gesellschaft. Sie glauben, daß eine sozialistische Gesellschaftsordnung eine umfassende und sinnvolle Ausnutzung des wissenschaftlich-technischen Fortschritts für das Wohl der Menschheit ermöglicht und daß eine solche Gesellschaftsordnung die Grundlage für eine wirklich freie Entfaltung der menschlichen Einzelpersönlichkeit bietet.

Mit Recht wird die Frage gestellt: muß nicht die von den Kommunisten in den nichtsozialistischen Ländern angestrebte Änderung der Gesellschaftsordnung zu einem militärischen Konflikt zwischen den Großmächten des sozialistischen und des kapitalistischen Lagers führen? Die Beantwortung kann hier nur sehr kurz, fast nur schlagwortartig sein. Die Kommunisten sind der Auffassung, daß ein lange andauerndes friedliches Nebeneinanderbestehen kapitalistischer und sozialistischer Staaten möglich ist und angestrebt werden muß; sie treten für friedliche Koexistenz ein. Dieser Kurs ist grundsätzlich schon von Lenin erarbeitet worden und wurde dann entsprechend den Veränderung in der Welt weiterentwickelt. Aufgrund ihrer Betrachtung des Kräfteverhältnisses in der Welt sind die Kommunisten heute der Meinung, daß friedliche Koexistenz etwas Dauerndes sein kann, daß ein neuer Weltkrieg nicht nur für einige Jahre, sondern überhaupt verhindert werden kann, auch wenn die kapitalistische Ordnung in den großen Ländern des Westens bestehen bleibt. In Verbindung damit haben die Kommunisten betont, daß die von ihnen angestrebten gesellschaftlichen Veränderungen in den kapitalistischen Ländern nicht durch Aufzwingen von außen erreicht werden können, sondern nur als Ergebnis der inneren gesellschaftlichen Entwicklung dieser Länder.

Sie sind auch der Ansicht, daß in vielen Ländern neue Wege zur Umgestaltung der Gesellschaft möglich geworden sind. Schon um 1950 sind die britischen Kommunisten zu der Auffassung gelangt, daß für ihr Land ein friedlicher Weg zum Sozialismus – ohne Bürgerkrieg, ohne Einsatz militärischer Mittel – möglich geworden ist. Seither sind in anderen europäischen Ländern ähnliche Einschätzungen erarbeitet worden und diese sind zur Richtschnur für die Tätigkeit der Kommunisten geworden.

Wenn wir heute davon sprechen, daß die Verhinderung eines neuen Weltkrieges eine reale Möglichkeit ist, so stützen wir uns auf die Einschätzung, dass es in der Welt verschiedene einflußreiche Kräfte gibt, die für die Sicherung des Friedens arbeiten. Eine große Zahl von Ländern gehört keinem Militärblock an und diese Länder treten mit immer stärkerem Nachdruck für friedenssichernde Abkommen zwischen den Großmächten ein. Die Neutralen können heute eine wichtige Rolle als Mahner spielen! Die österreichischen Kommunisten sind der Ansicht, daß die sozialistischen Staaten eine Politik der Sicherung des Friedens betreiben. Das ist z. B. in den letzten Monaten durch die Rolle der Sowjetunion bei der Beilegung des Konfliktes Indien – Pakisten klar geworden. Und es kann wohl kaum ein Zweifel daran bestehen, daß die Welt schon vor Monaten in eine Katastrophe hineingeschlittert wäre, wenn die Sowjetunion in Vietnam – sozusagen als Spiegelbild der Politik der USA – militärisch intervenierte. Diese grundsätzliche Einstellung der sozialistischen Länder zur Außenpolitik bedeutet natürlich nicht, daß wir allen außenpolitischen Schritten und Erklärungen dieser Länder uneingeschränkt zustimmen müssen. Auf die Auseinandersetzungen mit den Auffassungen über Krieg und Frieden, die jetzt von der KP Chinas vertreten werden, kann ich hier nicht eingehen. Ich denke, daß jene Auffassungen und Aktionen der KP Chinas, gegen die wir Stellung nehmen, in Verbindung stehen mit einer Fehleinschätzung der heute in der Welt agierenden Kräfte, eine Unterschätzung der Bedeutung, die jeder Schritt zur Eindämmung des Atomwettrüstens hätte, und mit Fehleinschätzungen über die real bestehenden Möglichkeiten der Entwicklung weiterer Länder zum Sozialismus.

Für die Sicherung des Friedens ist die Tatsache sehr wichtig, daß heute vielleicht schon die Mehrheit der Weltbevölkerung versteht, was ein neuer Weltkrieg bedeutet, und daß – ausgehend von dieser Erkennis – praktisch in allen Ländern Bewegungen entstanden sind, die sich für Entspannung und Abrüstung einsetzen. Auch in den Ländern, deren offizielle Politik uns oft friedensgefährdend erscheint, sind immer mehr und mehr führende Persönlichkeiten, unter ihnen auch zahlreiche Politiker, um friedenssichernde Abkommen bemüht.

Gegenseitiges Verstehen und gemeinsames Handeln der verschiedenen Friedenskräfte sind von großer Bedeutung für die weitere Entwicklung. Vom Ausmaß dieser Zusammenarbeit wird es vielleicht abhängen, ob ein neuer Weltkrieg verhindert werden kann. Wenn auch unsere österreichische Ostermarschbewegung nur klein ist, so dürfen wir sie doch als einen Beitrag zu dieser so wichtigen Zusammenarbeit betrachten.

Es wird uns gelingen, den Kreis der Teilnehmer an unserer Zusammenarbeit auszuweiten, wenn wir hervorheben: es gibt heute keine Forderung des einen oder anderen Staates, die einen Atomkrieg rechtfertigen könnte. Aber die Gefahr des Atomkrieges, die sich aus den Rüstungen in der Welt und aus jeder gegen die friedliche Koexistenz gerichtete Handlung ergibt, bedroht alle. Diese allgemeine Gefahr macht die Zusammenarbeit von Menschen, die mitunter sehr unterschiedliche Anschauungen vertreten, zur Notwendigkeit.

Vor uns liegt ein breites Feld der Tätigkeit, auf dem wir gemeinsam Aktionen unternehmen müssen: Aufklärung der Menschen unseres Landes über die Gefahren des Atomwettrüstens, Eintreten für Schritte zur Atomabrüstung und zur Abrüstung überhaupt, Stellungnahme zu allen Handlungen, die die internationalen Beziehungen verschärfen, Forderung eines wirklichen Beitrages Österreichs zur Friedenssicherung, für eine aktive Neutralitätspoltik unseres Landes.

Natürlich wird es zu dieser oder jenen Frage in unserer Bewegung unterschiedliche Auffassungen geben. Wie schon unsere bisherigen Erfahrungen gezeigt haben, wird es uns aber selbst in solchen Fällen oft gelingen, gemeinsame Aktionen durchzuführen. Voraussetzung dafür ist die Bereitschaft, die Meinung des anderen durchzuüberlegen und ihr soweit wie möglich Rechnung zu tragen; und dazu wird man vor allem dann bereit sein, wenn man die Bedeutung der gemeinsamen Aktionen für die Verstärkung der Friedensbemühungen erkennt. Unsere Zusammenarbeit in der Ostermarschbewegung wird aber auch nicht beendet, wenn diese oder jene Gruppe, die die Bewegung grundsätzlich unterstützt, zu dem einen oder anderen Problem mit einer eigenen Stellungnahme oder Aktion an die Öffentlichkeit tritt oder eigene Aktionen durchführt, in denen ihr profilierter Standpunkt Ausdruck findet.

Aber unser Bemühen soll auch in Zukunft auf gemeinsames Handeln, auf gemeinsames Auftreten in der Öffentlichkeit gerichtet sein. Das scheint mir der beste Weg, um die Kräfte, die gegen die Atomkriegsgefahr ankämpfen, zu verstärken und so einen Beitrag zur Friedenssicherung zu leisten.

Der Ostermarsch 1968 am 27. April in Wien und am 28. April im Rahmen eines Autokonvois Wien Richtung Graz war ein Höhepunkt der Bewegung der *Aktion für Frieden und Abrüstung.* Die Eskalation des US-amerikanischen Terrors gegen die von Ho Chi Minh (1890–1969) in ihrem Abwehrkampf geleitete Demokratische Republik Vietnam[46] entlarvte den US-Imperialismus. Es darf auch heute nicht vergessen werden, dass durch die US- und Satellitentruppen, die Waffen wie Napalm, Giftchemikalien und Giftgas einsetzten, mehr als drei Millionen Vietnamesen unmittelbar zu Tode gekommen sind und dass heute noch viele Kinder wegen der Vergiftungsspätfolgen mit Missbildungen oder Krebs geboren werden. Der Generalsekretär der UNO, Sithu U Thant (1909–1974) hatte am 30. Juli 1967 erklärt: *„Dieser Krieg kann solange nicht beendet werden, solange die Vereinigten Staaten und ihre Alliierten nicht erkennen, daß der Kampf der Vietnamesen nicht einen kommunistischen Angriffskrieg, sondern einen nationalen Befreiungskrieg darstellt".* 160 Persönlichkeiten, insbesondere aus Wien, unterzeichneten den Aufruf der Aktion für Frieden und Abrüstung für den Ostermarsch 1968 *„Für Frieden in Vietnam/Für Rüstungsstopp/Für den Aufstieg der Dritten Welt/Für eine aktive Friedenspolitik Österreichs".* Unter ihnen waren die von TS angesprochenen Wiener Universitätsangehörigen Engelbert Broda, die beiden Mathematiker Paul Funk (1886–1969) und Leopold Schmetterer (1919–2004), Heer, Przibram und der Geograph Gustav Stratil-Sauer (1894–1975). Robert Lettner stellte Originallithographien von Ho Chi Min und Che Guevara (1928–1967) in Plakatgröße in Farbdruck zur Verfügung, welche bei der FÖJ, deren Bundesleitungsmitglied Zsolt Patka Vorstandsmitglied der Aktion war, und der Zentralbuchhandlung in Wien zum Preis von S. 20.- gekauft werden konnten, der Reingewinn ging an den Vietnam Fonds.

In Wien hielt TS im Namen des Vorstandes der *Aktion für Frieden und Abrüstung* am 27. April 1968 die Ansprache:

In dieser zweiten Hälfte des 20. Jahrhunderts steht die Menschheit einerentscheidendenTatsachegegenüber:Dieimmerweitergehende

Beherrschung der Kräfte der Natur kann den Menschen schnellen Fortschritt in der Gestaltung ihres Lebens bringen, aber auch eine Zerstörung der von ihnen geschaffenen Zivilisation in einem kaum vorstellbaren Ausmass. Jetzt gibt es Wasserstoffbomben, von denen eine ausreicht, um eine Stadt mit fünf oder zehn Millionen Einwohnern in Sekunden auszulöschen. Hunderte, ja tausende solcher Bomben lagern in den Arsenalen der Grossmächte und können mit Fernraketen auf andere Kontinente abgeschossen werden.

Aber nicht die technischen Entwicklungen an und für sich stellen die grosse Gefahr für die Menschheit dar, sondern politische Kräfte, die sich dieser Errungenschaften für eine rücksichtslose Machtpolitik bedienen wollen. Diese Kräfte sind es auch, die die Kriegführung mit nicht-atomaren Waffen auf eine neue Stufe der Grausamkeit und des Schreckens gehoben haben.

Vor einigen Jahren haben die Vereinigten Staaten ihre militärische Intervention in die politischen Auseinandersetzungen in Südvietnam begonnen, unter Missachtung, unter Verletzung der Genfer Abkommen von 1954. Vietnam liegt rund 12000 km von Amerika entfernt. Niemand kann uns glauben machen, dass die Sicherheitsinteressen der Vereinigten Staaten davon berührt werden, welches Gesellschaftssystem in Südvietnam besteht, welche Regierung in Saigon im Amt ist.

Dank des entschlossenen Freiheitswillens des vietnamesischen Volkes hat die militärische Intervention der USA in Südvietnam ihr Ziel nicht erreicht. Der Bombenkrieg gegen Nordvietnam hat grosse Leiden und Zerstörungen verursacht, aber heute erkennt man in zunehmendem Mass selbst in den USA, dass der Bombenterror keine militärischen und keine politischen Erfolge gebracht hat. Er hat nur zu einer immer entschiedeneren Ablehnung der Politik der amerikanischen Regieurng in der ganzen Welt geführt. Eine weltweite Bewegung gegen den Vietnamkrieg und für die Sicherung der Rechte des vietnamesischen Volkes ist entstanden. Eine Welle der Sympathie, eine Welle der Solidarität für das leidende und kämpfende Vietnam geht um die Welt.

In den Vereinigten Staaten wächst der Protest gegen den Vietnam-Krieg weiter an. Dort und in der ganzen Welt wird die Forderung erhoben:

Vollständige Einstellung der Bombenangriffe auf Nordvietnam!

Die Vereinigten Staaten müssen die Nationale Befreiungsfront als gleichberechtigten Verhandlungspartner anerkennen! Verhandlungen müssen aufgenommen werden auf der Grundlage der Anerkennung des Rechts des vietnamesischen Volkes, sein Schicksal frei von äusseren Einmischung entscheiden zu können! Das sind auch die Forderungen, die im Auruf zum Ostermarsch 1968 ihren Ausdruck gefunden haben. Mehr als 160 bekannte Persönlichkeiten des österreichischen öffentlichen Lebens haben diesen Aufruf mitunterzeichnet. Unter ihnen bekannte Wissenschaftler und Ärzte, Gewerkschaftsfunktionäre und Betriebsräte, Geistliche und Künstler, Mandatare des öffentlichen Lebens. Unter ihnen befinden sich Angehörige aller politischen Richtungen.

Es wirft ein eigenartiges Licht auf viele österreichische Zeitungen, dass sie über diese Stellungnahme prominenter Österreicher zu den grossen Weltproblemen mit keiner einzigen Zeile berichtet haben. Aber durch Verschweigen kann man derartige Tatsachen nicht ungeschehen machen. Auch in Österreich verstärkt sich der Protest gegen den Vietnam-Krieg. Unser Ostermarsch 1968 soll ein Beitrag zu dieser Bewegung sein.

Ich darf nun Zentralsekretär [Josef] Hindels von der Gewerkschaft der Privatangestellten und Vorstandsmitglied der Aktion für Frieden und Abrüstung bitten zu sprechen.

Die *Aktion für Frieden und Abrüstung* verurteilte im Sommer 1968 mehrheitlich die militärische Intervention der Sowjetunion in der CSSR *„als einen brutalen Akt der Grossmachtpolitik"*. TS war nie ein Gefangener einer Mehrheit, wenn diese keine prinzipielle Basis hatte. Die Intervention in der CSSR beurteilte er als im Interesse des internationalen Sozialismus stehend.[47] Der Historiker Fritz Fellner (*Wien, 1922) wollte die *Aktion für Frieden und Abrüstung* für eine Reaktion auf die massive Hetze in den österreichischen Medien gewinnen: *„Ich kann nicht umhin, mit großer Sorge Sie auf die unqualifizierte Art aufmerksam zu machen, in der die österreichische Presse das Vorgehen des Kremls zum Anlaß nahm, um in reaktionärster Weise Chauvinismus und Militarismus anzufachen. Wenn wir diesen Rückfall in totalitäres militaristisches Denken zulassen, ohne zu mahnen, dann machen wir uns mitschuldig an kommenden Katastrophen".*[48] Breuer,[49] mit dem TS in der Ostmarschbewegung zusammengearbeitet hat, nahm offensiv antikommunistische Positionen ein, er trat 1969 aus der KPÖ aus und wurde in Wien Verbindungsmann für Agenten der tschechoslowakischen Reaktion. In den 80er Jahren war er in einer Unabhängigen Friedensbewegung (UFI) tätig, welche das gemeinsame Auftreten der Friedensbewegung sicher nicht erleichtert hat. Die Katholische Kirche verdeutlichte durch ihre Vertreter in der von ihr bisher unterstützten Ostermarschbewegung reaktionäre Positionen. Das Ostermarschkomitee löste sich jedenfalls in der bisherigen Form und Zusammensetzung auf.

Die mutige Entschlossenheit und Einheit des vietnamesischen Volkes, ihrer Regierung und ihrer kommunistischen Partei beeindruckten die ganze Welt. Die Trauerfeiern für den am 3. September 1969 verstorbenen Ho Chi Minh spiegelten die Einmütigkeit des vietnamesischen Kampfes gegen die amerikanische Aggression wider.[50] Dennoch, am 1. Mai 1970 überfiel die USA nach jahrelanger Wühlarbeit Kampuchea, dessen Neutralität dem US-Imperialismus bei der Zerschlagung der patriotischen Kräfte Indochinas im Wege stand.[51] Alfred Hrdlicka, Kurt Rothschild, Leopold Schmetterer und Alfred Uhl bereiteten im Einvernehmen mit TS ein von insgesamt 43 österreichischen Wissenschaftlern und Künstlern unterzeichnetes, am 16. Mai 1970 abgefertigtes Telegramm an Nixon vor: *„die militäraktion der usa in Kambodscha, welche dessen neutralitaet verletzt hat, kann indochina nicht den frieden sondern nur tod und verderben bringen. das ist ein weg in die katastrophe fuer die voelker indochinas, fuer die amerikaner, die diesen krieg fuehren muessen, fuer die ganze welt. unsere sympathien sind auf der seite jener amerikaner – der senatoren und abgeordneten, der studenten und professoren der amerikanischen universitaeten – die die einstellung des usa-ueberfalls auf kamboscha und den abzug der truppen aus vietnam fordern, um so diesem land den frieden zu geben".* Die Koordination einschließlich der Sammlung des Kostenersatzes hat Tilly Kretschmer-Dorninger übernommen. Kreisky nahm das Telegramm zustimmend zur Kenntnis und antwortete am 26. Juni 1970 Schmetterer, dass die österreichische Bundesregierung jegliche militärische Intervention, wo immer sie geschehen mag, ablehnt. In einem Schreiben an Nixon habe er darüber hinaus erklärt, die österreichische Regierung und das österreichische Volk würden jede Anstrengung unterstützen, die geeignet sei, den Frieden in Indochina herzustellen.

Kurz vor der Befreiung von Saigon am 30. April 1975 durch die Volksbefreiungsarmee distanzierte sich der Präsident der Suttnergesellschaft Pfarrer Johannes Mironovici vom bisherigen Ostermarschkomitee und publizierte seinen Schritt mit einem an alle Wiener Tageszeitungen adressierten antikommunistischen Hetzbrief: *„Ich habe das dem stellvertretenden Präsidenten des ‚österreichischen Komitees für europäische Sicherheit' Univ. Prof. Dr. Thomas Schönfeld, der Kommunist ist und mit mir im Vorstand des Ostermarschkomitees war, mitteilen lassen. Zwar hat sich der ‚Ostermarsch 1968 nach Kontroversen zwischen Christlichen und Kommunistischen Friedensfreunden aufgelöst, aber seine ehemaligen Prominenten haben auch nach dem Einmarsch der Truppen des Warschauer Paktes in die Tschechoslowakei protestiert. Ich rufe daher alle ehemaligen Ostermarschierer, die es ehrlich meinen, zu einem ähnlichen Schritt gegen die Aggression Nordvietnams und des Vietkongs auf"*.

Eine vom *Österreichischen Friedensrat* unter Anleitung von TS gestaltete Wanderausstellung *„Hiroshima mahnt zur Abrüstung"* mit 24 Tafeln (70 × 90) wurde am 10. Mai 1976 an der Technischen Universität Wien mit Ansprachen von Otto Hittmair (1924–2003), TS und einem Vertreter der Hochschülerschaft eröffnet. Das Besucherbuch wurde Generalsekretär Kurt Waldheim übermittelt.[52] Als Vorstandsmitglied des Österreichischen Friedensrates hielt TS auf Kundgebungen aus Anlass des *Hiroshima Tages* in Wien Ansprachen, seine Grußadresse vom 6. August 2001 in Wien an die Teilnehmer der Versammlung ist im Internet nachzulesen. Der *Hiroshima Tag* gab Gelegenheit, Vertretern von Konfessionen auf verschiedenen Ebenen wie Alois Riedlsperger SJ von der Katholischen Sozialakademie Österreichs zu begegnen, in dessen Grußadresse es einmal heißt: *„Die Bombe [..] macht uns die schicksalshafte Verflochtenheit der gesamten Menschheit massiv bewusst"*.[53]

Im Anfang August 1980 zum *Hiroshima Tag* gedruckten Informationsbulletin des Österreichischen Friedensrates *Stimmen zur Zeit* hat TS jene historischen Bedingungen nüchtern und ohne Verwendung eines pseudointellektuellen politischen Vokabulars analysiert, die zur Bewegung gegen die Gefahr der atomaren Vernichtung geführt hat:[54]

Hiroshima und der Kampf gegen Atomkriegsgefahr
Seit dem Abwurf der ersten Atombomben auf Hiroshima am 6. August und auf Nagasaki am 9. August 1945 sind 35 Jahre vergangen. Die Zerstörung dieser Städte, der Tod von mehr als 250.000 ihrer Einwohner ist unvergessen und darf auch von den kommenden

Generationen nicht vergessen werden. Denn das Schicksal von Hiroshima und Nagasaki lässt ahnen, was ein Krieg mit dem Einsatz der heute existierenden Kernwaffen bedeuten würde, deren Explosionskraft die der Hiroshima-Bombe bis auf das Tausendfache übersteigt. Das Schicksal der Einwohner von Hiroshima und Nagasaki mahnt, daß es in unserer Zeit keine wichtigere Aufgabe als die Verhinderung eines neuen Weltkrieges gibt.

In Verbindung mit dem Gedenken an das Schicksal der beiden japanischen Städte muss an die historischen Zusammenhänge erinnert werden, muss die Beziehung der Ereignisse von damals zu den aktuellen Aufgaben erkannt werden. Wie ist es zur Entscheidung über die Atombombenabwürfe gekommen? Mussten die beiden Städte vernichtet werden, um den japanischen Militarismus, den Bündnispartner des Nazifaschismus zur Kapitulation zu zwingen? Hat die Entwicklung der Kernenergie, haben die beiden Atombombenabwürfe unaufhaltbar zum Kernwaffenwettrüsten geführt, das der Menschheit riesige Belastungen aufgebürdet und sie mehrmals knapp an den Abgrund eines atomaren Weltkrieges geführt hat? Einige Tatsache, die für die Beantwortung dieser Fragen wesentlich sind, sollen hier in Erinnerung gerufen werden.

Nach der Niederlage Nazideutschlands

Die Arbeiten zur Entwicklung von Atomwaffen wurden in den USA und in Großbritannien gegen Anfang des Zweiten Weltkrieges eingeleitet, weil solche Bemühungen auch in Nazideutschland unternommen wurden und damit gerechnet werden mußte, daß die Naziführung jede Superwaffe bedenkenlos in größtmöglichem Umfang einsetzen würde. Zu einem Zeitpunkt als sich in den USA der erfolgreiche Abschluss der Atombombenentwicklung in etwa einem Jahr abzeichnete, wurde klar, daß es nicht mehr zu einem Einsatz dieser Waffen gegen Nazideutschland kommen würde.

Auf Grund des Vordringens der Armeen der Antihitlerkoalition war mit der endgültigen Niederringung des deutschen Faschismus innerhalb einiger Monate zu rechnen. Zu diesem Zeitpunkt wurde auch erkennbar, daß die Kernwaffenentwicklung in Nazideutschland gegenüber jener in den USA weit zurückgeblieben war und daher nicht mehr mit der Möglichkeit eines deutschen Atombombeneinsatzes gerechnet werden mußte. Damit rückte in den USA die Frage eines Atombombeneinsatzes gegen Japan und die der

Auswirkungen eines solchen Einsatzes auf die Nachkriegszeit in den Vordergrund.

Die Atombombenentwicklung war ein Geheimprojekt. Daher kannten nur wenige Politiker und Militärs sowie die an den Entwicklungsarbeiten beteiligten Wissenschaftler die Tatsachen. Vor allem unter den Wissenschaftlern begann die Diskussion über die Nachkriegszeit.

Schon im August 1944 wurde der berühmte dänische Physiker Niels Bohr [1885–1962], der als Berater beim amerikanischen Atomwaffenprojekt fungierte, auf seine Bitte von Präsident [Franklin D.] Roosevelt [1882–1945] empfangen. Er trat dafür ein, daß die USA die Welt möglichst bald über die Atombombe informieren sollten. Dadurch könnte eine internationale Kontrolle erreicht und ein verhängnisvoller Rüstungswettlauf verhindert werden. In einem später – im März 1945 – abgefassten Memorandum warnte Bohr: wenn die USA eine solche Bekanntmachung hinauszögern sollten, so würden ihre Vorschläge für eine internationale Kontrolle als ein Versuch der groben Druckausübung aufgefasst werden, die von keinem großen Land akzeptiert werden könnte.

Auf den Einsatz der Atombombe verzichten

In gleichem Sinn äußerte sich der bekannte, aus Ungarn stammende Physiker Leo Szilard [1898–1964], ebenfalls Mitarbeiter des amerikanischen Atombombenprojekts, in einem an Präsident Roosevelt adressierten Memorandum im März 1945, das von Roosevelt, der am 12. April 1945 starb, nicht mehr gelesen wurde: „Die erste Atombombe, die über Japan gezündet wird, wird so sensationell stark sein, daß ein atomares Wettrüsten zwischen uns und anderen Nationen ausgelöst wird". Szilard schrieb in diesem Memorandum auch, daß die Sowjetunion in etwa sechs Jahren über Atombomben mit großer Gesamtsprengkraft verfügen könnte, und er verwies auch auf die Möglichkeit einer Entwicklung von Raketen als Kernwaffenträger über sehr große Entfernungen. Gegen Angriffe mit solchen Kernwaffen-Raketen würde es keinen Schutz geben, daher würde die Entstehung von Kernwaffen die Sicherheit der USA letztlich nicht stärken, sondern entscheidend herabsetzen. Szilard trat daher für eine möglichst baldige Erörterung der Fragen der Kontrolle über die Entwicklung und Anwendung der Kernenergie ein. Durch einen Verzicht auf den Einsatz der Atombombe gegen Japan und eine statt dessen durchgeführte Demonstrationsexplosion würde eine günstige Atmosphäre für die Verwirklichung einer internationalen Kontrolle geschaffen werden.

Als der Krieg gegen Nazideutschland Anfang Mai, etwa einem Monat nach dem Tod von Roosevelts und des Amtsantritts Präsident Trumans, zu Ende ging, zeichnete sich die Fertigstellung der ersten Atombomben innerhalb einiger Monate ab. Präsident Truman und die anderen verantwortlichen Männer der USA-Administration griffen die von den Wissenschaftlern dargelegten dringenden Fragen nicht in vollem Umfang auf. Auch weitere Versuche der Einflussnahme durch engagierte Wissenschaftler des Atombombenprojekts blieben erfolglos.

Die Russen fügsamer machen

Szilard konnte nicht mit Präsident Truman, jedoch mit dessen späteren Außenminister James Byrnes [1879–1972] sprechen. Über dieses Gespräch – am 28. Mai 1945 – hat Szilard berichtet, daß Byrnes besonders auf die Bedeutung eines Atombombeneinsatzes für die Nachkriegsbeziehungen zur Sowjetunion einging. Es würde sehr schwer sein, die Russen zum Abzug ihrer Truppen aus Ungarn und Rumänien zu bewegen. Eine Demonstration amerikanischer militärischer Stärke könnte sie jedoch fügsamer machen, und gerade die Explosion einer Atombombe würde die Russen beeindrucken.

Dieses Gespräch fand nur drei Wochen nach der Kapitulation Nazideutschlands statt und die alliierten Mächte standen noch vor der schweren Aufgabe der Niederringung des japanischen Militarismus – aber Byrnes, der bereits zum Außenminister designiert war, plante bereits, die Atombombe als Druckmittel gegen die Sowjetunion einzusetzen.

Als die Fertigstellung der ersten Atombombe immer näher rückte, wurde den am Projekt tätigen Wissenschaftlern klar, daß sich die Regierungsverantwortlichen für einen Atomwaffeneinsatz gegen japanische Städte entschieden hatten. Mitte Juli unterzeichneten 67 Wissenschaftler eine Petition an Präsident Truman mit der Warnung: Jenes Land, das als erstes die nun freisetzbaren Naturkräfte für Zwecke der Vernichtung einsetzt, lädt die Verantwortung für eine Entwicklung auf sich, die zu Zerstörungen in bisher unvorstellbarem Ausmaßen führen kann. Die Petition wandte sich gegen einen Einsatz der Atombombe gegen Japan, es sei denn, daß Japan nach

Bekanntgabe genauer Kapitulationsbedingungen sich weigerte, die Waffen niederzulegen. Aber auch dann dürfte die Entscheidung erst nach genauer Prüfung aller Gesichtspunkte und unter Berücksichtigung der moralischen Verantwortung der ersten über Atomwaffen verfügenden Macht erfolgen.

Bei der Potsdamer Konferenz

Hatten die Wissenschaftler auf eine möglichst frühzeitige Informierung der Verbündeten der USA in der Antihitlerkoalition und eine Absichtserklärung für gemeinsame Bemühungen zur Verhinderung jeder militärischer Anwendung der Atomenergie in den Nachkriegszeit gedrängt, so beschritt die USA-Regierung einen ganz anderen Weg. Nach einer Sitzung bei der Potsdamer-Konferenz am 24. Juli 1945 teilte Präsident Truman in wenigen Sätzen Josef Stalin mit, daß die USA jetzt über eine neue Waffen mit größter Zerstörungskraft verfügen. Weder kündigte er hierbei spätere genauere Informationen an, noch schlug er gemeinsame Erörterungen über Bemühungen zur Kontrolle dieser Art von Waffen vor. Die führenden Männer der USA hatten sich endgültig für den Einsatz von Atombomben gegen japanische Städte entschieden. Der Plan für eine solche Demonstration der neuen Superwaffe war für sie nun so wesentlich, daß sie anderen Möglichkeiten für eine Beendigung des Krieges nicht mehr ernsthaft prüften. Weder suchten sie festzustellen, welche genaue Bewandtnis es mit den von offiziellen japanischen Stellen ausgestreckten Fühlern für Verhandlungen hatte, noch warteten sie den bevorstehenden Angriff der Sowjetarmee auf die japanische Armee in der Mandschurei ab, von dem eine starke Erschütterung der gesamten japanischen Position erwartet werden konnte.

Beginn der Politik der atomaren Erpressung

Ohne solche Möglichkeiten zu prüfen wurden die beiden Atombomben sofort nach ihrer Fertigstellung abgeworfen. Von zahlreichen Historikern und Militärfachleuten wird die Einschätzung vertreten, daß die Bereitschaft Japans zur Kapitulation bereits sehr stark war und eine Niederlage in der Mandschurei sowie die Weiterführung der Kriegshandlungen im erreichten Ausmaß bald zur Niederlegung der Waffen geführt hätte. Sie folgern daraus, daß die Atombombenabwürfe auf Hiroshima und Nagasaki nicht entscheidend zur Beendigung des Krieges durch Japans Kapitulation beigetragen haben. Diese Demonstration der Stärke war vielmehr schon ein Teil der Politik der Nachkriegsperiode, es war der Beginn der Politik der atomaren Erpressung, der Konfrontation und des Kalten Krieges. Diese Orientierung, die für die Atombombenabwürfe maßgebend war, hat die amerikanische Politik auch in den anschließenden Nachkriegsjahren bestimmt.

Im Frieden: Steigerung der Atombombenproduktion

Nach Kriegsende fielen Entscheidungen, durch die die USA-Politik auf die Hochrüstung mit Atomwaffen orientiert und damit die Möglichkeiten für eine Verhinderung eines Rüstungswettlaufes verschüttet wurden. Die Anlagen für die Erzeugung der für Atombomben erforderlichen spaltbaren Materialien wurden nicht stillgelegt, sondern bedeutend erweitert und der Ausstoß dieser Materialien forciert.

Im Sommer 1946, etwa in jener Zeit in der bei den Vereinten Nationen Beratungen über eine internationale Kontrolle der Atomenergie begannen, führten die USA eine Serie von Versuchsexplosionen mit Atombomben durch, bei der insbesondere die Möglichkeiten zur Steigerung der Explosionsstärken gegenüber den Bomben von Hiroshima und Nagasaki erprobt und demonstriert werden sollten.

Vor allem bei den Verhandlungen in den Vereinten Nationen wurde deutlich, daß die in den USA maßgebenden politischen Kräfte nicht die Verhinderung der Erzeugung und des Einsatzes von Kernwaffen zum Ziel hatten, sondern die Aufrechterhaltung und den Ausbau ihres damals bestehenden Atomwaffenmonopols. Nach Hiroshima und Nagasaki wurden in der ganzen Welt Maßnahmen gefordert, die einen Einsatz von Kernwaffen für alle Zeiten verhindern und den Völkern ein atomares Wettrüsten ersparen sollten. Man erhoffte sich, daß entsprechende Abkommen im Rahmen der 1945 gegründeten Vereinten Nationen erarbeitet werden könnten.

Aber als der Vertreter der USA, Bernard Baruch [1870–1965], am 14. Juni 1946 den Vorschlag seiner Regierung in der Atomenergiekommission der Vereinten Nationen unterbreitete, wurde deutlich, daß die USA vor allem die Festigung der eigenen Vormachtstellung anstrebten.

Die als „Baruch-Plan" bekanntgewordenen Vorschläge der USA sahen die Errichtung einer supranationalen Atomenergieentwicklungsbehörde vor. Sie sollte absolute Verfügungsgewalt und Kontrolle über alle Phasen der Entwicklung und Nutzung der Atomenergie besitzen. Alle Anlagen und Tätigkeiten, die irgendwie mit der militärischen Anwendung der Atomenergie in Verbindung stehen, sollten sich im Eigentum der internationalen Behörde befinden und von ihr betrieben werden. Andere Aktivitäten auf dem Gebiet der Kernenergie sollten nur auf Grund von Genehmigungen durch die Behörde und unter ihrer strengen Kontrolle zugelassen werden, wobei praktisch unbegrenzte Inspektionsrechte, die auch andere Produktionszweige umfassten, vorgesehen waren.

Im multinationalen Leitungsorgan der Behörde sollte das Prinzip der Übereinstimmung der führenden Mächte, wie es für den Sicherheitsrat der Vereinten Nationen in Gestalt des Veto-Rechtes eingeführt worden war, keine Gültigkeit haben. Die USA hätten daher mit Unterstützung ihrer Verbündeten beliebige Beschlüsse fassen und auch Strafsanktionen gegen Staaten beschließen können, die nach ihrer Auffassung Weisungen der internationalen Behörde zuwiderhandeln. Von Baruch wurde in mehreren Erklärungen betont, daß gerade die Strafsanktionen entscheidendes Element der Vollmachten der Behörde sein müssten und daß solche Strafsanktionen auch bis zum Krieg gehen könnten. Das bedeutet nichts anderes, als daß die Behörde ein Machtmittel in den Händen der USA, einen Hebel zur Gewährleistung der amerikanischen Vorherrschaft darstellen sollte.

Kein Abbau der USA-Atomwaffenarsenale

Im amerikanischen Vorschlag kam weder Bereitschaft zum Ausdruck, eine internationale Konvention über das Verbot der Atomwaffen abzuschließen, noch wurde irgendein Zeitplan für die Einstellung der amerikanischen Atomwaffenproduktion und die Vernichtung der gelagerten Atomwaffen vorgelegt. Der Baruch-Plan ließ also offen, wie das von den friedliebenden Kräften der ganzen Welt erstrebte Ziel, die Entfernung der Atomwaffen aus den Arsenalen aller Staaten und damit die Verhinderung jedes Atomwaffeneinsatzes erreicht werden sollte.

Für ein Verbot der Atomwaffen

Für ein striktes Verbot der Herstellung und der Anwendung von Atomwaffen setzte sich in den Beratungen der Atomenergiekommission der

Vereinten Nationen die Sowjetunion ein. Sie vertrat den Standpunkt, daß die Anerkennung dieser prinzipiellen Verpflichtung Grundlage für alle weiteren Vereinbarungen über die Kontrolle der Atomenergie sein müsse, darunter auch über Inspektionen und eventuelle Sanktionen. Die Konvention sollte alle Staaten, die bereits über Atomwaffen verfügen, die Pflicht auferlegen, diese innerhalb von drei Monaten zu vernichten.

Die Verhandlungen in der Atomenergiekommissin der Vereinten Nationen scheiterten, weil die USA-Regierung gar nicht daran dachte, das Atomwaffenmonopol aufzugeben, ja mit der vollen Entfachung des Kalten Krieges ab 1947 die Atomwaffe immer offener als politisches Druckmittel einzusetzen begann.

Die Politik der atomaren Erpressung scheitert

Erst als die USA das Atomwaffenmonopol verloren hatten und auch mit großem Einsatz vorangetriebene Versuche scheiterten, durch Entwicklung neuer Waffenarten wieder eine entscheidende nukleare Überlegenheit zu erlangen, wuchs in den USA und selbst in den führenden Kreisen dieses Landes die Einsicht, daß es notwendig sei, Vereinbarungen über Rüstungsbegrenzungen und Abrüstung auf Grundlage der Anerkennung der Gleichberechtigung der Partner und unter Berücksichtigung ihrer Sicherheitsinteressen anzustreben. Anfang der sechziger Jahre wurden die ersten derartigen Vereinbarungen erzielt. Sie trugen wesentlich zum Zustandekommen der wichtigen Schritte der Entspannung Ende der sechziger und Anfang der siebziger Jahre bei.

Aber die Entwicklung seit 1978 hat gezeigt, daß es in den USA sehr einflußreiche Kreise gibt, die keine Lehren aus dem Gang der Ereignisse seit 1945 gezogen haben. Sie orientieren die amerikanische Politik auf neue Versuche zur Erlangung einer entscheidenden militärischen Überlegenheit, vor allem auf dem Gebiet der strategischen Kernwaffen, und sie unternehmen alles, um die Entspannung zu torpedieren und die Welt in die Zeiten des Kalten Krieges zurückzuführen.

Der Kampf für die Abwendung des Atomkrieges, für die Abrüstung bei Atom- und konventionellen Waffen ist deshalb unlösbar mit dem Kampf gegen die Eskalation des Wettrüstens und gegen die Kräfte, die diese Politik des ‚Balancierens am Rande des Abgrunds' betreiben, verbunden.

TS und Mia Schönfeld waren an den Hiroshima Gedenkundgebungen in Wien immer beteiligt. TS begrüßte die am 5. September 1981 erfolgte Errichtung einer *Hiroshima-Gruppe Wien*[55] und arbeitete mit ihren Initiatoren Helmut Kramer und Andreas Pecha bei verschiedenen Tätigkeiten zusammen.

VIII. 3. Im Österreichischen Komitee für Europäische Sicherheit und Zusammenarbeit. Mitgestalter des Internationalen Instituts für den Frieden Wien

Seit den vierziger Jahren war aufgrund der Konfrontation des militärisch-politischen NATO-Blocks gegen die sozialistischen Länder keine stabile Grundlage für die Festigung des Friedens und der Sicherheit der europäischen Völker möglich. Die Voraussetzungen und Bedingungen für eine Lösung der damit verknüpften Probleme reiften Ende der 60er Jahre durch das Aufgreifen des Prinzips der friedlichen Koexistenz an Stelle der Konfrontation heran. Die politischen Aspekte der europäischen Sicherheit blieben im Vordergrund, denn eine automatische Zusammenarbeit der kapitalistischen und sozialistischen Länder Europas konnte nicht einfach aus der Nutzung der wirtschaftlichen, wissenschaftlichen und technischen Zusammenarbeit im Gefolge der wissenschaftlich-technischen Revolution abgeleitet werden. Der 1968 zwischen den USA, der Sowjetunion und Großbritannien abgeschlossene Atomwaffensperrvertrag (Vertrag zur Nichtverbreitung von Atomwaffen/Non-Proliferation Treaty/NPT) trat 1970 in Kraft. Er verbietet die Weitergabe von Atomwaffen und atomwaffenfähigem Material und wurde besonders für Europa ein wichtiges Element der Entspannung, auch wenn weiterhin neue atomare Waffensysteme entwickelt wurden. Stimulierend für den Entspannungsprozess in Europa waren die Gewaltverzichtsabkommen zwischen der Sowjetunion und der BRD und zwischen Polen und der BRD, die 1970 in Moskau (12. August) und Warschau (7. Dezember) unterzeichnet wurden. Die beiden deutschen Staaten normalisierten 1972 (21. Dezember) ihre Beziehungen im Grundlagenvertrag, im Prager Vertrag von 1973 (11. Dezember) kam es zum Gewaltverzicht einschließlich des Verzichts auf Gebietsansprüche zwischen der CSSR und der BRD. Die Entspannungspolitik setzte sich mit dem auf der *Konferenz über Sicherheit und Zusammenarbeit in*

Thomas Schönfeld mit Minister a. D. Albert de Smaele in Brüssel (November 1971).

Europa (KSZE) aufbauenden, sehr widersprüchlichen und komplizierten Prozess seit den Schlussakten von Helsinki vom 1. August
1975 fort.[56] Im Prinzip kann Helsinki als Fortsetzung von Jalta und
Potsdam angesehen werden. Drei Säulen galten als Richtschnur: Sicherheit, Zusammenarbeit und Achtung der Menschenrechte, wobei

letztere ein von den meinungsführenden Medien der kapitalistischen Länder beliebig manipulierbare Phrase war. Die Sowjetunion, die unmittelbar nach der Konferenz von Helsinki der UN-Vollversammlung Vorschläge „Über den Abschluss eines Vertrages über das vollständige und allgemeine Verbot der Kernwaffenversuche" (11. September 1975) und „Über das Verbot der Entwicklung und Produktion neuer Arten von Massenvernichtungswaffen und neuer Systeme solcher Waffen" (23. September 1975) unterbreitet hatte, unterstützte alle Initiativen, die zur Sicherheit Europas beitragen konnten, sie war der Meinung, dass die Sicherheit Europas nicht nur Sache der Regierungen sein konnte und brachte dem Auftreten von Vertretern der Öffentlichkeit und der Friedensbewegungen großen Respekt entgegen. Der Entspannungsprozess machte deutlich, dass kriegerische Konfrontation nicht Schicksal sein muss.

Am 16. Dezember 1970 trafen sich in der Wiener Kaffeehausinstitution Café Landtmann, wo einst Sigmund Freud und das Wiener Großbürgertum verkehrt hat, Georg Fuchs, Tilly Kretschmer-Dorninger, die zu den Sponsoren des österreichischen Ostermarsches 1963 zählt, Leopold Schmetterer, Margarete Schütte-Lihotzky und TS. Die Anregung zu diesem Treffen war von TS, der von ähnlichen Initiativen in anderen Ländern wusste, in Absprache mit Fuchs ausgegangen. Für TS war die Bildung eine Gruppe von Gleichgesinnten notwendige Voraussetzung für die Organisierung eines bestimmten eingreifenden Denkens mit dem Übergang zu nichtstaatlichen Aktionen. In der Kommunikationsidee von TS waren nichtstaatliche Aktionen im Vorfeld von Konflikten von grosser Bedeutung, ein Konzept, das in der Gegenwart von den Bundesbehörden der Schweiz stark entwickelt wird. TS hat mit Schmetterer eine hoch angesehen Gelehrtenpersönlichkeit gewonnen, er war ein durch Gastprofessuren in den USA, Israel und Frankreich international erfahrener Wiener Mathematiker.[57] Schmetterer, der als Schüler des Realgymnasiums in der Wiener Albertgasse Mitglied des antifaschistischen Mittelschülerbundes gewesen war,[58] hat schon die *Aktion für Frieden und Abrüstung (Ostermarsch gegen Atomgefahr)* mit seinem Namen im Patronanzkomitee öffentlich unterstützt. Fuchs repräsentierte das Internationale Institut für den Frieden, das sich anfänglich besonders Fragen der europäischen Sicherheit und Zusammenarbeit gewidmet hat, im Laufe der Jahre aber die Thematik in Richtung auf grundlegende und globale Probleme der Friedensforschung ausgeweitet hat. Die von der Wiener SPÖ mit einem de facto Berufsverbot belegte Architektin Schütte-Lihotzky war nicht nur Parteigenossin von TS, sondern seit der Konstituierung des Österreichischen Friedensrates dessen Mitglied. Mit Schütte-Lihotzky waren Mia Schönfeld und TS persönlich befreundet.[59] Ein hektographiertes Kurzprotokoll fasste die Ergebnisse der Aussprache vom 16. Dezember 1970 zusammen: Ein zu bildendes Komitee sollte den zahlreichen Bemühungen und Initiativen, die es auf verschiedenen Ebenen für die Friedenssicherung in Europa gab, keine Konkurrenz machen, vielmehr sollte es, wie Schmetterer einleitend skizzierte, insbesondere durch Herausgabe von Informationsmaterial und durch Meinungsaustausch bei der Koordinierung dieser Bemühungen helfen: *„Im Komitee sollen Menschen verschiedener politischer Auffassungen und Weltanschauungen zusammenarbeiten. Um das in genügend breiter Weise zu ermöglichen, wird das Komitee weder antikapitalistische noch antikommunistische Standpunkte vertreten. Vielmehr sollen konkrete Schritte zur Verständigung und Entspannung in Europa unterstützt und gefördert werden".* Schmetterer stellte seine Vorschläge über die Tätigkeit des Komitees vor, im wesentlichen sollten Vorträge, eventuell mit Referaten aus dem Ausland, veranstaltet werden, Informationsmaterial in Form eines in bestimmten Abständen erscheinenden Bulletins herausgegeben werden, wobei Schmetterer ein ähnliches Bulletin wie das bundesdeutsche Bulletin des „Fränkischen Kreises"[60], der Mitglied der Weltföderation der Wissenschaftler war, vorschwebte, und ein Meinungs- und Informationsaustausch mit Organisationen und Gruppen im In- und Ausland, die in ähnlichem Sinne wirken, gepflegt werden. Nach einer eineinhalbstündigen Diskussion, während welcher der Vorsitzende des 1920 von wenigen Katholiken gegründeten österreichischen Zweiges des Internationalen Versöhnungsbundes Ernst Schwarcz telefonisch kontaktiert wurde, stand als Ergebnis fest: 1) Als erste Tätigkeit des Komitees sollte ein Bulletin in abgezogener Form herausgegeben werden mit dem vorläufigen Arbeitstitel *„Blickpunkt Europa",* wofür sich zur Mitarbeit bereit erklärten Kretschmer-Dorninger, Schütte-Lihotzky, TS und, telefonisch, Schwarcz. Als Inhalt der Nummer 1 wurde vorgeschlagen a) Text der Erklärung mit den Namen, die ihre Zustimmung gegeben und sich zur Mitwirkung im Komitee bereit erklärt haben, b) Dokumentation über die Standpunkte zu einer Konferenz über europäische Sicherheit auf Regierungsebene, c) Dokumentation von Einschätzungen des Gewaltverzichtabkommens zwischen der BRD und der Sowjetunion und d) Informationen über die verschiedenen Bemühungen für europäische

Sicherheit, insbesondere auf Nicht-Regierungs-Ebene. 2) Zunächst sollte das Komitee nicht vereinsmäßig konstituiert werden, diese Frage sollte, weil eine breitere Entfaltung der Tätigkeit, insbesondere die Finanzierung, ohne eine solche Konstituierung schwierig sei, in einigen Monaten, wenn schon eine bestimmte Tätigkeit durchgeführt wurde und der Kreis von Mitarbeitern und Interessenten erweitert worden ist, nochmals diskutiert werden. Bis dahin sollte geprüft werden, ob auch schon bei der ersten Nummer des Bulletins eine Aufbringung von Mitteln, etwa unter Heranziehung des Kontos einer Einzelperson oder einer Firma, möglich ist. 3) Eine Pressemitteilung über die Bildung des Komitees sollte vorerst nicht erfolgen. Die erste Nummer des Bulletins sollte an die Presse ausgesendet und diese so von der Bildung des Komitees in Kenntnis gesetzt werden. Zum Unterschied des vom Österreichischen Friedensrat herausgegebenen Informationsbulletins *Stimmen zur Zeit* war *Blickpunkt Europa* von Anfang an auf einen möglichst breiten Konsens orientiert.

Die von TS redaktionell bearbeitete Nummer 1 *Blickpunkt Europa. Informationsbulletin des Österreichischen Komitees für Verständigung und Sicherheit in Europa* kam im März 1971 als vervielfältigtes Heft im Umfang von 18 Seiten (DIN A 4) heraus, beinhaltet eine Chronik der Aktivitäten für eine europäische Sicherheitskonferenz von März 1969 bis März 1971, eine Dokumentation in Auszügen von Erklärungen der Warschauer Paktstaaten vom 17. März 1969 (Budapest) und 2. Dezember 1970 (Berlin), von NATO-Kommuniques vom 11. April 1969 (Washington) und vom 3. und 4. Dezember 1970 (Brüssel), der finnischen Initiativen (Auszüge) vom 7. Mai 1969 und vom 24. November 1970 und österreichischer Stellungnahmen (Auszüge) mit der Rede von Bundespräsident Franz Jonas bei seinem Staatsbesuch in Ungarn am 16. Juni 1970, des Memorandums der österreichischen Bundesregierung zur europäischen Sicherheit vom Juli 1970 (Wiener Zeitung vom 28. Juli 1970), der Rede von Bundeskanzler Bruno Kreisky vom 25. Jänner 1971 vor der Beratenden Versammlung des Europarates in Strassburg, der Erklärung von Bundeskanzler Kreisky vom 28. Jänner 1971 (Pressekonferenz), des gemeinsamen österreichisch-sowjetischen Kommuniques zum Abschluss des offiziellen Besuches von Außenminister Rudolf Kirchschläger in der Sowjetunion vom 25.–30. Jänner 1971 (Wiener Zeitung vom 31. Jänner 1971) und der Erklärung von Außenminister Kirchschläger vom 1. Februar 1971 (Pressekonferenz). Abschließend werden Berichte (Auszüge) von internationalen Konferenzen nichtstaatlicher Organisationen abgedruckt, und zwar die Deklaration von Wien der Wiener Konferenz vom 29. November – 1. Dezember 1969 über „Europäische Sicherheit und Zusammenarbeit", das Kommunique der internationalen Jugendkonferenz in Helsinki im August 1970 über Probleme des Weltfriedens und der europäischen Sicherheit, der Diskussionsbeitrag des Präsidenten der Zentralorganisation der Kriegsopferverbände Österreichs Bundesrat Friedrich Karrer (1919–1996), gehalten auf dem Europatreffen der Kriegsopferverbände und Widerstandskämpfer in Belgrad vom 21.–22. Oktober 1970, der Appell für ein europäisches Treffen ehemaliger Kriegsteilnehmer, Widerstandskämpfer und Kriegsopfer für Sicherheit, Frieden und Freundschaft, angenommen von 30 nationalen Organisationen beim Treffen in Belgrad im Oktober 1970 und der Beschluss der Europäischen Jugenddelegiertenkonferenz in München vom 2.–6. Dezember 1970 für eine Sicherheitskonferenz. Als Eigentümer, Verleger und Herausgeber der Vervielfältigung und für den Inhalt verantwortlich zeichnet Ernst Schwarcz, als Adresse für Zuschriften an die Redaktion wurde angegeben Leopold Schmetterer mit dem Postfach 22, 1094 Wien.

Bei der Präsidiumstagung des *Internationalen Instituts für den Frieden Wien* vom 7.–8. Februar 1970 in Wien wurde TS in das Redaktionskollegium des Instituts, das mit der Herausgabe einer neuen, mehrsprachige Schriftenreihe „Wissenschaft und Frieden" (Umschlagseite gedruckt, Text hektographiert) eine wissenschaftlich-publizistische Tätigkeit entfalten wollte, gewählt. Am 15. Mai 1970 nahm TS bei der Präsidiumstagung als Gast teil. Vom 19.–21. Februar 1971 beteiligte sich TS an dem von Georg Fuchs, der in der Vorstandssitzung des *Internationalen Instituts für den Frieden* vom 15. November 1970 an Stelle des verstorbenen Dobretsberger zum Vizepräsidenten gewählt worden war, für dieses Institut veranstalteten Symposium „Frieden und Sicherheit in Europa und Gesamteuropäische Zusammenarbeit" mit drei Hauptthemen: Grundlagen der Europäischen Sicherheit, Perspektiven Europas, die sich aus der Schaffung eines Sicherheitssystems ergeben, und Europa und globale Probleme des Friedens. Auf dem Entwurf zur Einladung, die er für Georg Fuchs gegenlas, notiert TS: „Neutrale Staaten müssen gegen Aggressionen Stellung nehmen". Auf der Generalversammlung des Internationalen Instituts für den Frieden vom 14.–15. Dezember 1972 wurde TS in den Vorstand und in den 17 Personen umfassenden wissenschaftlichen Beirat gewählt. Zu Mitgliedern des Präsidiums waren gewählt worden Göran von Bonsdorff (Finnland),

Stefan Doernberg (DDR), Georg Fuchs, György Haraszti (Ungarn), Walter Hollitscher, Gerhard Kade (BRD), Joseph Lukas (CSSR), Maciej Perczynski (Polen), Nikolai Poljanow (UdSSR) und Leopold Schmetterer. Als Präsident wurde Fuchs gewählt, er trat die Nachfolge des 1971 zurückgetretenen und in der kanadischen und internationalen Friedensbewegung hoch angesehenen James Gareth Endicott (1898–1993) an, zu Vizepräsidenten wurde Poljanow, der Chefredakteur der „Iswestija" war, und Kade gewählt.

In Nummer 2 von *Blickpunkt Europa* (Mai / Juni 1971) stellt TS einen Originalbeitrag zur Diskussion, in dem er den Gedanken einer gesamteuropäischen Konferenz über Zusammenarbeit und Sicherheit als einen Schritt im Interesse aller Staaten begründet. Österreich sollte nicht nur grundsätzlich für eine europäische Sicherheitskonferenz sich aussprechen, *„sondern laufend Initiativen für deren Zustandekommen ergreifen".*[61] In Nummer 3 (Oktober / November 1971) berichtete Schütte-Lihotsky über ihre Teilnahme am Konsultativtreffen in Brüssel (22.–24. Juni 1971), das auf Initiative der belgischen Assoziation für europäische Sicherheit und Zusammenarbeit stattgefunden hat und dem Meinungsaustausch von Vertretern verschiedener Organisationen und gesellschaftlicher Strömungen, die Bemühungen für Zusammenarbeit und Sicherheit in Europa unternahmen, dienen sollte, Schwarcz gibt Antworten auf die Frage *„Was kann Österreich für den Frieden in Europa und in der Welt tun?"* und der als Pazifist bekannte Generalsekretär des Österreichischen Buchklubs der Jugend Richard Bamberger (1911–2007)[62] betont die Notwendigkeit der internationalen Verständigung durch Jugendbücher. Auf Wunsch von Schmetterer gab das Komitee eine von TS redigierte Erklärung ab, in der das Vier-Mächte-Abkommen über Berlin (3. September 1971) begrüßt wird.

Für das Komitee für europäische Sicherheit und Zusammenarbeit wichtig waren die persönlichen Kontakte zum früheren belgischen Minister Albert de Smaele, der Vorsitzender der belgischen Vereinigung *„Sécurité et Coopération Européennes"* und einer der Initiatoren des Brüsseler Forums war, und zum belgischen Kanoniker Raymond Goor, der gegen die Naziokkupanten gekämpft hat und 1975 den Internationalen Leninpreises erhielt.[63] Mit Albert de Smaele führte TS während dessen Aufenthaltes in Wien im Februar 1972 für *Blickpunkt Europa* ein Interview.[64] Als Vertreter des Komitees nahmen Kretschmer-Dorninger, Schmetterer, Schütte-Lihotzky und TS vom 2.–5. Juni

1972 am Brüsseler „*Forum der europäischen Öffentlichkeit für Sicherheit und Zusammenarbeit*", an dem sich 800 Delegierte aus 27 Ländern und Vertreter zahlreicher internationaler Organisationen zusammen gefunden haben, teil. Zuvor (10.–12. März 1972) hatte TS an dem von Georg Fuchs geleiteten wissenschaftlichen Symposium des Internationalen Instituts für den Frieden in Wien „*Organisation der Sicherheit und Zusammenarbeit in Europa*" teilgenommen. Es waren die Monate, in denen sich für TS an der Universität seine wissenschaftliche Karriere entschied. Im Einvernehmen mit TS veranstaltete das Internationale Institut für den Frieden in Wien am 14. und 15. Oktober 1972 das wissenschaftliche Symposium „*Prinzipien, mögliche Strukturen und Perspektiven für ein System der kollektiven Sicherheit und Zusammenarbeit in Europa*", wofür das angesehene Mitglied der Friedensrates der DDR Stefan Doernberg (*1924) Thesen ausgearbeitet hat. Das Wiener Institut gab von Doernberg das Buch „*Probleme des Friedens, der Sicherheit und Zusammenarbeit*" heraus.[65] Doernberg war Präsidiumsmitglied und Vorsitzender des wissenschaftlichen Beirats des Internationalen Instituts für den Frieden in Wien und traf mit TS in dieser Eigenschaft öfters zusammen. Das Brüsseler internationale Konsultativtreffen beschloss auf Initiative des Weltfriedensrates einen Weltkongress der Friedenskräfte für 25.–31. Oktober 1973 nach Moskau einzuberufen, der allen Friedenskräften offen stehen sollte. In Wien bildete sich mit Beteiligung von TS ein *Österreichisches Koordinierungskomitee für Friedensarbeit (Weltkongress der Friedenskräfte)*, das die Zusammenarbeit von Vertretern mehrerer Organisationen und Institutionen ermöglichte. Rudolf Weiler (*1928) vom *Institut für Friedensforschung* an der Wiener Universität und Schmetterer vom *Österreichischen Komitee für Verständigung und Sicherheit in Europa* traten für die Öffentlichkeit als Repräsentanten aktiv auf. Das Koordinierungskomitee traf sich öfters zu Besprechungen, an denen TS für das Österreichische Komitee für europäische Sicherheit und Zusammenarbeit teilnahm. Der Professor für Ethik und Soziallehre von der Katholisch-Theologischen Fakultät Wien Rudolf Weiler hat 1967 das *Institut für Friedensforschung* gegründet und war am Dialog mit Marxisten interessiert, mit Hollitscher zusammen hat er Materialien dreier internationaler wissenschaftlicher Symposien des Instituts für Friedensforschung und des Internationalen Instituts für den Frieden 1976 herausgegeben.[66] Innerhalb der KPÖ leitete Hollitscher eine eigene *Kommission für Fragen des Katholizismus*.[67] Fuchs nahm für den Österreichischen Friedensrat zur Vorbereitung für den Weltkongress an einem internationalen Konsultativtreffen vom 16.–18. März 1973 in Moskau teil und berichtete darüber in den *Stimmen zur Zeit*.[68]

UN-Generalsekretär Waldheim begrüßte als Generalsekretär der UNO den *Weltkongress der Friedenskräfte in Moskau* vom 25. bis 31. Oktober 1973.[69] Unter den Vertretern von 120 internationalen und von über 1100 nationalen Organisationen und Bewegungen aus 143 Ländern waren österreichische Teilnehmer dieser, wie der Kongressvorsitzende Romesh Chandra (Generalsekretär des Weltfriedensrates) formulierte, *„Vollversammlung der Völker"* in Moskau der Vorstand des Instituts für Kirchenrecht an der katholisch theologischen Fakultät Alexander Dordett (1916–1984), Leo Gabriel und Rudolf Weiler, im Rahmen von Delegationen internationaler Organisationen Georg Fuchs als Präsident des Internationalen Instituts für den Frieden, Franz Nemschak (1907–1992) als Leiter des Wiener Instituts für internationale Wirtschaftsvergleiche, Ernst Florian Winter (*1923) als früherer Leiter der Diplomatischen Akademie und Konsulent der Vereinten Nationen, Barbara Wicha (*1944), Assistentin in Salzburg, als Mitglied der Weltföderation der Ligen für die Vereinten Nationen, und Heinrich Dürmayer (1905–2000) für das Internationale Mauthausen-Komitee. Als Teilnehmer des *Österreichischen Koordinierungskomitees* waren von Seiten des Österreichischen Friedensrates Dr. Friedrich Kollmann als dessen Präsident, Elfriede Grundböck als dessen Sekretär und Dipl. Vw. Dr. Franz Haiböck als dessen Vizepräsident in Moskau. TS, der Vizepräsident des Friedensrates war, reiste an Stelle des verhinderten Schmetterer für das *Österreichische Komitee für Verständigung und Sicherheit in Europa*.[70] Teilgenommen haben auch das Vorstandsmitglied des Verbandes Sozialistischer Studenten Josef Cap, Heinz Etlinger als Bundessekretär der Katholischen Arbeiterjugend und der Schriftsteller Peter Turrini. TS arbeitete in der Kommission *„Sicherheit und Zusammenarbeit in Europa"* mit, er war Vizevorsitzender dieser Kommission. Fuchs sprach in der Kommission *„Soziale Probleme, Menschenrechte und Frieden"* über Ursachen von Kriegen und den Einfluss des wissenschaftlich-technischen Fortschritts auf die Lebensbedingungen. Insgesamt sei durch die Fortschritte der Naturwissenschaften der dialektische Materialismus in vollem Umfang bestätigt worden. Friedrich Kollmann arbeitete in der Kommission *„Zusammenarbeit auf dem Gebiet von Bildung und Kultur"* mit. Das *Österreichische Koordinierungskomitee für den Weltkongress der Friedenskräfte* publizierte über den Kongress eine

Dokumentation.[71] Auf einer gemeinsamen Pressekonferenz am 6. November 1973 in Wien wollten Weiler, Gabriel, Etlinger, Kollmann, Cap und TS der desinteressierten bürgerlichen Presse Informationen über die Ergebnisse des Kongresses geben. Von Seiten des Österreichischen Koordinierungskomitees wurde bei dieser Gelegenheit eine Fortführung seiner Tätigkeit, jedenfalls gegenseitige Berichtsveranstaltungen beschlossen, eine nähere Präzisierung blieb freilich aus.

Wenige Wochen nach Moskau beteiligte sich TS an den Beratungen der vom *Internationalen Institut für den Frieden in Wien* und dem Prager Institut für Internationale Beziehungen in Prag vom 13.–15. Dezember 1973 veranstalteten Konferenz „*Globale Probleme der modernen Zivilisation*". Es war für TS interessant, dort mit Burhop oder dem aus Pasadena angereisten Geochemiker Harrison Brown (1917–1986), der am Manhattan Project beteiligt gewesen war, Gespräche zu führen. Vom 9.–10. Februar 1974 reiste TS auf Bitte des Österreichischen Koordinierungskomitees zu einer Beratung des *Lenkungsausschusses des Weltkongresses der Friedenskräfte* nach Moskau, woran sich Vertreter von 20 internationalen Organisationen und von 34 Ländern beteiligten. TS erstattete darüber dem Koordinierungskomitee zu Handen von Schmetterer Bericht. Ziel der Beratungen war über die Bemühungen der Regierungen hinausgehend ein System internationaler Beziehungen zu schaffen, in dem ein Krieg unmöglich wäre und, wie es im Sinne des Kommuniques des Weltkongresses heißt, „*in dem alle Völker und Staaten uneingeschränkt in den Genuss der Segnungen des Friedens, der modernen Zivilisation und der wissenschaftlich-technischen Errungenschaften kommen könnten. Das zu erreichen ist die Aufgabe aller Menschen der Welt*". Vom 22.–26. September 1974 nahm TS gemeinsam mit Schmetterer, Kretschmer-Dorninger und Hans Riedler als Delegierte des Komitees in Moskau an Gesprächen mit dem sowjetischen Komitee für europäische Sicherheit und Zusammenarbeit teil. Solche Zusammenkünfte waren von der Überzeugung getragen, dass die Kräfte der europäischen Öffentlichkeit, die die Bedeutung der Fragen der Sicherheit und Zusammenarbeit erkannt haben, „*zur Schaffung einer Atmosphäre beitragen können und müssen, die den Abschluss der Konferenz begünstigt*".[72] In derselben Nummer von *Blickpunkt Europa* berichtet Schmetterer über die 24. Pugwash-Konferenz, die vom 28. August – 2. September 1974 in Baden bei Wien stattgefunden hatte und von Hertha Firnberg (1909–1994) eröffnet worden war. Mit Schmetterer waren unter den etwa 120 Teilnehmern aus 31 Ländern auch Broda, Frank und Otto Hoffmann-Ostenhof. Das Informationsbulletin des Österreichischen Komitees für Europäische Sicherheit und Zusammenarbeit *Blickpunkt Europa* wurde, redigiert von TS, bis 1977 (Nr. 1, Juni) hinaus gegeben.[73]

Zu Beginn des Jahres 1974 publizierte TS in *Weg und Ziel* (16–18) einen Artikel über *Friedensperspektiven*, wozu ihn der Weltkongress der Friedenskräfte in Moskau im Oktober 1973 stimuliert hat.

Perspektiven des Friedens

Um die Bedeutung des Weltkongresses der Friedenskräfte, der vom 25. bis 31. Oktober 1973 in Moskau stattfand, zu charakterisieren, muss man jedenfalls zwei Merkmale beschreiben: die Zusammensetzung der Kongressteilnehmer und die erarbeiteten Dokumente. 3500 Delegierte waren aus 143 Ländern gekommen, 120 internationale und regionale Organisationen waren vertreten. Die Delegierten gehörten den verschiedensten politischen und ideologischen Strömungen und einem breiten Spektrum von Friedensbewegungen und gesellschaftlichen Organisationen an. Aus den europäischen Ländern kamen Angehörige der wichtigsten politischen Richtungen, Sozialdemokraten und Sozialisten, Christdemokraten und Radikale, Liberale und Kommunisten. Stark vertreten waren die nationalen Befreiungsbewegungen der ganzen Welt.

„Vollversammlung" der Völker der Welt

Eine genaue Aufgliederung der Teilnehmer und der von ihnen vertretenen Organisationen ist schwer möglich, doch sei erwähnt, dass rund 30 sozialistische und sozialdemokratische Parteien vertreten waren und dass den Delegationen 300 Parlamentsabgeordnete und 100 Minister angehörten.

Von der UNO nahm Untergeneralsekretär A. Farah als Vertreter von Generalsekretär Kurt Waldheim teil. Die mit der UNO verbundenen Spezialorganisationen, wie die UNESCO, die IAEO und die I[nternatioal]L[abour]O[rganization], sowie die UNO-Sonderausschüsse über Entkolonialisierung und Apartheid und die UNO-Abteilung für Abrüstung hatten Vertreter entsandt. Auf Grund dieser breiten Zusammensetzung der Kongressteilnehmer konnte der Vorsitzende des Kongresses, Romesh Chandra, der Generalsekretär des Friedensrates, wohl mit gutem Recht von einer *„Ersten Vollversammlung der Völker der Welt"* sprechen.

Beratungsgegenstand des Kongresses waren die wichtigsten Grundsatzfragen und die aktuellen Probleme der internationalen Beziehungen. Das internationale Vorbereitungskomitee, in dem Vertreter der wichtigsten internationalen Friedensorganisationen von etwa 20 Ländern zusammenarbeiteten, hatte 14 Hauptthemen vorgeschlagen. Jedes dieser Themen wurde in einer der 14 Kommissionen des Kongresses ausführlich diskutiert. Rund tausend Delegierte, nahezu ein Drittel der Kongressteilnehmer, ergriffen in den Plenarsitzungen oder in den Kommissionen das Wort. Alle Beratungen des Kongresses, die Plenarsitzungen wie die Kommissionen, standen in Zeichen eines offenen Meinungsaustausches, in dem oft unterschiedliche Standpunkte formuliert wurden, und zugleich waren sie geprägt vom Bemühen der Teilnehmer, übereinstimmende Einschätzungen der wichtigsten Probleme zu erarbeiten und Aktionsvorschläge zu formulieren, die als Basis für die gemeinsame Tätigkeit aller Friedenskräfte dienen können.

Der Appell des Weltkongresses

Das ermöglichte die praktisch einhellige Annahme der Schlussdokumente, die ein zusammenhängendes Ganzes bilden: Der Appell des Weltkongresses, das Kommuniqué und der Beschluss über die Fortführung der Arbeit. Berücksichtigt man, dass sich am Kongress sehr verschiedene Bewegungen beteiligten, dass hier die verschiedensten politischen und weltanschaulichen Richtungen vertreten waren, so erkennt man, dass diese Dokumente einen großen Schritt zu einem umfassenden gemeinsamen Programm der Friedenskräfte bedeuten.

Im Appell werden die Hauptgedanken des gemeinsamen Programms ausgedrückt: *„Mögen sich unsere Auffassungen auch in vielem unterscheiden, so sind wir uns doch alle in dem wichtigsten Punkt einig: Der Notwendigkeit, den Krieg aus der menschlichen Gesellschaft zu verbannen, jedem Volk das Recht zu sichern, frei seinen Weg wählen und die großen Errungenschaften der Wissenschaft und Technik in den Dienst des sozialen Fortschritts zu stellen. Die internationale politische Atmosphäre hat sich dank den Erfolgen der Friedenskräfte in der letzten Zeit zu klären begonnen. Der kostspielige und bedrückende Kalte Krieg beginnt in den Hintergrund zu treten. Es besteht jetzt die begründete Hoffnung, dass die jetzige Generation und künftige Generationen für immer von dem Alpdruck einer nuklearen Katastrophe befreit werden können“.*

Der Appell verweist dann auf die noch nicht beseitigten gefährlichen Aggressionsherde und die gefährliche Politik jener, die eine Rückkehr zum Kalten Krieg herbeiführen möchten. Der Appell wendet sich gegen das Wettrüsten und gegen die weitere Steigerung der Militärbudgets in vielen Ländern, gegen die Kräfte des Imperialismus und der Aggression, die am Kolonialismus festhalten, er wendet sich gegen die vom Imperialismus und der Reaktion organisierten faschistischen Putsche, gegen Rassendiskriminierung und gegen die Bedrohung der wirtschaftlichen Unabhängigkeit schwächerer Staaten durch die multinationalen Konzerne.

Der Appell verweist auf die Verbrechen gegen die Menschlichkeit dort, wo den Aggressoren noch nicht Einhalt geboten werden konnte, auf der Tagesordnung stehen: grauenhafte Massaker, Folterungen von Gefangenen, der Einsatz von Napalm und Splittebomben, die Zerstörung der Umwelt durch chemische Waffen. *„Die Verbrechen gegen die Menschlichkeit müssen als solche gekennzeichnet und geächtet werden".*

Als die vordringlichsten gemeinsamen Forderungen der Völker nennt der Appell: Durchsetzung der Prinzipien der friedlichen Koexistenz – Abrüstung – Verbot der Kernwaffen – Beendigung aller Formen der Aggression, aller Versuche, sich fremde Territorien einzuverleiben – Verwendung der bisher für kriegerische Zwecke benutzte Ressourcen zur Beseitigung von Armut, Unwissenheit und Krankheit – Schutz der Menschenrechte – das Recht aller Völker, selbst über ihre Reichtümer zu verfügen und nach eigenem Ermessen soziale und wirtschaftliche Reformen durchzuführen.

Der Appell führt aus, dass diese Forderungen mit den Prinzipien der UNO-Charta im Einklang stehen sowie mit den Erklärungen der Bandungkonferenz und den Konferenzen der nichtpaktgebundenen Staaten sowie mit jenen Prinzipien, die in den Abkommen und Erklärungen enthalten sind, welche die führenden Repräsentanten der sozialistischen und kapitalistischen Staaten in letzter Zeit unterzeichnet haben.

Die nationalen und internationalen Organisationen werden aufgerufen, ihre Bemühungen für dieses Ziel zu koordinieren und die Weltmeinung als ein wirksames Instrument des Friedens zu mobilisieren.

Veränderungen in den internationalen Beziehungen
Das Kommuniqué des Kongresses fasst die Hauptergebnisse der Arbeit der 14 Kommissionen zusammen. Hier findet man die Analysen

und Aktionsvorschläge zu den Grundfragen der internationalen Beziehungen, insbesondere zu den Problemen der friedlichen Koexistenz und Abrüstung, der internationalen Zusammenarbeit und der nationalen Befreiung sowie den Beziehungen zwischen Friedenssicherung, sozialem Fortschritt und den Menschenrechten. Das Kommuniqué beinhaltet Stellungnahmen zu den brennenden Problemen jener Teile der Welt, in denen der Imperialismus durch aggressive Aktionen den Frieden und die Sicherheit der Völker gefährdet, zu Indochina, zum Nahen Osten und zu Chile.

Die Beteiligung so breiter politischer und gesellschaftlicher Kräfte am Weltkongress und sein erfolgreicher Verlauf stehen in Zusammenhang mit den wichtigen Veränderungen in den internationalen Beziehungen, die jetzt vor sich gehen: Der Kalte Krieg und die Politik der Stärke wurden zurückgedrängt, die Bemühungen für Entspannung und Sicherheit, für die Anerkennung der Prinzipien der friedlichen Koexistenz haben wichtige Erfolge erzielt und die Weltlage positiv beeinflusst. Dieser Wandel beruht auf der Veränderung des weltpolitischen Kräfteverhältnisses. Die Handlungsmöglichkeiten des Imperialismus wurden eingeengt, weil die Friedenskräfte stärker geworden sind.

Kampf um den Frieden ist antiimperialistischer Kampf

Für die Kommunisten ist der Kampf gegen den Krieg immer eine vordringliche Aufgabe gewesen. Sie sind in diesem Kampf von den Interessen der arbeitenden Klassen ausgegangen, die in jedem Krieg die größten Opfer bringen müssen, und haben diesen Kampf zugleich immer im allgemeinen Interesse der Völker geführt. Kriege entstehen nicht, weil es bestimmte Waffenarten gibt oder weil in einem bestimmten Teil der Erde souveräne Staaten mit unterschiedlichen Entwicklungsniveau nebeneinander existieren: sie entstehen vielmehr durch die aggressive Politik der nach Ausweitung ihrer Herrschaftsbereiche strebenden Ausbeuterklassen. In unserer Zeit ist daher der Kampf um den Frieden immer antiimperialistischer Kampf im Interesse der überwiegenden Mehrheit der Menschen, im Interesse der Sicherung der Weiterentwicklung der menschlichen Gesellschaft.

In der Politik der Stärke und des Kalten Krieges, die der US-Imperialismus nach dem Ende des zweiten Weltkriegs einschlug, spielte die damals noch bestehende Vormachtstellung der USA in der

Entwicklung und Produktion von Kernwaffen eine zentrale Rolle. Durch die imperialistische Politik entstand die Gefahr eines Kernwaffenweltkrieges und der Massenvernichtung ganzer Völker. Der Kampf gegen die atomare Erpressung und das vom Imperialismus forcierte Kernwaffenwettrüsten wurden damit zu einem entscheidenden Kettenglied des Kampfes für den Frieden. Die Weltfriedensbewegung, die sich 1949 konstituierte, stellte daher die Mobilisierung breitester gesellschaftlicher Kräfte in der ganzen Welt in den Mittelpunkt ihrer Bemühungen. Die führende Rolle des berühmten Atomphysikers und Kommunisten Frédéric Joliot-Curie bei der Entfaltung dieser Bewegung bleibt unvergessen. Seit dem Ende des zweiten Weltkrieges hat es wiederholt gefährliche Krisen gegeben. Aber der Ausbruch eines neuen Weltkrieges konnte verhindert werden. Das ist die Politik und dem Gewicht der Kräfte des Friedens zu danken. Die Friedensbewegungen haben dazu beigetragen, indem sie die Weltöffentlichkeit gegen die aggressive Politik der Stärke mobilisierten.

Bannung der Atomkriegsgefahr

Der Kampf gegen die Gefahr eines Kernwaffenkrieges hat auch in den letzten Jahren, in denen wichtige Schritte zur Entspannung erreicht werden konnten, eine Hauptrolle in den Bemühungen der Friedenskräfte gespielt. Abkommen über bestimmte erste Einschränkungen des Wettrüstens sind wesentliche Glieder im Prozess der Entspannung: der Vertrag über das Verbot der Kernwaffenversuche in der Atmosphäre, im Meer und im Weltraum, der Vertrag über die Nichtweiterverbreitung von Kernwaffen, das Abkommen über die Begrenzung strategischer Waffen zwischen den USA und der Sowjetunion und die Vereinbarung zwischen diesen beiden Ländern über die Verhinderung eines Kernwaffenkrieges sind hier vor allem zu nennen. Mit diesem Abkommen hat der Imperialismus den Veränderungen im weltpolitischen Kräfteverhältnis Rechnung tragen müssen. Es war klar geworden, dass ein neuer Krieg auch für die stärkste imperialistische Macht zu einem höchst gefährlichen Abenteuer werden könnte und dass eine globale Auseinandersetzung den USA und ihren NATO-Verbündeten keineswegs einen schnellen Sieg, sondern gigantische Opfer bringen würde.

Die Abwendung eines neuen Weltkrieges spielt auch heute eine zentrale Rolle in den Bemühungen der Friedenskräfte. Sie setzen sich deshalb für konkrete Schritte zur Abrüstung und Entspannung ein. Die wichtigsten Vorschläge, die jetzt zur Diskussion stehen, sind: umfassende Erörterung der Abrüstungsfrage auf einer internationalen Staatenkonferenz, Kürzung des Rüstungsbudgets der stärksten Mächte, erfolgreicher Abschluss der bereits in Gang befindlichen Verhandlungen über Truppenreduzierungen im Mitteleuropa. Der Kampf um Entspannung im globalen und regionalen Maßstab steht in engem Zusammenhang damit. Die Normalisierung der Beziehungen zwischen den Staaten Europas, die nun stattfindende Konferenz für Sicherheit und Zusammenarbeit in Europa haben die Spannungen in einer Region abgebaut, in der die Militärblöcke unmittelbar einander gegenüberstehen und die Gefahr eines militärischen Konfliktes lange Zeit besonders groß war.

Friedliche Koexistenz schafft weltweit günstige Bedingungen

Der Kampf zur Abwendung eines neuen Weltkrieges steht in den letzten Jahren in einer immer enger werdenden Wechselwirkung mit allen Formen des Kampfes gegen den Imperialismus. Zugleich entstehen enge Verbindungen zu den Bemühungen um sozialen Fortschritt und um die Lösung von Problemen, die in der gegenwärtigen Phase der Entwicklung der Produktivkräfte auftreten und eine breite internationale Zusammenarbeit erfordern. Probleme der Energieversorgung, des Umweltschutzes, der optimalen Ausnutzung der Ressourcen, das sind die wichtigsten Fragenkomplexe, die sich für die internationale Zusammenarbeit unmittelbar anbieten. Eine Verstärkung der Zusammenarbeit zwischen den Staaten unterschiedlicher Gesellschaftsordnung kann zugleich die Fundamente der friedlichen Koexistenz festigen.

Die Entwicklung hat gezeigt, dass Entspannung und Durchsetzung der Prinzipien der friedlichen Koexistenz den Kampf gegen Kolonialismus und für nationale Befreiung nicht hemmen, sondern günstige Bedingungen für ihn schaffen. Das neue Kräfteverhältnis und der wachsende politisch-moralische Druck der demokratischen Weltöffentlichkeit machen es für den Imperialismus zunehmend schwerer, mit direkter Intervention und Aggression gegen die Kräfte der nationalen Befreiung vorzugehen. Das ist durch die Beendigung der massiven Intervention der USA in Vietnam, durch die Unterzeichung der Pariser Vietnamabkommen sehr klar geworden. Im Rahmen der Vereinten Nationen findet die neue Situation darin Ausdruck, dass die große Mehrheit der Staaten die Schritte zur Beseitigung der

Reste Kolonialherrschaft unterstützt, während die imperialistischen Mächte zögern, sich durch ein offenes Nein zu diesen Resolutionen als Verfechter der Unterdrückung und des Kolonialismus zu deklarieren. Durch diese Faktoren verstärken sich die Verbindungen zwischen den nationalen Befreiungsbewegungen und allen für Entspannung und friedliche Koexistenz wirkenden Kräften.

Anerkennung und Sympathie für sozialistische Friedenspolitik

Eine neue Qualität nehmen die Beziehungen zwischen den sozialistischen Staaten und den anderen Friedenskräfte an. Jetzt kann niemand mehr übersehen, dass die Entspannung in Europa und in anderen Teilen der Welt in erster Linie deshalb erreicht wurde, weil sich die sozialistische Staatengemeinschaft mit großer Ausdauer für solche Schritte eingesetzt hat. Praktisch jede Vereinbarung, die der Entspannung dient, geht auf eine Initiative der sozialistischen Staaten, vor allem der Sowjetunion, zurück. Wichtige Teile des vom XXIV. Parteitags der Kommunistischen Partei der Sowjetunion Ende März / Anfang April 1971 beschlossenen Friedensprogramms sind bereits verwirklicht.

Daraus ergibt sich, dass viele Menschen, die noch vor wenigen Jahren der Politik der sozialistischen Staaten mit Misstrauen oder Skepsis gegenüberstanden, heute Anerkennung und Sympathie für die sozialistische Friedenspolitik zum Ausdruck bringen. Der Weltkongress der Friedenskräfte hat auch diesen Wandel deutlich gemacht. Da jene, die noch immer meinen, Antisowjetismus sei mit Streben nach Entspannung und Frieden vereinbar, kaum nach Moskau kamen, zeigt schon das breite Meinungsspektrum der Kongressteilnehmer, dass eine bedeutende neue Welle des Vertrauens und der Bereitschaft zu sachlicher Zusammenarbeit mit den sozialistischen Staaten und ihren Kommunistischen Parteien entstanden ist.

Die Rede des Genossen Breshnew

Die Rede L[eonid]. I[ljitsch]. Breshnew vor dem Kongress hat die Friedenspolitik der Sowjetunion mit großer Klarheit dargelegt und damit zugleich die enge Verbindung dieser Politik mit den Bemühungen aller Friedenskräfte unterstrichen. Die zustimmende Aufnahme dieser Rede durch die Kongressteilnehmer aller Erdteile und aller politischer Standpunkte, die häufige Bezugnahme auf die Rede in den weiteren Beratungen war ein wichtiges Element des Kongresses.

Auch viele Österreichische Teilnehmer erklärten im persönlichen Gespräch und zum Teil auch gegenüber der Presse, dass sie vom konstruktiven und sachlichen Charakter dieser Rede und von der in ihr dargelegten optimistischen Einschätzung über die Möglichkeit einer dauernden Sicherung des Friedens tief beeindruckt waren.

Intensivierung der Zusammenarbeit der Friedenskräfte

Die Anerkennung der Politik der sozialistischen Staaten als wichtigster Friedensfaktor führt zu einer weiteren Stärkung der Zusammenarbeit und des Vertrauens zwischen allen Friedenskräften und damit zu einem Anwachsen der Möglichkeiten, aggressiven Handlungen des Imperialismus zu begegnen.

Der Weltkongress der Friedenskräfte hat die hier genannten Entwicklungen widergespiegelt und verdankt ihnen seinen großen Erfolg. Die Breite der Beteiligung hat die aller bisher durchgeführten Beratungen ähnlicher Art weit übertroffen. Schon die Einberufung des Weltkongresses hat zu intensivierter Zusammenarbeit der Friedenskräfte in vielen Ländern und auf internationaler Ebene geführt. Viele neue Kräfte, viele Persönlichkeiten und Organisatoren wurden erstmals einbezogen. Die Ergebnisse des Kongresses werden als starke Impulse für weitere Fortschritte in der Entfaltung der Zusammenarbeit und der Aktionen wirken.

Die reaktionärsten imperialistischen Kreise wollen sich mit dem veränderten Kräfteverhältnis und den Erfolgen des Kampfes um Entspannung nicht abfinden und setzen die Versuche fort, den Kalten Krieg wieder aufleben zu lassen. Die Friedenskräfte werden deshalb in ihren Bemühungen nicht nachlassen dürfen. Sie haben sich auf dem Weltkongress ein Programm mit gemeinsamen Zielen und Aktionsplänen erarbeitet. Das wird ihnen helfen, weitere positive Veränderungen in den internationalen Beziehungen durchzusetzen und zu erreichen, dass die Prinzipien der friedlichen Koexistenz allgemein als Grundlage dieser Beziehungen akzeptiert werden.

Für den 26. April 1974 fungierte Leo Gabriel als Leiter eines Forumgespräches an der Wiener Universität über *„Abrüstung – Probleme und Möglichkeiten"*. Engelbert Broda sprach vor der enormen Kapazität der lagernden Kernwaffen, Georg Fuchs bewies an Hand von Zahlenmaterial, dass seit dem Abschluss des Atomteststopp-Abkommens (1963) ein Rückgang durch die von radioaktiven Stoffen hervorgerufenen Krankheiten feststellbar und der Kampf um die Reinhaltung der Luft auch ein Teil des Friedenskampfes sei, TS wies auf die Bedeutung der bisher erzielten Schritte zur Rüstungsbegrenzung hin und betonte, dass Abrüstung vor allem ein politisches Problem sei und von diesem Gesichtspunkt her betrachtet werden müsse. Am Forumgespräch beteiligten sich Gabriel, Generalmajor Wilhelm Kuntner, Weiler und andere.

Das als Arbeitsgemeinschaft tätige Komitee für europäische Sicherheit und Zusammenarbeit konstituierte sich am 28. Jänner 1975 als Verein *Österreichisches Komitee für europäische Sicherheit und Zusammenarbeit*. Als Proponenten des Vereins sind in der am 17. Dezember 1974 ausgesandten Einladung genannt Leo Gabriel, Tilly Kretschmer-Dorninger, Leopold Schmetterer, Margarete Schütte-Lihotzky, Ernst Schwarcz, Alfons Stummer und TS, Antworten waren erbeten an Schmetterer. Gabriel, seit 1972 an der Universität emeritiert, begrüßte im Namen der Proponenten, Schmetterer stellte die drei Hauptpunkte der Tätigkeit vor: 1) Vorträge österreichischer und ausländischer Persönlichkeiten, Round Table Gespräche, 2) Herausgabe des Informationsbulletins „Blickpunkt Europa" und 3) Teilnahme an dem für Frühjahr 1975 geplanten *„Forum der europäischen Öffentlichkeit für Sicherheit und Zusammenarbeit"*. Als Mitgliedsbeitrag wurden 50 Schilling pro Jahr für ordentliche und 200 Schilling für fördernde Mitglieder festgelegt. Zu Mitgliedern des Vorstandes wurden einstimmig gewählt: Univ. Prof. Dr. Leopold Schmetterer (Präsident), Univ. Prof. DDr. Leo Gabriel (stellvertretender Präsident), TS (Zweiter stellvertretender Präsident), Direktor Ernst Schwarcz (Schriftführer), Prokurist Karl Heiserer (Kassier), als weitere Mitglieder des Vorstandes Direktor Tilly Kretschmer-Dorninger, Dr. Martin Rokita, Architekt Margarete Schütte-Lihotsky, Hochschulprofessor Alfons Stummer, Univ. Prof. Dr. Rudolf Weiler, als Rechnungsführer Theodor Heinisch und Adalbert Krims. Der Bericht über diese Generalversammlung wurde von TS als stellvertretender Präsident und von Schwarcz als Schriftführer gezeichnet und ausgesandt.

In der Volkshochschule Brigittenau eröffnete TS am 11. Februar 1975 eine Vortragsreihe *„Probleme des Friedens"* mit dem Thema *„Abrüstung – Möglichkeit oder Illusion"* und nahm am 8. April 1975 an einem Diskussionsforum *„Was ist friedliche Koexistenz?"* teil, gemeinsam mit Leo Gabriel, dem Politikwissenschaftler an der Wiener Universität Heinrich Schneider und Ernst Schwarcz. Diskussionsleiter war der

Direktor der Volkshochschule Brigittenau Kurt Schmid (1924–2009), der, ein Vertreter der Quäker-Gemeinschaft in Österreich, in der Friedensbewegung aktiv mitwirkte.[74] Beim Ostermarsch 1966 hatte Schmid eine Ansprache gehalten: *„Wir hoffen, dass der Friede in Vietnam bald einkehren wird. Man muss verhandeln und nicht bombardieren".*[75] Ab Nummer 1 1975 (März / April) übernahm also die Herausgabe des Informationsbulletins *Blickpunkt Europa* der Vorstand des Österreichischen Komitees für europäische Sicherheit und Zusammenarbeit, für den Inhalt verantwortlich zeichnete Ernst Schwarcz (Wien 9, Sensengasse 4), was TS am 15. April 1975 dem Pressebüro der Polizeidirektion Wien formal anzeigte. Als erste Aufgabe stellte sich dem neuen Verein die Teilnahme am zweiten *Forum der Vertreter der Öffentlichkeit für Sicherheit und Zusammenarbeit in Europa*, das vom 26. bis 29. April 1975 in Brüssel und Lüttich stattfand. Die Abschlusserklärung dieses Zweiten Forums wurde vom Österreichischen Komitee durch Leo Gabriel einigen politischen Persönlichkeiten übermittelt. Bundespräsident Kirchschläger, dessen Weg zur Staatsspitze nicht aus den Parteiapparaten heraus geführt hat, antwortete moralisch unterstützend (19. Juni 1975): *„Gerade in den letzten Tagen verlautete aus Genf, dass die Arbeiten der KSZE hoffnungsvolle Fortschritte machten und besonders die österreichische Delegation ständig bemüht war, an der Herbeiführung brauchbarer Lösungen in überaus aktiver Weise mitzuwirken. Ich trat schon in meiner Eigenschaft als Bundesminister für Auswärtige Angelegenheiten mit Nachdruck für die Erreichung der in Helsinki abgesteckten Zielsetzungen ein und habe meinem Vorsatz, stets zu einer Festigung des Friedens und der Zusammenarbeit in Europa im Rahmen der gegebenen Möglichkeiten beitragen zu wollen auch als Bundespräsident schon wiederholt Ausdruck gegeben. Nur eine echte Entspannung vermag eine friedliche Zukunft Europas, darüber hinaus aber auch der gesamten übrigen Welt, zu sichern".*

Im Herbst 1975, am 21. November, nahm TS als stellvertretender Präsident des *Österreichischen Komitees für europäische Sicherheit und Zusammenarbeit* an einem Round-Table Gespräch mit Leo Gabriel, Generalmajor Wilhelm Kuntner, Ministerialrat Dr. Rudolf Willenpart und Sektionschef Dr. Karl Halbmayer in Wien über *„Europäische Perspektiven nach der Konferenz von Helsinki"* teil, den Ehrenschutz hatte der Bundesminister für Handel, Gewerbe und Industrie Dr. Josef Staribacher übernommen. Für TS waren die Schlussakte von Helsinki (1975) ein realistisches Programm, es seien wichtige Punkte für einen für beide Seiten vorteilhaften Entspannungsprozess aufgenommen worden, mit denen Fortschritte in den nächsten Jahren möglich erscheinen. Was erst im Lauf der weiteren Entwicklung in Angriff genommen werden konnte, wie die Schaffung institutionalisierter Mechanismen der Streitschlichtung, die Bildung ständiger gemeinsamer Organe für Angelegenheiten der Sicherheit und Zusammenarbeit in Europa, der Abbau der Militärblöcke in einem Europa mit einem erprobten, verlässlichen System der Sicherheit war in den Schlussakten nicht aufgenommen worden. Das machte für TS deutlich, *„dass die Vereinbarung neuer Aufgaben, die Ausarbeitung weiterer Schritte zum Ausbau von Sicherheit und Zusammenarbeit später auf die Tagesordnung zu setzen sein wird".*[76] Darüber diskutierte er bei der Tagung des *Lenkungsausschusses des Fortsetzungsrates des Weltkongresses der Friedenskräfte* vom 27.–30. November 1975 in Wien. Sein Diskussionsbeitrag wurde in den von der katholisch theologischen Fakultät der Wiener Universität herausgegebenen Wiener Blättern zur Friedensforschung abgedruckt.[77]

Am 21. Juni 1976 stellte TS gemeinsam mit Wilhelm Dantine (1911–1981) von der evangelisch theologischen Fakultät Wien, mit Walter Thirring, Elfriede Jelinek und Alfons Stummer für die Erstunterzeichner den Appell österreichischer Persönlichkeiten *„Das Wettrüsten beenden"* auf einer Presskonferenz in Wien vor.[78] Jelinek war eine zeitlang Vorstandsmitglied des Österreichischen Friedensrats und gab 1986 den Stimmen zur Zeit ein Interview, in dem sie auf den Zusammenhang zwischen Friedensbewegung und Frauenbewegung zu sprechen kommt, beide Fragen können nicht unpolitisch gesehen werden.[79] Zum *Hiroshima Gedenktag* am 6. August 2004 warnte Jelinek vor der Einstellung, dass schon nichts passieren werde.[80] Die Erstunterzeichner baten, den Appell *„Das Wettrüsten muß beendet werden! Mit der Abrüstung muß begonnen werden! Das muß die Forderung aller sein, damit die friedliche Zukunft für unser Land gesichert wird, damit das Leben der Menschen hier und in der ganz Welt sicherer und schöner werden kann"* durch Zustimmungserklärungen zu unterstützen und diese an Gerda Stummer einzusenden.

Am 3. Dezember 1976 beteiligte sich TS an dem vom *Österreichischen Koordinierungskomitee für Friedensarbeit* veranstalteten Round-Table-Gespräch über *„Entspannungspolitik aus österreichischer Sicht",* der Einladung waren je ein Fragenkatalog von Rudolf Weiler, der als Professor an der katholisch-theologischen Fakultät Friedensethik und Internationale Ethik vertrat, und von TS beigegeben. Zum Problemkreis

Ursachen und Faktoren der Entspannungspolitik formulierte TS: *„Ist für die Entspannungspolitik nur der Wunsch nach Abwendung von Kriegsgefahren und nach Verständigung maßgeblich? Welche Rolle kommt den Entwicklungstendenzen der Weltpolitik und der menschlichen Zivilisation zu? Neue Entwicklungsphasen der Militärtechnik; globale Probleme der Zivilisation – Rohstoff- und Energieversorgung, Umweltfragen. Was waren wichtige Weichenstellungen zugunsten der Entspannungspolitik?"* Zum Weltforum der Friedenskräfte vom 14.–16. Jänner 1977 in Moskau reiste TS für das *Österreichische Koordinationskomitee der Friedenskräfte (Österreichisches Koordinationskomitee für Friedensarbeit)*, unter den österreichischen Teilnehmern war Georg Fuchs als Präsident des Internationalen Friedensinstituts, Leo Gabriel als Leiter des Zentrums für Friedensforschung der Wiener Universität und Richard Achleitner als Generalsekretär der Gesellschaft *„Katholische Aktion"*.[81] Generalsekretär Kurt Waldheim hatte in einer Botschaft an das Weltforum der Friedenskräfte die Bedeutung der am Weltforum beteiligten Organisationen unterstrichen: *„Erfolge der Anstrengungen bei der Abrüstung und der Rüstungskontrolle werden nicht nur durch Regierungsverpflichtungen gewährleistet, obgleich sie eine wichtige Voraussetzung sind, sondern hängen auch vom Druck der Öffentlichkeit im nationalen wie internationalen Maßstab ab".*[82] UN-Generalsekretär Waldheim wurde von den Friedenskräften sehr geschätzt, er betonte öfters, dass der Erfolg der Bemühungen für Rüstungsstopp und Abrüstung von der öffentlichen Meinung mitbestimmt werde und dass eine *„informierte Weltöffentlichkeit"* große Bedeutung habe. In einem von TS mit gezeichneten Rundschreiben des *Österreichischen Koordinierungskomitees für Friedensarbeit* von Ende Jänner 1978 wird darauf separat hingewiesen. In den von TS wesentlich redigierten *Stimmen zur Zeit* wird die Botschaft von Waldheim zur Abrüstungswoche 1980 abgedruckt.[83] Die Friedenspolitik von Waldheim als UN-Generalsekretär war besonders für die USA und Israel sehr unangenehm, beide sabotierten die UNO und gingen gegen Waldheim auf verschiedenen Ebenen vor. Das war ein wichtiger Faktor für das Lostreten der Affäre um die Wehrmachtszugehörigkeit von Waldheim während der Kandidatur für seine Bundespräsidentschaft (1986).[84]

„Die Zukunft Europas sichern – das erfordert: Die Entspannung festigen! Mit der Abrüstung beginnen!" so titelt das Flugblatt, für das im Namen des Österreichischen Empfangskomitees für die Internationale Abrüstungsstafette Helsinki – Belgrad 1977 Ernst Schwarcz zeichnete. Initiiert war diese Abrüstungsstafette von der „Deutschen

Friedensgesellschaft vereinigt mit den Deutschen Kriegsdienstgegnern e. V". TS organisierte seit Frühjahr 1977 mehrere kleine Besprechungen in Wien zur Vorbereitung für diese Stafette in Österreich, beteiligt waren Gerda Stummer, Elfriede Grundböck (Österreichischer Friedensrat), Herbert Groder (Weltföderalisten), Oswald Amstler (Suttner-Gesellschaft) und Ernst Schwarcz. Mit Schwarcz hat TS den Text der Presseaussendung wie das Flugblatt beraten, am 31. Mai 1977 begleitete er mit Mia Schönfeld vom Vormittag an vom Walserberg bis zur Abendveranstaltung in Linz die Stafette. Das alles war verbunden mit erheblichen Opfern an Zeit und auch Geld. Am 3. Juni 1977 nahm TS am Abend in der Künstlerischen Volkshochschule im 3. Bezirk in Wien an einem Podiumsgespräch über die Abrüstungsstafette teil, mit Helmut Michael Vogel und Gerd Greune, beide waren Vertreter der Initiatoren, mit Wilfried Daim, Franz Bittner, Erwin Rennert, Wilhelm Dantine, Friedl Grundböck und Alfons Stummer unter dem Vorsitz von Schwarcz.

Seit dem Frühjahr 1977 hatte die „Charta 77" in den bürgerlichen Medien der Bundesrepublik und von Österreich ein großes Echo. Es war offenkundig, dass die CSSR mit den von den europäischen kapitalistischen Ländern durch angemessenen Applaus besonders stimulierten Unterzeichnern Probleme hatte. Im *Österreichischen Komitee für europäische Sicherheit und Zusammenarbeit*, das für seine Tätigkeit auf Konsens angewiesen war, blieb die Diskussion über die Tschechoslowakei nicht ohne Folgen. Schmetterer schrieb am 13. April 1977 an den Präsidenten des *Tschechoslowakischen Komitees für europäische Sicherheit und Zusammenarbeit* Bedrich Svestka, es seien in den österreichischen Massenmedien Berichte, „*dass die tschechoslowakischen Behörden in Zusammenhang mit der Auseinandersetzung um diese Erklärung Schritte unternommen haben, die gegen Rechte und Grundfreiheiten verstoßen, wie sie auch in der Schlussakte der Konferenz von Helsinki formuliert wurden*". Innerhalb des Komitees sei keine gemeinsame Einschätzung ausgearbeitet worden, doch würde das Komitee die Einschätzung des Tschechoslowakischen Schwesterkomitees gerne kennenlernen. Dazu scheint es nicht gekommen zu sein. TS vertrat im Komitee die auf einen Kompromiss, das Wesentliche aber doch im Auge abzielende Meinung, dass es viele positive und negative Ereignisse gegeben habe, zu denen das Komitee keine Stellungnahme abgegeben habe, im Falle von Zypern und Nordirland übe man überhaupt Abstinenz. Die KSZE-Folgekonferenz in Belgrad ab Oktober 1977 stehe an, „*man solle vermeiden, eine*

Konfliktsituation hervorzurufen zum Schaden von Belgrad". Die Meinung von TS wurde im Vorstand mehrheitlich geteilt, Martin Rokita trat aber deswegen aus dem Komitee doch aus. TS musste registrieren, dass die USA dabei war, den Entspannungsprozess in Europa auszuhöhlen. Auf dem 23. Parteitag der KPÖ vom 8. bis 11. Dezember 1977 sprach TS für den *Österreichischen Friedensrat*, der in Anknüpfung an den vom Präsidium des Weltfriedensrates auf seiner Tagung in Stockhom vom 31. Mai bis 2. Juni 1975 beschlossenen *„Neuen Stockholmer Appell"* gegen die US-Pläne der Aufrüstung mit Neutronenbomben mobilisierte:[85]

Im Bericht des ZK an den Parteitag, im Referat des Genossen Muhri, wird festgestellt, dass die Fortsetzung des Rüstungswettlaufs die im Ergebnis eines langen harten Kampfes erreichte politische Entspannung gefährdet, und es wird zu einem verstärkten Eintreten für den Frieden aufgerufen. Im Resolutionsentwurf ‚Für Abrüstung – gegen den Rüstungswettlauf!' wird der Kampf für die wichtigsten Forderungen zu Rüstungsstopp und Abrüstung unterstützt und von der Regierung verlangt, die großen Möglichkeiten, die sich für Österreich aufgrund seines Neutralitätsstatus ergeben, konsequenter im Interesse einer militärischen Entspannung zu nutzen.

Um zum weltweiten Kampf für Entspannung und Abrüstung verstärkt beizutragen, sind aber nicht nur eigene Stellungnahmen erforderlich, vielmehr bedarf es ständiger Bemühungen, um möglichst breiten Kreisen in unserem Land die Notwendigkeit eines Eintretens für diese Ziele bewußt zu machen. Für den Kampf um den Frieden gilt die Feststellung des Dokuments der Berliner Konferenz der kommunistischen und Arbeiterparteien Europas vom Juni 1976: ‚Die kommunistischen und Arbeiterparteien sind sich bewußt, dass ein Europa des Fortschritts und des Friedens nur das Ergebnis vielfältiger Anstrengungen, das Ergebnis der Annäherung, Verständigung und Zusammenarbeit breitester politischer und gesellschaftlicher Kräfte sein kann. Sie erachten den Dialog und die Zusammenarbeit zwischen den Kommunisten und allen anderen demokratischen und friedliebenden Kräften für notwendig'.

Die Möglichkeiten, in diesem Sinn voranzukommen, sind von Land zu Land sehr verschieden. Aber auch unter schwierigen Bedingungen kann es keinen Verzicht auf diese Orientierung geben. Gerade im Kampf für Entspannung und Abrüstung bestehen heute weltweit neue Möglichkeiten für einen konstruktiven Dialog und für die Entwicklung der Zusammenarbeit verschiedener politischer und gesellschaftlicher Kräfte. Die Nutzung dieser Möglichkeiten darf nicht als eine enge Ressortangelegenheit aufgefaßt werden. Der im Referat formulierte Appell an das österreichische Volk, einen verstärkten Druck der öffentlichen Meinung für eine aktivere Neutralitäts- und Friedenspolitik zu erzeugen, wird nur Gehör finden, wenn er von uns allen hinausgetragen wird.

Zugleich ist klar, daß Organisationen der Friedensbewegung bei der Einleitung eines konstruktiven Dialogs, bei der Entwicklung der Zusammenarbeit zwischen verschiedenen Kräften, bei der Initiierung von Aktionen für Entspannung und Abrüstung eine wichtige Rolle spielen können. Der Österreichische Friedensrat, in dem zahlreiche Genossinnen und Genossen mitarbeiten, ist bemüht, in diesem Sinn zu wirken. In den letzten zwei Jahren hat er den Kampf für die Beendigung des Wettrüstens und für Abrüstung als seine Hauptaufgabe angesehen. Die Informierung der Öffentlichkeit wurde verstärkt, z. B. durch die Wanderausstellung ‚Hiroshima mahnt zur Abrüstung', die wahrscheinlich schon von mehr als 100 000 Menschen gesehen worden ist.

Aktiv unterstützt hat der Österreichische Friedensrat den Appell ‚Das Wettrüsten beenden', der 1976 von bekannten österreichischen Wissenschaftlern, Kulturschaffenden, Gewerkschaftern und Persönlichkeiten des religiösen Lebens veröffentlicht wurde. Dieser Appell war ein österreichische Beitrag zu der weltweiten Bewegung, in deren Mittelpunkt der vom Weltfriedensrat initiierte ‚Neue Stockholmer Appell' stand. Fortschritte zu Rüstungsstopp und Abrüstung können nur erreicht werden, wenn alle Schritte, die das Wettrüsten intensivieren, zurückgewiesen werden. Deshalb hat der Kampf gegen die amerikanischen Pläne mit der Neutronenbombe in den letzten Monaten weltweit eine so große Rolle gespielt. Eine sehr breite Abwehrfront gegen diese Pläne ist entstanden. Der Österreichische Freidensrat hat – unterstützt von mehreren befreundeten Organisationen – zu einer Unterschriftenaktion gegen die Neutronenbombe aufgerufen. Die bis jetzt erzielten mehr als 6000 Unterschriften bedeuten einerseits, daß von vielen die Bedeutung der Frage erkannt wird, daß viele Menschen sich schon aktiv an der Sammlung von Unterschriften beteiligen, dass es aber sicher noch beträchtliche Möglichkeiten für die Ausweitung der Aktion gibt. Die erzielten Unterschriften besagen auch, dass Zehntausende von Diskussionen über die Fragen des Wettrüstens, über Entspannung und friedliche Koexistenz geführt wurden.

Auch andere österreichische Organisationen haben gegen die Neu-
tronenbombe Stellung genommen, so der Zentralausschuss der
Österreichischen Hochschülerschaft und christliche Gruppen. Die
Sozialistische Jugend hat einen Ausschuss für Aktionen gegen das
Wettrüsten und gegen die Neutronenbombe gebildet.

Bei unseren Aktionen gegen die Neutronenbombe haben wir nicht
selten den Einwand gehört, es handle sich da um eine ,einseitige'
Aktion. Solche Einwände, sie kommen oft auch von ernstlich wegen
des Wettrüstens besorgten und zum Dialog bereiten Menschen,
muss man sorgfältig entkräften. Gewiß, Abkommen über Rüstungsbegrenzung und Abrüstung müssen zwischen den Vertragspartnern
auf der Grundlage ihrer Gleichheit und unter Wahrung gleicher Sicherheit abgeschlossen werden. Aber die Erfahrung der letzten Jahre zeigt, dass solche Abkommen nur durch das Zurückdrängen der
Gegner der Entspannung und Abrüstung erreicht werden können.
Und die bisher vereinbarten Abkommen über Rüstungsbegrenzung
und Abrüstung gehen auf Initiative der sozialistischen Staaten zurück, während die reaktionären Gegner der Entspannung diese Vorschläge zunächst diffamiert und bekämpft haben.

Will man für Abrüstung und Frieden wirken, so kann es keine Neutralität geben in der Stellungnahme zu den Kräften der Weltpolitik, die
sich aktiv für den Frieden einsetzen einerseits, und zu jenen andererseits, die eine neue Runde des Wettrüstens auslösen wollen. Das ist
auch in Verbindung mit der Forderung zu betonen, dass sich die österreichische Regierung konsequenter für militärische Entspannung
und Abrüstung einsetzen soll. Von ,Einseitigkeit' kann beim Kampf
gegen die Pläne mit der Neutronenbombe aber schon deshalb nicht
die Rede sein, weil die Protestbewegung in den Ländern des Kapitals bis in die Regierungsparteien und in die Regierungen reicht. Wir
sind überzeugt: die Kräfte, die das Wettrüsten intensivieren wollen,
können isoliert und zurückgedängt werden.

Die zunehmende Bedeutung der internationalen Beziehungen im
Leben jedes Landes führt zu einer immer stärkeren Verflechtung des
Kampfes für Frieden und Abrüstung mit dem Kampf um die wirtschaftlichen Interessen der Werktätigen, um bessere Lebensbedingungen, um
die Lösung solcher langfristigen Menschheitsprobleme wie Umweltschutz, Energiefragen und planmäßige, weltweite Rohstoffnutzung.
Diese Verbindung macht erst recht deutlich, von wie großer Bedeutung der Kampf für Frieden und Abrüstung, für die Umgestaltung der

internationalen Beziehungen im Sinn der Prinzipien der friedlichen Koexistenz ist. Genosse L[eonid Iljitsch]. Breschnew [1906–1982] hat hierzu in seiner Rede auf der Festsitzung aus Anlaß des 60. Jahrestages der Oktoberrevolution gesagt: „… Gelingt es uns, die entscheidende Aufgabe zu lösen, die Aufgabe, einen neuen Weltkrieg abzuwenden und einen dauerhaften Frieden zu sichern, so wird das den Bewohnern der Erde neue Perspektiven eröffnen. Es werden die Voraussetzungen für die Lösung vieler anderer lebenswichtiger Probleme entstehen, vor die sich heute die ganze Menschheit gestellt sieht'.

Im Kampf für Frieden und Abrüstung aktiv zu sein und unermüdlich zu wirken – das ist unsere Pflicht, um die Interessen des österreichischen Volkes zu sichern, das ist zugleich unsere internationalistische Pflicht.

Das vom Internationalen Institut für den Frieden Wien vom 27.–28. Jänner 1978 veranstaltete Symposium zum Thema *„Mögliche Wege zu einem allgemeinen Verbot der Entwicklung und Produktion neuer Typen und Systeme von Massenvernichtungswaffen"* wurde mit dem *„Wiener Appell"* abgeschlossen. Dieser richtete an die Staatsmänner, Regierungen und Parlamente der 35 Teilnehmerstaaten von Helsinki, an die Sondertagung der UNO zu Abrüstungsfragen (23. Mai – 18. Juni 1978 in New York) und an den Genfer Abrüstungsausschuss wie an die Wiener Konferenz zur Reduzierung von Streitkräften und Rüstungen in Mitteleuropa die Aufforderung, wirksame Schritte für den Verzicht auf Erstanwendung von Kernwaffen zu setzen. Stillstand im Prozess der Entspannung heiße Rückschritt. Österreichische Erstunterzeichner unter den insgesamt 27 Wissenschaftlern aus Ost und West des *Wiener Appells* waren Engelbert Broda, Georg Fuchs, der auf dem Symposium über die vom Pentagon beabsichtigte Neutronenbombe, über Neutronenbiologie und Neutronenpathologie gesprochen hatte, Leo Gabriel, Walter Hollitscher und TS.[86]

Vom 6.–8. Februar 1978 war TS Teilnehmer an dem in Wien vom Internationalen Verbindungsforum der Friedenskräfte in Zusammenarbeit mit dem Österreichischen Koordinierungskomitee für Friedensarbeit und mit Unterstützung der Internationalen Atomenergie-Organisation veranstalteten *Internationalen Seminar über Kernenergie und Wettrüsten.* Das vom Direktor der International Atomic Energy Agency (IAEA) Sigvard Arne Eklund (1911–2000) eröffnete Seminar ging davon aus, dass der friedlichen Nutzung der Atomenergie die besten Aussichten eröffnet werden würden, wenn nukleare Abrüstung und zunehmende internationale Zusammenarbeit erreicht werden. Immer wieder unterstützt TS Georg Fuchs bei dessen Veranstaltungen am *Internationalen Institut für den Frieden in Wien*, so beim Symposium „*Die Rolle der Öffentlichkeit bei der Erhaltung des Friedens*" vom 23.–24. September 1978 in Wien mit etwa 50 Teilnehmern. Vom 29. Oktober – 3. November 1978 war TS Teilnehmer einer Delegation des Österreichischen Koordinierungskomitees für Friedensarbeit in Moskau und Minsk, die Einladung war vom Sowjetischen Komitee zum Schutz des Friedens ausgegangen. Auf Einladung des sowjetischen Komitees besuchten in diesen Jahren Vertreter gesellschaftlicher und Friedensorganisationen aus den meisten europäischen Ländern die Sowjetunion. Es sollte so ein aktiver und konstruktiver Dialog zustande kommen. Von beiden Seiten wurde festgestellt, es seien ein verstärktes Eintreten der Öffentlichkeit für die Erzielung von Schritten der Rüstungsbegrenzung und Abrüstung sowie das Zurückweisen von Maßnahmen, die dem Rüstungswettlauf Auftrieb geben, notwendig. Im gemeinsamen Kommunique der Delegationen wurde betont, dass Fortschritte bei Rüstungsbegrenzung und Abrüstung nur erreicht werden können, wenn, wie das Schlussdokument der UN-Sondertagung über Abrüstung (1. Juli 1978) ausdrückt, der „*politische Wille zur Abrüstung*" gefestigt und die Tendenzen zu einer Wiederbelebung des Kalten Krieges zurückgedrängt werden. Bei solchen Gelegenheiten musste TS einige an die Friedensbewegung modisch anstreifende Intellektuelle wie das Mitglied dieser Delegation Anton Pelinka (*1941) immer in Kauf nehmen.[87] Wenige Tage vor seiner Abreise nach Moskau war TS Diskutant auf einem von der Volkshochschule Brigittenau (Wien 20) am 23. Oktober 1978 veranstalteten Forumsgespräch mit dem Thema „*Kann das Wettrüsten gestoppt werden?*", seine Mitdiskutanten waren Gesandter Franz Ceska vom Bundesministerium für Auswärtige Angelegenheiten, Leo Gabriel, Ernst Schwarcz, der Bundesminister a. D. Dr. Lujo Toncic (1915–2005) als Präsident der Österreichischen Liga für die Vereinten Nationen und Rudolf Weiler.

VIII. 4. Über die Gegner der Entspannung in Österreich (1974)

Der Entspannungsprozess wurde von den reaktionären Kreisen Österreichs sabotiert. Medien wie der Österreichische Rundfunk mit seinem Intendanten Gerd Bacher (*1925) oder Die Presse mit ihrem

Chefredakteur Otto Schulmeister (1916–2001) waren in der geistigen Aufrüstung wortführend, sie waren Dreigroschenknechte ihrer Auftraggeber. Auf dem vom 18.–20. Jänner 1974 abgehaltenen Parteitag der KPÖ nahm TS dazu Stellung, er macht sichtbar, welche Interessen hinter den Gegnern der Entspannung waren:[88]

Die Wende vom Kalten Krieg zur Entspannung, die die Entwicklung der internationalen Beziehungen in den letzten Jahren kennzeichnet, passt den reaktionären Kräften nicht ins Konzept. Auch die herrschenden Kreise in Österreich und die von ihnen kontrollierten Massenmedien sind höchst aktiv, um Verwirrung zu stiften: Sie wollen verhindern, dass die Menschen unseres Landes die große positive Bedeutung dieses Wandels und die für ihn entscheidende Rolle der Kraft und der Friedenspolitik der Sowjetunion und der sozialistischen Staatengemeinschaft erkennen.

Die Gegner der Entspannung haben zum Jahreswechsel fast einhellig düstere Prognosen für die internationale Entwicklung präsentiert. Alles sei ungewiss, neue Gefahren und Konflikte zeichnen sich ab, so hieß es in den Leitartikeln und Kommentaren. Der Chefredakteur der „Presse", Dr. [Otto] Schulmeister, verstieg sich sogar dazu, seinen Weihnachtsartikel mit dem Satz zu beginnen: „Wer erinnert sich noch an das zynische Wort aus den letzten Tagen des Dritten Reiches: ‚Genießt den Krieg, der Frieden wird schrecklich.'" Womit Dr. Schulmeister offensichtlich sagen wollte, dass der heutige Friede schrecklich ist.

Eine krasse Entstellung der heutigen außenpolitischen Lage Österreichs präsentiert der ORF-Mitarbeiter [Alexander] Vodopivec in einem Ende vergangenen Jahres erschienenen Buch.[89] Beunruhigt, weil Verbesserungen in den Beziehungen zwischen Österreich und den sozialistischen Nachbarländern erzielt werden konnten beziehungsweise sich anbahnen, beunruhigt, weil auf der Europäischen Sicherheitskonferenz auf der Grundlage zunehmenden Vertrauens über Gewaltverzicht und Nichteinmischung als Grundprinzipien für die Beziehungen zwischen den europäischen Staaten verhandelt wird, malt Vodopivec in seinem Buch im Detail die Möglichkeiten für eine heimtückische Besetzung Österreichs durch die sozialistischen Staaten aus.

Solchen Irreführungen und Verleumdungen wird von offizieller Seite nicht entgegengetreten. Es gibt vielmehr offizielle österreichische

Erklärungen zur Europäischen Sicherheitskonferenz, die nur als Versuch verstanden werden können, dieser Konferenz, die jetzt wichtigster Schritt zu einer weiteren Verbesserung der Beziehungen in Europa sein kann, Schwierigkeiten zu bereiten. Das sind Handlungen, die vorher abgegebene Zustimmungserklärungen zum Plan und zu den Zielen der Konferenz weitgehend entwerten.

Die Gründe für diese gegen die Weiterführung des Entspannungsprozesses gerichteten Bemühungen und Aktionen sind in den politisch-ideologischen Leitsätzen, die unserem Parteitag vorliegen, klar ausgedrückt. Dort heißt es: „Den Interessen der Arbeiterklasse in den hoch entwickelten kapitalistischen Ländern entspricht die Entspannung, weil sie den Kampf um materielle Besserstellung, für eine Reduzierung der Streitkräfte und Unterdrückungsapparate erleichtert, weil sie dem Klassengegner die Agitation und Manipulation der Öffentlichkeit durch Antikommunismus und nationalistische Verhetzung erschwert".

Damit kommt auch zum Ausdruck: Wir müssen den ideologischen Manövern der dem Kalten Krieg verhafteten Kräfte, die die Massenmedien beherrschen, ständig und möglichst schnell reagierend entgegenwirken. Wir müssen unsere Unterstützung für die Entspannungspolitik noch stärker manifestieren. Zugleich müssen wir zur Verstärkung der Aktivitäten für Entspannung und Friedenssicherung beitragen und dabei ein Zusammenwirken mit Menschen, Gruppen und Organisationen anstreben, die andere politische und weltanschauliche Standpunkte vertreten.

Im April werden es 25 Jahre sein, dass die Weltfriedensbewegung gegründet wurde. In dieser Bewegung haben Joliot-Curie, Picasso, [Pablo] Neruda und andere hervorragende Künstler und Wissenschafter, die sich zu den kommunistischen Parteien ihrer Länder bekannten, gemeinsam mit Persönlichkeiten anderer Richtungen gewirkt. Diese Bewegung haben Millionen Menschen auf allen Kontinenten davon überzeugt, dass die Atomkriegsgefahr zurückgedrängt und der Weg zu verlässlicher Friedenssicherung frei gemacht werden kann. Jetzt, wo sich die Entspannung durchsetzt, wird deutlich, dass diese Bewegung damit einen wichtigen Beitrag zu den erzielten positiven Veränderungen in den internationalen Beziehungen geleistet hat.

Im Kampf für Frieden und Entspannung kommt das breiteste Bündnis gegen die Aggressionspolitik des Imperialismus zustande. Im Hauptdokument der Internationalen Beratung der kommunistischen und Arbeiterparteien (1969) heißt es hiezu: „Das Hauptkettenglied der gemeinsamen Aktionen der antiimperialistischen Kräfte bleibt auch in Zukunft der Kampf um den Frieden in der ganzen Welt gegen die Kriegsgefahr, gegen die Gefahr eines Kernwaffenkrieges, der die Völker mit der Massenvernichtung bedroht. Durch die vereinten Bemühungen der sozialistischen Länder, der internationalen Arbeiterklasse, der nationalen Befreiungsbewegung, aller friedliebenden Staaten, der gesellschaftlichen Organisationen und Massenbewegungen kann ein Weltkrieg verhindert werden". (Internationale Beratung der kommunistischen und Arbeiterparteien, Moskau 1969, Verlag Frieden und Sozialismus, Prag 1969, S. 36.)

Die heutige Bewegung der Friedenskräfte geht über den Rahmen einer Organisation weit hinaus. In ihr wirken Persönlichkeiten und Organisationen vieler politischer Überzeugungen. Das hat der Weltkongress der Friedenskräfte im vergangenen Oktober in Moskau besonders deutlich gemacht. Dort konnten gemeinsame Einschätzungen und Aktionsvorschläge zu den wichtigsten Fragen der internationalen Beziehungen beschlossen werden: für Frieden, internationale Sicherheit und Abrüstung, für nationale Unabhängigkeit, für das Recht jeden Volkes, seinen Weg frei wählen zu können, für die Unterstützung des Kampfes der Völker gegen Imperialismus und Reaktion in Vietnam, im Nahen Osten und in Chile.

Auf diesem Kongress war auch Österreich durch eine Gruppe von Teilnehmern vertreten, der Menschen verschiedener Auffassungen angehörten.

Der Blick zurück, aus Anlass des 25. Jahrestages der Weltfriedensbewegung, lässt die in diesem Jahrhundert erzielten historischen Erfolge bei der Zurückdrängung der aggressiven imperialistischen Politik erkennen. Der Blick zurück soll für uns Ausgangspunkt neuer verstärkter Bemühungen sein, die wir als Beitrag zum gemeinsamen Kampf aller gegen den Imperialismus wirkenden Kräfte verstehen. Wir können und wir werden mit Zuversicht handeln: Die zunehmende Stärke dieser Kräfte wird zu neuen wichtigen Erfolgen im Kampf für den Frieden und gegen den Imperialismus führen.

VIII. 5. Gegen die Aufrüstung Europas Anfang der 80er Jahre

Die Kapitalisten reden vom Frieden,
um den Krieg führen zu können.

Bertolt Brecht

Ende der siebziger Jahre war die Menschheit immer noch bedroht von der enormen Anzahl von Kernwaffenarsenalen. Bisher war die veröffentlichte Militärdoktrin, dass die Kernwaffen eher nicht eingesetzt werden sollen, sie seien dafür gar nicht da, vielmehr sollen sie der Abschreckung dienen. Diese Doktrin wurde am Beginn der 80er Jahre durch die USA und einer Reihe von NATO-Staaten zugunsten einer Doktrin der möglichen Kriegführung mit „begrenztem" Einsatz von Kernwaffen aufgeweicht. Weite Gebiete der Welt wurden zu den Lebensinteressen der USA erklärt, für welche die Regierung von Jimmy Carter (*1924) „schnelle Eingreiftruppen" aufstellte. Zur Täuschung der Öffentlichkeit und zur ideologischen Unterwanderung der Sowjetunion wurde die angeblichen Verletzungen der Menschenrechte in der Sowjetunion, über die in einer breiten, anhaltenden Kampagne berichtet wurde, mit Fragen der Abrüstung verknüpft.[90] Das hatte Wirkungen bis hin auf das Gewäsch von Michael Gorbatschow (*1931) über universelle menschliche Werte. Dazu kam die Entwicklung der Neutronenbombe, die aber bei einer großen Zahl von Menschen Empörung hervorrief, weil sie direkt darauf ausgerichtet war, Menschen umzubringen, aber die Sachwerte übrig zu lassen. US-Militärs bedauerten, diese Waffen in Vietnam noch nicht gehabt zu haben. TS formulierte für Gabriel im Rahmen des *Österreichischen Koordinierungskomitees für Friedensarbeit* Anfang Juni 1979 gleichlautende Telegramme an Breschnew und Jimmy Carter, *„alles zu tun, damit das Abkommen durch beiderseitige Ratifizierung sehr bald wirksam werden kann"*, und bei den bevorstehenden Gesprächen in Wien den Weg zum Abschluss weiterreichender Vereinbarungen zu eröffnen. Das Österreichische Koordinierungskomitee stellte, wie es auch den Presseagenturen mit Freigabe zur Veröffentlichung am 13. Juni 1979 mitteilte, fest, dass ein Erfolg der Verhandlungen über einen Truppenabbau in Mitteleuropa, der Ausbau der bei der europäischen Sicherheitskonferenz in Helsinki vereinbarten vertrauensbildenden Maßnahmen und die Aufnahme von Verhandlungen über Einstellung der Kernwaffenproduktion und schrittweisen Abbau der Kernwaffenvorräte wichtige, begrüßenswerte Schritte sein würden. Die USA der Ronald Reagan (1911–2004) – Administration (seit 1981) ließ sich von den bisher erzielten Ergebnissen der Friedenspolitik überhaupt nicht beeindrucken, vielmehr wollte der USA-Imperialismus seine militärische Überlegenheit weltweit neu definieren. Der blutrünstige Edward Teller (1908–2003), der Mitglied des Wissenschaftsrates des Präsidenten war, vertrat die von der US-amerikanischen Außenpolitik aufgenommene Vorstellung, begrenzte Atomkriege gegen den Vormarsch des internationalen Kommunismus zu führen. Teller hatte den bürgerlich humanistisch denkenden J. Robert Oppenheimer (1904–1967) in der Nachkriegszeit als Sicherheitsrisiko für die USA denunziert.[91] Wegen der enormen Rüstungsausgaben wurden in den USA Institutionen des Wohlfahrtskapitalismus nicht mehr subventioniert.[92] Am 12. Dezember 1979 beschloss die NATO ihre Aufrüstung mit Pershing-II – Mittelstreckenraketen und Cruise-missiles, wenngleich Grundgesetz und Völkerrecht mit der Stationierung neuer Massenvernichtungswaffen in der Bundesrepublik Deutschland nicht in Einklang zu bringen waren.[93] Die Politik der imperialistischen Hochrüstung engte den Handlungsspielraum der sozialistischen Staaten weiter ein.

Vom 21.–22. Juni 1979 tagte in Wien die *Leitung des Weltforums für Verbindung der Friedenskräfte,* der Leo Gabriel als Vizepräsident des Forums angehörte. Es wurde die Bedeutung des von den USA nicht ratifizierten SALT II-Vertrages zwischen der UdSSR und den USA über die Begrenzung der strategischen Offensivwaffen (Wien, 18. Juni 1979) hervorgehoben.[94] Der Vertrag bestimmte für beide Staaten gleiche Maximalwerte für Kernwaffenträger und sah die Reduzierung der vorhandenen Kernwaffen sowie bedeutende Einschränkungen für die Modernisierung und Schaffung neuer strategischer Offensivsystem vor. TS nahm die Gelegenheit wahr, sich mit dem Präsidenten des Weltforums für Verbindungen der Friedenskräfte und Präsidenten des Weltfriedensrates Romesh Chandra, der nach 1990 öfters zu Gast bei der Familie Schönfeld in Wien war, zu besprechen. TS erhielt von den Aktivitäten des Friedensrates der DDR mit ihrem Präsidenten (seit 1969) Günther Drefahl (*1922) und seinen monatlichen gedruckten Informationen manche Anregungen. Die Sowjetischen Behörden stellten den Nichtregierungsorganisationen Faktenmaterialien zur Verfügung, welche die sowjetischen Vorschläge über Abrüstungsprobleme, Erhaltung des Friedens und Gewährleistung der Sicherheit der Völker und deren

Zurückweisung durch die Westmächte darlegten. Gut aufbereitete Aufklärungsbroschüren wie die „Die Gefahr eines Nuklearkrieges bannen", verfasst vom Marschall der Sowjetunion Dmitri F. Ustinow (1908–1984),[95] „Von wo geht die Gefahr für den Frieden aus"[96] oder „Helsinki – Zehn Jahre danach"[97] fanden einige Verbreitung, wenngleich davon ausgegangen werden muss, dass diese von den Menschen nicht angemessen gelesen wurden. Die Broschüren waren dem Österreichischen Komitee für europäische Sicherheit und Zusammenarbeit von Seiten des sowjetischen Partnerkomitees im September 1982 zugeschickt worden. USA und NATO hatten es dagegen überhaupt nicht notwendig, mit Friedensorganisationen Kontakt aufzunehmen, sie investierten viel in die Massenmedien der kapitalistischen Länder, die ihre Interessen ohnehin schon vertraten und Friedensorganisationen als kommunistische Tarnorganisationen diskriminierten.

Die Hochrüstungspläne der NATO seit ihrem Doppelbeschluss vom 9. Dezember 1979 beunruhigten ganz Westeuropa. Der NATO-Propagandaapparat verstand es, mit Antisowjetismus und Pazifismus breite Bevölkerungsschichten zu täuschen. Schon Sektionschef Tuzzi wusste: *„Mit dem Pazifismus Militärpolitik zu treiben, beschäftigt heute in Europa die gewiegtesten Fachleute".*[98] Es musste aber bekannt sein, dass bei kriegerischen Auseinandersetzungen die Abschussrampen für die neuartigen amerikanischen Mittelstrecken-Atomraketen die ersten Ziele von Atomschlägen der gegnerischen Seite sein würden, die USA nahmen einen europäischen Kriegsschauplatz mit Kernwaffen in Kauf. Zur Rolle der neutralen und blockfreien Staaten in dieser sich gefährlich zuspitzenden, strategisch neuen Situation veranstaltete Georg Fuchs, beraten von TS, das *Internationale Institut für Frieden in Wien* ein Symposium vom 26.–29. März 1980.[99] In seinem Diskussionsbeitrag spricht TS davon, *„dass jede Seite ein objektives Bild von der jeweils anderen Seite benötige und dass deshalb ein Klima der offenen Diskussion geschaffen und die psychologische Kriegsführung bekämpft werden müsse".*[100] Wilhelm Frank hat den Beitrag *„Energiepolitik unter den Bedingungen der Neutralität"* gegeben. Engelbert Broda ergriff für die Vereinigung österreichischer Wissenschaftler (Pugwash-Bewegung) Anfang 1981 die Initiative für die Sammlung von Unterschriften für einen Appell an Bundeskanzler Kreisky, die österreichische Bundesregierung solle in Anbetracht der beunruhigend abgleitenden Weltlage dringend *„neuartige und drastische Schritte für den Weltfrieden zu unternehmen".* Mit T. S unterzeichneten etwa 330 österreichische Professoren von Universitäten und

Kunsthochschulen diesen Appell, den Broda in einem Gastkommentar im Kurier am 18. Juni 1981 erläutern konnte, um das Bewusstsein der furchtbaren Gefahren weiter zu verbreiten.[101]

Für den *Österreichischen Friedensrat* zeichnete dessen Vorsitzender (seit 1981) Otto Kreilisheim den Aufruf zur Teilnahme am *Marsch für Abrüstung und Frieden* am 27. Juni 1981 in Wien vom Westbahnhof (10 Uhr) Richtung Heldenplatz, Stephansplatz, Schwedenplatz bis zur Arenawiese im Prater (Abschluss ca. 15 Uhr). Im August 1981 (Wien) zeichneten Leonhardt Bauer, Engelbert Broda, Fritz Fellner, Friedrich Heer, Josef Stockinger, Herbert Buchinger, Marie-Thérèse Kerschbaumer, Herwig Seeböck, Gernot Wolfsgruber und TS ein Rundschreiben an verschiedene Persönlichkeiten in Österreich. Ausgehend davon, dass die Steigerung des Rüstungswettlaufes mit besonders gefährlichen Entwicklungen bei den Atomwaffen und Raketen weltweit größte Beunruhigung ausgelöst habe, sei die Mitwirkung der öffentlichen Meinung dringlich notwendig, um den ins Stocken geratenen Dialog über Friedenssicherung und Abrüstung wieder in Gang zu setzen. Eine beigegebene Erklärung solle für die diesjährige Internationale Woche für Abrüstung (24.–31. Oktober 1981) – die Vollversammlung der Vereinten Nationen (Sondertagung 1978) hatte die auf den Jahrestag der Gründung der Weltorganisation jeweils folgende Woche zur Internationalen Woche der Abrüstung erklärt – veröffentlicht werden. Die von 184 österreichischen Persönlichkeiten unterschriebene Initiative *„Den Atomkrieg verhindern! Abrüsten!"* forderte einen internationalen Dialog über die Sicherung des Friedens, einen Stopp der atomaren Aufrüstung in Europa, alle Regierungen müssten der Entspannung neue Impulse geben und eine österreichische Initiative der Entspannung, *„mit der die internationalen Bemühungen gegen Atomkriegsgefahr gefördert werden und unsere Ablehnung der gefährlichen Aufrüstung manifestiert wird".* Zum Schluss: *„Gegen jedes Hineinziehen Österreichs in die Rüstungswelle und das internationale Rüstungsgeschäft. Nicht kurzsichtiges Gewinnstreben darf für Österreich bestimmend sein, sondern die Entschlossenheit, dem Wahnsinn des Rüstungswettlaufes mit allen uns zu Gebote stehenden Mitteln entgegenzuwirken. Deshalb: Keine Waffenexporte an faschistische und autoritäre Regime. Schrittweise Umstellung der Waffenproduktion auf zivile Produktion".*[102] In Bonn war es am 10. Oktober 1981 zur Friedensdemonstration von 300.000 Menschen gegen die Stationierung von US-Atomraketen gekommen, am 21. November 1981 demonstrierten in Amsterdam eine halbe Million Menschen für den Frieden, am

26. November 1981 demonstrierten 15.000 Frauen in einem Schweige-marsch zum niederländischen Parlament gegen die Stationierung von Kernwaffen in den Niederlanden. Solche nationale und internationale, die Öffentlichkeit mobilisierende Aktionen haben dazu beigetragen, dass Washington schließlich zugestimmt hat, in Verhandlungen über die Reduzierung der Kernrüstungen in Europa einzutreten. Diese wur-den im November 1981 in Genf begonnen. Der Aufruf wurde Ausgang einer großen österreichischen Bewegung für den Frieden, für die sich TS mit aller Kraft und mit vielen Ideen einbrachte.

Gemeinsam mit Engelbert Broda und Robert Jungk diskutierte TS am 29. Oktober 1981 im Arbeiterkammer-Saal Salzburg die Fra-ge *„Ist Österreich vom Atomkrieg bedroht".* Österreichs meinungsfüh-rende Printmedien wie „Die Presse" vermittelten den Eindruck, dass Österreich nicht von jenen Problemen betroffen sei, welche die deut-sche Friedensbewegung aufgerüttelt habe, im übrigen würde der Os-ten munter aufrüsten.[103] Mit Engelbert Broda referierte TS auf der am 12. Dezember 1981 veranstalteten Konferenz des Gewerkschaftlichen Linksblocks und der KPÖ *„Frieden – Abrüstung – Umrüstung"* über aktuelle Gefahren der Weltlage und Probleme der Friedensbewegung. Vom 29. Jänner – 1. Februar 1982 beteiligte sich TS an dem vom Inter-nationalen Verbindungsforum der Friedenskräfte im Parkhotel Schön-brunn in Wien einberufenen *Wiener Dialog: Internationale Konferenz für Abrüstung und Entspannung.* Neben TS waren österreichische Teil-nehmer Engelbert Broda, Gabriel, Schmetterer, Weiler und Dürmayer, dieser als Vertreter der Internationalen Vereinigung Demokratischer Juristen, sowie Georg Fuchs, der als Vertreter des Internationalen Frie-densinstituts als Moderator im Dialog III: Nukleare Abrüstung – Un-mittelbare Aufgaben fungierte. Während in den USA die Vorstellung propagiert wurde, dass ein Kernkrieg zu gewinnen sei, war sich der Dialog einig, dass ein Kernkrieg nicht begrenzbar ist und dass bei der Qualität und Quantität der in den Arsenalen vorhandenen Waffen kein Schutz für das Leben möglich sei, wenn diese zum Einsatz kommen.[104]

Anfang 1982 entschlossen sich bei einer Zusammenkunft die Er-stunterzeichner zu einer Neuauflage des Aufrufs *„Den Atomkrieg verhindern! Abrüsten!".* Das war Grundlage des Aufrufs für eine *ge-samtösterreichische Friedensdemonstration am 15. Mai 1982 in Wien,* an der ca. 70.000 Menschen, die zum Teil mit Sonderzügen aus den Bundesländern gekommen sind, demonstrierten. An der inhaltlichen Ausrichtung war TS früh beteiligt. Am 20. März 1982 referierten TS und Engelbert Broda auf einem ganztägigen Seminar „*Friedensbewegung 1982*" des Österreichischen Friedensrates über ein möglichst wirkungsvolles Auftreten der Friedensbewegung. Im Vorfeld der Demonstration waren TS, Marie-Thérèse Kerschbaumer, Fritz Edlinger, Univ. Prof. Dr. Sepp Linhart und Josef Stockinger (Vorsitzender der Österreichischen Hochschülerschaft) für die Erstunterzeichner des Aufrufs „*Den Atomkrieg verhindern! Abrüsten!*" zu Aussprachen mit Bundespräsident Kirchschläger (4. Mai 1982) und mit Bundeskanzler Kreisky (12. Mai 1982) vorgelassen worden, bei denen ein Schreiben übergeben wurde, in welchem der Appell erläutert und gegen jedes Hineinziehen Österreichs in die Rüstungswelle und das internationale Rüstungsgeschäft Stellung genommen wird. Die atomare Aufrüstung müsse gestoppt werden, die Entwicklung sei so bedrohlich, „*daß auch außergewöhnliche Schritte – wie eine besondere Regierungserklärung oder die Verabschiedung eines Appells des Nationalrates – in Erwägung gezogen werden sollten*". Zum Schluss: „*Wir erachten die Verhinderung eines neuen Krieges und das Erzielen friedenssichernder Schritte als wichtigste Aufgabe von heute. Wir wollen uns daher weiter bemühen, in der Öffentlichkeit unseres Landes über diese Fragen zu informieren und so einen Beitrag zur Verstärkung der Friedensbemühungen und zur Abwendung der großen Gefahr, die die Menschheit bedroht, zu leisten*". Die seit 1957 in Wien lebende Schriftstellerin Kerschbaumer schätzte die wissenschaftliche Begründung der österreichischen Nation durch österreichische Kommunisten, die eine Voraussetzung für den Kampf um die Unabhängigkeit Österreichs war.[105] Von Seiten der KPÖ drängelten sich opportunistische Nachwuchsfunktionäre wie der Vielschwätzer Walter Baier in die Vorderreihe der Friedensbewegung, was TS, der von Seiten des KPÖ-Führungsspitze randständig behandelt wurde, aushalten musste.[106] Für einen Alfred Gusenbauer (*1960) galt Kerschbaumer zu dieser Zeit als „kommunistischer Zugang zur Friedensbewegung".[107] Als Jungsozialist war Gusenbauer der Meinung, dass eine politische Friedenssicherung und die totale Abrüstung Ressourcen frei machen würden, „*um die dringendsten Probleme der Völker der Dritten Welt zu lösen*".[108] Irgendeine Initiative dazu ist ihm als Bundeskanzler nicht eingefallen! Sowohl Kreisky wie Kirchschläger wurde die Liste der bis zu diesem Zeitpunkt eingelangten Unterzeichner des Aufrufs, darunter rund 15000 Lehrer und Pädagogen, etwa 300 Schauspieler, Regisseure und Theaterfachleute, 500 Universitätslehrer und Wissenschaftler, zahlreiche Schriftsteller und bildende Künstler,

Mandatare von Landtagen und Gemeinderäten, Betriebsräte und Gewerkschaftsfunktionäre, Vertreter von Frauen-, Jugend- und Studentenorganisationen, zugeschickt.[109] Im September 1982 trafen sich in Rom im Rahmen der Päpstlichen Akademie der Wissenschaften 64 Wissenschaftler, unter ihnen Komarek aus Wien, die erklärten, *„die Katastrophe eines Atomkrieges kann und muss verhindert werden"*.[110] Es ist bemerkenswert, dass Komarek in Wien in der Friedensbewegung mit TS nie gemeinsam öffentlich aufgetreten ist, sieht man von einer gemeinsamen Unterzeichnung des Briefes der österreichischen Pugwash-Bewegung an Bundeskanzler Kreisky vom März 1981 ab. 1982 (21.–22. Oktober) spricht TS auf dem vom Betriebsrat der österreichischen Akademie der Wissenschaften mit seinem Vorsitzenden Peter Fleissner veranstaltetem Symposium *„Friedenssicherung heute. Was kann Österreich beitragen?"* über *„Friedensbewegung gestern und heute".* Einer der Vortragenden war Peter Pilz, er hatte gerade das Buch über die österreichische Rüstungsindustrie publiziert.[111] Der ärztliche Leiter des Gottfried von Preyer'schen Kinderspitals in Wien Walter Swoboda (1915–2005), der mit TS öfter zusammengearbeitet hat und über die *„Ärztliche Vereinigung gegen den Atomkrieg – nun auch in Österreich"* referierte, war Präsident der Österreichischen Sektion (*„Österreichische Ärzte gegen den Atomkrieg"*) der International Physicians for the Prevention of Nuclear War – IPPNW.[112] Diese war von Swoboda 1982 nach seinem von Broda angeregten Besuch des 2. Kongresses der IPPNW in Cambridge ins Leben gerufen worden. Am 23. November 1982 spricht TS an der Universität für Bildungswissenschaften in Klagenfurt über *„ ‚NATO-Nachrüstung', ‚begrenzter Atomkrieg', ‚atomarer Erstschlag'. Inhalt, Bedeutung und Folgen der atomaren Aufrüstung".*

Die österreichische Friedensbewegung hatte seit etwa 1977 eine erhebliche politische Verbreiterung erfahren. Das brachte wegen beträchtlicher Unterschiede in der sozialen Struktur und den ideologischen Zugängen Probleme mit sich, nicht zuletzt weil aus bürgerlichen Parteien einige sich selbst als Jungintellektuelle sehende, aber mit oft erstaunlichem Instinkt für Karriereoptionen ausgestattete Nachwuchspolitiker in die Friedensbewegung hineingingen.[113] Sie wollten darüber palavern, was für ein Friede sein soll. Die Kommunistische Partei als eine organisierende Kraft der Friedensbewegung bot Vorwand, um die Friedensbewegung zu schwächen. Die Junge Österreichische Volkspartei trat vor dem Friedensmarsch am 22. Oktober 1982 aus dem Gesamtösterreichischen Friedensplenum aus. Der

Landesobmann der Jungen Volkspartei Wien Johannes Hahn (*1957) hatte schon im November 1981 publizieren lassen, dass die Friedensbewegung in Westeuropa *„für die falschen Ziele demonstriert"* habe.[114] Der Journalist Hubertus Czernin (1956–2006) ermunterte im März 1982 Sozialisten und Pazifisten, sich in der „Wochenpresse" von den in der Friedensbewegung mitwirkenden Kommunisten zu distanzieren. Johanna Dohnal (1939–2010) meinte, es könne die Teilnahme von Kommunisten an Demonstrationen nicht verhindert werden, entscheidend sei, dass Kommunisten nicht im entferntesten einen Führungsanspruch in der Friedensbewegung hätten. Und der Chefredakteur der „Arbeiter-Zeitung" Manfred Scheuch stellte verantwortungsvoll fest, dass eine Aktionsgemeinschaft mit Angehörigen der KPÖ *„für österreichische Sozialdemokraten ausgeschlossen sein muss"*. Der Nationalsekretär der Katholischen Arbeiterjugend Österreichs Rupert Wakolbinger hat bei dieser Gelegenheit aber doch festgestellt, dass es nach einem nuklearen Krieg nur mehr Chaos und Tod gibt, es gelte abseits von weltanschaulichen Fragen die Katastrophe zu verhindern.[115] Für die meisten kleinbürgerlichen Existenzen blieb von ihrer Aktivität in der Friedensbewegung nicht viel mehr als ein verschwätztes Bildungserlebnis übrig.

Der *Weltfriedensrat*, der bei seiner Entstehung die einzige internationale Friedensbewegung und durch das Herbeiführen weltweiter Aktionen ein entscheidender Faktor bei Schaffung und Ausbreitung der nationalen Friedensbewegungen war, musste auf die nationalen und internationalen Veränderungen der Friedensbewegung reagieren. Eine Reihe von religiösen, pazifistischen und anderen Friedensbewegungen, die bisher meist ein Zusammengehen mit dem Weltfriedensrat abgelehnt hatten, waren bereit, in bestimmten Fragen gemeinsam aufzutreten. Im Vordergrund der Bemühungen der Friedens- und Antikriegsbewegung in Europa war die Aufgabe, die Stationierung der amerikanischen Kernwaffen in Europa zu stoppen. Die Katholische Arbeiterjugend Österreichs, die Österreichische Hochschülerschaft, die Sozialistische Jugend Österreichs, der Verband Sozialistischer Studenten Österreichs und die Junge Generation beschlossen im April 1983 den *Linzer Appell* mit der Aufforderung an die österreichische Bundesregierung, sich gegen die Stationierung von ihren technischen Kennwerten nach als Erstschlagwaffen zu qualifizierenden Pershing II und Marschflugkörper in Europa auszusprechen und gemeinsam mit anderen Staaten konkrete und wirksame Maßnahmen zur Verhinderung der Stationierung als ersten

Schritt für ein atomwaffenfreies Europa zu treffen.[116] Außenminister Erwin Lanc (*Wien, 1930), der als einer der wenigen Politiker Österreichs Aktionen der gesellschaftlichen Kräfte nicht nur befürwortete, sondern unterstützte, hielt am 30. September 1983 vor der Generalversammlung der Vereinten Nationen seine erste Rede, er sprach die besorgniserregende internationale Lage an und hob die Rolle der Vereinten Nationen im Abrüstungsprozess hervor. 1982 hat, so Lanc, das Wettrüsten 800 Milliarden Dollar verschlungen, zur gleichen Zeit ist das Leben von zwei Drittel der Menschheit weiterhin durch Armut und Hunger beherrscht.[117]

Am 22. Oktober 1983 demonstrierten in Wien, organisiert von mehr als 300 Organisationen und Gruppen, mit einem Sternmarsch zum Rathaus 100.000 Menschen gegen die Nachrüstung mit der Hauptlosung: *Nein zu Pershing II – Nein zu Cruise Missiles*. Solche Kundgebungen haben im Herbst 1983 in europäischen Ländern wie in Großbritannien, in den Niederlanden, Finnland oder Dänemark, wo für ein kernwaffenfreies Nordeuropa demonstriert wurde, stattgefunden. In Spanien wurde bei Massenkundgebungen die Losung ausgegeben *„Nein zur NATO!"* und *„Nein zu den US-Militärstützpunkten auf spanischem Boden"*. TS wusste, dass es in der Friedensbewegung vor allem auf kontinuierliche und qualifizierte Kleinarbeit ankommt und machte sich über den spontanen und emotionalen Charakter solcher Demonstrationen keine Illusionen. Jean Ziegler (*1934), der Mitglied des Schweizerischen Friedensrates war, vergleicht solche Kundgebungen mit einem Vulkan, *„der plötzlich ausbricht und dann wieder zur Ruhe kommt und erlischt"*.[118] Zieglers Gesprächspartner Juri N. Popow schätzte die historische Rolle der Friedensbewegung höher ein, vielleicht, weil er als sowjetischer Kommunist die Bedeutung des Kollektivs in den bürgerlich demokratischen Ländern Europas weit überschätzte. Für das von Alfred Gusenbauer moderierten Plenum der österreichischen Friedensbewegung am 13. November 1983 in St. Pölten (Kulturheim Nord) nahm sich TS Zeit nahm und stellte in seiner Wortmeldung die österreichische Friedensbewegung in den internationalen Zusammenhang. Zu Beginn des Plenums würdigte TS den *„ununterbrochenen Einsatz in der österreichischen und internationalen Friedensbewegung"* von Engelbert Broda, der am voraus gegangenen Nationalfeiertag plötzlich verstorben war. Die 100000 vom 22. Oktober seien der österreichische Beitrag zu den größten Massenkundgebungen auf der ganzen Welt gewesen. Eine vom Plenum angenommene Erklärung protestierte gegen die US-

Invasion in Grenada (25. Oktober 1983): „Die Invasion in Grenada und der verstärkte militärische Druck auf Nikaragua sind eine Reaktion der derzeitigen US-Administration auf den immer vehementeren Kampf lateinamerikanischer Völker (besonders der Völker von Chile, El Salvador, Guatemala und Uruguay) für nationale Unabhängigkeit und soziale Gerechtigkeit. […] Dieser Weltherrschaftsanspruch [der USA, A. d. Vf.] findet seinen Ausdruck in einer gigantischen Aufrüstungswelle: Die Aufstellung von schnellen Eingreiftruppen, die Stationierung atomarer Erstschlagswaffen in Westeuropa, die Indienststellung neuer taktischer und strategischer Atomwaffen bedrohen die Völker Europas ebenso wie die Völker Lateinamerikas, Asiens und Afrikas, weil sie auf die Erlangung atomarer Überlegenheit abzielen".

Immer wieder nimmt TS öffentliche Veranstaltungen und Aktionen wahr, um seine Positionen zu erläutern: 1984 (19./20. Oktober) spricht er auf einer interdisziplinären Konferenz *Österreichische Wissenschafter und Ärzte für den Frieden* an der Wiener Universität über „*Verzicht auf den Ersteinsatz von Kernwaffen – ein Schritt zur atomaren Abrüstung*". Sicher kannte TS den Artikel „*Verzicht auf den Ersteinsatz von Kernwaffen*" des als Schüler aus Wien emigrierten Kurt Gottfried (*1929), den dieser im Mai desselben Jahres gemeinsam mit dem späteren (1990) Nobelpreisträger Henry W. Kendall (1926–1999) und John M. Lee (*1950) publiziert hat.[119] Es war deren Auffassung, dass die Sicherheit weltweit angehoben werden würde, wenn sich die USA und die NATO zu einer Politik des „*No First Use*" entschließen würden. Unter anderen referierten Fuchs über die Verpflichtung des Radiologen zur Aufklärung über die Atomgefahr, Hans Mikosch über die Militarisierung des Weltraums und die technischen Möglichkeiten dazu, Rabofsky sprach über Rechtswissenschaft und Friedensforschung und, gemeinsam mit Wolfgang Massl, über die Bedeutung der Rüstungsbeschränkungen des Staatsvertrages von Wien. Massl hat 1983 die Initiative „*Gewerkschaftler für den Frieden*" gegründet. Ende Februar 1986 bildete TS mit Fritz Fellner, Barbara Frischmuth, Mikosch, Schmetterer, Swoboda, Peter Weinzierl, Gernot Wolfsgruber, Anton Zeilinger und anderen einen Initiatorenkreis für einen *Aufruf prominenter Österreicher*, in Anbetracht der Entwicklung neuer Waffensysteme als ersten friedenssichernden Schritt für eine Einstellung aller Kernwaffenversuche einzutreten. Insgesamt 661 österreichische Wissenschaftler, Ärzte, Künstler und Pädagogen drückten in der am 20. März 1986 veröffentlichten Erklärung ihre Besorgnis über die Gefährlichkeit der Lage aus. Vorausgegangen war die

Erklärung von Michael Gorbatschow vom 15. Jänner 1986, im Rahmen eines Programms zur Beseitigung aller Kernwaffen bis zum Jahrhundertwende eine Beseitigung der amerikanischen sowie der sowjetischen Mittelstreckenraketen in Europa bereits in einer ersten Etappe im Laufe von fünf bis acht Jahren vorzunehmen. Das Treffen zwischen Reagan und Gorbatschow in Reykjavik im Oktober 1986 endete ohne reale Einigung für Abrüstung, weil die USA an ihrer Strategic Defense Initiative (SDI) festhielt, es wurde aber doch, weil das Treffen in einer sehr gespannten Atmosphäre stattgefunden hat, von der UdSSR als ein wichtiger Schritt zur Veränderung in Richtung Rüstungsreduzierung eingeschätzt. Die Gespräche über ein Abkommen über die nuklearen Mittelstreckenraketen (Intermediate Range Nuclear Forces/INF) haben konkrete Formen angenommen. Im letzten Juniwochenende 1986 leitete TS bei einer Österreichischen Friedenskonferenz im Jugendgästehaus Brigittenau (Wien) den Arbeitskreis „Internationales", wobei er in seinen Gedanken über die Schwerpunkte formulierte: *„Da in der Friedensbewegung Menschen unterschiedlicher politischer und weltanschaulicher Standpunkte zusammenwirken und es auch in Fragen des aktuellen politischen Geschehens manchmal Meinungsunterschiede zwischen ihnen gibt, ist es wichtig, die grundlegenden Gemeinsamkeiten zu erkennen und zu betonen. Wir können versuchen, diese Auffassungen in einigen Thesen auszudrücken. Ich denke an solche Punkte wie die Gefahr eines Kernwaffenkrieges als Existenzproblem der Menschheit, die unterschiedlichen Sicherheitskonzeptionen aus der Sicht der Friedensbewegung, das Streben nach militärischer Überlegenheit (Möglichkeiten und Gefahren), die Orientierung auf gemeinsame Sicherheit, die Möglichkeiten für eine Überwindung der Konfrontation und die Verwirklichung einer Politik friedlicher Koexistenz, die Rolle der Beziehungen USA – UdSSR im Gesamtfeld der internationalen Beziehungen".* Im Frühjahr 1987 organisierte TS, unterstützt von Ellen Hammerschlag, für das *Internationale Verbindungsforum der Friedenskräfte* den 4. Wiener Dialog unter dem Motto *„Für eine Welt ohne Krieg und Gewalt"* vom 13.–16. März 1987. Tagungsort war wieder das Parkhotel Schönbrunn (Wien 13).

Ein Jahr nach Reykjavik kam das *Internationale Verbindungsforum der Friedenskräfte* dort zu einem Internationalen Rundtischgespräch *„Ein Jahr nach Reykjavik – Hoffnungen und Probleme"* zusammen, um den Prozess der Abrüstung mit neuen Vorschlägen zu unterstützen. TS war nach Reykjavik als *Vizepräsident des Internationalen Verbindungsforums der Friedenskräfte* gereist und nahm an den internationalen Diskussionen von insgesamt 50 Teilnehmern aus 17 Ländern aktiv teil. In einem von TS mit unterzeichnetem Telegramm (4. Oktober 1987) an Reagan und Gorbatschow wurde beiden die Dankbarkeit des die öffentliche Meinung qualifiziert vertretenden Verbindungsforums ausgedrückt, dass das Abkommen über die nuklearen Mittelstreckenraketen (INF) eine neue Ära einleite: *„Gefolgt werden sollten diesen gemeinsamen Bemühungen von einem Verbot der Atomwaffenversuche, der Beseitigung aller atomaren Kurzstreckenwaffen, einer drastischen Verringerung der strategischen Atomwaffen, der Schaffung von atomwaffenfreien Land- und Ozeanzonen, der Erhaltung des nichtmilitärischen Charakters des Weltraums sowie der Beseitigung oder Reduzierung von konventionellen und Massenvernichtungswaffen. Ein derartiger Prozess wird es möglich machen, schrittweise die Gewährleistung der grundlegenden menschlichen Bedürfnisse und der Bürgerrechte zu sichern und eine menschlichere und gerechtere Welt aufzubauen- eine Welt der wirtschaftlichen Entwicklung, die aktiv zur Überwindung von Unwissenheit, Elend, Hunger und Krankheiten beiträgt".*[120]

1983 hat TS in der von ihm mitbegründeten Zeitschrift *Fortschrittliche Wissenschaft* (Heft 11, 1983, 20–46) einen Artikel publiziert, der seine Denkweise als eines jener Kämpfer für den Frieden, ohne deren Wirken ein Fortschritt im Zusammenleben der Völker nicht möglich ist, deutlich macht.

Zwei Grundlinien und Zwischenpositionen in den internationalen Beziehungen

In den internationalen Beziehungen spielen heute die Ost-West-Beziehungen eine zentrale Rolle. Ob es gelingt, einen dritten, einen atomaren Weltkrieg zu verhindern, hängt vor allem von der Entwicklung der Ost-West-Beziehungen ab. Diese Beziehungen üben aber starken Einfluss auf alle Geschehnisse im internationalen Leben aus. Der Begriff „Ost-West-Beziehungen" ist hier selbstverständlich nicht als geographischer zu verstehen, sondern bezeichnet die Beziehungen zwischen den kapitalistischen und sozialistischen Staaten. Der gesellschaftliche Hauptwiderspruch unserer Zeit ist also ein die Ost-West-Beziehungen prägender Faktor.

Die Entwicklung der Ost-West-Beziehungen wird vom Widerstreit zwischen zwei entgegengesetzten Grundlinien bestimmt – der Politik der friedlichen Koexistenz einerseits, der Politik der Konfrontation und des Strebens nach militärischer Überlegenheit andrerseits. Obwohl die beiden Linien in direktem Widerspruch stehen, gibt es außenpolitische Konzeptionen, die Positionen zwischen diesen beiden Linien einzunehmen suchen. Hier sollen die beiden Grundlinien und verschiedene „Zwischenpositionen" erörtert werden. Den Zwischenpositionen verwandt sind falsche Auffassungen und Theorien von der Entspannung, d. h. vom Wandel in den internationalen Beziehungen, der zu einer Verstärkung des Einflusses der Politik der friedlichen Koexistenz führt.

I. Merkmale der heutigen Weltlage

„Zur Politik der Entspannung gibt es keine vernünftige Alternative". Mit dieser kurzen Formulierung wird oft die historische Notwendigkeit eines Abbaus der Konfrontation und der Beendigung des Wettrüstens ausgedrückt und für Bemühungen zur Umgestaltung der internationalen Beziehungen im Sinn der Prinzipien der friedlichen Koexistenz eingetreten. Diese Formulierung wird von vielen Politikern, von Repräsentanten verschiedener gesellschaftlicher und politischer Auffassungen verwendet. Soll sie überzeugend begründet werden, so sind vor allem folgende Merkmale der heutigen Weltlage zu nennen:

– Das Zerstörungspotential der Waffen, über die die militärisch stärksten Staaten, die Kernwaffenmächte, heute verfügen, sind so gigantisch, und die Möglichkeit einer Verteidigung gegen diese Waffen so gering, daß ein neuer Weltkrieg riesige Zerstörungen hervorrufen, ja ganze Länder und Völker vernichten würde. Die an einem solchen Krieg teilnehmenden Staaten, welche über Kernwaffen verfügen oder auf deren Boden sich solche Waffen befinden, würden am schwersten in Mitleidenschaft gezogen sein. Für keines dieser Länder besteht – angesichts der großen Reichweite der strategischen Kernwaffenraketen – die Unverwundbarkeit früherer Zeiten. Aber bei Kernwaffenexplosionen gebildete radioaktive Stoffe würden sich über riesige Gebiete ausbreiten und sie auf lange Zeit unbewohnbar machen.

– Die in den letzten Jahrzehnten unternommenen Versuche, eine grundlegende Veränderung des in der Welt entstandenen Kräfteverhältnisses zwischen West und Ost, zwischen kapitalistischen und sozialistischen Staaten, herbeizuführen, sind gescheitert. Das ungefähre militärische Gleichgewicht, das mit dem allgemeinen politischen und wirtschaftlichen Kräfteverhältnis in Zusammenhang steht, konnte nicht aufgehoben und durch eine entscheidende militärische Überlegenheit ersetzt werden. Neue Versuche einer Aufhebung des entstandenen Gleichgewichtes nehmen einen abenteuerlichen Charakter an, denn sie erfordern den Einsatz riesiger materieller Mittel und die durch solche Versuche ausgelösten militärischen Entwicklungen sind in vieler Hinsicht unvorhersehbar. Der absolute Einsatz für eine solche Veränderung des internationalen Kräfteverhältnisses kann zu gefährlichen Fehleinschätzungen bei den Urhebern einer derartigen Politik führen.

- Die Politik der Konfrontation schafft Hindernisse für die Zusammenarbeit zur Lösung von Problemen, an denen kapitalistische und sozialistische Staaten gleichermaßen interessiert sind. Es handelt sich insbesondere um Fragen der Energie- und Rohstoffversorgung und des Umweltschutzes. Bei diesen Problemen sind immer mehr großräumige Lösungen erforderlich; sie sind also letztlich als globale Probleme anzusehen.

- In der Entwicklung der Produktivkräfte tritt eine allgemeine Verstärkung der Arbeitsteilung ein – und damit eine Verstärkung der internationalen Arbeitsteilung in Produktion, technischer Entwicklung und Wissenschaft. Die weltwirtschaftlichen Verbindungen werden erweitert. Die gegenseitige wirtschaftliche Abhängigkeit der Staaten verstärkt sich. Diese Entwicklung wird durch Konfrontation in den internationalen Beziehungen gestört.

- Durch eine Forcierung der Rüstungsproduktion werden riesige Mittel von gesellschaftlich bedeutsamen Aufgaben abgezogen. Es kommt zu schweren wirtschaftlichen Belastungen, zu Deformationen in der Wirtschaft der betreffenden Staaten und dadurch zu Krisenerscheinungen in den internationalen Wirtschaftsbeziehungen.

- Die wirtschaftlichen und politischen Spannungen, die sich aus einer Konfrontations- und Hochrüstungspolitik ergeben, blockieren die Bemühungen um die Überwindung der Rückständigkeit in weiten Gebieten der Erde. Es fehlen die Mittel, um diese Folgen der Zeit der Kolonialherrschaft zu liquidieren.

II. Die Politik der friedlichen Koexistenz

Diese Merkmale der heutigen Weltlage zeigen: Eine konsequent auf Friedenssicherung ausgerichtete Politik ist der kategorische Imperativ unserer Zeit. Eine solche Politik ist Voraussetzung für den Weiterbestand und für die positive Weiterentwicklung der menschlichen Gesellschaft. Das Akzeptieren des friedlichen Nebeneinanderbestehens von Staaten mit unterschiedlichen Gesellschaftssystemen und Bemühungen zu seiner Sicherung sind notwendige Elemente einer solchen Politik. Das wird durch den Begriff „Politik der friedlichen Koexistenz" hervorgehoben.

Sie muß Bemühungen zur Verwirklichung mehrerer Aufgabenstellungen umfassen:

Bereitschaft zur Lösung von Konflikten auf dem Verhandlungsweg und Ausarbeitung konstruktiver Vorschläge mit dieser Zielsetzung. Entfaltung des Dialogs zwischen den Regierungen und den maßgeblichen politischen Kräften in den verschiedenen Ländern über die Sicherung des Friedens. Entwicklung der gegenseitig vorteilhaften internationalen Zusammenarbeit auf verschiedenen Gebieten. Maßnahmen zur Festigung des Vertrauens zwischen den Staaten und Regierungen, als Beiträge zur Verbesserung des internationalen Klimas. Begrenzung und Reduzierung der Rüstungen, wobei den besonders gefährlichen Waffenarten, den Kernwaffen und anderen Massenvernichtungswaffen, Priorität zukommt. Verzicht auf eigene Schritte zur Erlangung militärischer Überlegenheit, die das Wettrüsten steigern würden.

Die auf Abrüstung gerichtete Politik muss Vorschläge für Verhandlungen und Abkommen beinhalten, die die Sicherheitsinteressen der Verhandlungspartner berücksichtigen, sowie die Bereitschaft zu eingehender Berücksichtigung von Vorschlägen der Verhandlungspartner.

Zugunsten der Politik der friedlichen Koexistenz und für das Zurückdrängen der Politik der Konfrontation und militärischen Überlegenheit wirken – als historische Zwänge – die hier angeführten Merkmale der Weltlage – die Zerstörungskraft der modernen Waffen und die darauf beruhende Bedrohung der Existenz aller Völker, das Scheitern der Versuche zur Aufhebung des entstandenen Kräfteverhältnisses, die Notwendigkeit der Lösung von Problemen einzelner Staaten durch Verstärkung der internationalen Zusammenarbeit. Diese Zwänge sind allgemein wirksam, sie wirken sich – langfristig betrachtet und die Kompliziertheit des Prozesses zunächst beiseite lassend – auf die internationale Politik aller Staaten und gesellschaftlichen Kräfte aus. Darauf beruht die Einschätzung: Die Politik der friedlichen Koexistenz kann zur bestimmenden Tendenz in den internationalen Beziehungen gemacht werden. In der heutigen Zeit kann ein neuer Weltkrieg verhindert werden und es eröffnen sich Perspektiven für die friedliche Beilegung von Konflikten und somit für die Ausschaltung des Krieges als Mittel zur Austragung internationaler Konflikte.

Die historischen Zwänge zugunsten der Politik der friedlichen Koexistenz wirken nicht automatisch, sondern in einem vielschichtigen Prozess, in dem das Erkennen dieser Zwänge und der ihnen entsprechenden Prinzipien für die Umgestaltung der internationalen Beziehungen ein entscheidendes Element sind.

Friedliche Koexistenz ist erklärtes Ziel der Außenpolitik der sozialistischen Staaten. Für sie tritt die große Mehrheit der blockfreien Entwicklungsländer ein. In den kapitalistischen Ländern, darunter in den USA und den NATO-Staaten, wachsen die Kräfte, die gegen eine Politik der Konfrontation und Hochrüstung Stellung nehmen und für friedliche Koexistenz eintreten. Hunderte Millionen Menschen, auf allen Kontinenten und in den verschiedenen Gesellschaftsordnungen lebend, erkennen die Existenzbedrohung durch das Wettrüsten und engagieren sich in der Friedensbewegung, die in den letzten Jahren zu einer bedeutenden Kraft geworden ist. In wichtigen internationalen Dokumenten haben sich die führenden Repräsentanten der einflussreichsten Staaten zu einer Politik des Friedens auf der Grundlage der Prinzipien der friedlichen Koexistenz verpflichtet. Hier sei hingewiesen auf die Charta der Vereinten Nationen (1945) (1), auf die Erklärung über „Grundlagen der Beziehungen zwischen der UdSSR und den USA" (1972) (2), in der festgestellt wird, *„daß im Atomzeitalter die einzige Grundlage für die Beziehungen zwischen den beiden Staaten die friedliche Koexistenz sein kann"*, und auf die Schlussakte der Konferenz über Sicherheit und Zusammenarbeit in Europa (1975) (3).

Sozialismus und Friedenspolitik

Einerseits ist die Breite und Vielfalt der Kräfte hervorzuheben, die heute für friedliche Koexistenz eintreten. Durch diese Breite kommt zum Ausdruck, daß das eine Politik im allgemeinen Interesse der Menschheit ist. Will man aber die Schwierigkeiten des

Weges verstehen, auf dem die Politik der friedlichen Koexistenz durchgesetzt werden muß, so ist, andrerseits, der Einfluss der verschiedenen sozialökonomischen Systeme und der Klasseninteressen auf die Positionen in der internationalen Politik zu betrachten.

Für die Kräfte des Sozialismus – sei es unter den Bedingungen der erreichten sozialistischen Ordnung, sei es im Kampf für diese – ist die friedliche Koexistenz organisch mit ihrem marxistischen Bild von den Gesetzmäßigkeiten der gesellschaftlichen Entwicklung, vom Fortschreiten zum Sozialismus verbunden.

Für diese Erkenntnisse waren die Beiträge W. I. Lenins wegbereitend. Schon vor der sozialistischen Revolution in Russland sah er eine Periode des Nebeneinanderbestehens sozialistischer und kapitalistischer Staaten voraus, weil er erkannte, daß *„die Ungleichmäßigkeit der ökonomischen und politischen Entwicklung ... ein unbedingtes Gesetz des Kapitalismus (ist)"* und daher *„der Sieg des Sozialismus zunächst in wenigen kapitalistischen Ländern oder sogar in einem einzelnen Land möglich ist"* (August 1915) (4). In der Periode des Heranreifens der Oktober-Revolution formulierte Lenin auf dieser Grundlage für das außenpolitische Programm der Revolution die Forderung nach einem *„allgemeinen Frieden auf demokratischer Grundlage, sowie ... unverzüglich einen Waffenstillstand zu schließen"*, wobei er als Hauptbedingungen für einen solchen Frieden den Verzicht auf Annexionen, die Anerkennung des Selbstbestimmungsrechtes der Völker und die Annullierung der vom zaristischen Russland abgeschlossenen Geheimverträge hervorhob (Anfang Oktober 1917) (5). Der von Lenin ausgearbeitete Aufruf zum Abschluss eines solchen Friedens wurde vom Sowjetkongress als erstes Dekret der neuen Regierung nach der Revolution, dem „Dekret über den Frieden", am 8. November 1917 einmütig bestätigt (6). Das Dekret verkündete die Entschlossenheit der Sowjetregierung, Friedensbedingungen zu unterzeichnen, die dem Krieg unter *„für alle Völkerschaften gleich gerechten Voraussetzungen"* ein Ende machen.

Gegen ein „Anpeitschen" der Revolution

Mit großer Entschiedenheit trat Lenin jenen Kräften in der revolutionären Bewegung entgegen, die die Revolution in anderen Ländern durch Krieg anpeitschen wollten und sich aus dieser Sicht dem Friedensschluss mit Deutschland, der dann mit dem Vertrag von Brest-Litowsk erreicht wurde, entgegenstellten. Lenins Ablehnung dieser

Linie war eine grundsätzliche. Er bezeichnete sie als einen „völligen Bruch mit dem Marxismus", weil *„Revolutionen sich in dem Maße entwickeln, wie die Klassengegensätze ... immer größere Schärfe gewinnen"* (Februar 1918) (7). Schon lange vor dem Ende des Bürgerkrieges rechnete Lenin mit dem Eintritt in eine *„Periode, in der sozialistische und kapitalistische Staaten nebeneinander existieren werden"* (Dezember 1919) (8). Er vertrat den Standpunkt, daß friedliche Beziehungen zwischen kapitalistischen und sozialistischen Staaten – trotz der Gegensätzlichkeit ihrer sozialökonomischen Systeme und der aggressiven Tendenzen imperialistischer Politik – erreichbar seien, weil auch bedeutende kapitalistische Kräfte an normalen und beständigen Beziehungen mit Sowjetrussland Interesse haben würden, weil *„die allgemeinen Verhältnisse der Weltwirtschaft ... sie zwingen, mit uns Beziehungen aufzunehmen"* (Dezember 1921) (9).

Für die Außenpolitik der jungen Sowjetrepublik Anfang der 20er Jahre formulierte ihr damaliger Außenminister G[eorgi]. W[assiljewitsch]. Tschitscherin [1872–1936]: *„Unsere Politik hat das Ziel, den Frieden zu erhalten, stabile friedliche Beziehungen herzustellen und zur Festigung des Weltfriedens beizutragen"* (10).

In den ersten Jahren seiner Existenz war der Sowjetstaat nur in sehr begrenztem Maß in der Lage, konkrete Schritte zur Herstellung eines friedlichen Nebeneinanders mit den kapitalistischen Staaten zu verwirklichen, denn die einflußreichen kapitalistischen Staaten standen ihm in offener Feindschaft gegenüber, sie beteiligten sich an Interventionskrieg und Wirtschaftsblockade. Dennoch ergaben sich einige Möglichkeiten für Schritte in diesem Sinn – insbesondere in den Beziehungen zu kleineren Nachbarstaaten und für Initiativen auf internationalen Konferenzen. *„Unsere Beziehungen zu Estland müssen ein Prüfstein für die Möglichkeiten unserer friedlichen Koexistenz mit den bürgerlichen Staaten sein"*, stellte Außenminister Tschitscherin fest (11). Bei der ersten großen Staatenkonferenz der Nachkriegszeit, an der Sowjetrussland teilnehmen konnte, der internationalen Wirtschaftskonferenz von Genua (1921), unterbreitete die Sowjetunion sowohl Vorschläge für wirtschaftliche Zusammenarbeit wie auch einen Plan für die Rüstungsreduzierung durch alle Staaten (12).

Den Atomkrieg verhindern

Mit dem Aufkommen der Atomwaffen erlangte die Verhinderung eines neuen Weltkrieges überragende Bedeutung. Wurden schon in früheren Perioden Bemühungen um Abrüstung unternommen, um zu dauerhafter und verlässlicher Kriegsverhinderung zu kommen, so erhob sich nun gebieterisch die Notwendigkeit, internationale Vereinbarungen zur Verhinderung jedes Kernwaffeneinsatzes zu erreichen. Mit Vorschlägen für ein Verbot der Herstellung und Anwendung von Atomwaffen, die die Sowjetunion in der Atomenergiekommission der Vereinten Nationen im Juni 1946 unterbreitete (13, 14), unternahm sie einen ersten, diesem Ziel dienenden Schritt. Drei Monate nach Inkrafttreten der vorgeschlagenen Konvention sollten alle Vorräte an Atomwaffen vernichtet werden und die Einhaltung der Bestimmungen der Konvention sollte durch besondere Kontrollmaßnahmen überwacht werden.

Diese konstruktiven Vorschläge konnten wegen der Haltung der USA nicht verwirklichet werden, die mit dem [Bernard Mannes] Baruch Plan auf ein möglichst langfristiges Weiterbestehen des amerikanischen Atomwaffenmonopols und auf „Internationalisierung" aller Atomenergieaktivitäten in der Welt hinarbeiteten. Im Baruch-Plan war eine internationale Kontrollbehörde vorgesehen, die aber praktisch von den USA dominiert worden wäre.

Die Bemühungen der Sowjetunion für Rüstungsbegrenzung und Abrüstung in der Periode nach dem Zweiten Weltkrieg, an deren Beginn der Vorschlag für ein Atomwaffenverbot stand, sind ein wesentlicher Bestandteil ihres Wirkens zur Verhinderung eines neuen Krieges und zur Verwirklichung der friedlichen Koexistenz. Die Analyse der Entwicklung der internationalen Beziehungen, die Weiterentwicklung der Konzeption der friedlichen Koexistenz und die Ausarbeitung von Programmen für die Entfaltung der Friedenspolitik waren und sind wichtige Elemente dieses Wirkens.

Eine für alle Friedensbemühungen – welche Kräfte sie auch tragen – wesentliche Analyse wurde auf dem 20. Parteitag der sowjetischen Kommunisten 1956 erörtert und akzeptiert: die Möglichkeit der Verhinderung von Kriegen in der gegenwärtigen Epoche. *„Heute sind mächtige gesellschaftliche und politische Kräfte vorhanden, die über bedeutende Mittel verfügen, um zu verhindern, daß die Imperialisten einen Krieg entfesseln"*, wurde festgestellt und gefolgert: *„... eine schicksalsbedingte Unvermeidlichkeit von Kriegen gibt es nicht"*, auch wenn reaktionäre Kräfte weiterhin Kriegsabenteuer und Aggression anstreben (15, 16).

Friedliche Koexistenz als Programm

Eine Darlegung des Prinzips der friedlichen Koexistenz wurde in das Parteiprogramm der sowjetischen Kommunisten aufgenommen, das 1961 vom 22. Parteitag beschlossen wurde. In diesem Dokument wird hervorgehoben, *„daß in der Welt Kräfte entstanden und im Wachsen begriffen sind, die den Weltfrieden erhalten und festigen können. Es entstehen Möglichkeiten dafür, daß sich unter den Staaten prinzipiell neue Beziehungen durchsetzen"*. (17) Ein entschlossener Kampf für Abrüstung, ein Ausbau der internationalen Zusammenarbeit, Bemühungen zur Verbesserung der Beziehungen zu allen kapitalistischen Staaten und das Zusammenwirken aller Antikriegskräfte werden als wichtige Bestandteile der Friedenspolitik genannt.

Dieser Orientierung folgend hat die Sowjetunion in den letzten Jahrzehnten eine große Zahl von Vorschlägen für Abkommen über Rüstungsbegrenzung und Abrüstung und für Entspannungsschritte gemacht. Die in den 60er und 70er Jahren abgeschlossenen Vereinbarungen gehen auf solche sowjetische Initiativen zurück und wurden durch beharrliche Weiterverfolgung im Verhandlungsprozess erreicht. Das gilt z. B. für den Vertrag über das Verbot von Kernwaffenversuchen in der Atmosphäre, unter Wasser und im Weltraum (1963), den Vertrag über die Nichtweiterverbreitung von Kernwaffen (1968), die Verträge zur Begrenzung strategischer Waffen (1972, 1973) und die Schlussakte der Konferenz über Sicherheit und Zusammenarbeit in Europa (1975). Auch jetzt liegen zahlreiche aktuelle Vorschläge der UdSSR und der anderen sozialistischen Staaten für wichtige Schritte zu Entspannung und Verwirklichung der Prinzipien der friedlichen Koexistenz vor.

Stimmen des Realismus

In den kapitalistischen Ländern wenden sich breite Kreise, darunter auch Teile der herrschenden Klasse, gegen die Politik der Konfrontation und treten für friedliche Koexistenz ein. In dem Maß, in dem Gefährlichkeit und Erfolglosigkeit der Konfrontationspolitik zu Tage treten, wächst die Gegnerschaft zu dieser Politik. Ende der 60er Jahre und Anfang der 70er Jahre ist so in den führenden Kreisen der USA die Bereitschaft entstanden, Schritte der Entspannung in den Ost-West-Beziehungen zu vereinbaren. In Verbindung damit sind in Erklärungen der Staatsmänner und auch in mehreren akademischen

Analysen der internationalen Beziehungen Elemente der Politik der friedlichen Koexistenz akzeptiert worden. Auf die Erklärung über „Grundlagen der Beziehungen zwischen UdSSR und USA" und die Schlussakte der Konferenz von Helsinki wurde bereits hingewiesen. Der Unterzeichnung dieser Dokumente durch die USA-Regierung gingen solche realistische Einschätzungen voraus, wie sie Präsident Nixon 1970 aussprach: *„Sowohl die Sowjetunion wie die Vereinigten Staaten haben die Fähigkeit erlangt, einander unabsehbaren Schaden zuzufügen, unabhängig davon, wer den ersten Schlag führt. Die Macht, die einen thermonuklearen Schlagabtausch provoziert, gewinnt keinerlei Vorteil und wird sicherlich nicht den Sieg davontragen"* (18).

Auch in der jetzigen Phase der Auseinandersetzung mit der Konfrontationspolitik mehren sich die Stimmen des Realismus unter führenden Repräsentanten der herrschenden Kreise der USA, unter Militärs und Politikwissenschaftlern, die mit diesen Kreisen verbunden sind: *„Es wäre eine Torheit, mit den Russen weiterhin hinsichtlich der Zahl der Waffen zu wetteifern oder die begrenzten Ressourcen für die nationale Verteidigung zu vergeuden"* (General Maxwell Taylor, früherer USA-Stabschef) (19). *„Die USA können Ansehen in der internationalen Politik und Wirtschaft nur durch Rückkehr zu den Prinzipien der Entspannung zurückgewinnen"* (James Chance, stellvertretender Chefredakteur von „Foreign Affairs") (20).

Solche Aussagen, in denen Elemente der friedlichen Koexistenz akzeptiert werden, sind natürlich keine Garantie für eine konsequente Politik in diesem Sinn. Sie dürfen aber auch nicht wegen ihres partiellen Charakters pauschal abgetan werden, auch wenn sie Widersprüche und Elemente der Konfrontationspolitik enthalten. Sie sind Ausdruck der Tatsache, dass – auf Grund der Unhaltbarkeit der Konfrontationspolitik und der wirkenden Zwänge – ein Wandel in Richtung des Akzeptierens der friedlichen Koexistenz stattfindet. Dieser Wandlungsprozess muss eingehend analysiert werden, um die weitere politische Entwicklung wirkungsvoll beeinflussen zu können.

III. Die Politik der Konfrontation und der militärischen Überlegenheit

Die heutige Politik der Konfrontation und des Strebens nach militärischer Überlegenheit kann nicht als einfache Fortsetzung des Kampfes von Staaten um wirtschaftliche und politische Macht, um imperialistische Aufteilung und Neuaufteilung der Welt in früheren Perioden betrachtet werden. Vielmehr ist sie spezifisch geprägt vom Widerspruch der Gesellschaftssysteme, vom Wunsch herrschender Kräfte der kapitalistischen Staaten, die sozialistische Ordnung überhaupt aufzuheben. Diese Versuche setzten unmittelbar nach dem Erscheinen des Sozialismus auf der Bühne der Weltgeschichte ein. Hier kann jedoch nur die Entwicklung nach dem Zweiten Weltkrieg betrachtet werden. Am Beginn dieser Periode standen die führenden kapitalistischen Staaten, insbesondere die USA, vor der Entscheidung: Die in der Anti-Hitler-Koalition begonnene Zusammenarbeit mit der Sowjetunion mit dem Ziel der Lösung wichtiger internationaler Probleme im gemeinsamen Interesse fortsetzen oder einen aggressiv antisozialistischen Kurs einschlagen, eine Politik der Konfrontation auf der Grundlage militärischer Stärke.

Die überlegene Position der USA bei Ende des Zweiten Weltkrieges – ihr eigenes Territorium blieb von Kriegshandlungen praktisch verschont, sie besaß das Atomwaffenmonopol, es waren während des Krieges riesige neue Industriekapazitäten geschaffen worden, und im Zug der militärischen Aktionen gegen Hitlerdeutschland und Japan waren amerikanische Truppen auf alle Kontinente gelangt – war ein wesentlicher Faktor, der zur Orientierung auf eine Vorherrschaft der USA – nicht nur gegenüber den sozialistischen Staaten, sondern gegenüber der ganzen Welt – führte. Der bekannte amerikanische Publizist und Verleger Henry Luce, der als ein Vordenker dieses Kurses angesehen wird, schrieb schon vor dem Kriegseintritt der USA: „… *Wenn die Welt des 20. Jahrhunderts überhaupt zu einem Leben in irgendeiner würdigen Form der Gesundheit und Lebenskraft finden will, dann muss sie in einem bedeutenden Maße in ein amerikanisches Jahrhundert eintreten. … Wir (sind) die Erben aller großen Prinzipien der westlichen Zivilisation – allen voran Gerechtigkeit, Wahrheitsliebe und das Ideal der wohltätigen Nächstenliebe … Es reift jetzt unsere Zeit heran, das Kraftzentrum zu werden, von dem aus sich diese Ideale in der ganzen Welt verbreiten"* (21). Bald nach seinem Amtsantritt erklärte Präsident Truman, dass „*der Sieg dem amerikanischen Volk die ständige Verantwortung für die Führung der Welt übertragen hat*" (22).

Die Atombombe als Druckmittel gegen die Sowjetunion
Bereits während des Zweiten Weltkrieges – die entscheidenden Schlachten standen noch bevor – stellte man in führenden Kreisen der USA Überlegungen für eine antisowjetische Politik an, in

der Deutschland – eventuell auf der Grundlage eines Separatfriedensvertrages – eine wesentliche Rolle spielen würde. Die breite Unterstützung für den Zusammenhalt der Anti-Hitler-Koalition und die große Bewunderung in allen Ländern der Koalition für den entscheidenden Beitrag der Sowjetunion zur Niederringung des Faschismus versperrten aber den Weg zu einer unmittelbaren Realisierung dieser Pläne. Die Bemühungen zur Herbeiführung einer derartigen Änderung der USA-Außenpolitik wurden nach dem Tod Präsident Roosevelts und dem Ende des Krieges in Europa verstärkt. Die Erwartung, durch die Atombombe eine entscheidende militärische Vormachtstellung erlangen zu können, spielte dabei eine wesentliche Rolle. Leo Szilard, der bekannte aus Ungarn stammende und am amerikanischen Atombombenprojekt mitarbeitende Physiker, berichtet über ein Gespräch, das er Ende Mai 1945 mit James Byrnes führte. Byrnes war ein enger Vertrauter Trumans und wurde von ihm kurz darauf zum Außenminister ernannt. In dem Gespräch, in dem Szilard Vorschläge für die Verhinderung eines Atomwaffen-Wettrüstens in der Nachkriegsperiode darlegte, äußerte sich Byrnes vor allem über die Möglichkeit, die Sowjetunion durch die Atombombe unter Druck zu setzen, jedoch kaum über die Bedeutung dieser Waffen für den Krieg gegen Japan, der noch voll in Gang war. Eine *„Demonstration der Atombombe würde Russland beeindrucken"* und *„Russland wird dann eher zu beeinflussen sein"*, waren die von Szilard zitierten Äusserungen Byrnes (23), der vor allem einen baldigen Abzug der sowjetischen Truppen aus Ungarn und Rumänien erzwingen wollte.

Die Atombombe rückte immer mehr ins Zentrum der Überlegungen der führenden US-Politiker zur weiteren Gestaltung der amerikanisch-sowjetischen Beziehungen. Charles Bohlen, der spätere US-Botschafter in Moskau, war Teilnehmer der Konferenz von Potsdam und berichtet über ein Gespräch bei der Rückreise von dieser Konferenz im August 1945, das er mit Llewellyn Thompson, später ebenfalls US-Botschafter in Moskau, führte: *„ … Wir sprachen über die Atombombe und wie wir die Sicherheit und die Macht, die sie uns gab, zur Herstellung einer gesunden Beziehung mit der Sowjetunion nutzen könnten. Es erschien uns klar, dass überall, wo die Sowjetarmeen sich befanden, das Sowjetsystem errichtet werden würde … die Sowjetunion würde nur auf Maßnahmen reagieren, die ihr eigenes Land und ihr System in Gefahr bringen. Wir spekulierten über die Methoden, die* wir anwenden könnten, und zogen alles von einem direkten Ultimatum an die Sowjets, sich an ihre Grenzen zurückzuziehen, bis zu verschiedenen Stufen des Drucks in Erwägung ... Für jede unserer Ideen ergaben sich jedoch unüberwindliche Hindernisse, wie das der amerikanischen öffentlichen Meinung ..." (24).

Die 20 lohnendsten Ziele

Ende September 1945, weniger als zwei Monate nach den Atombombenabwürfen auf Hiroshima und Nagasaki und dem Ende des Zweiten Weltkrieges im Fernen Osten, wurden von den militärischen Führungsstäben der USA Richtlinien für eine Politik der atomaren Erstschläge verabschiedet. In einem Dokument der Vereinigten Stabschefs der USA wurde festgestellt: *„Wir (werden) ... in einem entsprechenden Maße die Mittel für einen Vergeltungs- oder Bestrafungsangriff auf andere Mächte besitzen, ... die Vereinigten Staaten oder die internationale Friedensordnung im allgemeinen bedrohen ... Wenn deutlich wird, dass sich Angriffstruppen eines potentiellen Gegners gegen uns aufstellen, können wir es uns nicht leisten, aufgrund einer falschen und gefährlichen Vorstellung der Vermeidung einer aggressiven Haltung den ersten Schlag gegen uns zuzulassen. Unsere Regierung sollte unter diesen Umständen das Problem zu einer raschen politischen Entscheidung bringen, während alle Vorbereitungen getroffen werden, den ersten Schlag zu führen, wenn es notwendig ist"* (25, 26).

Einige Wochen später wurden die ersten Listen sowjetischer Städte als Atombombenziele ausgearbeitet. *„Die 20 lohnendsten Ziele für Atombomben sind eine Reihe gemischter Industriegebiete, in denen Forschungszentren, Spezialbetriebe und die wichtigsten Regierungs- und Verwaltungsstellen am stärksten konzentriert sind. Ihre Wahl gewährleistet eine maximale Nutzung der Potenzen der Atomwaffen"*, hieß es zur Erläuterung einer Liste von Stadtgebieten, an deren Spitze Moskau, Gorki, Kuybishew, Swerdlowsk und Nowosibirsk genannt wurden (26, 27).

Um ein Akzeptieren dieser antisowjetischen Politik der Stärke zu erreichen, musste ein radikaler Umschwung der öffentlichen Meinung herbeigeführt werden. Ende 1945 – Anfang 1946 setzte eine Welle antisowjetischer Propaganda ein, in der mit krass verfälschenden Darstellungen der sowjetischen Politik nicht gespart wurde. Führende Staatsmänner und Diplomaten stellten sich an die Spitze dieser

Kampagne, in der die Behauptung von einer Bedrohung aus dem Osten eine zentrale Rolle spielte.

Der damalige US-Botschaftssekretär in Moskau, George F. Kennan, warnte in einem Telegramm an das US-Department of State vor sowjetischen Expansionsplänen. *„Wir (haben) es mit einer politischen Kraft zu tun, die sich fanatisch zu dem Glauben bekennt, dass es mit Amerika keinen dauernden modus vivendi geben kann, dass es ... notwendig ist, die innere Harmonie unserer Gesellschaft, unsere traditionellen Lebensgewohnheiten und das internationale Ansehen unseres Staates zu zerstören. ... Wo es angezeigt und erfolgsversprechend scheint, wird man versuchen, die äußeren Grenzen der Sowjetmacht zu erweitern"*, schrieb Kennan, wobei er Nordpersien, die Türkei und Bornholm als unmittelbar gefährdet bezeichnete und auf mögliche sowjetische Aktionen zur Erlangung eines Hafens am Persischen Golf und nahe der Meerenge von Gibraltar (*„ ... sollte Spanien unter kommunistische Kontrolle geraten ..."*) hinwies (26, 28).

Nicht Gleichgewicht, sondern überlegene Stärke

Mit der Rede Winston Churchills, die er in Anwesenheit Präsident Trumans am 5. März 1946 in Fulton, USA, hielt, wurde die antisowjetische Politik der Stärke zur offiziellen Linie des Westens erklärt. Churchill beklagte, *„... dass sich ein Eiserner Vorhang quer über den Kontinent gelegt (hat). ... Ich glaube nicht, dass Sowjetrussland den Krieg wünscht. Was sie wünschen, sind die Früchte des Krieges und die unbegrenzte Ausdehnung ihrer Macht. ... Ich bin überzeugt, dass es nichts gibt, was sie (die Russen) so sehr bewundern wie Stärke. Aus diesem Grund ist die alte Lehre vom Gleichgewicht der Mächte nicht stichhaltig. ... Wir dürfen es uns nicht leisten, Versuchungen zu einer Machtprobe Tür und Tor zu öffnen"*. (26) Churchill rief also den Westen zur Errichtung einer klaren militärischen Überlegenheit auf.

In zahlreichen Dokumenten kommt der aggressive Charakter der Politik der Stärke und des Kalten Krieges zum Ausdruck, d. h. die Orientierung auf die Zerstörung des politischen und gesellschaftlichen Systems der Sowjetunion und der anderen Staaten, die den Weg zum Sozialismus beschritten. Zwar gab es Unterschiede in der Betonung des militärischen Faktors, doch haben die verantwortlichen Politiker stets den Krieg als Möglichkeit einkalkuliert und Pläne für eine Kriegführung mit dem Ziel der Vernichtung des Sozialismus ausarbeiten lassen.

Den Zerfall der Sowjetherrschaft herbeiführen ...

Als George F. Kennan Ende 1947 zu den sowjetisch-amerikanischen Beziehungen Stellung nahm (wegen des diplomatischen Status Kennans wurde der Autor des Artikels nur als „X" bezeichnet), empfahl er zwar an einer Stelle, *„überflüssige Kraftmeierei zu vermeiden"*, an einer anderen forderte er aber, *„(Russland) mit unbeugsamer Kraft entgegenzutreten"*. Die Handlungen der USA-Politik sollten *„die Schwierigkeiten, unter denen die Sowjetpolitik arbeiten muss, ganz außerordentlich steigern. ... Das würde die Tendenzen fördern, die schließlich entweder zum Zerfall oder zu einer allmählichen Aufweichung der Sowjetherrschaft führen müssen. ... Die Entscheidung der ganzen Frage (der Zerfall der Sowjetherrschaft) liegt sehr wesentlich in den Händen der Vereinigten Staaten"* (29, 30). Eine solche Politik hat offensichtlich nicht die Herstellung friedlicher Beziehungen, sondern das Bestimmen über die gesellschaftlichen Verhältnisse in der Sowjetunion zum Ziel.

Ein bekannter Sprecher der Politik des Kalten Krieges war der amerikanische Philosoph und Sozialwissenschaftler James Burnham, der für eine offensive Orientierung dieser Politik eintrat. Er verlangte, die USA müssten ein Programm der Wiedergeburt Europas mit folgenden Hauptpunkten durchsetzen: *„Zerreißen des Eisernen Vorhangs, Vereinigung Europas, Zerschlagung des Kommunismus, Öffnung der ganzen Welt, damit eine neue Periode wirtschaftlicher, sozialer und politischer Vorwärtsentwicklung realisiert wird. ... Eine defensive Politik – und Eindämmung ist eine Form der Defensive – kann niemals zum Sieg führen. Es kann nur ein Ziel der Außenpolitik der USA geben – die Vernichtung der kommunistischen Macht"* (31).

Neuauflage der Politik der Stärke

Konnten zwischen Ende der 60er und Mitte der 70er Jahre – in Verbindung mit einer Schwächung des Einflusses der aggressiven Kräfte in den führenden kapitalistischen Ländern – wichtige Schritte der Entspannung erreicht werden, so gingen diese Kräfte Ende der 70er Jahre zu massiven Angriffen auf die Entspannung über, wobei die verschiedensten Mittel angewendet wurden, darunter auch politik-„wissenschaftliche" Analysen zur Begründung einer neuen Politik der Stärke. So kam der New Yorker Professor der Sozialwissenschaften I[rving]. Kristol zur Schlussfolgerung, die USA müssten eine Außenpolitik verfolgen, *„bei der die Macht und die Bereitschaft, sie mutig zu nutzen, eine weit zentralere Rolle spielen werden, als das je zuvor in* *unserer Geschichte der Fall war. Die Vereinigten Staaten werden tatsächlich auch keine andere Wahl haben, als solche Macht zu nutzen, um eine Weltordnung zu schaffen, mit der sie leben können – eine Welt, in der es relativ freien Handel und relativ freien Zugang zu den Ressourcen der Welt gibt"* (32).

Schon die Carter-Administration gab diesem Druck in wichtigen Punkten nach. Die Reagan-Administration, die Anfang 1981 ins Amt kam, orientierte sich auf eine Rückkehr zur Politik der Stärke. Der Kurs der Konfrontation wird seither in allen Bereichen der Außenpolitik vorangetrieben. Die Erklärungen der führenden Männer der Reagan-Administration (siehe (33)) zeigen, dass ihr Kurs in allen wesentlichen Punkten mit dem bei der Initiierung des Kalten Krieges Ende der 40er Jahre übereinstimmt.

„Unser Ziel ist es, die führende Rolle der Vereinigten Staaten wiederherzustellen", erklärte der Chef des Nationalen Sicherheitsrates beim US-Präsidenten, Richard Allen, im Jänner 1981 (34). *„... es gibt bedeutendere Dinge als in Frieden zu sein"*, sagte Außenminister [Alexander] Haig ebenfalls im Jänner 1981 (35). Die Reagan-Regierung hat also Entwicklungen im Auge, wo sie der Kriegsführung den Vorrang gegenüber der Kriegsverhinderung geben würde.

Hauptbetonung wird auf die Erlangung einer überlegenen militärischen Stärke gelegt und dabei die Bereitschaft zu einem tatsächlichen Einsatz aller Waffenarten unterstrichen: *„Die Aussicht, dass wir direkt oder indirekt von unserer militärischen Stärke Gebrauch machen müssen, um unsere Interessen zu schützen, kann nicht abgetan werden"* (Verteidigungsminister [Caspar] Weinberger) (36). Die besondere Bedeutung der strategischen Nuklearwaffen wird hervorgehoben: *„Niemals seit den Jahren der Eisenhower-Regierung hat eine Administration ein strategisches Programm von solcher Breite und Dimension vorgeschlagen"* (Verteidigungsminister Weinberger) (37). Außenminister Haig stellte klar, dass man erforderlichenfalls den Kernwaffeneinsatz anordnen wird, dass also ein von den USA ausgelöster Atomkrieg im Bereich der Möglichkeiten liegt: *„... dieses Abschreckungspotential schließt die Bereitschaft des amerikanischen Präsidenten ein,.... alle erforderlichen Schritte – auch den Einsatz von Kernwaffen – zur Wahrung unserer Lebensinteressen zu unternehmen"* (35).

Durch Behauptungen von einer angeblichen Unterlegenheit der USA, vom Vorliegen sogenannter „Lücken" gegenüber der Rüstung der Sowjetunion, versucht die Reagan-Administration ihre riesigen

Rüstungsprogramme als für die Verteidigung notwendig darzustellen. Doch der aggressive Charakter des ganzen Kurses tritt immer wieder klar zu Tage: *„Durch eine Kombination von Anreizen und Abschreckungen, von Zuckerbrot und Peitsche"* … müsse der Sowjetunion klar gemacht werden, dass ihre *„Außenpolitik für die USA nicht länger akzeptabel ist"* (Außenminister Haig) (38). Der führende Experte des Nationalen Sicherheitsrates, Richard Pipes, wurde noch deutlicher: *„(Die USA) können nicht darauf warten, dass der sowjetische Kommunismus von selbst verschwindet. Wenn dies geschehen soll, dann werden freie Menschen dazu beitragen müssen"* (39).

Von einer Position der Stärke verhandeln
Gegenüber der Öffentlichkeit des eigenen Landes und in der Welt, die zunehmend Vereinbarungen über Rüstungsbegrenzung und Abrüstung fordert, stellt man den Kurs der Hochrüstung als notwendig für die Sicherung des Erfolges von Verhandlungen dar. *„Von entscheidender Bedeutung ist, dass wir von einer Position der Stärke aus verhandeln"* (Präsident Reagan) (40). Die Sowjetunion würde nur dann *„einen Anreiz haben, ernsthaft zu verhandeln"*, wenn sie durch ein Nichtakzpetieren der Bedingungen der USA *„vor einer noch schwierigeren Zukunft stehen würde"* (Außenminister Haig) (41). *„… eine bessere nukleare Position bietet uns die beste Aussicht, sinnvolle Rüstungskontrollvereinbarungen mit der Sowjetunion aushandeln zu können"* (Verteidigungsminister Weinberger) (42). Zu den Genfer Verhandlungen über einen Abbau von Atomwaffen in Europa Stellung nehmend, erklärte Außenminister Haig: *„Ein Fortschritt hängt nicht nur von den Fähigkeiten unserer Verhandlungsführer, sondern von der Entschlossenheit der NATO ab, ihre Vorbereitungen für die Stationierung der Raketen … weiterzuführen"* (43).
Zugleich betonen die Sprecher der Reagan-Administration, dass Rüstungsbegrenzung keinesfalls Priorität gegenüber den Rüstungsanstrengungen erhalten wird: *„… Rüstungskontrolle … kann nicht das politische Kernstück oder das entscheidende Barometer der amerikanisch-sowjetischen Beziehungen sein … Rüstungskontrolle muß militärische Programme ergänzen"* (Außenminister Haig) (44).
Die Wirtschaftsbeziehungen zwischen kapitalistischen und sozialistischen Staaten sollen in den Dienst des Konfrontationskurses gestellt werden: *„Sicherheitsüberlegungen und politische Prinzipien müssen kommerziellen Erwägungen übergeordnet werden"* (Außenminister

Haig) (45). *„Der Handel gehört zu unseren stärksten Druckmitteln, um das sowjetische Verhalten zu beeinflussen"* (R[obert]. Scanlan, leitender Beamter des US-Außenministeriums) (46). Die Unterordnung der Wirtschaftsbeziehungen unter die Politik der Stärke wurde besonders deutlich, als sich US-Verteidigungsminister Weinberger auf einer Wehrkundetagung in München zu den Ost-West-Wirtschaftsbeziehungen äußerte und dabei für einen *„beträchtlich verringerten Umfang des Handels und der Investitionen"* eintrat (47). Die energischen, aber ergebnislosen Aktionen zur Torpedierung der in Bau befindlichen Erdgasleitung Sowjetunion – Westeuropa zeigen, dass die Reagan-Administration im Sinn der oben zitierten Erklärungen die Ost-West-Zusammenarbeit drosselt und diesen Kurs ihren Verbündeten aufzwingen will.

Die Hauptmerkmale der Politik der Konfrontation werden durch diese Erklärungen und die entsprechenden Handlungen, insbesondere die gigantische, alle Waffenarten betreffende Steigerung der Rüstungen der USA, sehr deutlich: Sicherheit soll durch Schaffung einer entscheidenden militärischen Überlegenheit erreicht werden, wobei das militärische Potential jederzeit die Möglichkeit zur Ausschaltung des Gegners bieten soll. Bei den Rüstungsanstrengungen spielen die Kernwaffen – in Fortführung der Denkweisen aus der Zeit des Atomwaffenmonopols – eine zentrale Rolle. Konstruktive Vorschläge für eine Zügelung des Kernwaffenwettrüstens, wie der Verzicht auf den Ersteinsatz von Kernwaffen und für Vereinbarungen über Einfrieren dieser Waffen, werden verworfen, um keine die atomare Hochrüstung hemmenden Verpflichtungen auf sich zu nehmen. Bereits abgeschlossene Abkommen werden nicht ratifiziert und bereits aufgenommene Verhandlungen werden abgebrochen. Die Ost-West-Zusammenarbeit wird nicht unter dem Gesichtspunkt beiderseitigen Vorteils erweitert, sondern mit dem Ziel der Schädigung der anderen Seite gelenkt bzw. unterbunden. Die für die für die weitere Entwicklung aller Staaten wichtigen Energie- und Rohstoffprobleme sollen nicht durch Zusammenarbeit, sondern durch Schaffung von Abhängigkeiten, durch strategische Allianzen und neue Militärblöcke und – wenn notwendig – durch militärische Aktionen (schnelle Eingreiftruppen usw.) gelöst werden. Um den Konfrontationskurs abzusichern, werden gegen die Errungenschaften der Entspannung und gegen die Politik der friedlichen Koexistenz Propagandakampagnen entfacht und die für Verständigung und friedenssichernde Schritte eintretenden Kräfte werden diffamiert.

IV. „Zwischenpositionen" und „Alternativen"

In den Erklärungen von Politikern wie in politischen Theorien kommen Konzeptionen zum Ausdruck, die den zwei Grundlinien nicht zugeordnet werden können. Es kann sich dabei um „Zwischenpositionen" handeln, die Elemente der Grundlinien zu einer Konzeption vereinigen wollen. Da die beiden Grundlinien aber unvereinbar sind, treten in solchen Zwischenpositionen widersprüchliche Elemente auf. Andererseits gibt es Konzeptionen, in denen die beiden Grundlinien verworfen und ganz andere Wege zu Sicherheit und Frieden vorgeschlagen werden.

Als Quelle von Zwischenpositionen wirken vor allem zwei Entwicklungen. Wenn Ausweglosigkeit und Abenteuerlichkeit der Politik der Konfrontation und der militärischen Überlegenheit sichtbar werden, setzt in Staaten, in denen eine solche Politik verfolgt wird, eine Suche nach neuen Positionen ein. Sie führt aber gewöhnlich nicht in einem Schritt zur Anerkennung der anderen Grundlinie. Vor allem wegen der gemeinsamen sozial-ökonomischen Position jener, die die Notwendigkeit eines neuen Kurses in der internationalen Politik erkannt haben, und den Verfechtern der alten Politik werden manche Elemente des schon als obsolet erkannten Kurses beibehalten. Die durch mehrere Jahrzehnte des Kalten Krieges wirkende Propaganda zur Begründung der Konfrontationspolitik hat im politischen Denken breiter Kreise tabuartige Klischees verfestigt, deren Überwindung aber Voraussetzung für eine klare Abkehr von der alten Politik ist. Wenn das auch keine grundsätzlichen Hindernisse für die Anerkennung der Politik der friedlichen Koexistenz sind, so erschweren und verzögern sie diesen Prozess doch sehr wesentlich und bedingen seinen komplizierten und widersprüchlichen Verlauf.

Zwischenpositionen werden aber auch von den Anhängern der Konfrontationspolitik vorgetragen, um dem wirklichen Charakter dieser Politik zu verschleiern und um jene zu verwirren, die diese Politik zu kritisieren beginnen.

Zwei Pfeiler statt einem?

Eine bekannte Zwischenposition ist die „Zwei-Pfeiler-Konzeption", die zur Gewährleistung der Sicherheit eines Staates gleichzeitige Bemühungen in zwei Richtungen verlangt – Aufbau der militärischen Stärke einerseits, Bemühungen um Entspannung andererseits. Helmut Schmidt und seine Regierungen haben sich in ihrer Politik immer wieder auf die „Zwei-Pfeiler-Theorie" berufen. *„Die verengte militärische Sicht der Sicherheit ist ersetzt worden durch ein übergreifendes Konzept: Sicherheit als Resultat einer angemessenen Verteidigungspolitik, die Ungleichgewichte verhindert, und einer Entspannungspolitik, die auf kooperativem Weg Konflikte mildern, regulieren, vermeiden soll,* erläuterte z. B. der SPD-Pressedienst (48). Im [Pierre] Harmel-Bericht der NATO, der die Orientierung für die 70er Jahren bilden sollte, wurde eine Strategie auf der Grundlage einer *„Einheit von Abschreckung und Entspannung"* angekündigt: *„militärische Sicherheit und eine Politik der Entspannung stellen keinen Widerspruch, sondern eine gegenseitige Ergänzung dar",* hieß es dort (49).

Da die umfassende Durchsetzung von Beziehungen der friedlichen Koexistenz nur in einem längeren Prozess erfolgen kann, sind Perioden unvermeidlich, in denen bereits wichtige Entspannungsschritte verwirklicht sind, jedoch noch kein allgemeiner Rüstungsstopp und noch keine bedeutenden Abrüstungsmaßnahmen. Die theoretische Erfassung der komplizierten Zusammenhänge und Widersprüche einer solchen Durchgangsphase ist gewiss von Bedeutung, wobei vor allem die Notwendigkeit und Möglichkeit verstärkter Entspannungsbemühungen mit dem Ziel einer Verkürzung der Übergangsphase gezeigt werden muss. Doch die „Zwei-Pfeiler-Theorien" betonen das Nebeneinander der beiden Elemente und nicht die Notwendigkeit der weiteren Verminderung des militärischen Faktors (50). Daher werden die „Zwei-Pfeiler-Theorien" zur Begründung entgegengesetzter Bestrebungen herangezogen. Von Kreisen, die gegen die Konfrontationspolitik ankämpfen, werden sie genutzt, um Verhandlungen und Entspannungsschritte – als zweiten Pfeiler der Sicherheitspolitik – zu verlangen. Zur Begründung dieser Forderung wird z. B. die Warnung ausgesprochen, dass *„Sicherheitspolitik, die sich auf Verteidigungspolitik beschränkt, die Rüstungsspirale weitertreibt und letztlich unter nuklearen Bedingungen zu Katastrophe führen dürfte"* (51). In erster Linie dienen die

„Zwei-Pfeiler-Konzeptionen" aber als Argument für die Aufrechterhaltung und Verstärkung militärischer Bemühungen. Es muss die Erosion des Pfeilers der militärischen Bemühungen verhindert werden, heißt es. So wird in den meisten „Zwei-Pfeiler-Konzeptionen" dem militärischen Faktor Priorität zugeordnet und die Entspannung bleibt zweitrangig. Diese Priorität wird offen ausgesprochen, so z. B. wenn in verschiedenen Darstellungen behauptet wird, Abschreckung sei die Grundlage, auf der es zur Entspannung gekommen ist. Fortschritte in der Entspannung seien nur dann möglich, wenn diese Grundlage erhalten wird. *„Standbein NATO – Spielbein flexible Ostpolitik"*, eine von führenden BRD-Politikern und Publizisten viel verwendete Formulierung hat ebenfalls diese Priorität klar ausgedrückt.

Die „Zwei-Pfeiler-Theorie" ist auch zur Begründung des NATO-Raketenbeschlusses vom Dezember 1979 eingesetzt worden, wobei die argumentative Verbindung durch den Begriff „Doppelbeschluss" hergestellt wurde. Den Plänen für die Stationierung der amerikanischen Raketen Pershing II und Cruise Missiles hat man damals eine Erklärung über Verhandlungsbereitschaft der NATO hinzugefügt und auf den bereits unterzeichneten SALT-II-Vertrag hingewiesen. Dann aber haben die USA, die diesen Beschluss durchsetzten, SALT II nicht ratifiziert, eineinhalb Jahre die Aufnahme von Verhandlungen über Mittelstreckenraketen blockiert und – als diese Verhandlungen doch wieder begannen – einen Fortschritt verhindert, indem sie vom Verhandlungspartner Sowjetunion einen einschneidenden Waffenabbau verlangten, ohne zu entsprechenden Gegenleistungen bereit zu sein. „Zwei-Pfeiler-Konzeption" und „Doppelbeschluss" dienten also zur Verschleierung der aggressiven Orientierung der NATO-Pläne und sollten ihr Akzeptieren erleichtern. Gerade in der jetzigen Phase der Auseinandersetzung mit der Konfrontationspolitik erweist sich die „Zwei-Pfeiler-Theorie" als ein Hindernis für neue, insbesondere für militärische Entspannungsschritte.

Fehlinterpretationen des Entspannungsprozesses, d. h. wenn dieser nicht als Abbau der Konfrontation und Durchsetzung der Politik der friedlichen Koexistenz verstanden wird, führen ebenfalls zu „Zwischenpositionen". Wird Entspannung als *„ein Nebeneinander von Konflikten und kompetitiven Elementen"* (52) dargestellt, so werden zwar – ähnlich wie in den „Zwei-Pfeiler-Konzeptionen" – Merkmale einer bestimmten Entwicklung aufgezeigt, jedoch weder die Bedeutung der Wende von der Konfrontation zur Entspannung noch die Entwicklungsrichtung, die durchgesetzt werden muss. Das Ziel des Entspannungsprozesses bleibt also unsichtbar. Auch Analysen des Entspannungsprozesses, die lediglich seine Fortschritte und Rückschläge „objektiv registrieren", verzichten auf eine Hinterfragung der Kräfte und Interessen, die der Entspannung entgegenwirken bzw. für ihre Weiterführung eintreten.

Da wird festgestellt, zwischen Entspannung und Konfrontation finde eine „Pendelbewegung" statt. Tatsächlich hat der Entspannungsprozess Ende der 70er – Anfang der 80er Jahre Rückschläge erlitten. Die Pendeltheorie bringt derartige Rückschläge in eine Analogie zu physikalischen Prozessen. So erscheinen sie als gesetzmäßige, nicht beeinflussbare Entwicklung. Es wird verschleiert, welche Kräfte verantwortlich sind und auf Grund welcher Motive sie handeln. Wenn auch manche Proponenten solcher Theorien Sympathie für Entspannung bekunden, so führt ihre „Analyse" doch zu einer fatalistischen Position, von der aus kein Beitrag zum Zurückdrängen der Konfrontationspolitik geleistet werden kann.

Unteilbarkeit der Entspannung?
Die Kompliziertheit des Entspannungsprozesses, sein unterschiedlicher Entwicklungsstand in verschiedenen Regionen der Welt und das Auftreten von Rückschlägen werden oft als Begründung für diese These von der „Unteilbarkeit der Entspannung" verwendet. Die Vertreter dieser These wollen sich als Befürworter der Entspannung ausgeben, nehmen jedoch jeden Rückschlag des Entspannungsprozesses, jede Verschärfung regionaler Konflikte zum Anlass, die Entspannungsbemühungen als gescheitert und jede Fortsetzung dieser Bemühungen als sinnlos darzustellen bzw. ein Hinwendung zur Konfrontation zu rechtfertigen. Die „Unteilbarkeitsthese" fördert offensichtlich eine „Alles oder nichts" – Denkweise. Man dürfe sich mit nichts weniger als der „ganzen Entspannung" zufrieden geben, wird den Anhängern der Entspannung suggeriert. Wer diese Denkweise akzeptiert, wird entmutigt und stellt seine Bemühungen ein, wenn die Wirklichkeit zunächst nur kleinere Fortschritte und eventuell auch Rückschläge bringt.

Die „Unteilbarkeitsthese" ist vor kurzem auch von George F. Kennan, jetzt ein entschiedener Gegner der Konfrontationspolitik, zurückgewiesen worden:

„Ich muss gestehen, dass ich nicht an die Möglichkeit eine baldigen universellen Friedens glaube. Dies ist gewiss ein schönes Ideal, auf dessen Verwirklichung alle hinarbeiten müssen. Doch schaudere ich jedes Mal, wenn ich die Behauptung höre, der Friede sei unteilbar und könne nirgends bestehen, bis er überall besteht … ein neuer Versuch (muss jetzt) unternommen werden, weit ernster, realistischer, folgerichtiger und entschlossener als alles, was bisher gemacht worden ist, den Krieg … als vorstellbare Möglichkeit der unmittelbaren europäischen Zukunft auszuschließen, das heißt, einen Zustand herbeizuführen, in dem ein neuer europäischer Krieg so unwahrscheinlich geworden wäre, dass man sich endlich von diesem maßlos gefährlichen Krampf der militärischen Verdächtigungen und Vorbereitungen befreien und sich den positiven Aufgaben zuwenden könnte, die auf beiden Seiten der ideologischen Trennungslinie so dringend und so gebieterisch auf ihre Behandlung warten" (53).

Als Zwischenpositionen sind auch Konzeptionen anzusehen, in denen politische Entspannung als realisierbar dargestellt und befürwortet wird, militärische Entspannung und Abrüstung jedoch abgelehnt werden. Dabei wird argumentiert, dass Ausgewogenheit der Abrüstung kaum erreichbar sei und daher Abrüstungsvereinbarungen zu einer Destabilisierung des bestehenden militärischen Gleichgewichtes – und damit zu gesteigerter Kriegsgefahr – führen würden. Die Verwandtschaft solcher Auffassungen zur „Zwei-Pfeiler-Theorie" und zu den Konzeptionen einer „Friedenssicherung durch ein Gleichgewicht des Schreckens" sind offensichtlich. Verzicht auf militärische Entspannung und Abrüstung bedeutet aber Fortsetzung des Wettrüstens und damit verschärftes Misstrauen und gefährliche Konfrontationen. Verzicht auf Abrüstung führt daher zur Untergrabung und schließlich zur Zerstörung von Errungenschaften der politischen Entspannung. Das „Gleichgewicht des Schreckens" ist keineswegs ein Zustand, bei dem mit Zurückhaltung gerüstet und auf eine Aufrechterhaltung des Gleichgewichts geachtet wird. Es werden zwar einzelne Aufrüstungspläne mit der Notwendigkeit der Gleichgewichtssicherung begründet, die Kräfte der Konfrontation streben aber damit immer militärische Überlegenheit an.

Schließlich ist das Argument von einer „Destabilisierung durch Abrüstungsvereinbarungen" unhaltbar. Solche Vereinbarungen können nur erzielt werden, wenn der politische Wille dazu von beiden Seiten vorhanden ist, also die Entschlossenheit, einen Abbau der militärischen Potentiale auf der Grundlage gleicher Sicherheit herbeizuführen. Die Herausbildung dieses politischen Willens erfordert gewiss ein Überwinden jetzt vorherrschender Orientierungen, ein Aufgeben des Strebens nach militärischer Überlegenheit. Diejenigen, die von einer „Destabilisierung durch Abrüstung" sprechen, wollen also die Einschätzung vermitteln, dass ein derartiger politischer Wandel nicht erreichbar sei, dass in den Ländern, deren Regierungen jetzt einen Konfrontationskurs steuern, kein Kurswechsel durchgesetzt werden kann.

Garantierter status quo?

Entspannungsfeindlich sind auch Theorien, die zwar von einer Bejahung der Entspannung sprechen, diese aber nur unter bestimmten Bedingungen für möglich erachten, und – da unerfüllbare formuliert werden – zu einer Negierung der Möglichkeiten der Entspannung gelangen. *„Entspannung sei nur unter der Bedingung der Aufrechterhaltung eines sozial-ökonomischen status quo möglich"*, wird von manchen Politikern und Politikwissenschaftlern auf kapitalistischen Positionen formuliert, oder *„wirkliche Entspannung kann nur das westliche Pendant zum Verzicht auf Weltrevolutionspläne, auf den mit ökonomischen, politischen und sozialen, nur nicht mit militärischen Mitteln geführten Kampf der kommunistischen ‚Koexistenz' praxis sein"* (54) Sie verstehen unter status quo ein Unterbleiben der Ausbreitung des Sozialismus (55), was durch die sozialistischen Vertragspartner bei Vereinbarungen über Entspannung und Abrüstung garantiert werden müsste. Die Forderung nach solchen Garantien soll offensichtlich den Eindruck vermitteln, die Regierungen der sozialistischen Staaten müssten nur auf einige Knöpfe drücken, um den Kampf für den Sozialismus überall in der Welt abzuschalten. In Wirklichkeit sind Bewegungen für den Sozialismus nicht Folge von Befehlen irgendwelcher weit entfernten Kommandozentralen, sondern entstehen aus Widersprüchen in den betreffenden Gesellschaften. Die Vorbedingung „status quo" wird also offensichtlich erhoben, um den sozialistischen Staaten anzulasten, dass sie keine entsprechenden Garantien geben und daher nicht den Weg der Entspannung schreiten wollen, sowie um das Recht des Eingreifens zur Sicherung des status quo für sich in Anspruch nehmen und das Recht der Völker auf Selbstbestimmung missachten zu können.

Die Forderung nach einem garantierten „status quo" der Gesellschaftsordnung ist unerfüllbar, denn wenn es soziale Unterdrückung gibt, kommt es zum Kampf für eine Aufhebung der Unterdrückung und – wo das historisch notwendig ist – für eine revolutionäre Veränderung der Gesellschaftsordnung. Eine Garantie des „status quo" kann daher nicht Voraussetzung für Beziehungen der friedlichen Koexistenz sein. Vielmehr muss die Anerkennung eines anderen Zusammenhangs zwischen den internationalen Beziehungen und der innerstaatlichen gesellschaftlichen Entwicklung erreicht werden: Friedliche Koexistenz muss Nichteinmischung in die inneren Angelegenheiten der Staaten, Achtung ihrer Souveränität, der Unverletzlichkeit ihrer Grenzen und ihrer territorialen Integrität beinhalten. Diese Prinzipien sind in den Beschlüssen der Vereinten Nationen und in der Schlussakte der Konferenz über Sicherheit und Zusammenarbeit in Europa enthalten. Unter direkter Bezugnahme auf gesellschaftliche Veränderungen wird oft sehr zutreffend und einprägsam formuliert: Beziehungen der friedlichen Koexistenz verlangen den Verzicht auf den Export von Revolutionen und ebenso auf den Verzicht der Konterrevolution.

Man stellt auch Vorbedingungen für die Entspannung, die das Verhalten in bestimmten außenpolitischen Fragen betreffen. Von den sozialistischen Staaten wird verlangt, in dieser oder jener Region der Welt diesen oder jenen Schritt zu einem Abbau von Konflikten zu vollziehen, sonst könne es keine Fortschritte bei den Verhandlungen über Schritte der Entspannung und Abrüstung geben, die andere Regionen betreffen oder allgemeiner Natur sind. Eine solche Verknüpfung verschiedener Probleme (englisch: linkage) steht in Beziehung zur Behauptung von der „Unteilbarkeit der Entspannung". Mit Vorbedingungen durch „Verknüpfung" von Fragenkomplexen sollen konstruktive Lösungen herangereifter Fragen verzögert oder verhindert werden, indem man diese Fragen mit schwierigen, noch nicht lösungsreifen Problemen koppelt. Natürlich müssen die allgemeinen Zusammenhänge in Bereich der internationalen Beziehungen und die spezifischen Zusammenhänge zwischen verschiedenen Problembereichen berücksichtigt werden, wenn aber durch

Vorbedingungen Zusammenhänge künstlich konstruiert oder über-
betont werden, so entstehen ernste Hindernisse für die Entspannungsbemühungen.

Verlorene Illusionen?

Abwertende Fehlurteile über bisherige Ergebnisse der Bemühungen
um Entspannung dienen ebenfalls als Argument gegen Weiterführung dieser Bemühungen. Da wird behauptet," *die Entspannung hat
nichts gebracht"* oder *„sie war nur für die andere Seite* (die sozialistischen
Staaten) *von Vorteil".* Man stellt fest, dass sich *„die Entspannungseupho-
rie in der Bevölkerung verflüchtigt hat"* oder dass es in der Öffentlichkeit
des Westens zu einem *„Verlust der Illusionen über die Entspannungspolitik gekommen ist"* (56) Tatsächlich waren die in den 70er Jahren
erzielten Schritte der Entspannung für jene Kreise nachteilig, die für
die Aufrechterhaltung der Konfrontation eintraten – sei es, weil die Atmosphäre der Konfrontation abgebaut wurde, die sie für verstärkten
innen- und außenpolitischen Druck nutzen wollten, sei es weil die ökonomischen und politischen Positionen des Militär-Industriellen-Kom-
plexes geschwächt wurden. Insbesondere gelang es nicht, die Atmosphäre für ein Zurückdrängen des Sozialismus auszunutzen, also nun
das zu erreichen, was im Kalten Krieg nicht gelang. Solche Kritik an der
Entspannung dient aber nur den kleinen, eine aggressive Politik befür-
wortenden Kreisen, die ihre eigenen Interessen und Ziele als die des
ganzen Landes oder einer ganzen Staatengruppe ausgeben wollen.

Für die Menschen dieser Länder hat die Entspannung aber bedeutende Vorteile gebracht: Verringerung der Kriegsgefahr, Verlangsamung
des Rüstungswettlaufs, Ausbau der Ost-West-Wirtschaftbeziehungen.
Das erklärt auch den heftigen Kampf, der jetzt zwischen der Reagan-
Administration und mehreren europäischen Staaten um Abbruch
oder Fortsetzung der unter den Bedingungen der Entspannung eingeleiteten Ost-West-Wirtschaftsbeziehungen geführt wird.

Weltregierung statt Koexistenz?

*„Friedliche Koexistenz ist nicht genug. Man muss weitergehen, es müssen
tief greifende Änderungen in den internationale Beziehungen erreicht
werden".* Etwa so lauten die Zielvorstellungen von Konzeptionen, die
beide hier erörterte Grundlinien kritisieren. Die Politik der Konfrontation und das Streben nach militärischer Überlegenheit werden

verurteilt, friedliche Koexistenz wird jedoch nicht als anzustrebende Alternative akzeptiert. Verlangt wird eine ganz neue Weltordnung, wobei meist eine einschneidende Bregenzung der Souveränität der Staaten oder die Schaffung einer Weltregierung als Grundelemente genannt werden. Gegen die Politik der friedlichen Koexistenz wird eingewendet, dass sie eine vollständige Überwindung der Differenzen zwischen den Staaten gar nicht anstrebt.

Diese Konzeptionen lassen die Wurzeln der internationalen Gegensätze außer acht, d. h. insbesondere den Antagonismus zwischen kapitalistischer und sozialistischer Gesellschaftsordnung, die wirtschaftlichen und politischen Gegensätze zwischen kapitalistischen Staaten, zwischen kapitalistischen Industrieländern einerseits und den Entwicklungsländern andererseits. Die Errichtung einer Weltregierung würde die Aufhebung eines Gesellschaftssystems oder zumindest des einen Systems durch das andere bedeuten. Würde die Schaffung einer Weltregierung jetzt ernstlich auf die Tagesordnung der internationalen Politik gesetzt werden, würde dies nicht zu konkreten Schritten der Verbesserung der Beziehungen zwischen den Staaten mit unterschiedlicher Gesellschaftsordnung führen. Die Periode des Nebeneinanderbestehens kapitalistischer und sozialistischer Staaten kann nicht durch ein Eintreten für radikale Souveränitätsbeschränkungen oder für eine Weltregierung verkürzt werden. Solche Forderungen entsprechen also nicht den tatsächlichen Entwicklungsmöglichkeiten. Mit dieser Feststellung soll aber keineswegs die Möglichkeit und Notwendigkeit bedeutender Veränderungen in den internationalen Beziehungen durch Intensivierung des Zusammenwirkens der Staaten auf der Grundlage umfassender Verträge bestritten werden. Die in der Friedensforschung verbreitete Unterscheidung zwischen „negativem" und „positivem" Frieden (siehe insbesondere (57)), wird manchmal Ausgangspunkt für eine Unterbewertung der Konzeption der friedlichen Koexistenz: „Friedliche Koexistenz" wird einer bloßen Abwesenheit von Krieg (Nicht-Krieg, d. h. „negativer Friede") gleichgesetzt, und man verlangt die Ausarbeitung und Durchsetzung „positiver Friedenskonzeptionen". Dabei wird übersehen, dass friedliche Koexistenz wesentliche Elemente enthält, die die Entwicklung der Gesellschaften und damit positive Friedensgestaltung ermöglichen: Abrüstung und dadurch freiwerdende große materielle Mittel, Entfaltung der internationalen Zusammenarbeit. Dass „positiver Friede" Elemente wie Wohlstand, Gerechtigkeit, Freiheit, Demokratie, Entwicklung von Wissenschaft und Kultur einschließen soll, darüber wird ohne Schwierigkeit Übereinstimmung erreicht. Hinsichtlich des Weges zur Verwirklichung solcher Ziele wird es aber – je nach politischer und klassenmäßiger Position, je nach Orientierung auf diese oder jene Gesellschaftsordnung – sehr unterschiedliche Konzepte geben. (58). Es treten also verschiedene, zum Teil miteinander unvereinbare Typen von „positivem Frieden" auf. Hingegen kann es eine weithin akzeptierte Konzeption der friedlichen Koexistenz als Grundlage für das politische Handeln, das in hohem Maß gemeinsames Handeln sein muss, geben.

V. Auseinandersetzungen und Friedenskonzeptionen – Gemeinsames Handeln für Friedenssicherung

Wurden in den internationalen Beziehungen einst alle Entscheidungen von einem kleinen Kreis von Staatsmännern und Diplomaten getroffen, während die Massen der Bevölkerung weder über die Entwicklung informiert waren noch irgendeine Möglichkeit der Mitwirkung hatten, so beziehen heute Millionen Menschen zu den Hauptfragen der internationalen Beziehungen, vor allem zum Problem der Friedenssicherung, Stellung und ihre Aktionen werden zu einem bedeutenden, auf den Lauf der internationalen Politik einwirkender Faktor. Die Diskussion über die Grundlinien in den internationalen Beziehungen, die kritische Stellungnahme zu den verschiedenen Konzeptionen hört damit auf, nur eine Sache der Theorie zu sein. Sie wird zu einem Element in der Meinungsbildung und in den Aktionen der breiten Öffentlichkeit.

Jede Stellungnahme gegen den Kurs der Konfrontation und Hochrüstung und für friedenssichernde Schritte, jeder Protest gegen die Politik des Wahnsinns und für den Weg der Verständigung ist ein positiver Beitrag in den Bemühungen um Friedenssicherung. Um eine längerfristige Orientierung der Friedensbemühungen zu sichern, um die für die Hochrüstung und Kriegsgefahr verantwortlichen Kräfte zu isolieren und ihren Einfluss zunehmend und unwiderruflich zurückzudrängen, bedarf es aber einer realistischen Konzeption für eine friedliche Welt, es bedarf des Handelns im Sinn der Politik der friedlichen Koexistenz.

Die historischen Zwänge wirken tendenziell für die Herausbildung eines hohen Maßes an Übereinstimmung hinsichtlich eines solchen Friedenskonzeptes. Wegen der unterschiedlichen gesellschaftspolitischen und ideologischen Positionen der verschiedenen Kräfte kann allerdings keine volle Übereinstimmung der Auffassungen erwartet werden. Aber es ist realistisch, sich auf die Herstellung gemeinsamer Positionen verschiedener für den Frieden engagierter Kräfte in wesentlichen Punkten zu orientieren, und damit auf die Schaffung eines guten Fundamentes für gemeinsames Handeln im Kampf um Entspannung und Abrüstung, für den Aufbau eines dauerhaften Friedens. In diesem Prozess spielt die Diskussion der Konzeptionen von den internationalen Beziehungen eine wichtige Rolle. Das schließt die Auseinandersetzungen mit den vielfältigen Fehlkonzeptionen ein. Sie sind nicht nur aus theoretischer Sicht zu kritisieren, sondern es muss ihre Funktion als Instrument der Desorientierung der Friedensbemühungen erkannt werden.

Die Auseinandersetzungen über die Grundlinien der internationalen Beziehungen sollen zur Schaffung einer Kräftekonstellation führen, die das gemeinsame Ziel, dauerhafter Frieden auf der Grundlage friedlicher Koexistenz, erreichen kann. Zugleich werden in diesen Auseinandersetzungen die Zusammenhänge zwischen Gesellschaftsordnung und Friedenspolitik sichtbar: Unter den Vertretern der kapitalistischen Ordnung findet eine andauernde Auseinandersetzung zwischen aggressiven, einen Konfrontationskurs verfolgenden Kräften und realistischen, für Verständigung und Entspannung eintretenden Kräfte statt. Bei den Anhängern des Sozialismus gibt es keine vergleichbaren Auseinandersetzungen um die internationale Politik, sondern eine von weitreichender Übereinstimmung getragene Orientierung auf die Durchsetzung der Politik der friedlichen Koexistenz. Angesichts der zunehmenden Bedeutung der Friedensfrage für das Schicksal der Menschheit wächst der Stellenwert dieser Seite des Vergleichs der gesellschaftspolitischen Konzeptionen und Gesellschaftsordnungen, und die daraus resultierenden Erkenntnisse beeinflussen die Stärke und Zielklarheit der Kräftekonstellation, die für Sicherung des Weiterbestandes und der fortschrittlichen Weiterentwicklung der Menschheit entscheidend ist.

Anmerkungen

1) Charter of the United Nations and Statute of the International Court of Justice, UN Office of Puplic Information, New York – insbesondere Präambel und Artikel 1.

2) Sowjetunion heute, Wien, Juni 1972

3) Wiener Zeitung 23. August 1975

4) W. I. Lenin, Werke, Bd. 21, S. 345

5) W. I. Lenin, Werke, Bd. 26, S. 45

6) W. I. Lenin, Werke, Bd. S. 239

7) W. I. Lenin, Werke, Bd. 27, S. 56

8) W. I. Lenin, Werke, Bd. 30, S. 22

9) W. I. Lenin, Werke, Bd. 33, S. 138

10) G. W. Tschitscherin, Artikel und Reden zu Fragen der Internationalen Beziehungen (russ.), Moskau 1961, S. 372

11) Siehe M. Trusch, Lenin und die Außenpolitik der UdSSR, Frankfurt/Main 1970, S. 95

12) I. I. Minz, in: Geschichte der Diplomatie, 3. Band (W. Potjomkin, Hrsg.) Moskau 1947, S. 21o

13) Geschichte der sowjetischen Außenpolitik 1945–1976 (A. A. Gromyko, B. N. Ponomarow, Red.) Berlin 1978, S. 122

14) R. G. Hewlett, O. E. Anderson, Jr., The New World 1939–1946 (A History of the United States Atomic Ernergy Commission, Vol. 1) University Park, USA, 1962, S. 583

15) Geschichte sowjetischen Außenpolitk 1945–1976. ...., S. 291

16) Weg und Ziel 1965, H. 3, S. 172

17) Programm der Kommunistischen Partei der Sowjetunion, Moskau 1961 (deutsch), S. 53

18) Department of State Bulletin, 9.3.1970, S. 315

19) International Herald Tribune, 5.7.1981

20) J. Chace. Solvency, The Price of Survival, New York 1981

21) Henry R. Luce, Life Magazine, New York, Feber 1941

22) Public Papers of the President of the United States, Washington 1961, S. 549

23) Leo Szilard, His Version of the Facts (S. R. Weart, Gertrud Weiss Szilard, Hrsg.) Vol. II, Cambridge, USA, 1978, S. 184

24) Charles Bohlen, Witness to History 1929–1969, London 1973, S. 237

25) Memorandum, Joint Chiefs of Staff (USA) 1496/2, 19.9.1945

26) B. Greiner, K. Steinhaus, Auf dem Weg zum 3. Weltkrieg?, Köln 1980

27) Joint Intelligence Committee (USA) Paper 329, November 1945

28) George F. Kennan, Memoiren eines Diplomaten, München 1971, Bd. 2, S. 552

29) George F. Kennan, Foreign Affairs, Bd. 25, Nr. 4, S. 566, 1947

30) „X" (George F. Kennan), Bemerkungen zur Politik der UdSSR, in „Amerikanische Außenpolitik", Verlag Neue Welt, Wien

31) James Burnham, The American Mercury, Bd. 70, Jänner und Feber 1959

32) Wallstreet Journal, 26.11.1979

33) G. Basler, IPW-Berichte, Berlin, 1982, Nr. 5, S. 57

34) Le Figaro, Paris, 20.1.1981

35) Wireless Bulletin from Washington (International Communication Agency, Hrsg.), Bonn, 14.1.1981

36) Wireless Bull., 29.1.1981

37) Wireless Bull., 6.10.1981

38) Wallstreet Journal, 9.7.1981

39) Times, 1.3.1982

40) Archiv der Gegenwart 1982, S. 25289

41) Amerika-Dienst, Bonn, 13.5.1981

42) Wireless Bull., 23.1.1981

43) Wireless Bull., 1.12.1981

44) Amerika – Dienst, 15.7.1981

45) Wireless Bull., 28.7.1981

46) Wireless Bull., 2.6.1981

47) Amerika-Dienst, Bonn, 24.2.1982

48) SPD-Pressedienst, Bonn, 17.12.1997

49) Archiv der Gegenwart, 1967, S.13608 B/4

50) G. Walpuski, Verteidigung + Entspannung = Sicherheit, Bonn 1973

51) K. Kaiser, Die Neue Gesellschaft, Bonn, 1979, H. 2, S. 129

52) W. Bruns, in „Grünbuch zu den Folgewirkungen der KSZE" (L. Delbrück, N. Ropers, G. Zellentin, Hrsg.), Köln 1977

53) George F. Kennan, Horizont, Berling, 1982, H. 44, S. 25

54) L. Freund, Koexistenz und Entspannung – Hoffnung oder Gefahr?, Würzburg 1966, S. 236

55) G. Simonis, Außenpolitik und Abschreckung, Frankfurt/Main, 1977

56) H. P. Schwarz, in „Entspannungspolitik in Ost und West" (H. P. Schwarz, B. Meissner, Hrsg.), Köln 1979, S.185

57) J. Galtung, Strukturelle Gewalt; Beiträge zur Friedens- und Konfliktforschung, Reinbek 1975

58) Siehe H. Meißner, B. P. Löwe, in „Wissenschaft und Frieden" (H. Meißner, K. H. Lohs, Hrsg.), Berlin 1982, S. 30 ff.

1989 sind als Vorstandsmitglieder des *Österreichischen Komitees für Europäische Sicherheit und Zusammenarbeit* neben den bisherigen Mitgliedern Schmetterer, Heiserer, Kretschmer-Dorninger, Schütte-Lihotzky und TS genannt Dr. Maria Berger, Mag. Angela Burda-Fuchs, Univ. Ass. Dr. Andreas Schwarcz, Mag. Franz Stummer, Univ. Prof. DDr. Rudolf Weiler und Univ. Prof. Dr. Erika Weinzierl. Über den Fortgang des Wiener KSZE-Folgetreffens (November 1986-Jänner 1989) informiert das Komitee in seinem neuen Informationsbulletin *Focus on Vienna*, das seit 1987 (No. 1, January 1987) als Nachfolgeorgan von *Blickpunkt Europa* herausgegeben wurde. Grundlegende Richtung des neuen Organs entspricht dem Vereinszweck des *Österreichischen Komitees für Europäische Sicherheit und Zusammenarbeit*: *„Unterstützung und Förderung der Bemühungen für Verständigung, Sicherheit und Zusammenarbeit in Europa und damit der Gewährleistung eines dauerhaften Friedens"*. Die Berichterstattung aus Wien war als Teil des vom Sekretariat des Internationalen Komitees für Europäische Sicherheit und Zusammenarbeit in Brüssel herausgegebenen Informationsbulletins *Focus on Europa* gedacht. Das Focus Büro ist beim internationalen Versöhnungsbund (Lederergasse 23/3/27, 8. Bezirk) angesiedelt.

VIII. 6. Über die Wiederherstellung Österreichs. Für seine Unabhängigkeit und Neutralität

> *Mein Land, wie sollt' ich dich besingen*
> *und dir gar Kränze flechten?*
> *Wohl geht's hier zu mit rechten Dingen,*
> *jedoch – mit äußerst rechten.*
> *Du tust kein Gut; du tust dir – Leid:*
> *Da zeig' ich seine Spuren.*
> *Vielleicht kommst du so mit der Zeit*
> *denn doch auf – linke Touren.*
> Arthur West

Im März 2004 veröffentlichte TS in den Mitteilungen der Alfred Klahr-Gesellschaft einen Artikel über die Moskauer Deklaration (30. Oktober 1943) in der Erinnerungs- und Memoirenliteratur einflussreicher österreichischer Politiker.[121] Obschon Österreich auf der Konferenz der alliierten Außenminister nur ein randständiges Thema gewesen ist, eröffnete die dort beschlossene Erklärung für Österreich eine wichtige historische Perspektive. Österreich sollte nach dem Krieg als souveräner Staat wieder hergestellt werden, denn es sei das erste freie Land gewesen, das der Angriffspolitik der Hitlerfaschisten zum Opfer gefallen sei. Österreich trage aber auch durch seine Teilnahme am Krieg an der Seite von Hitler-Deutschland Mitverantwortung. Die Moskauer Deklaration hat die Exilsituation von österreichischen Emigranten politisch angehoben und das Engagement für die Befreiung Österreichs stimuliert. TS wird sich daran erinnert haben, als er seinen Artikel über die Moskauer Deklaration am Abend seines Lebens verfasste. Weil TS sich vom Offensichtlichen löst und historische Linien mit scharfer Analyse verbindet, ist der Artikel eine Bereicherung historischer Standardliteratur:

Die Moskauer Deklaration in der Erinnerungs- und Memoirenliteratur

Es war naheliegend, im Rahmen des Gesamtthemas „Moskauer Deklaration" auch die Frage zu stellen, wie österreichische Politiker zu dieser Deklaration später Stellung genommen haben. Eine Durchsicht vieler Unterlagen hat ein enttäuschendes, aber nicht überraschendes Ergebnis gebracht. Enttäuschend weil die maßgebenden Politiker der SPÖ und der ÖVP zum Thema „Moskauer Deklaration" wenig, manche sogar nichts zu sagen hatten. Nicht überraschend weil die Moskauer Deklaration ein Ergebnis der Anti-Hitler-Koalition, des politischen und militärischen Zusammenwirkens der Sowjetunion, Großbritanniens und der USA war, im Kalten Krieg man aber die große Bedeutung der Anti-Hitler-Koalition für das Wiedererstehen Österreichs nicht mehr in Erinnerung rufen wollte. Im Folgenden soll über die Stellungnahmen von fünf führenden Regierungspolitikern berichtet werden: Renner, Schärf, Figl, Gruber, Kreisky. Nachgeforscht wurde auch in den Schriften vieler weiterer Politiker. Sie werden aber in diesem Bericht nicht genannt werden. Noch eine Vorbemerkung: Die vier bisherigen Vortragenden waren Historiker. Ich bin aber Naturwissenschaftler. Das sei nur zur Information gesagt, nicht um kritische Bemerkungen aus dem Zuhörerkreis abzuwimmeln.

Karl Renner

Karl Renner hat die Proklamation vom 27. April 1945, die die Erklärung über die Wiederherstellung Österreichs enthält und die den

Anschluss von 1938 für null und nichtig erklärt, zweifelsohne vorgeschlagen und formuliert. (Über mögliche Ergänzungen oder Änderungen durch andere Unterzeichner – Schärf, [Leopold] Kunschak, [Johann] Koplenig – vor der endgültigen Beschlussfassung des Textes kann hier nichts gesagt werden). Die Proklamation vom 27. April 1945 bezieht sich auf die Moskauer Deklaration und gibt diese im Wortlaut wieder. An das Ende der Unabhängigkeitserklärung gestellt, also etwas abgetrennt, wird auch der abschließende Teil der Moskauer Erklärung über die Berücksichtigung des eigenen Beitrags Österreichs zu seiner Befreiung im Wortlaut angeführt – „in pflichtgemäßer Erwägung", wie es da heißt. Daran anschließend wird in der Erklärung bereits eine Formulierung verwendet, die später zu einem Argument für die Hauptlinie Renners und auch der SPÖ- und ÖVP-Vertreter in der Provisorischen und den nachfolgenden Regierungen wurde. Da wurde betont, dass „angesichts der Entkräftung unseres Volkes und Verarmung unseres Landes der Beitrag der österreichischen Regierung zur Befreiung nur bescheiden sein kann". Das führte dann alsbald zur Haltung, dass Forderungen an Österreich ungerechtfertigt wären, ja dass eigentlich Österreich gerechtfertige Forderungen an die Alliierten zu richten habe. Renner erwähnte die Moskauer Deklaration nie mehr, weder als Staatskanzler, als Bundespräsident noch in seinen aus dem Nachlass veröffentlichten Erinnerungen. Er sprach nur von den Forderungen Österreichs nach einem schnellen Ende der Besetzung und davon, dass Österreich als befreites Land von den siegreichen Alliierten keine wirtschaftlichen Belastungen auferlegt werden dürfen. An die Stelle einer Anerkennung der politischen und militärischen Leistungen der Alliierten zur Befreiung und Wiedererrichtung Österreichs, sowie der Anerkennung der ungeheuren Schäden, die die deutschen Armeen und die in ihnen dienenden Österreicher der Sowjetunion zugefügt hatten, trat also sehr schnell das Aussprechen von Forderungen an sie. Daraus ergab sich, dass Renner die Moskauer Deklaration nicht mehr thematisierte. In seinen Erinnerungen wurde sie mit keinem Wort erwähnt. Renners Erinnerungen sind insbesondere von dem Bemühen geprägt, seine eigene politische Vergangenheit zu rechtfertigen, nicht zuletzt sein Eintreten für einen Anschluss Österreichs an Deutschland, bis hin zu seiner Erklärung Anfang April 1938, in der er sein „Ja" bei der Abstimmung über den Anschluss am 10. April 1938 bekannt gab und begründete. Eine Skizzierung seiner Argumente und Darstellungen ist allerdings hier nicht möglich.

Adolf Schärf

Adolf Schärf kam in seinen in Buchform erschienenen Erinnerungen auf die Moskauer Deklaration zu sprechen, allerdings nicht als eine entscheidende Weichenstellung für die Wiedererrichtung eines unabhängigen Österreich sondern in einer Nebenbemerkung zu seiner Darstellung der Politik sozialdemokratischer Führer. Der Schlüsselsatz in einer Passage über die Ereignisse und Erlebnisse 1943–1944 lautete: „Im November 1943 kam dann die Moskauer Deklaration über die Wiederherstellung eines freien Österreich. Sie bestärkte uns in unseren Auffassungen". Von welchen Auffassungen spricht Schärf hier? Er führte zuerst aus, dass die Radiosendungen der Alliierten bis zum Frühsommer 1943 nichts von der Wiederherstellung eines freien und unabhängigen Österreich gesagt hatten. „Der Gedanke, dass der Anschluss Österreichs an Deutschland rückgängig gemacht werden könnte, war damals neu und ungewöhnlich". Da ist natürlich zu fragen: Wusste Schärf nichts von den Aktionen und Zielen der Widerstandskämpfer? Kannte er nicht die Begründungen der Nazijustiz für die Todesurteile gegen Widerstandskämpfer, in denen ihnen die Absicht zur Zerreißung des Deutschen Reiches angelastet wurde? Hat er nie vom Aufruf des ZK der KPÖ in der Nacht vom 11. zum 12. März 1938 gehört, der mit den Worten schloss: „Durch seine eigene Kraft und durch die Hilfe der Weltfront des Friedens wird ein freies, unabhängiges Österreich wiedererstehen"? Hatte er gerade jene, insbesondere von sowjetischen Sendern ausgestrahlten Aufrufe im Oktober 1942 verpasst, in denen die Bildung einer österreichischen Freiheitsfront angekündigt und ihre Ziele proklamiert wurden „Auf zum Volkskampf gegen Hitler und seinen Krieg und für ein freies und unabhängiges Österreich"? Nun zurück zu den Ausführungen Schärfs. Er berichtete über ein Gespräch mit dem deutschen Sozialdemokraten Wilhelm Leuschner, der ihn im Frühsommer 1943 in Wien besuchte, um ihn für eine Mitwirkung der österreichischen Sozialdemokraten an einer deutschen Anti-Hitler-Regierung zu gewinnen. Über dieses Gespräch schrieb Schärf: „Seitdem ich die Geistesschätze des deutschen Volkes kennen und lieben gelernt habe, hatte ich immer geträumt, meine Heimat wäre nicht Österreich sondern Weimar.… Aber während des Gespräches mit Leuschner kam es mir wie eine Erleuchtung.… Ich erkannte was sich geändert hatte. Ich unterbrach meinen Besucher unvermittelt und sagte: ‚Der Anschluss ist tot. Die Liebe zum deutschen Reich ist den Österreichern ausgetrieben worden." Während ich diese Worte sagte, hatte ich das Gefühl als ob nicht ich spräche, sondern ein anderer Mensch, eine andere Stimme aus mir ... Ich konnte zunächst gar nicht begreifen, wie ich zu meiner Antwort gekommen war. Ich blieb aber dabei und erklärte, meine sozialdemokratischen Freunde könnten nur bei der Beseitigung des Hitlerregimes mittun, nicht aber dabei, den Anschluss zu erhalten ... Ich habe rasch meine Freunde, insbesondere [Karl] Seitz und Dr. Renner von der Unterredung in Kenntnis gesetzt und wir alle sind langsam in der darauf folgenden Zeit zur der Auffassung gekommen, die mir zuerst Leuschner gegenüber auf die Lippen gekommen war". Und nun folgte bei Schärf der Satz: „Im November 1943 kam dann die Moskauer Deklaration über die Wiederherstellung eines freien Österreich. Sie bestärkte uns in unserer Auffassung". Nach der Darstellung Schärfs beruhte die Abkehr führender Sozialdemokraten von einer Orientierung auf ein Verbleiben Österreichs bei Deutschland und die Hinwendung zu einem Eintreten für ein unabhängiges Österreich auf seiner „Erleuchtung" beim Gespräch mit dem deutschen Sozialdemokraten Leuschner. Für die Darstellung Schärfs von seiner „Erleuchtung" dürfte wohl folgendes Motiv eine Rolle gespielt haben. In Verbindung mit einer Beschönigung der bis 1943 fortgesetzten großdeutschen Orientierung sozialdemokratischer Führungspersönlichkeiten sollte die Hinwendung zu einem Eintreten für ein freies Österreich als politische Pionierat – sowohl im österreichischen wie im internationalen Rahmen – dargestellt werden. Schärfs „Erleuchtung" kam eben, wie er es hier darstellte, einige Monate vor der Moskauer Deklaration. Den „schwarzen Peter" eines überlangen Festhaltens an der großdeutschen Orientierung, also für ein Akzeptieren des Anschlusses, schob Schärf in seinen Erinnerungen aber den sozialdemokratischen Gruppen im Exil, in London und New York, zu. Er schrieb: „... So kam es, dass viele Sozialisten in der Emigration Vorstellungen der alten Sozialdemokratie, zum Beispiel auch über den Anschluss an Deutschland, weiter wach hielten und pflegten, als in Österreich selbst der Anschlussgedanke bereits tot war". Es ist ja eine Tatsache, dass diese sozialdemokratischen Gruppen im Exil auch noch gegen die Moskauer Deklaration polemisierten, in scharfem Gegensatz zu den Bemühungen der im Exil in vielen Ländern wirkenden „Freien Österreichischen Bewegung", in der Kommunisten eine wichtige Rolle spielten. In Bezug auf die Entwicklung sozialdemokratischer

Positionen ging Schärf auch auf das „Ja" Renners zum Anschluss ein und auf den Artikel Otto Bauers vom Juni 1938, in dem er gegen „die reaktionäre Parole der Wiederherstellung der Unabhängigkeit Österreichs" und „für die revolutionäre Parole der gesamtdeutschen Revolution" polemisierte. Dabei charakterisierte Schärf diese Stellungnahmen von Renner und Bauer nicht als Fehlorientierungen, die dem Kampf gegen den Nazi-Faschismus und für die Befreiung Österreichs schadeten, sondern als im wesentlichen übereinstimmende Schritte in der Entwicklung sozialdemokratischer Politik.

Leopold Figl

Von Leopold Figl gibt es keine Texte, die den Charakter von Erinnerungen haben. Das hängt wohl damit zusammen, dass er bis an sein Lebensende 1965 führende staatliche Funktionen inne hatte, in denen er sich mit aktuellen Problemen zu beschäftigen hatte – als Bundeskanzler, Außenminister, Erster Präsident des Nationalrates und Landeshauptmann von Niederösterreich. 1946, als Bundeskanzler, hielt er Reden im Nationalrat, in denen er auf die Moskauer Deklaration Bezug nahm. Dabei würdigte er das Befreiungswerk der alliierten Mächte mit eindrucksvollen Worten. Und er sagte: „Das österreichische Volk wird diesen eindeutigen Beschluss (die Moskauer Deklaration), der gewissermaßen die Geburtsstunde des neuen Österreich war, niemals in seiner Geschichte vergessen". Was den Passus der Moskauer Deklaration über die Verantwortung der Österreicher betrifft, versuchte er – ähnlich wie andere Politiker, deren Stellungnahmen hier ebenfalls erörtert werden – die große Mehrheit der Österreicher als Antifaschisten und konsequente Anhänger der Unabhängigkeit Österreichs darzustellen. Sie hätten die in der Moskauer Deklaration enthaltene Festlegung, dass der Anschluss vom März 1938 als null und nichtig anzusehen sei, vom ersten Tag der Vergewaltigung Österreichs an vertreten. Die Frage der Einschätzung des Widerstandes der Österreicher gegen die Naziherrschaft stand damals in enger Verbindung mit den Bemühungen der Regierung, dass die Alliierten, insbesondere die Sowjetunion, keine Reparationsforderungen gegen Österreich erheben und das deutsche Eigentum in Österreich nicht für sich beanspruchen würden. Diese Position wollte man durch den Hinweis auf den Unabhängigkeitswillen und die antifaschistische Haltung der Österreicher stützen. Um anderen Einschätzungen entgegenzutreten sagte

Figl: „Es ist eine Geschichtsfälschung, wenn heute irgendwo in der Welt versucht wird, aus dem Hochverrat einiger weniger … staatsfeindlicher Elemente eine antieuropäische Gesinnung des österreichischen Volkes konstruieren zu wollen. Alle diese Menschen sind aus dem österreichischen Volk ausgestoßen". Und dann hieß es in dieser Rede Figls:" (Eine) wichtige Aufgabe ist, dass Österreich nicht mit einer Bürde belastet wird, die seine schwierige Aufbauarbeit unmöglich macht oder ungebührlich verzögert". In einer anderen Rede sagte Figl: „Die überwiegende Mehrheit der Österreicher stand dem Nazismus ablehnend gegenüber".

Karl Gruber

Karl Gruber war österreichischer Außenminister von 1945 bis 1953. Seine negative Einstellung zur Moskauer Deklaration hat er deutlicher und direkter zum Ausdruck gebracht als die anderen Staatsmänner, die im heutigen Bericht zitiert werden. So erklärte er in einer Rede vor ÖVP-Funktionären am 29. März 1946: „Den ganzen Krieg hindurch warteten wir vergeblich auf die Errichtung einer österreichischen Regierung im Ausland, auf die unbedingte Anerkennung der selbständigen Existenz Österreichs. Anstatt dessen wurde uns zuerst die verklausulierte Moskauer Deklaration und als Ausfluss dieser schließlich die Potsdamer Deklaration beschert". Zu diesem Redetext Grubers ist natürlich anzumerken: 1. Dass es nicht zur Errichtung einer österreichischen Regierung im Ausland, einer Exilregierung, kam, hatte mehrere gewichtige Gründe, die wohl auch Gruber bekannt waren. Darüber ging er aber einfach hinweg. 2. Wenn Gruber hier anzudeuten versucht, die Moskauer Deklaration enthielt keine klare Anerkennung der Existenzberechtigung Österreichs, so geht diese Behauptung einfach ins Leere. Gerade das war ja die Hauptaussage der Deklaration. 3. In der Moskauer Deklaration war eigentlich nichts „verklausuliert". Sie war natürlich kein Völkerrechtsdokument, kein internationaler Vertrag, sondern eine politische Erklärung. Offensichtlich ging es Gruber in dieser Rede nicht um eine Analyse der Moskauer Deklaration, sondern um Stimmungsmache gegen die Alliierten, um einen Versuch, auf solche Weise Druck für den Abzug der Besatzungstruppen und den Abschluss des Staatsvertrages auszuüben. Dass er dabei eine Grundlage der Wiedererrichtung Österreichs in Frage stellte, spielte ihm keine Rolle. Vor einem ganz anderen Hörerkreis gab Gruber allerdings eine wesentlich andere Darstellung. Am 17. Dezember 1952 sprach er vor einem Ausschuss der Vollversammlung der Vereinten Nationen in New York. Es ging darum zu erreichen, dass die Vollversammlung eine Resolution beschließt, die sich für einen baldigen Abschluss des Staatsvertrages mit Österreich ausspricht. Da sagte Gruber: „Staatsmänner der Alliierten haben nach Anfang des Zweiten Weltkrieges feierlich erklärt, dass Österreich als souveräner Staat wiedererstehen soll. Diese bei verschiedenen Anlässen gemachten Erklärungen führten schließlich zur Moskauer Deklaration.. Die alliierten Mächte erklärten die Österreich von Deutschland aufgezwungene Annexion für null und nichtig. Die Erklärungen alliierter Staatsmänner gaben unserem Volk die Stärke, allen Methoden der Unterdrückung zu trotzen. Sie schürten Widerstand und bewogen das österreichische Volk bei Kriegsende, die Soldaten der alliierten Armeen, welche Uniform sie auch trugen, als Freunde und Befreier zu begrüßen. Sie führten beim österreichischen Volk zur Überzeugung, dass auf die Jahre der Besetzung und Unsicherheit nun eine lange Periode wirklicher Freiheit, eine Zeit der Sicherheit und des friedlichen Wiederaufbaus folgen würde". 1976 erschienen die Erinnerungen Karl Grubers. Darin rühmte er sich, schon unmittelbar nach Kriegsende eine antisowjetische und antikommunistische Linie vertreten zu haben. Und er beklagte, dass bei der amerikanischen Besatzungsmacht, mit der er zuerst in Tirol und dann als Bundesminister in Wien zu tun hatte, keineswegs eine antirussische Einstellung vorherrschte. Gruber schrieb: „Von General [Mark Wayne] Clark abwärts waren sie alle, mit kaum einer Ausnahme, von den russischen Leistungen während des Krieges beeindruckt … Im Westen rollte … eine hohe Woge der Sowjetfreundschaft … Als Österreicher musste man sich während der Jahre der Besatzungszeit immer wieder erst vergewissern, mit den Exponenten welcher amerikanischen Gesinnungsgruppe man es bei Verhandlungen zu tun hatte". Für Karl Gruber war der letzte Teil der Moskauer Deklaration, in der Österreich aufgefordert wird, zum Anti-Hitler-Kampf und so zur eigenen Befreiung beizutragen, irritierend. Ihn irritierte auch, dass sich sogar amerikanische Gesprächspartner auf diese Aufforderung der Moskauer Deklaration beriefen. In den Erinnerungen Grubers kamen dann Sätze, die nur als Versuch einer Vernebelung gedeutet werden können: „Die Moskauer Deklaration schien also weitgehend auf die kämpfenden Truppe gemünzt zu sein. Hätten unsere Soldaten (Gruber meint da wohl die

Österreicher in der deutschen Wehrmacht) die Moskauer Deklaration gekannt, dann wären sie am ehesten zu dem Schluss gekommen, dass Deutschland und Österreich auch in Zukunft in einer Schicksalsgemeinschaft verbunden bleiben müssten". Und Gruber geht dann auf die politischen Direktiven der alliierten Besatzungsmächte los, die er mit den Hauptmerkmalen „Nichtverbrüderung mit der Bevölkerung Österreichs" und „Bekämpfung sogenannter Austrofaschisten" charakterisierte. Gruber kam zum Schluss: „Wenn Österreich nicht als Linksdiktatur endete, so war das gewiss kein Verdienst der Politoffiziere auf alliierter Seite. Verkappte Kommunisten waren gar nicht so selten". Und einige Zeilen weiter hieß es: „Die Volkspartei bildete den festen Kader der antikommunistischen Phalanx". Die Widersprüchlichkeit von Stellungnahmen Grubers ist offensichtlich. Vor den Vereinten Nationen lobte er die Moskauer Deklaration, in seinen Erinnerungen sah er sie als Schwächung des Strebens für die Befreiung Österreichs. Die Bemerkungen zur Moskauer Deklaration und verwandten Fragen in seinen Erinnerungen sind also wohl als klarer Ausdruck seiner antisowjetischen und antikommunistischen Haltung zu sehen.

Bruno Kreisky

Bruno Kreiskys Erinnerungen liegen in drei Bänden vor. Der erste Band enthält auch Äußerungen zur Moskauer Deklaration, aber es findet sich da keine Analyse des Zustandekommens und der Bedeutung der Deklaration. Kreisky verwies natürlich darauf, dass er – damals als Emigrant in Schweden – schon vor der Moskauer Deklaration für die Wiederherstellung eines demokratischen Österreich eingetreten ist. Und er fügte hinzu, nicht für die Wiederherstellung eines „vaterländischen Österreich", womit er deutlich machen wollte, dass es nicht um die Wiederherstellung der Zustände der austrofaschistischen Diktatur Dollfuss – Schuschnigg gehen konnte. Kreisky erinnerte auch daran, dass er mit der von ihm in Schweden vertretenen Position in Gegensatz zu vielen seiner sozialdemokratischen Freunde in England und Amerika stand. Er zitierte die Erklärung, die vom Klub Österreichischer Sozialisten am 28. Juli 1943 in Stockholm beschlossen wurde, zu deren Zustandekommen er wesentlich beitrug und in der die Wiederherstellung einer selbständigen, unabhängigen, demokratischen Republik Österreich gefordert und ein Verbleiben im Rahmen des Deutschen Reiches abgelehnt wird

– „im Einverständnis mit der österreichischen Arbeiterschaft und in Kenntnis ihrer Anschauungen", wie es im Wortlaut hieß. Die Leitung des sozialdemokratischen Klubs in London wurde aufgefordert, die Erklärung abzugeben, dass die österreichischen Sozialisten auf dem Standpunkt der Wiedererrichtung der österreichischen demokratischen Republik stehen. Kreisky erinnerte auch daran, dass er Initiativen zur Vereinigung aller deutschsprechenden Sozialisten, die u. a. auch von Willy Brandt unterstützt wurden, entgegengetreten ist. Dass die österreichischen Sozialdemokraten im schwedischen Exil die Moskauer Deklaration ausdrücklich begrüßten, wobei Kreisky als ihr Sprecher gegenüber den schwedischen Medien fungierte, blieb aber in den Erinnerungen unerwähnt. Auskunft darüber gibt jedoch der 1986 von Oliver Rathkolb und Irene Etzersdorfer herausgegebene Band „Der junge Kreisky (1931–1945)". Gegenüber der schwedischen Zeitung Social-Democrat (Ausgabe vom 4. November 1943) sagte Kreisky damals: „Wir österreichische Sozialisten begrüßen mit größter Freude den Beschluss der Moskauer Konferenz, Österreich als eine freie demokratische Republik wieder herzustellen … Wir sind auch sicher, dass der Beschluss mit Enthusiasmus in unserem Heimatland begrüßt werden wird. Für die Österreicher ist der Anschluss mit Naziherrschaft und Krieg verbunden. Es ist selbstverständlich, dass Österreich nur durch das Zusammengehen aller demokratischen Kräfte im Land wieder aufgebaut werden kann … "Auf jenen etwa sieben Seiten der Erinnerungen Kreiskys, in denen eine eingehendere Erörterung der Moskauer Deklaration aus Gründen der Chronologie logisch gewesen wäre, befasste sich aber ein beträchtlicher Teil des Textes mit antikommunistischen Abgrenzungen. Gegen Kriegsende hätten die Kommunisten sich als österreichische Superpatrioten, als extreme Nationalisten gebärdet, um so einen Monopolanspruch zu erheben, schrieb Kreisky. Er betonte auch, dass er als Vorsitzender der Österreichischen Vereinigung in Schweden einen Beitritt zum „Free Austrian World Movement" ablehnte, denn es hätte die Gefahr bestanden, dass eine kommunistisch beherrschte Bewegung auch ihren Widerhall in Österreich findet. „Die Kommunisten hätten in den ersten Nachkriegstagen in bewährter Manier alles an sich gerissen". In den Erinnerungen warf Kreisky den Kommunisten auch vor, sie hätten nach der Befreiung eine eingehende Verfassungsberatung angestrebt, um eigene Interessen durchzusetzen, dies sei aber glücklicherweise von Adolf Schärf verhindert worden. In den Erinnerungen Kreiskys ist also die Darstellung des Zeitabschnittes der Anti-Hitler-Koalition, die für Österreichs Befreiung entscheidend war, vor allem von Denkweisen des Kalten Krieges geprägt.

Schlussbemerkung

Die hier vorgelegte Betrachtung zeigt, dass die Darstellungen und Erinnerungen österreichischer Politiker mit Regierungsverantwortung nicht als Quelle für ein Verständnis der Bedeutung der Moskauer Deklaration dienen können. Es ist eher umgekehrt: Diese Darstellungen und Erinnerungen liefern Einblicke in die Geisteshaltungen und Ziele, die mit Fehldarstellungen und Fehlinterpretationen verfolgt wurden und von anderen in ähnlicher Weise noch heute verfolgt werden. Die Bedeutung der Anti-Hitler-Koalition für die Wiedergeburt Österreichs vor 58 Jahren – dieses Thema soll, wenn es nach den Absichten der bestimmenden politischen Kräfte dieses Landes geht – möglichst in Vergessenheit geraten. Dem gilt es entgegen zu wirken. Die Verteidigung der Bedeutung der Anti-Hitler-Koalition soll aber auch in einem größeren, internationalen Rahmen gesehen werden. Ein herausragendes Resultat der Anti-Hitler-Koalition war und ist die Entstehung der Vereinten Nationen als weltumspannende Organisation für Friedenssicherung und internationale Zusammenarbeit. Diese Feststellung ist aufrecht zu erhalten, wie immer man ihre Mängel und Unzulänglichkeiten bewertet. (Angemerkt sei: Die ersten Beratungen über die Gründung der Vereinten Nationen fanden bei der Moskauer Außenministerkonferenz 1943 statt, bei der die Moskauer Deklaration über Österreich beschlossen wurde.) So ist die Aufgabe des Bewusstmachens der Moskauer Deklaration heute auch in Zusammenhang mit der höchst aktuellen Notwendigkeit zu sehen, den Versuchen entgegenzutreten, die Vereinten Nationen auszuhebeln und in die Bedeutungslosigkeit abzudrängen. Dass die derzeitige Regierung der USA, die sich auf rücksichtsloses Alleinentscheiden orientiert, solche Versuche unternimmt, haben die letzten Monate gezeigt. Gezeigt hat sich aber auch wachsende Bereitschaft in vielen Ländern, diesen Versuchen entgegenzutreten.

Literaturliste

Karl Renner *1870, + 1950, Staatskanzler 1918–1920, Präsident des Nationalrates 1931–1933, Staatskanzler 27. April 1945 – 20.

Dezember 1945, Bundespräsident 20. Dezember 1945 – 31. Dezember 1950.

Karl Renner, Denkschrift über die Geschichte der Unabhängigkeitserklärung Österreichs, Österreichische Staatsdruckerei, Wien 1946/Europa Verlag, Zürich 1946.

Karl Renner, Österreich von der ersten zur zweiten Republik (Nachgelassene Werke, II. Band), Verlag der Wiener Volksbuchhandlung, Wien 1953.

Karl Renner, Für Recht und Frieden (Auswahl der Reden des Bundespräsidenten), Verlag Österreichische Staatsdruckerei, Wien 1950.

Adolf Schärf *1890, + 1965, Staatssekretär 27. April 1945 – 20. Dezember 1945, Vizekanzler 20. Dezember 1945 – 22. Mai 1957, Bundespräsident 22. Mai 1957 – 28. Februar 1965, Vorsitzender der SPÖ 1945–1957.

Adolf Schärf, Österreichs Erneuerung 1945–1955, (z. B.) siebente ergänzte Auflage, Wien 1960.

Adolf Schärf, Erinnerungen aus meinem Leben, Verlag der Wiener Volksbuchhandlung, Wien 1963.

Adolf Schärf, Der Teil und das Ganze (ausgewählt von Jacques Hannak), Europa Verlag, Wien 1965.

Leopold Figl *1902, + 1965, 1938–1943 im KZ Dachau und KZ Mauthausen, Staatssekretär 27. April 1945 – 20. Dezember 1945, Bundeskanzler 20. Dezember 1945 – 2. April 1952, Außenminister 26. November 1953 – 10. Juni 1959, 1. Präsident des Nationalrates 1959–1962, Landeshauptmann von Niederösterreich 1962–1965.

Leopold Figl, Ein Jahr freies Österreich (Rede in der gemeinsamen Sitzung des Nationalrates und des Bundesrates am 8. März 1946), Österreichischer Verlag, Wien 1946.

Leopold Figl, Lasst uns Österreicher arbeiten! (Erklärung im Nationalrat am 8. Juli 1946) Österreichischer Verlag, Wien 1946.

Leopold Figl, Österreich kämpft um den Staatsvertrag (Rede vor dem Plenum der stellvertretenden Außenminister der vier alliierten Mächte in London), Österreichischer Verlag, Wien 1947.

Karl Gruber *1909, + 1995, Unterstaatssekretär für Äußeres 26. September 1945 – 20. Dezember 1945, Außenminister 20. Dezember 1945 – 26. November 1953, Botschafter in Washington, Madrid, Bonn und Bern 1954–1966, 1969–1972, Staatssekretär 19. April 1966 – 31. Mai 1969.

Karl Gruber, Ein politisches Leben. Österreichs Weg zwischen den Diktaturen. Verlag Fritz Molden, Wien 1976.

Karl Gruber, Reden und Dokumente 1945–1953. Herausgeber Michael Gehler. Böhlau Verlag, Wien 1994.

Bruno Kreisky *1911, + 1990, Berater von Bundespräsident Körner 1951–1953, Staatssekretär für Auswärtige Angelegenheiten 2. April 1953 – 16. Juli 1959, Außenminister 16. Juli 1959 – 19. April 1966, Bundeskanzler 21. April 1970 – 24. Mai 1983, Vorsitzender der SPÖ 1967–1983.

Bruno Kreisky, Zwischen den Zeiten. Erinnerungen aus fünf Jahrzehnten. Siedler Verlag, Berlin 1986.

Oliver Rathkolb, Irene Etzersdorfer, Der junge Kreisky. Jugend und Volk, Wien München 1986.

Vor der Unterzeichnung des österreichischen Staatsvertrages (15. Mai 1955) nahmen die Vertreter der Union der Sozialistischen Sowjetrepubliken, der Vereinigten Staaten von Amerika, des Vereinigten Königreiches Großbritannien und Nordirland und der Französischen Republik eine von der Sowjetdelegation vorgeschlagene Erklärung an, dass die Sowjetunion, die Vereinigten Staaten, Großbritannien und Frankreich den Status der immerwährenden Neutralität Österreichs nach dem Muster der Schweiz in allen seinen Beziehungen mit anderen Staaten achten und wahrnehmen werden. Das Verfassungsgesetz über die Neutralität Österreichs, im Nationalrat am 26. Oktober 1955 angenommen und am 5. November 1955 in Rechtskraft getreten, bestimmt: „1) Zum Zwecke der dauernden Behauptung seiner Unabhängigkeit nach außen und zum Zwecke der Unverletzlichkeit seines Gebietes erklärt Österreich aus freien Stücken seine immerwährende Neutralität. Österreich wird diese mit allen zu Gebote stehenden Mitteln aufrechterhalten und verteidigen. 2) Österreich wird zur Sicherung dieser Zwecke in aller Zukunft keinen militärischen Bündnissen beitreten und die Errichtung militärischer Stützpunkte fremder Staaten auf seinem Gebiete nicht zulassen".

Die Neutralität ist für TS ein Grundpfeiler der staatlichen Integrität Österreichs und, verknüpft mit einer aktiven Neutralitätspolitik, eine Möglichkeit, Initiativen für die Minderung von Spannungen in der Welt, insbesondere für Sicherheit und Frieden in Europa zu entwickeln. Das *Internationale Institut für den Frieden in Wien*, das in loser Folge eine Reihe „Sammlung von Dokumenten und Materialien über internationa-

le, den Weltfrieden betreffende Probleme" herausgab, hat im Juli 1959 die Nummer 25 mit Auszügen aus den Neutralitätsdokumenten und aus Stellungnahmen von Alfred Verdroß (1890–1980), Dobretsberger, Leopold Figl (1902–1965) und Julius Raab (1891–1964) gestaltet. Grundtenor war: *„Je strenger ein Land die Neutralität einhält, umso stärker ist die Stellung dieses Landes in der Welt und umsomehr Bedeutung hat sein Beitrag zur Festigung des Weltfriedens und der Sicherheit".* TS hat diese Broschüre, wie aus Randbemerkungen seines Handexemplars zu ersehen ist, eingehend studiert und für diverse Stellungnahmen benützt.

Das *Internationale Institut für den Frieden in Wien* war sehr bestrebt, die Friedensforschung nicht abzukapseln, sondern vielen Menschen zugänglich zu machen, die nicht nur die Meinung von Diplomaten und Politikern kennen wollten, sondern auch jene der Wissenschaftler.

Mit dem *Österreichischen Friedensrat* hat TS für eine rationale Beurteilung der Frage, ob ein EG-Beitritt im Interesse der österreichischen Nation liegt und mit der Neutralität vereinbar ist, gekämpft. Die Situation zur Zeit der Beitrittsverhandlungen schätzte TS um 1988 so ein, wie sie Hans Thalberg schildert: *„Jede nonkonformistische Meinung zur EG wird niedergeknüppelt".*[122] Erwin Lanc schreibt 1988 in den *Stimmen zur Zeit* über das „Anschlusssyndrom": *„Nichts kommt in der Geschichte ein zweites Mal genauso vor. Das heutige österreichische Anlehnungsbedürfnis an die EG ist nicht mit der Anschlussbewegung ans Deutsche Reich von 1938 zu vergleichen. Gemeinsam ist beiden jedoch der innere Zustand der politischen Führungsschicht und der Mediengescheiterln. Mangels Selbstvertrauen sucht man Unterschlupf. Gott schütze Österreich – vor seinen EG-Schuschniggs".*[123] Als Außenminister (1983–1984) hat Lanc, seit 1989 Präsident des Internationalen Instituts für den Frieden, vor der Stockholmer Konferenz über Vertrauensbildende und Sicherheitsbildende Maßnahmen und Abrüstung in Europa (KVAE) betont, dass Österreich, das nichts zum abrüsten habe, sein geistiges und politisches Potential einsetzen werde, um an der Schaffung geeigneter Voraussetzungen für ein Gleichgewicht der Vernunft zu erreichen.[124] Rudolf Kirchschläger begründete 1988 in einem Vortrag in Graz,[125] weshalb er sich nicht vorstellen könne, dass die EG Österreich einen Neutralitätsvorbehalt zugestehe, der nicht bloß dem Worte, sondern dem Inhalt nach die Neutralität aufrechterhält. TS unterstützte die Mitte November 1988 gegründete *„Initiative Österreich und Europa",* die sich als ein Personenkomitee ohne partei- und interessenpolitische Motive für die Erarbeitung von

Alternativen zum Beitritt und gegen jene von Interessengruppen dominierte „Entweder-oder-Diskussion" aussprach, die einen Nicht-Beitritt zur EG mit dem Untergang Österreichs gleichsetzte. Der frühere Außenminister Erwin Lanc, der sich mit TS in Friedens- und Neutralitätsfragen bei Veranstaltungen konsultierte, erklärte bei dieser Gelegenheit, dass es die Taktik der EG-Euphoriker sei, in Anbetracht der lauter werdenden Neutralitätsbedenken möglichst rasch ein Beitrittsansuchen in Brüssel zu deponieren.[126] Mit Lanc und der Politologin Charlotte Teuber (1923–1998) diskutierte T. S. unter Leitung des Juristen Alfred J. Noll, der 1989 den Bericht der Bundesregierung über die zukünftige Gestaltung der Beziehungen Österreichs zur EG unter dem Blickwinkel von Neutralität und Staatsvertrag kritisiert hat,[127] am 19. November 1990 im Saal der Gemeindebediensteten des Gewerkschaftshauses in Wien IX. Bezirk über *Neutralität im Kreuzfeuer der Meinungen"*.

Für Österreichs Neutralität ist TS immer wieder öffentlich aufgetreten. Von der Parlamentsdirektion wurde er als Erstunterzeichner der Petition der Bürgerinitiative für eine Volksabstimmung über die Ratifikation der die Neutralität Österreichs de facto aufhebenden EU-Verfassung, die TS am 27. Oktober 2004 einreichte, geführt. Eine Zusammenfassung der Entwicklung gibt TS aus Anlass des 50-jährigen Bestehens der Neutralität in den Mitteilungen der Alfred Klahr-Gesellschaft 2005 (Nummer 3):

Kurs auf Liquidierung der Neutralität

Jene Kräfte in Österreich, die die Neutralität schon lange Zeit abgelehnt haben und abgebaut sehen wollten, haben ihre Bemühungen um Liquidierung der Neutralität und Anbindung Österreichs an die NATO bzw. die militärischen Funktionen der Europäischen Union nach dem Zerfall der Sowjetunion und der Auflösung des Warschauer Vertrages 1989/1990 intensiviert. Die mit diesem Ziel auf verschiedenen Ebenen unternommenen Schritte sollen hier diskutiert werden. Zunächst ist auf die Bedeutung von Neutralität für die heutigen internationalen Beziehungen hinzuweisen. Neutralität steht im Widerspruch zu Machtpolitik, denn diese ist auf eigene Überlegenheit, vor allem auf militärischem Gebiet und durch geeignete Bündnisse ausgerichtet, während durch Neutralität ein Staat oder eine Region aus dem Wirkungsbereich von Machtpolitik herausgehalten werden kann. Neutralität passt hingegen in den

Rahmen von internationalen Beziehungen, die durch Gleichberechtigung von Staaten, durch den Verzicht auf militärische Überlegenheit, durch Gewährleistung von Sicherheit aller durch internationale Verträge und durch wirkungsvolle Zusammenarbeit der Staaten auf möglichst vielen Gebieten gekennzeichnet sind. Das sind die Ziele für die Entwicklung der internationalen Beziehungen die 1945 in der Charta der Vereinten Nationen formuliert wurden. Neutralität kann also zum Zurückdrängen von Machtpolitik beitragen, sie dient daher nicht nur einem Staat, der diesen Status angenommen hat, sondern ist von allgemeinerer, friedenssichernder Bedeutung. Die Gegner der österreichischen Neutralität orientieren sich aber nicht auf eine solche Perspektive, sondern sie halten an den alten Kategorien von Machtpolitik fest. Da Österreich nicht zur Großmacht werden kann, sehen sie die Rolle Österreichs als Unterstützerin der einzigen heutigen Supermacht, der USA. Europa als Supermacht ist eine unwahrscheinliche Perspektive. Dass die in der EU bestimmenden Kräfte die Notwendigkeit enger militärischer und politischer Zusammenarbeit mit den USA und mit der NATO, in der die USA die dominierende Rolle spielen, immer wieder betonen, ist dafür ein deutliches Zeichen. Ein wesentliches Element der Politik der Neutralitätsgegner in Österreich ist die Herstellung enger Beziehungen zur NATO. Das wird später genauer erörtert werden. Der Kampf um die Aufrechterhaltung der Neutralität Österreichs ist also heute in seinem Zusammenhang mit den Bemühungen zu sehen, Machtpolitik aus den internationalen Beziehungen zu eliminieren und für diese Beziehungen die umfassende Wirksamkeit der Charta der Vereinten Nationen, ständig voranschreitende Abrüstung und eine Ausweitung völkerrechtlicher Vereinbarungen durchzusetzen. In der österreichischen Bevölkerung genießt der Status der Neutralität große Unterstützung. Alle Meinungsumfragen der letzten Jahre haben ergeben, dass zwei Drittel der Bevölkerung die Aufrechterhaltung der Neutralität auch unter den veränderten politischen Verhältnissen in Europa und insbesondere in Österreichs Nachbarschaft wünschen. Eine Aufhebung des Bundesverfassungsgesetzes über die Neutralität – sei es durch einen Gesetzesbeschluss des Parlaments oder durch eine Volksabstimmung – erscheint den Feinden der Neutralität daher nicht gangbar. Sie nehmen Kurs auf schrittweisen Abbau, auf eine allmähliche Liquidierung der Neutralität. Dazu agieren sie auf verschiedenen Ebenen, insbesondere mit sicherheitspolitischen Argumenten, mit Gesetzesänderungen, durch die Bezüge auf das Neutralitätsgesetz eliminiert werden, mit Änderungen der Beiträge Österreichs zu den Aktionen der Vereinten Nationen, mit Intensivierung der Mitwirkung Österreichs an der NATO-Partnerschaft für den Frieden, und durch Formulierung einer neuen Sicherheits- und Verteidigungsdoktrin 2001.

Falsche Argumente, falsche Orientierung

Gefälschte Bedrohungsbilder spielen in der Argumentation der Neutralitätsgegner eine wesentliche Rolle. Da wird behauptet: Im Kalten Krieg habe es eine relativ beständige und daher überschaubare Macht- und Bedrohungskonstellation gegeben. Die jetzige Weltordnung sei aber durch Unübersichtlichkeit und neue Unsicherheiten gekennzeichnet. Der Bundesminister für Landesverteidigung Günther Platter hat am 14. März 2005 davon gesprochen, dass die Gefahren heute „wesentlich vielfältiger, unberechenbarer und diffuser geworden sind. ... Die neuen Bedrohungen können ohne lange Vorwarnzeiten auftreten. Wir müssen schneller als bisher handlungsfähig sein. Eine Bewältigung von Bedrohungen muss auch im geografischen Vorfeld stattfinden und nicht mehr auf das eigene Territorium beschränkt bleiben. ... Die Kooperation der Staaten ist der Schlüssel zur Bewältigung der neuen Bedrohungen und Herausforderungen". (www.bmlv.gv.at/php-docs/download_file.php?adresse=/download_archiv/pdfs/10_jahre_pfp.pdf) Der Sinn solcher sicherheitspolitischer Formulierungen liegt auf der Hand. Wenn die Bedrohungen unberechenbar und diffus sind, kann es eigentlich keine klare Festlegung der zu ergreifenden militärischen Maßnahmen geben, und dann kann auch keine öffentlich-politische Kontrolle, die den militärpolitisch Verantwortlichen stets unerwünscht ist, verlangt werden. Stets kann argumentiert werden, dass die durchgeführten bzw. geplanten Maßnahmen den zu erwartenden Bedrohungen am besten Rechnung tragen. Als Begründung für neue Rüstungsmaßnahmen kann auf die „vielfältigen und unberechenbaren Bedrohungen" hingewiesen werden. Mit militärischen Aktionen „im geografischen Vorfeld" wird auf Auslandseinsätze und zwar auf Kampfeinsätze orientiert, mit denen bedrohliche, feindliche Kräfte ausgeschaltet werden sollen. Da es sich nicht um eine selbständige Rolle Österreichs als internationaler Polizist handeln kann, wird hier der Einsatz österreichischer

Verbände als Hilfstruppen für eine von den USA oder der NATO angeführte Militärintervention irgendwo auf der Welt ins Auge gefasst. Das Neutralitätsgesetz erschwert allerdings die Verwirklichung solcher Pläne.

Hinweise auf das Neutralitätsgesetz sollen eliminiert werden

Das 1997 beschlossene „Bundesverfassungsgesetz über Kooperation und Solidarität bei der Entsendung von Einheiten und Einzelpersonen in das Ausland" (KSE-BVG, BGBl. I 38/1997) zeigt die Absicht der Neutralitätsgegner, Hinweise auf das Neutralitätsgesetz in der österreichischen Gesetzgebung zu löschen und Möglichkeiten für Kriegseinsätze österreichischer Soldaten zu eröffnen. Dieses Gesetz trat an die Stelle des 1965 beschlossenen „Bundesverfassungsgesetzes über die Entsendung österreichischer Einheiten zur Hilfeleistung in das Ausland auf Ersuchen internationaler Organisationen" (BGBl. 173/1965). Mit dem früheren Gesetz sollte vor allem eine österreichische Teilnahme an friedenssichernden Einsätzen im Auftrag der Vereinten Nationen ermöglicht werden. Die Entscheidung über solche Entsendungen wurde der Bundesregierung übertragen „unter Bedachtnahme auf die immerwährende Neutralität Österreichs". Im neuen Gesetz (1997) gibt es aber keinen Hinweis auf die Neutralität, es heißt nur, dass „auf die völkerrechtlichen Verpflichtungen Österreichs, auf die Grundsätze der Vereinten Nationen, sowie der Schlussakte von Helsinki und auf die Gemeinsame Außen- und Sicherheitspolitik der EU … Bedacht zu nehmen sei". Diese Formulierung soll offensichtlich einer Bundesregierung, die eine Truppenentsendung beabsichtigt, einen großen Interpretationsspielraum geben. Welche völkerrechtlichen Verpflichtungen Österreichs sind da eigentlich zu berücksichtigen? Mit der Bezugnahme auf die „Grundsätze der Vereinten Nationen" wird darauf verzichtet, die entscheidenden Festlegungen der UN-Charta zu benennen, nämlich dass militärische Aktionen nur auf Grund eines Beschlusses des UN-Sicherheitsrates zulässig sind. Mit der quasi gleichrangigen Auflistung der Charta der Vereinten Nationen und der Gemeinsamen Außen- und Sicherheitspolitik der EU wird eine Abwertung der UN-Charta vorgenommen. So wird ja verschleiert, dass die Charta das grundlegende Dokument des Völkerrechts unserer Zeit ist, was von der Gemeinsamen Außen- und Sicherheitspolitik der EU keinesfalls behauptet werden kann.

Amsterdamer Vertrag und Art. 23f der österreichischen Verfassung

Mit dem Amsterdamer Vertrag (unterzeichnet am 2. Oktober 1997, in Kraft getreten am 1. Mai 1999) haben die EU-Mitgliedstaaten wesentliche sicherheits- und verteidigungs-politische Aufgaben, also auch militärische Aufgaben, der Union übertragen. Die bis dahin zum Wirkungsbereich der Westeuropäischen Union (WEU, einer 1949 gegründeten militärischen Bündnisorganisation der europäischen NATO-Mitglieder) gehörenden Aufgaben, wurden nun als Aufgaben der EU übernommen. Diese militärischen Aufgaben wurden einige Jahre davor in einem WEU-Beschluss (Juni 1992) als „Petersberger Aufgaben" formuliert: Rettungs- und Katastropheneinsätze, friedenserhaltende Einsätze, Kampfeinsätze bei der Krisenbewältigung einschließlich friedenschaffender Maßnahmen. Die letztgenannte Kategorie von Aufgaben „Kampfeinsätze bei der Krisenbewältigung einschließlich friedenschaffender Maßnahmen" bedeutet: Die EU kann Kriegshandlungen durchführen, sie kann demnach Kriegspartei werden. Es bedarf dazu allerdings eines einstimmigen Beschlusses im Europäischen Rat, dem die höchsten Repräsentanten aller EU-Mitglieder angehören. Eine (!) ablehnende Stimme kann einen solchen Beschluss von Krieghandlungen der EU verhindern. Das kann auch die Stimme eines kleinen Landes wie Österreich sein. (Damit eine kriegswillige Mehrheit von EU-Staaten ihre Pläne auch bei einer kritischen Haltung anderer Mitgliedstaaten verwirklichen kann, wurde die „konstruktive Enthaltung" in den Vertrag aufgenommen. Nicht-kriegswillige Staaten, die so votieren, müssen zwar an der beschlossenen Aktion nicht teilnehmen, sie dürfen sie aber auch in keiner Weise behindern. „Konstruktive Enthaltung" führt also nicht zur Verhinderung einer EU-Militäraktion. Zweifelsohne würden größere EU-Mitgliedstaaten, die eine Militäraktion durchsetzen wollen, auf kritische kleinere Staaten Druck ausüben, auf ein „Nein" zur beantragten Aktion zu verzichten und sich mit „konstruktiver Enthaltung" zu „begnügen". Der Handlungsspielraum eines kleineren EU-Staates, der eine Militäraktion der EU ablehnt, wäre unter den Bedingungen der starken Vernetzung der EU-Mitglieder, vor allem durch ökonomische Mechanismen, sehr begrenzt.) In Verbindung mit der Ratifizierung des Amsterdamer Vertrags wurde im Parlament am 18. Juni 1998 auch eine Neufassung des Artikel 23f der Bundesverfassung beschlossen. Sie regelt die Entscheidungskompetenz für das österreichische Stimmverhalten im Europäischen Rat wenn dort über friedenserhaltende Aufgaben und über militärische Kampfeinsätze der EU abzustimmen ist. Diese Neufassung wurde nicht als Regierungsvorlage sondern in Form eines gemeinsamen Antrages der Klubobmänner der Regierungsparteien, Peter Kostelka (SPÖ) und Andreas Khol (ÖVP) eingebracht, und wurde daher keinem bei Gesetzesvorlagen üblichen Begutachtungsverfahren unterzogen. Eine öffentliche Diskussion und die Einholung der Meinung kompetenter Fachleute über diese Verfassungsänderung wurden durch diese Vorgangsweise von den Regierungsparteien verhindert. Die im gegebenen Zusammenhang wichtigen Absätze 3 und 4 des neuen Artikel 23f lauten (siehe BGBl I 83/1998): (3) Bei Beschlüssen betreffend friedenserhaltende Aufgaben sowie Kampfeinsätze bei der Krisenbewältigung, einschließlich friedenschaffender Maßnahmen, sowie bei Beschlüssen gemäß Art. 17 des Vertrags über die EU in der Fassung des Vertrags von Amsterdam betreffend die schrittweise Festlegung einer gemeinsamen Verteidigungspolitik und die engeren institutionellen Beziehungen zur Westeuropäischen Union ist das Stimmrecht im Einvernehmen zwischen dem Bundeskanzler und dem Bundesminister für auswärtige Angelegenheiten auszuüben. (4) Eine Zustimmung zu Maßnahmen gem. Abs. 3 darf, wenn der zu fassende Beschluss eine Verpflichtung zur Entsendung von Einheiten oder einzelnen Personen bewirken würde, nur unter dem Vorbehalt gegeben werden, dass es diesbezüglich noch der Durchführung des für die Entsendung von Einheiten oder einzelnen Personen in das Ausland verfassungsrechtlich vorgesehenen Verfahrens bedarf". Wenn eine neutralitäts- und völkerrechtskonforme Regelung angestrebt worden wäre, so hätte im neuen Artikel 23f unbedingt auf die Verpflichtung hingewiesen werden müssen, dass bei einer Entscheidung über das österreichische Stimmverhalten das Neutralitätsgesetz und die Charta der Vereinten Nationen zu berücksichtigen sind, letztere in dem Sinn, dass Militäreinsätze nur auf Grund eines Mandats des Sicherheitsrates der Vereinten Nationen bzw. zur unmittelbaren Abwehr eines Angriffs erfolgen dürfen (siehe Präambel der Charta und die Artikel 2(4), 42, 45 und 51). In den Erläuterungen zum Antrag der Abgeordneten [Peter] Kostelka, [Andreas] Khol und Genossen wurde offen ausgesprochen, dass der Amsterdamer-Vertrag Beschlüsse von Militäraktionen auch ohne Mandat des UN-Sicherheitsrates vorsieht, dass also durch diesen

Vertrag und demnach durch Artikel 23f Beschlüsse möglich werden, die als Verletzung der UN-Charta anzusehen sind. Die wesentliche Festlegung des Absatzes 3 des Artikels 23f, die die Entscheidung über das österreichische Stimmverhalten in einer Frage von „Krieg oder Frieden" allein dem Bundeskanzler und dem Außenminister überträgt ist aus verfassungsrechtlicher und demokratiepolitischer Sicht inakzeptabel. Während bei Verhandlungen im Rahmen der EU die verhandelnden österreichischen Bundesminister das Einvernehmen mit dem Hauptausschuss des Nationalrates herzustellen haben, kann über das österreichische Stimmverhalten hinsichtlich von EU-Militäreinsätzen, das gravierende Konsequenzen für Europa und für die internationale Entwicklung im Allgemeinen haben kann, von zwei Regierungsmitgliedern alleine – ohne jede parlamentarische Kontrolle oder Mitbestimmung – entschieden werden. Der Absatz 4 des Artikel 23f legt zwar fest, dass über einen etwaigen Einsatz österreichischer Truppen die Entscheidungsmechanismen des Entsendegesetzes anzuwenden sind, aber Bundeskanzler und Außenminister entscheiden allein, ob Österreich eine EU-Militäraktion durch ein „Nein" verhindert oder sie durch Zustimmung bzw. „konstruktive Enthaltung" ermöglicht. Der neue Artikel 23f wird von den Gegnern der Neutralität oft zur Stützung ihrer Behauptung angeführt, dass das Neutralitätsgesetz nur mehr sehr eingeschränkt gültig ist. Eine Prüfung der Gesetzeslage bestätigt das keineswegs. Mit dem Artikel 23f wurde aber eine Bestimmung geschaffen, die die Gegner der Neutralität ermuntert, gegen das Neutralitätsgesetz zu verstoßen.

EU-Kampfgruppen und Österreich

Im Zug des mit dem Amsterdamer-Vertrag eingeleiteten Militarisierungsprozesses und der beschlossenen Petersberger-Aufgaben hat die EU den Aufbau einer EU-Eingreiftruppe und dann von schnell einsatzbereiten Kampfgruppen („battle groups") beschlossen. Die EU-Eingreiftruppe soll 60 000 Soldaten stark sein. Als Kampfgruppen sollen zunächst 7 bis 9 Gefechtsverbände von je 1500 SoldatInnen aufgestellt werden, die jedenfalls auch für Kampfeinsätze („am oberen Ende des Petersberger-Aufgabenspektrums") und außerhalb des Gebietes der EU herangezogen werden können. Verteidigungsminister Günther Platter hat Ende 2004 bekannt gegeben, dass Österreich Einheiten für die EU-Kampfgruppen zur Verfügung stellen wird. Sie sollen in eine Kampfgruppe eingegliedert werden, an der sich Deutschland, Tschechien und Österreich beteiligen. Wenn auch mit der Einmeldung von Verbänden zur Teilnahme an Kampfgruppen die Notwendigkeit eines (einstimmigen) EU-Beschlusses über eine militärische Aktion nicht aufgehoben wird, so entsteht mit einer solchen Teilnahme ein schwer abzuwendender Druck, einem in einer kritischen Situation beantragten Einsatz einer EU-Kampfgruppe und der Teilnahme der eigenen eingemeldeten Verbände daran zuzustimmen. Mit der Bereitschaft zur Teilnahme österreichischer Verbände an Kampfgruppen wurden also die Weichen für deren tatsächlichen Kampfeinsatz gestellt.

PfP: Auf dem Weg in die NATO

Durch die Teilnahme Österreichs an der NATO-Partnerschaft-fürden-Frieden (PfP – Partnership for Peace) wird die Zusammenarbeit mit der NATO laufend intensiviert. Zu prüfen ist: Kommt es da nicht bereits zu einer Verletzung der wesentlichen Verpflichtung aus dem Neutralitätsgesetz, in dem ausdrücklich angeführt ist „Neutralität bedeutet keine Zugehörigkeit zu einem Militärbündnis"? Eine kritische Prüfung dieser Frage ist geboten, von Regierung und Militärführung ist sie allerdings nicht zu erwarten. Denn von dieser Seite wird einerseits behauptet: Österreichs Teilnahme an der PfP ist kein Beitritt zur NATO, die PfP sei kein Militärbündnis sondern nur eine Zusammenarbeit bei bestimmten Programmen. Andererseits wird gerade in Schriften des Bundesministerium für Landesverteidigung behauptet, „die Neutralität sei nun völkerrechtlich und verfassungsrechtlich äußerst eingeschränkt und ist heutzutage sowohl faktisch als auch mittlerweile rechtlich kaum mehr gegeben" (siehe G. Hauser, Truppendienst 2/2005). Solche Behauptungen sind wohl nicht als persönliche Einschätzung eines einzelnen Artikelverfassers anzusehen, denn sie werden sicherlich nicht ohne Approbierung durch eine dem Bundesministerium für Landesverteidigung unterstehende Schriftleitung abgedruckt. Man hat also den Eindruck: Die Neutralität ist für das Verteidigungsministerium praktisch nicht mehr existent, und daher ist auch nicht zu überlegen, ob PfP-Aktivitäten Österreichs neutralitätswidrig sind. Die Teilnahme Österreichs an der PfP hat sich schrittweise in Richtung einer Vorbereitung auf Kampfeinsätze entwickelt. Die Institution PfP wurde 1994 von der NATO beschlossen um die Zusammenarbeit mit Nicht-NATO-Mitgliedern zu intensivieren und so eine bessere

Kontrolle über ihre militärischen Aktivitäten ausüben zu können. Österreich hat den Beitritt zur PfP 1995 erklärt. In der damals abgegebenen österreichischen Erklärung über die gewünschten Bereiche der Zusammenarbeit mit der NATO wurden vor allem humanitäre Aufgaben, wurde die Zusammenarbeit bei Rettungs- und Katastropheneinsätzen und bei friedenserhaltenden Einsätzen genannt. In den Jahren darauf folgte jedoch eine Verschiebung zur Betonung einer Vorbereitung auf militärische Kampfeinsätze. 1997 wurde von der NATO eine Ausweitung der PfP-Aktivitäten beschlossen, d. h. zu einer „vertieften PfP" oder „PfP plus" überzugehen. Die im Rahmen der PfP-plus vorgesehenen Bereiche der Zusammenarbeit entsprechen nun etwa den Petersberger-Aufgaben, umfassen also auch „Kampfeinsätze bei der Krisenbewältigung und friedenschaffende Maßnahmen", also Kriegseinsätze. Streitkräfte von PfP-Partnerstaaten sollen nun auch für Einsätze der NATO zur Wiederherstellung von Frieden eingesetzt werden können. Von österreichischer Seite wurde dann 1998 beschlossen, dass die Zusammenarbeit Österreichs im Rahmen der PfP alle von der NATO ins Auge gefassten Aufgabenbereiche umfassen soll. Die Ziele der Zusammenarbeit wurden in einem damals erschienenen Überblick genannt: „Entwicklung kooperativer militärischer Beziehungen zur NATO in Hinblick auf Planung, Ausbildung, Übungen und die Fähigkeit zu gemeinsamen Einsätzen zu erhöhen ... auf lange Sicht: Entwicklung von Streitkräften, die besser mit jenen der NATO zusammenarbeiten können" (H. Malat, Truppendienst 3/1988). Als Bereiche der Zusammenarbeit Österreichs mit der NATO werden dann genannt: Konfliktverhütung, Friedenschaffung, Friedenserhaltung, Friedensdurchsetzung. Für Militärs bedeuten die meisten dieser Begriffe Kampfeinsätze. An anderer Stelle wurde formuliert, dass die PfP dazu dient, die „Partner für eine Teilnahme an multinationalen friedens-/unterstützenden Operationen vorzubereiten und sie dazu an Struktur und Verfahren der NATO heranzuführen". In entsprechenden Situationen würde es dann bis zur vollen Einbeziehung der Militärverbände von PfP-Partnern wie Österreich in Operationen der NATO nicht weit sein. Bereits jetzt sieht die NATO-Operationsplanung vor, dass PfP-Staaten in verschiedenen Phasen einer Militäroperation einbezogen werden können – bei vorbereitenden Konsultationen, der Operationsplanung und bei der Kommandostrukturierung für den tatsächlichen Einsatz. Die

Entscheidungshoheit verbleibt allerdings immer beim Nordatlantikrat, dem höchsten NATO-Gremium. Die konkreten Formen der Zusammenarbeit, an denen Österreich im Rahmen der PfP teilnimmt, sind als Vorbereitung für Einsätze österreichischer Militärverbände bei NATO-Operationen zu verstehen. Es geht insbesondere darum, die „NATO-Interoperabilitätskriterien" bei österreichischen Verbänden anzuwenden. Österreichische Offiziere nehmen an den „PfP-Elementen" teil, die auf verschiedenen Kommandoebenen der NATO eingerichtet wurden. Dadurch soll gesichert werden, dass konkrete Aktionspläne eines NATO-Kommandos von österreichischen Verbänden wirkungsvoll unterstützt werden. Österreich leitet Expertengruppen zu Fragen regionaler Stabilität in Südost-Europa, im südlichen Kaukasus und in Zentralasien, an denen Vertreter der Verteidigungsakademien von PfP- und NATO-Staaten teilnehmen. Es handelt sich offensichtlich um Regionen, für die die Möglichkeit von NATO-Einsätzen im Auge behalten wird. Von 1995 bis 2003 hat Österreich an über 70 NATO-PfP-Übungen teilgenommen. Mehr als vier Jahre, von Dezember 1995 bis März 2000, gab es eine enge Zusammenarbeit zwischen österreichischen und US-amerikanischen Militäreinrichtungen zur Versorgung der Einheiten der US-Armee, die in Bosnien im Einsatz waren. Bei Bruckneudorf wurde ein Versorgungsstützpunkt eingerichtet, der der Abwicklung des Transits von US-Militärpersonal und Versorgungsgütern diente. Dort wurde auch amerikanisches Personal stationiert. 20.000 US-Soldaten haben auf dem Stützpunkt genächtigt, wurden dort verpflegt und ihre Fahrzeuge wurden auf der Fahrt durch Österreich betankt. Bei einem Symposium im Parlament aus Anlass „10 Jahre österreichische Mitgliedschaft in der PfP" (am 14. März 2005) hat Verteidigungsminister Günther Platter angekündigt, dass Österreich sein Engagement in der PfP weiter ausbauen wird, dass also die österreichische Militärführung die Zusammenarbeit mit der NATO verstärken will. Er geht dabei von einer Lobpreisung der NATO aus: „Die NATO wird auch in Zukunft eine Stütze der Stabilität und der Sicherheit sein; das war sie auch in Zeiten des Kalten Krieges". Und er orientiert die österreichische Sicherheitspolitik letztlich auf die NATO, denn er schätzt ein, dass weder die Vereinten Nationen noch die OSZE noch die EU ohne Abstützung auf NATO-Mittel agieren können. Also folgert er: „Österreich wird eine komplementäre und enge Zusammenarbeit zwischen EU und NATO unterstützen und seine eigenen Beziehungen zum transatlantischen Bündnis konsequent weiterentwickeln". (Hinweis auf den Wortlaut der Rede im www – siehe oben)

Sicherheits- und Verteidigungsdoktrin 2001

Als Teil der Bemühungen zur Liquidierung der Neutralität und zur verteidigungspolitischen Integration Österreichs in die EU begannen im Jahr 2000 in Regierung und Parlament Bemühungen zur Beschlussfassung einer neuen Sicherheits- und Verteidigungsdoktrin. Versuche zur Ausarbeitung einer von allen vier Parlamentsparteien getragenen „Doktrin" scheiterten – vor allem weil die Regierungsparteien eine „Rutsche in Richtung NATO" legen wollten (Formulierung des Sprechers der SPÖ Caspar Einem in der Parlamentsdebatte) – sodass am 12. Dezember 2001 eine neuer Sicherheitsdoktrin als Orientierung für die Politik der Bundesregierung mit den Stimmen der Regierungsparteien, ÖVP und FPÖ, im Nationalrat beschlossen wurde. In Übereinstimmung mit der Orientierung von EU und NATO auf Militäreinsätze auch weitab von den eigenen Territorien wird darin auch für Österreich die Möglichkeit einer Teilnahme an Militärinterventionen weit weg von unserem Land formuliert. Befürwortet wird eine vertiefte Zusammenarbeit von EU und NATO, und die Bundesregierung wird beauftragt, die Option einer NATO-Mitgliedschaft Österreichs im Auge zu behalten. Österreichs Status soll nicht mehr als „neutral" sondern als „allianzfrei" verstanden werden. (Anlage zu 939 der Beilagen zu den Stenographischen Protokollen des Nationalrats XXI. GP)

Gegenstimmen: Die Neutralität ist weiter aktuell

Nicht alle Politiker in verantwortlichen Positionen ziehen bei den Bemühungen zur Liquidierung der Neutralität mit bzw. wird die Behauptung, dass es die Neutralität kaum noch gibt, nicht allgemein unterstützt. In den letzten Monaten vorgetragene positive Bewertungen der Neutralität sind zu registrieren. Bundespräsident Heinz Fischer hat in seiner Eröffnungsansprache beim Internationalen Bertha-von-Suttner-Symposium am 27. Mai 2005 in der Stadthalle von Eggenburg erklärt: „Diese (die Neutralität) hat auch heute einen besonders hohen Stellenwert, weil sie nach wie vor aktuell ist. Die Neutralität besagt, dass wir keinem Militärpakt beitreten und dass wir keine ausländischen Truppen in Österreich stationiert haben. Neutralität ist auch möglich, wenn man sich positiv zu Europa und zur EU bekennt und ist vereinbar mit Solidarität und friedenserhaltenden Maßnahmen" (siehe www.Hofburg.at, Reden). Kurz nach seiner Ernennung zum Staatssekretär im Bundesministerium für auswärtige Angelegenheiten im Juli 2005 hat Dr. Hans Winkler in einem Fernsehinterview betont, dass die Aufrechterhaltung der Neutralität – als wesentliches Element der Außenpolitik – für ihn ein wichtiges Anliegen ist. Solche Aussagen sind natürlich zu begrüßen. Doch um die Bestrebungen zur Liquidierung der Neutralität in die Schranken zu weisen, muss ihnen mit klarer Kritik entgegengetreten werden und es müssen definitive Schritte gefordert werden. Sonst werden auch Stellungnahmen mit positiver Bewertung der Neutralität Lippenbekenntnisse bleiben. Es bedarf eines Forderungsprogramms für die Absicherung der Neutralität Österreichs. Dieses sollte jedenfalls beinhalten: – Die Priorität des Neutralitätsgesetzes muss in allen österreichischen Gesetzen und Verordnungen, die sicherheits- und verteidigungspolitische Fragen betreffen, klar zum Ausdruck kommen. – Artikel 23f der Verfassung ist zu novellieren. Das Abstimmungsverhalten Österreichs im Rahmen der EU über Einsätze von Streitkräften von EU-Mitgliedstaaten ist vom Ministerrat und dem Hauptausschuss des Nationalrates mit Zwei-Drittel-Mehrheit zu beschließen. Eine Zustimmung zu einem Kampfeinsatz von Streitkräften der EU-Staaten darf es nur geben, wenn ein Mandat des Sicherheitsrates der Vereinten Nationen vorliegt. – Die Teilnahme Österreichs an der NATO-Partnerschaft-für-den-Frieden (PfP) ist zu beenden, da sie eine enge Zusammenarbeit mit dem Militärbündnis NATO darstellt. Diese Zusammenarbeit orientiert auf Mitwirkung österreichischer Verbände an NATO-Militäroperationen, bei denen der österreichische Status dem eines NATO-Mitglieds weitgehend angeglichen sein würde. Solange Österreich weiter an der PfP teilnimmt ist eine parlamentarische Kontrolle einzurichten, die vor allem dem Neutralitätsstatus widersprechende oder ihn untergrabende Aktivitäten zu unterbinden hätte. – Die vom Nationalrat am 12. Dezember 2001 beschlossene „Sicherheits- und Verteidigungsdoktrin" ist durch eine neue Richtlinie für die Politik der Bundesregierung zu ersetzen. Aufzuheben wird sein die Ermächtigung der Bundesregierung, Bemühungen im Rahmen der EU für eine gemeinsame europäische Verteidigung zu unterstützen. Eine enge Zusammenarbeit von EU und NATO ist aus dem Zielkatalog österreichischer Politik zu streichen. Vor allem ist der jetzt enthaltene Punkt über die Prüfung der Möglichkeiten einer NATO-Mitgliedschaft Österreichs zu eliminieren. Mit der Durchsetzung solcher Forderungen würde den Vorstellungen der großen Mehrheit der Österreicherinnen und Österreicher entsprochen werden: Sicherung der vor fünfzig Jahren beschlossenen immerwährenden Neutralität – im Interesse Österreichs und als Beitrag zu einer friedlichen internationalen Entwicklung.

In den *Stimmen zur Zeit* im Oktober 2005 (Nummer 191) half TS mit, ein Flugblatt des Österreichischen Friedensrates zu gestalten, der zum Nationalfeiertag 2005 erklärte: *„Gefahr im Verzug! Stopp der Untergrabung der Neutralität! Mit einer aktiven Neutralitätspolitik soll sich Österreich für Frieden und gerechte Entwicklung einsetzen".*

VIII. 7. Nach dem Zerfall der Sowjetunion und der Warschauer Vertragsorganisation unbeirrt im Friedenskampf

Laßt uns das tausendmal Gesagte immer wieder sagen,
damit es nicht einmal zuwenig gesagt wurde!
Laßt uns die Warnungen erneuern, und wenn sie
schon wie Asche in unserem Munde sind!
Bertolt Brecht

Mit der in dieser Form nicht zu erwarten gewesenen Implosion der Sowjetunion und der Warschauer Vertragsorganisation war für die Friedensbewegung eine neue Situation entstanden. Bürgerliche Friedensorganisationen nahmen vielleicht an, das Tor zu einer stabileren Zukunft sei aufgestoßen und als logische Konsequenz würden eine starke Rüstungsreduzierung, die Auflösung von Militärstützpunkten und überhaupt bessere Zeiten folgen. Der historisch materialistisch denkende TS konnte freilich nicht daran zweifeln, dass das kapitalistische System Krieg und Rüstung benötigt. Infolge der maßgebenden Kräfte der kapitalistischen Länder, die selbst Vertragstreue nicht mehr kannten, brach der geopolitische Kampf um die Ressourcen der Welt offen aus. Mit menschenrechtlichen Masken wurde und wird das Recht des Stärkeren dort zur Geltung gebracht, wo sich die Profitinteressen rechnen. Überall dort, wo es

Thomas Schönfeld 1990.

im Interesse des US-Imperialismus ist, tritt die USA mit ihrer gewaltigen militärischen Macht als Schutzmacht aller Demokratien auf, obschon sie selbst keine Demokratie ist. Dass die neutrale Republik Österreich den Zerfall Jugoslawiens durch ihre skrupellosen Schreibtischtäter wie Alois Mock (*1934) oder Erhard Busek (*1941) betrieb und sich unter völliger Missachtung der UNO am Bombenterror der NATO gegen Jugoslawien[128] logistisch beteiligte, war vielleicht wirklich nicht vorher zu sehen. Die sozialistische Gesellschaftsordnung bleibt gerade im Zusammenhang mit Krieg die Alternative zur Barbarei des Spätkapitalismus, ist Menschheitsziel, weil nur in ihr das den Menschen mögliche Leben im Frieden und Wohlstand erreichbar ist. TS konnte also seine Anstrengungen im Friedenskampf nicht verringern, er richtet sein Hauptaugenmerk jetzt auf die Mitarbeit an dem von der UN Wien akkreditierten *NGO* –

Committee for Peace, Vienna, das er zusammen mit dem von Erwin Lanc und Peter Stania neu ausgerichteten *International Institute for Peace (IIP)* gegründet hat. Das *Wiener Friedensbüro* mit dem Sekretär der Wiener Friedensbewegung Andreas Pecha und der *Österreichische Friedensrat* boten ihm Strukturen für die Fortführung seiner Friedensaktivitäten unter den geänderten weltpolitischen Verhältnissen. Gerne nahm TS an der vom *Friedensforschungsinstitut Stadtschlaining* seit 1983 veranstalteten Internationalen Sommerakademie, die einem akuten friedenspolitischem Hauptthema gewidmet ist, teil und entwickelte gemeinsame Aktivitäten. Das Friedensforschungsinstitut Stadtschlaining war 1982 vom burgenländischen Landesrat Gerald Mader und Wissenschaftsministerin Hertha Firnberg nach dem Vorbild ähnlicher Institute in Stockholm, London und Genf etabliert worden. TS wurde am Gründungsprozess nicht beteiligt.

TS organisierte in Wien Podiumsveranstaltungen der NGOs aus besonderen Anlässen, so bei der Fassung des Entwurf für eine *„Nuclear Weapons Convention"*, an dem sich die Internationale Vereinigung der JuristInnen gegen Kernwaffen, das Internationale Netzwerk von TechnikerInnen und WissenschaftlerInnen gegen Weiterverbreitung und die Internationalen ÄrtzInnen für die Verhinderung eines Kernwaffenkrieges beteiligten. In einem Gespräch mit Pete Hämmerle (Internationaler Versöhnungsbund und Vorsitzender der *Österreichischen Friedensdienste* (ÖFD)) hebt TS hervor,[129] dass es für NGOs eine wichtige Aufgabe sein werde, einen internationalen Verhandlungsprozess für einen internationalen Vertrag über das Verbot und die Vernichtung aller Kernwaffen einzuleiten. TS kämpft bis zu seinem Lebensende, dass die österreichische Friedensbewegung in Verbindung mit internationalen Kampagnen und Netzwerken ihre Aufgabe wahrnimmt, aber auch, dass die Aktionen in Österreich jeweils die Möglichkeiten des offiziellen Österreich thematisieren sollten, sich für Abrüstung einzusetzen. Kennzeichnend dafür ist die *Antikriegskundgebung* am 2. Februar 1991 in Wien *„Schluss mit dem Krieg am Golf!"*, das mobilisierende Flugblatt fordert den österreichischen Vertreter im UN-Sicherheitsrat auf, Initiativen für die Beendigung des Krieges zu setzen. Österreich solle die Mitgliedschaft in der UNO für das eindeutige Eintreten für eine Nahost Konferenz nützen, *„bei der auch die Situation der von Israel unterdrückten Palästinenser, die Besetzung Libanons durch Syrien und die Unterdrückung der KurdInnen im Irak, im Iran, in der Türkei und in Syrien* *zur Sprache kommt"*. Der Nationalrat müsse sich mit den weltweiten Bemühungen für Abrüstung befassen, dadurch könnte „*eine stärkere Ausnutzung der Möglichkeiten Österreichs, zu den Abrüstungsbemühungen beizutragen, eingeleitet werden*".[130] TS blieb bis zuletzt ein Anker an Kompetenz, Disziplin und Verlässlichkeit der österreichischen Friedensbewegung.

IX.
Indem sich Thomas Schönfeld an Walter Hollitscher als einen hervorragenden marxistischen Wissenschaftler und engagierten Kommunisten erinnert, denkt er über sein eigenes Leben nach (1996)

> *Die Kräfte waren gering. Das Ziel*
> *Lag in großer Ferne*
> *Es war deutlich sichtbar, wenn auch für mich*
> *Kaum zu erreichen.*
> *So verging meine Zeit*
> *Die auf Erden mir gegeben war.*
>
> Bertolt Brecht

Walter Hollitscher war für TS ein großer Anreger in Fragen des möglichst umfassend gedachten Marxismus. Beide maßen ihrer eigenen Biographie und Gemütsverfassung nicht viel Bedeutung bei, TS, dem jede Sentimentalität fremd war, vielleicht noch weniger als Hollitscher. TS tauschte sich mit Hollitscher in grundsätzlichen Fragen aus, es war für beide trotz des Altersunterschiedes ein Geben und Nehmen. Für den marxistischen Philosophen Hans Heinz Holz (*1927) ist Hollitscher „ein unermüdlicher Kämpfer für die Wissenschaftlichkeit der Weltanschauung des Sozialismus", jüngere Menschen, die nach 1945 nach Orientierung suchten, hätten in Hollitscher „das Beispiel weltanschaulicher Klarheit und Kompromisslosigkeit" gefunden.[1] Anfang 1969 erschien von Hollitscher das Buch „*Der Mensch im Weltbild der Wissenschaft*"[2], das TS in *Weg und Ziel* in einer eingehenden Würdigung,

Mia und Thomas Schönfeld an der „Alten Donau" (2001).

die den Charakter einer selbständigen wissenschaftlichen Abhandlung annahm, vorstellte.[3] TS resümiert, dass Hollitscher eine umfassende, stimulierende Charakterisierung des Menschen gelungen sei, indem die Wechselwirkung zwischen Biologischem, Psychologischem und Gesellschaftlichem aus der Sicht des Marxismus klar herausgearbeitet worden sei. Das Weltbild derer, die die progressive Veränderung des Menschen anstreben, müsse ein Menschenbild von der Art enthalten, „wie es hier vor uns entfaltet wurde": *„Ein solches Menschenbild ermöglicht das Erkennen der allgemeinen Entwicklungsrichtung, es gibt Antwort auf die Frage ‚Was kann der Mensch werden?'; es ist aber auch Voraussetzung für die Lösung von Einzelproblemen, die sich im Zug der Entwicklung ergeben und bei denen der Mensch immer mehr zum bewusst Handelnden wird".* TS hebt die Grundhaltung von Hollitscher durch ein Zitat zustimmend hervor: *„Im Gegensatz dazu (zum Kapitalismus mit seiner Steigerung der Ausbeutung und Manipulierung der Menschen) etabliert das siegreiche Proletariat das gesellschaftliche Eigentum an den Produktionsmitteln, beseitigt es die Ausbeutung des Menschen durch den Menschen, hebt es sukzessive den Pauperismus und die Not auf, schafft es die Bedingungen menschenwürdigen Lebens und der Herausarbeitung der menschlichen Wesenskräfte, der allseitigen schöpferischen Potenzen der Menschen. Durch ihre eigene Tätigkeit verändern so die Menschen des Sozialismus und des Kommunismus in einem überaus schwierigen gesellschaftlichen Vervollkommnungsprozess sich selbst".* TS beeindruckt, wie Hollitscher analysiert, dass im Kommunismus die Widersprüche als Triebkräfte wirken, die Spannungen zwischen gesellschaftlichen und persönlichen Interessen bleiben. Diese Widersprüche seien keine antagonistischen, aber unter der Voraussetzung, so zitiert TS Hollitscher wörtlich, *„daß ihre Lösung nicht versäumt oder verdorben wird"*. Auf dem Höhepunkt der Krise der Kommunistischen Bewegung analysiert Hollitscher die Probleme der Entwicklung des Sozialismus mit ihren Faktoren wie Festungssituation, enorme Bildungsdifferenzen und daraus resultierende Probleme der Leitung, historische Faktoren wie die Entstehung des Personenkultes und vieles mehr. Nach Meinung von TS ist ein großer Vorzug des Buches von Hollitscher, daß dieser Abschnitt über die Probleme der sozialistischen Gesellschaft die Schwierigkeiten, Mängel und Fehler der Entwicklung des wissenschaftlichen Sozialismus in seinem Kampf um die revolutionäre Umgestaltung der Gesellschaft und den weiteren Aufbau der sozialistischen Staaten in Verbindung mit seinen Grundprinzipien und seinen entscheidenden Errungenschaften behandelt: *„So kann negativ akzentuierte Einseitigkeit und eine Überspitzung der Kritik, die leicht zum Verzicht auf marxistische Grundprinzipien führt, vermieden und zur Lösung der Probleme, die ein prinzipielles und zugleich differenziertes Herangehen erfordert, beigetragen werden"*.

Gelegentlich waren TS und Hollitscher gemeinsam aufgetreten. Im März 1971 sprachen beide bei einer Forumveranstaltung der KPÖ in Leoben über *„Schutz der Umwelt"*. Umweltfragen wurden zu dieser Zeit in vielfältiger Weise diskutiert, oft bagatellisierend, oft übertreibend. TS führt aus, wie sowohl Bagatellisierung wie Übertreibung negative gesellschaftliche Auswirkung haben. Im übrigen: *„Die Gefahren, die sich bei einer Nichtberücksichtigung der Umweltprobleme ergeben, müssen sehr ernst genommen werden. Aber das, was Wissenschaft und Technik erarbeitet haben, macht zuversichtlich, daß die Probleme von einer umfassend planenden Gesellschaft gelöst werden können. Eine solche Gesellschaft muss die Gesellschafts- und Naturwissenschaften entwickeln und nutzen. Das vermag nur eine sozialistische Gesellschaftsordnung"*.[4] Auf dem von Hollitscher für das Internationale Institut für den Frieden Wien ausgerichteten Symposium über *„Die sogenannte Aggressionstheorie des Krieges"* vom 31. August – 1. September 1971, an dem sich 25 Wissenschaftler aus 12 Ländern, unter ihnen der bekannte Zoologe Adriaan Kortlandt aus Amsterdam, beteiligten, las TS die englischsprachige Einleitung von Hollitscher genau und mit Anmerkungen durch und machte Hollitscher, von dem 1970 das Buch über Aggression im Menschenbild erschienen ist,[5] Verbesserungsvorschläge. Fuchs erwähnte die Diskussionsbeteiligung von TS in seinem Rechenschaftsbericht des Internationalen Instituts für 1969 bis 1971 separat. Die Ergebnisse dieses Symposiums gab das Wiener Institut heraus.[6]

Den von Hollitscher mit Katholiken geführten Dialog schätzte TS hoch ein, er kooperierte selbst mit Katholiken in der Friedensbewegung, ehrlich und ohne taktisches Herangehen. Er setzte auf die Wirkung der dialogischen Kommunikation. Seit der Enzyklika von Johannes XXIII. (1881–1963, Papst seit 1958) *Pacem in Terris* (11. April 1963) war eine zu Hoffnung Anlass gebende Basis der Zusammenarbeit zwischen Kommunisten und Katholiken in der Weltfriedensbewegung gegeben. Johannes XXIII. hatte sich für die Einstellung der Kernwaffentests, die Ächtung der Kernwaffen, die Beendigung des Wettrüstens und Fortschritte auf dem Wege zur vollständigen und international kontrollierten weltweiten Abrüstung, die Abschaffung der Rassendiskriminierung und die Gleichberechtigung der Staaten und Völker ausgesprochen.

Das *Internationale Institut für den Frieden in Wien* gab in seiner Sammlung von Dokumenten und Materialien über internationale, den Weltfrieden betreffende Probleme eine Sondernummer mit der deutschen Übersetzung der Friedensenzyklika und einigen Kommentaren dazu heraus. Bernal als Vorsitzender des Präsidiums des Weltfriedensrates hatte die Enzyklika dankbar begrüßt *„Sie wird nicht nur alle jene, die für den Frieden wirken, sondern auch Millionen andere, denen es bisher an Vertrauen und Hoffnung dafür mangelte, inspirieren".*[7]

„Entschlossenheit und Nachdenklichkeit" – so überschreibt TS seinen Beitrag zum Sammelband der Alfred Klahr-Gesellschaft im Gedenken an Walter Hollitscher.[8] Weil die Zusammenhänge in der Realität komplex sind, teilt TS die Auffassung von Hollitscher, dass die Haltung des wissenschaftlichen Sozialismus im ideologischen Bereich, in dem die unmittelbar oder mittelbar klassenbedingten Überzeugungen wirken, daran zu erkennen ist, dass *„Entschlossenheit mit Nachdenklichkeit gepaart auftritt".*[9]

In den Mitteilungen der Alfred Klahr-Gesellschaft (Nummer 4/1996) würdigte TS aus Anlass des neunzigsten Geburtstages von Hollitscher diesen herausragenden österreichischen Denker und ordnet ihn wissenschaftshistorisch ein.[10] Das, was TS über Denken und Verhalten von Hollitscher schreibt, trifft auf TS zu. Natürlich war TS von den der Implosion der sozialistischen Länder vorausgegangenen Verfallserscheinungen enttäuscht. Mit seiner intellektuellen Energie vermochte TS aber seine grundsätzlichen Positionen der sozialistischen

Auffassung zu behalten, er ließ neue Wege im Kampf um eine über den Kapitalismus hinaus führende sozialistische Gesellschaftsformation offen. „*Nur belehrt von der Wirklichkeit, können wir die Wirklichkeit ändern*", an diese Worte von Bertolt Brecht hat TS einmal erinnert. Die Fehler des ersten Versuches der Menschheit, den Sozialismus aufzubauen, sollten zum Lernen und zur dialektischen Auseinandersetzung mit ihnen benützt werden.

Wohl die meisten Leser der „Mitteilungen der Alfred Klahr Gesellschaft" haben Walter Hollitscher (1911–1986) gekannt, sind ihm persönlich bei seinen Vorträgen oder im kleineren Kreis begegnet oder haben von ihm verfaßte Artikel und Bücher gelesen. Gewiß erkannten auch jene, deren Begegnungen – persönlich oder lesend – mit Walter Hollitscher nicht häufig waren, seine hervorragenden Fähigkeiten und Leistungen – als Wissenschafter mit bedeutenden Beiträgen zur Weiterentwicklung des marxistisch fundierten Weltbildes und der kritischen Analyse anderer Auffassungen, als Lehrer in philosophischen und politischen Fragen, als aktiver Mitstreiter der kommunistischen Bewegung. Gelehrter mit enzyklopädischem Wissen und zu vielgestaltigem Einsatz seiner Kapazitäten bereites Mitglied seiner Bewegung, seiner Partei – das hat Walter Hollitscher ausgezeichnet.

Wenn hier Walter Hollitschers Persönlichkeit, sein Lebenslauf (siehe die biographischen Daten) und Schaffen in Erinnerung gerufen werden soll, so hat dies auch aktuellen Anlaß – die zehnte Wiederkehr seines Todestages (6. Juli 1986) und die bevorstehende Wiederzugänglichmachung der „Walter-Hollitscher-Bibliothek"[11] in den Räumen der Alfred Klahr Gesellschaft. Diese Bibliothek, im Testament zum Teil der KPÖ, zum anderen Teil dem Institut für Philosophie der Leipziger Universität vermacht (das seinen Teil aber dann wegen der hohen Kosten des Transports und der sachgerechten Aufstellung nicht übernommen hat), ist von großer wissenschaftlicher Bedeutung. In ihr befinden sich Werke, die für die Abfassung der Schriften Hollitschers wesentlich waren und es sind viele Bücher darunter, die an keiner anderen Stelle in Österreich vorhanden sind.
Nach seiner Rückkehr aus der Emigration (in England) wirkte Walter Hollitscher vor allem in Österreich und in der Deutschen Demokratischen Republik (1949–1953, Professor an der Berliner Humboldt Universität; 1965 – ca. 1984, alljährliche mehrmonatige Aufenthalte

als Gastprofessor an der Karl-Marx-Universität Leipzig). Aber auch in anderen deutschsprachigen Landen, insbesondere in der BRD, war er vielgesuchter Referent und Teilnehmer an Dialogveranstaltungen. Und seine Schriften sind in viele Sprachen übersetzt worden, sein Hauptwerk über die Natur und den Menschen im Weltbild der modernen Wissenschaften in mehr als 10 Sprachen. So hatte sein Wirken auch große internationale Ausstrahlung und fand international Anerkennung.

Nicht nur Erinnerungen sollen hier dargelegt werden. Es soll versucht werden, die große Aktualität der Werke Hollitschers aufzuzeigen und so zur Befassung damit anzuregen. Ein Ausdruck der Wertschätzung für Walter Hollitscher waren die Beiträge, die ihm Kollegen, Schüler, Freunde und Genossen aus Anlaß seines 70. Geburtstages widmeten. Die Anzahl derjenigen, die in dieser Form ihre Anerkennung und Sympathie für ihn ausdrücken wollten, war damals so groß und manche der Beiträge auch höchst speziell, so daß sich die Herausgabe von zwei Schriften ergab. In den „Plädoyers für einen wissenschaftlichen Humanismus", herausgegeben von Josef Schleifstein, BRD, und Ernst Wimmer, Österreich, erschienen Beiträge aus der BRD, der DDR und aus Österreich (Globus Verlag Wien, Verlag Marxistische Blätter, Frankfurt/Main, 198, 168 S.), in der „Wissenschaftlichen Zeitschrift der Karl-Marx-Universität-Leipzig" (Gesellschafts- und Sprachwissenschaftliche Reihe, 1981, Heft 2) Beiträge zahlreicher Philosophen der DDR, insbesondere der Leipziger Universität. In vielen der Hollitscher gewidmeten Beiträge wird eine enge Beziehung zu seinen Arbeiten, zu seiner Beschäftigung mit verwandten Themen hergestellt. In den Beiträgen zu den beiden „Hollitscher-Festschriften" werden weltanschauliche und politisch-theoretische Schlüsselprobleme der Gegenwart behandelt, den Stellenwert der Arbeiten Hollitschers in der Klärung dieser Fragen signalisierend.

Von den zwölf „Plädoyers für einen wissenschaftlichen Humanismus" fällt eines – jedenfalls auf den ersten Blick – aus dem Rahmen. Es kam von einem Nicht-Marxisten, dem Professor der katholischen Theologie an der Universität Münster, Herbert Vorgrimler. Unter dem Titel „Konfrontation der Ideen zum Zwecke der Kooperation im Handeln" berichtet er über Erfahrungen mit dem marxistisch-christlichen Dialog, über die Mitte der sechziger Jahre ins Leben gerufene „Paulus Gesellschaft", und über Walter Hollitschers Engagement in diesen

Aktivitäten. Er verweist insbesondere auf die von 1968 bis 1975 erscheinende „Internationale Dialog-Zeitschrift" und auf die sechs „äußerst präzisen und komprimierten Beiträge" Walter Hollitschers, die dort erschienen sind. Eine parallele, in mancher Hinsicht verknüpfte Dialog-Aktivität waren die Symposien über Friedenssuche aus verschiedener weltanschaulicher Sicht, die gemeinsam vom Institut für Ethik und Sozialwissenschaften der katholisch-theologischen Fakultät der Universität Wien und vom Internationalen Institut für den Frieden in Wien, in dessen Leitung Walter Hollitscher als „Kanzler" mitwirkte, veranstaltet wurden. Vorgrimlers Beitrag, in dem er viele Gemeinsamkeiten von Materialisten und Christen – jedenfalls als Möglichkeit – aufzeigt und zugleich darlegt, wo er die Grenzen der Gemeinsamkeiten sieht, hat aktuelle Bedeutung, auch wenn die damaligen internationalen Dialog-Aktivitäten nicht fortgesetzt werden. Heute treten christliche Kreise und prominente Repräsentanten christlicher Kirchen und Bewegungen der sich verschärfenden Offensive des Kapitals, den sozialen und kulturellen Zerrüttungen, die sie mit sich bringt, mit klaren Stellungnahmen entgegen. Die Entwicklung marxistisch-christlicher Kooperation in den heutigen sozialen Auseinandersetzungen erweist sich als notwendig und möglich. Die Erfahrungen des damaligen Dialogs und ein Nachdenken über die Beiträge von Marxisten, wie Walter Hollitscher sie damals mit großem Einsatz geleistet hat, können für die Lösung heutiger Aufgaben wertvoll sein.

Was er in seinem Hauptwerk darstellen wollte, hat Walter Hollitscher in der Vorbemerkung zum zweiten Teil dieses Werkes (Der Mensch im Weltbild der Wissenschaft, 1969) prägnant formuliert: Zuerst – im Buch „Die Natur im Weltbild der Wissenschaft" – die historische Entwicklung des Naturbildes diskutieren, darauf die kosmische und die biologische Evolution, und schließlich den Prozeß der Menschwerdung und der Bewußtseinsentstehung, also die „naturgeschichtlichen Voraussetzungen" des Menschenbildes. Und er hat diese Vorgangsweise begründet: „Das was ist kann letztlich nur begriffen werden, wenn zuvor erkundet wurde, wie es geworden ist. Für die Gebilde der Natur wie die der Gesellschaft ist in Natur- und Gesellschaftsgeschichte der Schlüssel zum Verständnis des Gegenwartszustandes der Welt zu finden". Bei dem zu entwickelnden Menschenbild bestehe die Aufgabe darin, „die Grundzüge der gegenwärtigen Hauptformen und der Wandlungen des gesellschaftlichen Seins und des Bewußtseins, der

Lebensweise und der Denkungsart zu kennzeichnen, dabei sich stützend auf die Wissenschaften, die die körperlichen Wesensmerkmale des Menschen, seine Nerventätigkeit und seine psychischen Leistungen zum Gegenstand haben". Daß dieses Programm die Behandlung eines großen Spektrums wissenschaftlicher Fragen erfordert und dies nur von einem Autor mit enzyklopädischem Wissen und einem Verständnis der Wechselbeziehungen zwischen den angesprochenen Wissenschaftszweigen bewältigt werden kann, ist offenkundig. Walter Hollitscher ist eine Darstellung gelungen, die sich an einen breiten Leserkreis wendet.

Ein Gebiet, mit dem sich Walter Hollitscher besonders intensiv befaßt und zu dem er wichtige Beiträge geleistet hat, betrifft die Wechselwirkungen und auch die Abgrenzungen zwischen den biologischen, psychologischen und gesellschaftlichen Sphären menschlicher Tätigkeit und menschlichen Bewußtseins. Die Auswahl seiner Studienrichtungen in Wien war wohl bereits eine Entscheidung, die ihn zu diesen Themen führte. An der Universität wurde allerdings nicht über Marxismus vorgetragen. Dafür war er auf das Selbststudium angewiesen. Wichtige Anregungen empfing er auch in England durch persönliche Kontakte zur prominenten Naturwissenschaftern und Philosophen, die einen marxistischen Standpunkt vertraten (J[ohn]. D[esmond]. Bernal, J[ohn]. B[urdon]. S[anderson] Haldane, J[oseph]. Needham, M[aurice Campbell]. Cornforth).

Biologisch-psychologisch-gesellschaftliche Zusammenhänge werden in großen Abschnitten seines Hauptwerkes behandelt: die Beziehung zwischen individuellem und gesellschaftlichem Bewußtsein, die Auseinandersetzung mit den Strömungen bürgerlicher Sozialpsychologie, die die Bewußtseinsbildung ohne Berücksichtigung der materiell-gesellschaftlichen Tätigkeit der Menschen darstellen. Der Abschnittt „Irrungen und Pointierungen psychologischer Theorien" beschreibt die modernen Hauptströmungen und analysiert sie kritisch – den Behaviourismus, die Gestaltpsychologie, die vergleichende Verhaltensforschung und die Psychologie und Pathopsychologie Sigmund Freuds. Seine eigene Ausbildung als Psychoanalytiker, in Wien und London, hat Hollitscher besonders zu einer kritischen Analyse des Lebenswerkes Freuds aus marxistischer Sicht befähigt und zur Ausarbeitung einer Zurückweisung der Auffassungen, daß der Marxismus einer Ergänzung durch Psychoanalyse oder ähnliche individualpsychologische Theoriengebäude bedarf.

Auch das 1970 erschienene Buch „Aggression im Menschenbild" behandelt die Theorien von Freud und Konrad Lorenz (vergleichende Verhaltensforschung, Ethologie). Es ist ein Werk, in dem die psychologischen Theorien eingehend dargelegt und die Schlußfolgerungen pointiert zusammengefaßt werden. Walter Hollitscher verstand dieses Werk als einen Beitrag zur Diskussion über Friedensprobleme, als Stellungnahme zur Frage, ob Friedenssicherung eine realistische Aufgabenstellung ist. Zusammenfassend formulierte er: „Die Analogsetzung ‚tierischer Aggression' (an sich schon ein eher unkritisch gebrauchter Begriff) und menschlich-kriegerischen Verhaltens ist nicht nur sachlich falsch, sondern auch ideologisch schädlich". Und etwas später: „Es gibt beim Menschen keinerlei Anhaltspunkte für die Annahme angeborener Aggressionsreaktionen auf soziale Situationen". ... „Das Kriegführen ist kein biologisch-determiniertes Unternehmen, es liegt in keiner ‚Natur des Menschen'. ... Der Sinn und Zweck der suggerierten Doktrinen (der Aggressionstheorie wie die eine Gegenwartsrenaissance erfahrende psychoanalytische Todestrieblehre), eifrig popularisiert in den Massenmedien, ist: Du kannst die menschliche Natur nicht ändern. Versuch es daher auch nicht!"

Im letzten Teil seines Hauptwerkes „Die gesellschaftliche Spezifik des Gegenwartsmenschen" gibt Walter Hollitscher eine in vieler Hinsicht originelle Darstellung die „das gesellschaftliche Sein wie das aus ihm resultierende und darauf zurückwirkende gesellschaftliche Bewußtsein" umfaßt. Es ist eine ausgezeichnete Einführung in Kernelemente des Marxismus, in den historischen Materialismus und die politische Ökonomie. Die Titel der Unterabschnitte zeigen die Struktur der Darlegung: Produktivkräfte, Produktionsverhältnisse, Zur „Anatomie" des Kapitalismus, Zur „Anatomie" des Kommunismus, Krisentheorie und „Ärzte des Kapitalismus". In den Schlußkapiteln des Werkes werden Fragen behandelt, die in marxistischen Einführungsschriften oft unberücksichtigt geblieben sind, die aber, wie gerade Hollitschers Darstellung zeigt, große Bedeutung haben, so daß hier auch eine Aufforderung zu intensiverer Befassung vorliegt. Die Abschnitt-Titel lauten: „Gesellschaftliches Bewußtsein im Übergang" und „Die bewußte Aneignung der Wirklichkeit" (u. a. mit Abschnitten über politisches und Rechtsbewußtsein, über moralische Widerspiegelungen und über künstlerische Aneignung).

Walter Hollitscher war sich der großen Fortschritte auf den meisten von ihm erörterten einzelwissenschaftlichen Gebieten sehr bewußt. Da ein wichtiges Merkmal und ein wesentlicher Vorzug seines Hauptwerkes aber die Berücksichtigung des aktuellen Standes der wissenschaftlichen Erkenntnisse war – und auch bleiben sollte – hat er zunächst bei den Neuauflagen einige Ergänzungen eingefügt. Doch der Wissenschaftsfortschritt wurde so stürmisch, daß es selbst einem über enzyklopädisches Wissen verfügenden und zu großer Arbeitsintensität fähigen Gelehrten wie Walter Hollitscher nicht mehr möglich war, die Entwicklungen der Einzelwissenschaften umfassend zu verfolgen und das Werk für Neuauflagen auf den aktuellen Stand zu bringen. Da entstand der Gedanke, für eine angestrebte Neuausgabe Mitbearbeiter heranzuziehen. Diese Neuausgabe ist in Form von sechs Taschenbuchbänden zwischen 1983 und 1985 vom Akademie-Verlag Berlin herausgebracht worden. Hochqualifizierte Wissenschafter der DDR wurden als Mitbearbeiter gewonnen. In der Neuausgabe ist die Einfügung wichtigen neuen Materials gelungen. Doch es zeigte sich, daß bei dieser Art einer Neubearbeitung auch Nachteile auftreten. Es gibt einen Verlust der Einheitlichkeit des Stils, da ja nun einzelne Abschnitte oder ganze Kapitel von anderen Autoren geschrieben wurden. Auch die Aufteilung des ursprünglich zweibändigen in ein sechsbändiges Werk führte zur Änderung einiger Merkmale, insbesondere da die sechs Bände nicht in der Reihung ihres Inhalts in der zweibändigen Ausgabe erschienen sind. Walter Hollitscher ist rund drei Jahre vor dem Zerfall der sozialistischen Ordnung in der Sowjetunion und in Osteuropa gestorben. Die Frage interessiert, ob er zum Zerfall führende Faktoren bereits erkannt hat. In seinem Hauptwerk (1969) – in dem bereits genannten Kapitel „Zur ‚Anatomie' des Kommunismus" gibt es im Rahmen der Darstellung der beim Aufbau der sozialistischen Gesellschaft zu lösenden Probleme und der dabei erreichten Errungenschaften auch Stellen, die mit großer Klarheit auf Fehler und Mißgriffe bei der Gestaltung der sozialistischen Ordnung eingehen. So werden die „Fehler, Mißgriffe und die Verletzungen ökonomischer beziehungsweise politisch-moralischer Grundsätze unter Stalins Führung, und der sich aus der exaltierten Stellung Stalins ergebende große „Verstärkereffekt" dargestellt. Hollitscher betont: „Es gibt für Menschen mit Gewissen und Gedächtnis keine Absolution, die sie von der Mitverantwortung an dem der eigenen Sache durch Angehörige der eigenen Bewegung Angetanes lossagen könnte". Und er zitiert Karl Marx, der in „Der achtzehnte Brumaire des Louis Bonaparte"

(1851/52), damals noch vor der ersten erfolgreichen proletarischen Revolution, schrieb, daß solche Revolutionen die Halbheiten, Schwächen und Erbärmlichkeiten ihrer ersten Versuche verhöhnen, sie „scheinen ihren Gegner nur niederzuwerfen, damit er neue Kräfte aus der Erde sauge und sich riesenhaft ihnen gegenüber wieder aufrichtet".

Die Industrialisierungsperiode in der Sowjetunion besprechend schreibt Hollitscher über die zu lange fortgesetzten Zentralisierungsmaßnahmen und die dadurch hervorgerufenen Widersprüche, über die Hemmungen der Entwicklung der Produktion, die sich aus der ungenügenden Nutzung ökonomischer Hebel und ihrer Ersetzung durch moralisch-politische Appelle ergaben. Hinsichtlich der Zeit nach dem Zweiten Weltkrieg vertritt er die Einschätzung, daß manche Fehler hätten vermieden werden können wenn man sich mit größerer Bewußtheit auf die Einsicht Lenins über die Verschiedenheit der Übergangsformen zum Sozialismus gestützt hätte und alternative ökonomische Wege im Rahmen der sozialistischen Ordnung unvoreingenommen analysiert hätte.

Stalins Schrift „Ökonomische Probleme des Sozialismus in der UdSSR" (1952) übertrug theoretische Analysen früherer Entwicklungsstufen der sozialistischen Ökonomie unkritisch auf neue Probleme, woraus sich Fehleinschätzungen in mehreren wichtigen Aspekten der ökonomischen Politik ergaben. Aus der Negierung der Wirkung des Wertgesetzes in der Warenproduktion und -zirkulation im Sozialismus resultierten Fehler in der Kontrolle der gesellschaftlichen Produktion, Zirkulation und Distribution, es konnte keine wirtschaftliche Rechnungsführung gewährleistet werden. Hollitschers Einschätzung hinsichtlich des Fortschritts bei der Überwindung solcher Fehler, beim Aufbau neuer Systeme der Wirtschaftsleitung und der Nutzung mathematischer Modellierungsmodelle in der Ökonomie der sozialistischen Länder dürfte zu optimistisch gewesen sein. Hier ist anzumerken, daß die von Hollitscher geschriebenen Kritik übenden Stellen (enthalten in der in Österreich 1969 erschienenen Ausgabe) in der Neuausgabe 1985 (in der DDR erschienen) wesentlich gekürzt aufscheinen.

Aus Gesprächen mit Hollitscher weiß der Verfasser auch, daß die Frage fehlerhafter Entwicklungen im realen Sozialismus für ihn nicht nur eine Sache war, für die es einige knappe Formulierungen zu finden galt, sondern ihn hinsichtlich vieler Aspekte oft beschäftigte. Aber seine Überzeugung blieb aufrecht, daß mit dem Entstehen und der in wichtigen Bereichen positiven Entwicklung der sozialistischen Staaten die den Kapitalismus logisch ablösende sozialistische Ordnung real entstanden ist und diese Errungenschaft keineswegs preisgegeben werden dürfe. Diese Einstellung beruht auf seiner grundsätzlichen Gegnerschaft zur kapitalistischen Ordnung, die bei ihm tief in wissenschaftlichen Erkenntnissen wurzelte, und auf seiner Verbundenheit mit der Bewegung, die für die Überwindung dieser Ordnung kämpft.

Der Zerfall der sozialistischen Ordnung hätte ihn zutiefst enttäuscht und erschüttert, auch wenn er manche Faktoren, die dies verursachen können, erkannt hatte, allerdings – wie viele andere auch – nicht in ihrem vollem Ausmaß und hinsichtlich der Auswirkung einer Kumulation solcher Faktoren.

Von seiner grundsätzlichen Position wäre er aber keineswegs abgegangen. Bereits zu seinen Lebzeiten hätte er sich durch eine genügend scharf vorgetragene Kritik am realen Sozialismus, seine Stagnation und Rückschritte angreifend, von der kommunistischen Bewegung distanzieren können, und für solches Handeln hätte er wohl eine Stelle in irgendeiner Institution des bürgerlichen Wissenschaftsbetriebes und damit die Möglichkeit eines wesentlich bequemeren Lebens erhalten.

Einen solchen Weg zu gehen, ist ihm nie in den Sinn gekommen. Die Entscheidung seiner Jugendjahre war für ihn unwiderruflich und wäre das auch in der neuen Situation geblieben.

Es gibt keinen Grund zu zweifeln, daß er sich in der neuen, der nach 1989 Periode nach Kräften bei der Bearbeitung von aktuellen Fragen beteiligt hätte. Die Fehler bei der Gestaltung des Sozialismus sind allseitiger zu erforschen, und daraus sind Lehren zu ziehen. Der Kampf gegen den Kapitalismus in seiner heutigen Ausprägung und seinen krisenhaften Erscheinungsformen erfordert neue Formierungen und neue Methoden. Real ist jedenfalls die Erwartung: Die von Walter Hollitscher hinterlassenen Ideen, seine Schriften werden weiter studiert werden und werden so zur Lösung der sich jetzt ergebenden Fragen Beiträge leisten können.

Anmerkungen

I.

1   Minerva. Jahrbuch der Gelehrten Welt. 23. Jg. (1913/14), Strassburg 1914, 751.
2   Vorläufige Ergebnisse der Volkszählung vom 31. Dezember 1910 in den im Reichsrate vertretenen Königreiche und Ländern. Brünn 1911.
3   Wolfdieter Biehl: Die Juden. In: Die Habsburgermonarchie 1848–1918. Band III. Die Völker des Reiches. 2. Teilband. Wien 1980, 880–948 (mit Tabellen).
4   Anson G. Rabinbach: The Migration of Galician Jews to Vienna. 1857–1880. In: Austrian History Yearbook XI (1975), 44–54 (Comments: Karl R. Stadler 55 f., Wolfgang Häusler, 57 f.; Scott M. Eddie: Galician Jews as Migrants: An Alternative Hypothesis, 59–64).
5   www.doew.at/thema/thema_alt/wuv/maerz38_2/instiantisem.html
6   Biehl, Die Juden, 884.
7   Zitiert nach Joseph Roth: Juden auf Wanderschaft. dtv 2006, 52.
8   Das betont Filip Friedmann: Die galizischen Juden im Kampfe um ihre Gleichberechtigung (1848–1868) (= Veröffentlichungen der Dr. S. A. Bettelheim Memorial Foundation. Band III). Frankfurt a. M. 1929, 210.
9   Jahres-Bericht des k. k. Maximilians-Gymnasiums in Wien. Für das Schuljahr 1898/99. Wien 1899.
10 Jahres-Bericht des k. k. Maximilians-Gymnasiums in Wien. Für das Schuljahr 1900/1901. Verzeichnis der Abiturienten, die im Schuljahre 1899/1900 das Zeugnis der Reife erhielten, 38.
11 Stefan Zweig: Die Welt von Gestern. Erinnerungen eines Europäers. Zitiert nach Fischer Tb 1989, 45.
12 Alte Meister. Frankfurt a. M. 1985, 110 f.
13 Jahresbericht des Bundesgymnasiums Wien IX (Wasagymnasium) über das Schuljahr 1953/54, Wien 1954, 54.
14 Jahresbericht des Bundesgymnasiums Wien IX (Wasagymnasium) über das Schuljahr 1951/52, Wien 1952, 16–18.
15 Die Welt von Gestern, 47.
16 Jahres-Bericht des k. k. Maximilians-Gymnasiums in Wien. Für das Schuljahr 1899/1900. Wien 1900.
17 Peter Huemer: Sektionschef Robert Hecht und die Zerstörung der Demokratie in Österreich. Eine historisch-politische Studie. Wien 1975, 14.
18 ÖBL 8, 221 f. (G. H. Sääf-Norden).
19 Kurt Mühlberger: Dokumentation „Vertriebene Intelligenz 1938". Archiv der Universität Wien. 2. A. Wien 1993.
20 Ernst Mischler / Josef Ulbrich: Österreichisches Staatswörterbuch. 2., wesentlich umgearbeitete Auflage. Erster Band, Wien 1905, 614.
21 Rudolf Aladar Metall: Hans Kelsen. Leben und Werk. Wien 1969, 5; Gerhard Oberkofler / Eduard Rabofsky: Hans Kelsen im Kriegseinsatz der k. u. k.

Wehrmacht. Frankfurt [u. a.] 1988; über Zallinger s. Gerhard Oberkofler: Über das internationale Ansehen der Innsbrucker Rechtshistorikerschule. Die Wahl von Otto von Zallinger-Thurn zum korrespondierenden Mitglied der Preußischen Akademie der Wissenschaft. Der Schlern 61 (1987), 506–512.

22 UA Wien, Nationale und Promotionsprotokoll.

23 So das Geburts-Zeugnis des Matrikelamts der Israelitischen Kultusgemeinde in Wien vom 3. September 1947 für Bruno Schönfeld.

24 Der Neumalthusianismus. Soziale Arbeit 18 (1920), 25–28 und 61–64.

25 Der Gildensozialismus. Soziale Arbeit 19 (1921), 70–75. Otto Neurath: Gildensozialismus, Klassenkampf, Vollsozialisierung. Anh.: Siedlungs-, Wohnungs-u. Baugilde Österreichs. Gewidmet dem ersten internationalen Kongress der Baugilden, Oktober 1922 in Wien und dem ersten internationalen allgemeinen Gildenkongress. Dresden 1922.

26 Zur Psychologie der Reaktion. Die Stimme der Vernunft 17 (Jänner 1932), 11–13 und ebenda (Juni 1932), 177–180.

27 Coudenhove-Kalergie: Stalin & Co. Leipzig / Wien (Paneuropa Verlag) 1932.

28 Coudenhove-Kalergi: Los vom Materialismus! (1.–3. A.). Wien / Leipzig (Paneuropa Verlag) 1930.

29 Das Kausalgesetz und seine Grenzen (= Schriften zur wissenschaftlichen Weltauffassung 6). Wien 1932.

30 Der Kulturpolitiker Paul Kammerer. Monistische Monatshefte 11 (1926), 405–407, hier 405.

31 Paul Kammerer als Biologe. Monistische Monatshefte 11 (1926), 401–405.

32 Bodo-Michael Baumunk / Jürgen Rieß (Hg.): Darwin und Darwinismus. Eine Ausstellung zur Kultur- und Naturgeschichte (= Eine Veröffentlichung des Deutschen Hygiene-Museums). Berlin 1994, 210 f.

33 Der Schulkampf in Oesterreich. Monistische Monatshefte 11 (1926), 411–414.

34 Der Rückzug der Kirche. Die Stimme der Vernunft 17 (1932), 116–122.

35 Oskar Herget / Leopold Walk: Die katholische Weltanschauung. Lehr- u. Arbeitsbuch für die achte Klasse der Mittelschulen (= Die katholische Weltanschauung 5). Innsbruck [u. a.] 1932

36 Die katholische Weltanschauung. Die Stimme der Vernunft 18 (1933), 12–16.

37 Manfred Buhr (Hrsg.): Enzyklopädie zur bürgerlichen Philosophie im 19. und 20. Jahrhundert. Leipzig 1988 (Hans Jörg Sandkühler: Materialismus, 157–232, hier 210–212).

38 Die Ethik des Freidenkertums (= Freidenkerbücherei 41). Wien. Freidenkerbund 1929. 20 S.

39 Joseph T. Simon: Augenzeuge. Erinnerungen eines österreichischen Sozialisten. Eine sehr persönliche Zeitgeschichte. Mit einem Vorwort von Charles Gulick Hg. von Wolfgang Neugebauer. Wien 1979, 262–264.

40 Simon. Augenzeuge, 66.

41 Gerhard Oberkofler: Eduard Rabofsky (1911–1994). Jurist der Arbeiterklasse. Eine politische Biographie. Innsbruck / Wien 1997, 27.

42 Das politische Grundwissen des jungen Kommunisten. Leitfaden für den politischen Grundunterricht der kommunistischen Jugendverbände. Unter Red. von Bernhard Ziegler hg. vom Exekutivkomitee der kommunist. Jugendinternationale. Berlin 1924 (112 Seiten), 5.

43   Gerhard Oberkofler / Eduard Rabofsky: Wissenschaft in Österreich (1945–1960). Beiträge zu ihren Problemen. Frankfurt a. M. [u. a.] 1989, 115.

44   University of California Press Berkeley and Los Angeles. Neu gedruckt Berkeley University of California 1980.

45   California Law Review 32 (1944), 161–181

46   Band V der deutschen Ausgabe, 648.

47   Band I der deutschen Ausgabe, 8.

48   Schon vor der deutschen Ausgabe in der Die Zukunft 1949, 171–173 von Benedikt Kautsky (1894–1960).

49   Zum Gedächtnis Wilhelm Börners. Hg. von der „Ethischen Gemeinde" in Wien. Wien 1952; Sonja Kato-Mailath-Pokorny: Wilhem Börner (1882–1951) (Sein Leben an Hand ausgewählter Werke). Diplomarbeit. Wien 2007 (keine Bezugnahme auf Schönfeld).

50   Eduard Leisching: Ein Leben für Kunst und Volksbildung. Erinnerungen. Wien 1978, 75.

51   Brigitte Hamann: Pazifismus in Wien um 1900. In: Wien um 1900. Aufbruch in die Moderne. Hg. von Peter Berner, Emil Brix und Wolfgang Mantl. München 1986, 226–231.

52   ÖBL 2 (1959), 25.

53   Franz Sertl: Die Freidenkerbewegung in Österreich im zwanzigsten Jahrhundert. Dissertationen der Universität Wien Band 5. Wien 1995, 119 f. (mit Nennung von Bruno Schönfeld).

54   Arbeiter Zeitung vom 10. Oktober 1931.

55   Die Menschenrechte VI/10, Berlin, 5. November 1931.

56   Rudolf Carnap: Mein Weg in die Philosophie. Stuttgart 1993.

57   Carnap, Mein Weg, 42.

58   Karl R. Popper: Ausgangspunkte. Meine intellektuelle Entwicklung. Hamburg 2. A. 1982.

59   Anton Amann: Soziologie in Wien. Entstehung und Emigration bis 1938. Eine Skizze mit besonderer Berücksichtigung der Rechts- und Staatswissenschaftlichen Fakultät der Universität Wien. In: Friedrich Stadler (Hrsg.), Vertriebene Vernunft I. Emigration und Exil österreichischer Wissenschaft 1930–1940. Wien / München 1987, 214–237.

60   Minna Lachs: Zwischen zwei Welten. Erinnerungen 1941–1946. Vorwort von Julian Schutting. Wien 1992, 28.

61   Der Zauberberg, 2. Band, Berlin 1925, 277 f.

62   Wien 1918, 26 S.

63   Flugschriften der Ethischen Gemeinde 4. Wien 1936, 23 S.

64   P. Georg Bichlmair S. J.: Das proletarische Freidenkertum. Der Seelsorger. Wien 1925.

65   Vgl. Ernst Glaser: Im Umfeld des Austromarxismus. Ein Beitrag zur Geistesgeschichte des österreichischen Sozialismus, Wien-München-Zürich 1981, 179. – Zum Gedenken an Paul Kammerer von Bruno Schönfeld und Hans Przibram vgl. ebenda, 50f.

66   Österreichischer Amts-Kalender für das Jahr 1937. Wien 1937.

67   Inez Kykal: Der Sozialistenprozess 1936. Phil. Doktorarbeit Wien 1968.

68   Frdl. Mitteilung der Rechtsanwaltskammer Wien vom 3. 4. 2009 und frdl. Mitteilung von Dr. Alfred Pfoser (Wienbibliothek im Rathaus).

69 Zwischen den Zeiten. Erinnerungen aus fünf Jahrzehnten. Siedler Verlag und Kremayr & Scheriau, 242–247.

70 Dokumentationsarchiv des österreichischen Widerstandes (Hg.): Widerstand und Verfolgung in Wien 1934–1945. Eine Dokumentation. 1934–1938. Band 1. Wien 1975, 100–111, Zitat 110.

71 Christina Pal: Heinrich Steinitz. Anwalt und Poet. Mandelbaum Verlag 2006.

72 Über TS s. Artikel in: Who's Who in Technology. Edition Austria – Germany – Switzerland. 1st Edition. 1979, 641 f.; K. Irlweck: Univ. Prof. Dr. Thomas Schönfeld zum 70. Geburtstag. ÖChemZ 1993/6, 159 f.; Gabriele Wallner: In memoriam Thomas Schönfeld (1923–2008). Gastbeitrag am 11. Juni 2008 dieuniversitaetonline. Universität Wien; G. Wallner / F. Steger: In memoriam Thomas Schönfeld (1923–2008). Strahlenschutz aktuell 43 (1), 2009, 34 f.; Thomas Schönfeld hat sich selbst die Sigle TS gegeben, was hier durchgängig verwendet wird.

73 Regina Erdinger / Maria Sonnweber / Wolfgang Weigel / Hans-Peter Wittmann (Hg.): Die Stubenbastei. Vergangenheit und Gegenwart einer Wiener Schule, Wien [u. a.] 1997.

74 Egon Schwarz: Keine Zeit für Eichendorff. Chronik unfreiwilliger Wanderjahre. Königstein / Taunus. 1979.

75 Gerda Lerner: Feuerkraut. Eine politische Autobiografie. Wien 2009.

76 Eric Kandel: Auf der Suche nach dem Gedächtnis. Die Entstehung einer neuen Wissenschaft des Geistes. München 2006.

77 Käthe Kollwitz: Die Tagebücher. Hg. von Jutta Bohnke-Kollwitz. Siedler Verlag, 465.

78 DÖW, Sammlung Börner. Dort sind auch die nachfolgend zitierten Briefe Schönfeld / Börner.

79 Das Ehepaar Lilly und Walter Eckstein war aus Wien.

80 Minna Lachs, Zwischen zwei Welten, 28.

81 Peter Weiss: Abschied von den Eltern. Erzählung. Suhrkamp 1980.

82 The New York Times, 3. Mai 1999; www.columbia.edu/cu/pr/99/19536.htm

83 The New York Times, 3. April 1982.

84 Für das Folgende Gerhard Oberkofler: Erwin Chargaff und sein Wien. Ein paar Randnotizen zu seinem hundertsten Geburtstag. Mitteilungen der Alfred Klahr Gesellschaft, Nr. 2/2005; Lexikonartikel über Chargaff u. a. in: International Biographical Dictionary of Central European Emigrés 1933–1945. Vol. II Part 1: A – K. The Arts, Sciences, and Literature. München – New York – London – Paris 1983, 186; Österreich Lexikon in drei Bänden. Bd. I, Wien 2004, 218; Erwin Chargaff: Das Feuer des Heraklit. Skizzen aus einem Leben vor der Natur. Sammlung Luchterhand, 1989. Zitate folgen dieser Lizenzausgabe. Chargaffs Autobiographie ist zuerst erschienen unter dem Titel „Heraclitean fire sketches from a life before nature" in New York, Rockfeller University Press 1978 und wurde von Klett-Cotta, Stuttgart, 1979 in (etwas verändert) deutscher Sprache herausgegeben. Das Buch wurde sowohl deutsch wie englisch in mehreren Auflagen nachgedruckt. Autobiographische und andere Texte von Chargaff sind bei Klett-Cotta, bei dem das literarische Gesamtwerk von Chargaff lieferbar ist, 1995 unter dem Titel „Ein zweites Leben" herausgegeben worden.

85 Gina Kaus: Von Wien nach Hollywood. Erinnerungen. Suhrkamp tb 1990, bes. 106 f.

86 Albert Fuchs, Ein Sohn aus gutem Haus (mit einer Einleitung von Robert Bondy). In: Die Alfred Klahr Gesellschaft und ihr Archiv. Beiträge zur österreichischen Geschichte des 20. Jahrhunderts. AKG Quellen & Studien 2000. Wien 2000,

211–258. Dazu Willi Weinert, Editorische Anmerkungen, 212 f.; Willi Weinert: Zum Leben von Albert Fuchs. Aus dem Briefwechsel mit Erwin Chargaff. In: Die Alfred Klahr Gesellschaft und ihr Archiv, 259–275.

87 Willi Weinert hat den Briefwechsel zwischen den beiden Freunden teilweise publiziert. In: Die Alfred Klahr Gesellschaft und ihr Archiv. Beiträge zur österreichischen Geschichte des 20. Jahrhunderts. Wien 2000, 259–275.

88 Gerhard Oberkofler / Peter Goller: Fritz Feigl (1891–1971). Notizen und Dokumente zu einer wissenschaftlichen Biographie. Hg. von der Zentralbibliothek für Physik in Wien. Wien 1994.

89 Das Folgende nach Hans Mikosch / Gerhard Oberkofler: Über die zweimalige Emigration von Samuel Mitja Rapoport aus Wien (1937 und 1952) Alfred Klahr Gesellschaft. Mitteilungen. Nr. 3/2008, 14–22; auch SB Leibniz-Sozietät der Wissenschaften 101 (2009), 159–183; Ingeborg Rapoport: Meine ersten drei Leben. Berlin 1997.

90 Biochemische Zeitschrift 251 (1932), 432–446.

91 Jura Soyfer: Werkausgabe. Hg. von Horst Jarka. Band III. Wien / Frankfurt a. M. 2002.

92 Zitiert nach Joseph Roth: Juden auf Wanderschaft. DTV 2006, 86.

93 The Journal of Biological Chemistry 124 (1938).

94 Dazu auch die Erinnerungen des Wiener Emigranten Erwin Rennert: fast schon amerikaner. edition exil. wien 2005.

95 www.meduniwien.ac.at/index.php?id=420&datum=20040720094051

96 Carl Djerassi: Die Mutter der Pille. Autobiographie. München / Zürich. Taschenbuchausgabe 2001.

97 Simon Loidl: Österreichische Kommunisten im Exil in den USA. Alfred Klahr Gesellschaft. Mitteilungen Nr. 1/2006, 1–9.

98 Otto Brichacek / Robert Bondy: Exil in Großbritannien: für ein freies Österreich. Alfred Klahr Gesellschaft. Mitteilungen Nr. 1/1995.

99 Lisl Rizy: Otto Brichacek (28. 1. 1914 – 16. 12. 1999). www.kommunisten-online. de/otto_brichacek.htm

100 Simon Loidl: Österreichische KommunistInnen im Exil in den USA. Alfred Klahr Gesellschaft. Mitteilungen. 1/2006.

101 Der Artikel von Sartre in der „Liberation" ist abgedruckt in: apropos Ethel Rosenberg. Mit einem Essay von Stefana Sabin. Frankfurt a. M. 1996, 102–105.

102 Bruno Furch: Allen Gewalten zum Trotz. Wien 1993, 296–300.

103 Hans J. Thalberg: Von der Kunst Österreicher zu sein. Erinnerungen und Tagebuchnotizen. Wien [u. a.] 1984, 125.

104 Otto Kreilsheim: Ich erinnere mich … Hg. vom Bund demokratischer Lehrerinnen und Lehrer. Wien 1989.

105 Gerhard Oberkofler: Heinz Fischer empfängt Otto Habsburg. Randbemerkungen zum historischen Zusammenhang. Alfred Klahr Gesellschaft. Mitteilungen 2/2008, 15–20.

106 Franz Kain: Am Taubenmarkt. Damasus. Bibliothek der Provinz. Weitra 1991, 241.

107 Über den Militär-Industriekomplex und die Wissenschaftler s. Jürgen Kuczynski: Wissenschaft. Heute und Morgen. Geschrieben unter dem Kreuzfeuer der Kritik von Robert Rompe und Kurt Werner. Köln 1973.

108 Friedrich Georg: ‚Unternehmen Patentraub' 1945. Die Geheimgeschichte des größten Technologieraubs aller Zeiten. Tübingen 2008, 322 (323 Faksimile des Artikels der New York Times vom 26. Mai 1947).

109 Jürgen Kuczynski: Memoiren. Die Erziehung des J. K. zum Kommunisten und Wissenschaftler. Berlin / Weimar. 3. A. 1981, 398–416.

110 Gudrun Fiedler und Hans-Ulrich Ludewig: Zwangsarbeit und Kriegswirtschaft im Lande Braunschweig 1939–1945. Braunschweig 2003.

111 Franz Fischer: Leben und Forschung. Erinnerungen aufgezeichnet in den Jahren 1944 bis 1946 von Franz Fischer. Hg. vom Max-Planck-Institut für Kohleforschung. Mülheim a. d. Ruhr 1957.

112 Arthur Paul Zwiste ist 1913 als Lehrling in die Farbenfabriken Bayer & Co eingetreten, war 1929 Bürovorsteher in Leverkusen, 1931 im TD-Büro der Leitung der Sparten organische Chemie und Farben in Frankfurt a. M. und seit 1943 Leiter der Direktionsabteilung im Werk Leverkusen. Frdl. Auskunft von Hans-Hermann Pogarell von Bayer Business Services GmbH, Leverkusen!

113 Der Chemiker Hans Kühne (1880–1969) war Angeklagter im Nürnberger Prozess gegen I. G. Farben, wurde aber 1948 freigesprochen. Er erhielt eine Anstellung bei Bayer Elberfeld durch Ulrich Haberland. www.wollheim-memorial.de/de/hans_kuehne_18801969

114 Österreichischer Amtskalender für das Jahr 1951. Wien 1951.

115 Das Gutachten o. D. ist vervielfältigt und im Nachlass von Thomas Schönfeld überliefert.

116 Ausgabe der „Österreichischen Zeitung". Wien 1947.

117 Hans Thirring: Stellungnahme zum Pariser Weltfriedens-Kongress. Hg. von der Österreichischen Friedensgesellschaft. Wien [1949].

118 Weg und Ziel 1950, 380–385, hier 380.

119 Gabriele Kerber / Brigitte Zimmel: Die Pugwash-Bewegung. In: Brigitte Zimmel / Gabriele Kerber (Hg.): Hans Thirring. Ein Leben für Physik und Frieden (= Beiträge zur Wissenschaftsgeschichte und Wissenschaftsforschung. Hg. v. Wolfgang Kerber und Wolfgang Reiter 1). Wien / Köln / Weimar 1992, 127–138; Text des Manifests 135–138.

120 Reiner Braun / Robert Hinde / David Krieger / Harold Kroto / Sally Milne: Joseph Rotblat: Visionary for Peace. Weinheim 2007.

121 Zitate nach Joachim Grössing: Erwin Kock – Ein Pfarrer leistet Widerstand. Kritisches Christentum Nummer 103/Dezember 1986, 21–26 und 104/Jänner 1987, 18–22. Frdl. Auskunft Mag. Joachim Grössing!

122 Viktor Matejka: Das Buch Nr. 2. Anregung ist alles. Wien 1991, kolportiert S. 156, dass die KPÖ Dobretsberger („Dob") während des Oktober-Streiks 1950 im Falle des Falles als Bundeskanzler in Aussicht genommen habe.

123 Österreichische Friedenszeitung Nr. 2, 2. Jg., Februar 1951.

124 Stimmen zur Zeit, Informationsbulletin. Sonderdruck aus Nr. 62 April 1980.

125 Mit Illustrationen. Wien. Österreichischer Friedensrat [1952]. 63 S.

126 Jean-Paul Sartre: Was ich in Wien gesehen habe – das ist der Frieden. Österreichische Friedenszeitung – Sondernummer.

127 Dazu Manfred Mugrauer: Schostakowitsch in Wien. Musicologica Austriaca 27 (2008), 211–280, hier 214.

128 Menschen. Jahre. Leben. Memoiren. Band III. Berlin, 2. A. 1982, 517–522.

129 Völkerkongress für den Frieden. Reden und Dokumente, 58–64.

130 Österreichische Friedenszeitung vom 6. Juni 1953.

131 Hg. vom Österreichischen Friedensrat im Selbstverlag Wien VII, Neustiftgasse 2. [1952, 163 S.].

132 Österreichische Friedens-Zeitung. 6. Jg. Nr. 5, Mai 1955.

II.

1   Max Frisch: Forderungen des Tages. Porträts, Skizzen, Reden 1943–1982. Hg. von Walter Schmitz. suhrkamp tb 1983, 173–184 (Ferngesteuerte Ruinen. Notizen aus Berlin und Wien).

2   Hilde Spiel: Rückkehr nach Wien. Ein Tagebuch. Mit einem Vorwort von Daniela Strigl. Wien 2009.

3   Milan Dubrovic: Veruntreute Geschichte. Die Wiener Salons und Literatencafés. Berlin 2001, 29 und 120.

4   Gitta Deutsch: Böcklingstraßenelegie. Erinnerungen. Wien 1993, 45.

5   Helga E. Hörz: Zwischen Uni und UNO. Erfahrungen einer Ethikerin. Berlin 2009, 61.

6   Oberkofler, Rabofsky, 216.

7   So auch Stephan Hermlin: Äußerungen 1944–1982. Berlin / Weimar 1983, 409–420.

8   Aus dem Archiv: Hugo Hupperts Anklage gegen Ernst Fischer. Alfred Klahr Gesellschaft. Mitteilungen. Nr. 2/2002.

9   Zentralkomitee der Kommunistischen Partei Österreichs (Hg.): Der 22. Parteitag der Kommunistischen Partei Österreichs. 18. bis 20. Jänner 1974. Wien [1974], 301 f.

III.

1 Über E. B. Zentralbibliothek für Physik in Wien (Hg.): Engelbert Broda (1910–1983). Wissenschaft und Gesellschaft. Wien 1993 (mit weiterführenden Literaturangaben).

2 Über die Bedeutung persönlicher Schulen s. B. Bradinov et al. (Deutsche Übersetzung und wissenschaftliche Bearbeitung durch Günter Kröber, Berlin): Grundlagen der Wissenschaftsforschung (= Wissenschaft und Gesellschaft 26). Berlin 1988.

3 Engelbert Broda: Dr. Egon Schönhof. In: Aus der Vergangenheit der KPÖ. Aufzeichnungen und Erinnerungen zur Geschichte der Partei. Wien 1961, 37–412, hier 41; Eduard Rabofsky: Juristen gegen Krieg und Faschismus. Weg und Ziel 44 (1986), 144–146.

4 Theodor Prager: Zwischen London und Moskau. Bekenntnisse eines Revisionisten. Mit einem Nachwort von Georg Eisler. Wien 1975.

5 Ebenda, 63.

6 Engelbert Broda: Ludwig Boltzmann. Mensch – Physiker – Philosoph. Wien 1955 (Lizenzausgabe Berlin DDR 1957; Übersetzungen japanisch und – in gekürzter Form – russisch). 2., überarb. Auflage neu hrsg. von Gitta Deutsch, Thomas Schönfeld. Wien 1986.

7 Paul Broda / Gitta Deutsch / Peter Markl / Thomas Schönfeld / Helmuth Springer-Lederer (Hg.): Engelbert Broda, Wissenschaft. Verantwortung. Frieden. Ausgewählte Schriften. Wien 1985.

8 Anton Holasek / Alois Kernbauer: Biochemie in Graz. Graz 1997, 209 f.

9 Andreas Huber: Studenten im Schatten der NS-Zeit. Entnazifizierung und politische Unruhen an der Universität Wien 1945–1950. Diplomarbeit. Wien 2009.

10 Almanach der Österreichischen Akademie der Wissenschaften für das Jahr 1957, 107. Jg. (Wien 1958), 368–390 (Otto Kratky).

11 Gerhard Oberkofler / Eduard Rabofsky: Wissenschaft in Österreich, 56–61.

12 Vgl. Friedrich Stadler: Studien zum Wiener Kreis. Ursprung, Entwicklung und Wirkung des Logischen Empirismus im Kontext, Frankfurt 1997.

13 Dazu Manfred Mugrauer: „Teilungspläne" und „Putschabsichten". Die KPÖ im Gedenkjahr 2005. Alfred Klahr Gesellschaft. Mitteilungen Nr. 4/2005.

14 Hans J. Grümm: Drei Leben. Krieg. Partei. Atom. Freistadt 1992.

15 Lesenswert auch Lutz Holzinger: Die Konterrevolution in Ungarn 1956 (I–IV). Volksstimme 30. 10., 1. 11., 3. 11. und 5. 11. 1981.

16 Gerhard Oberkofler: Eduard Rabofsky. Jurist der Arbeiterklasse. Innsbruck / Wien 1997, 220.

17 Jugend Voran vom 3. Februar 1951.

18 Edith Rosenstrauch-Königsberg. Von der Metallschleiferin zur Germanistin. Lebensstationen und historische Forschungen einer Emigrantin und Remigrantin aus Wien. Hg. von Beatrix Müller-Kampel. Wien / Köln / Weimar 2001, 57f.

19 Vgl. Marie Tidl: Die Roten Studenten. Dokumente und Erinnerungen 1938–1945. (=Materialien zur Geschichte der Arbeiterbewegung 3), Wien 1976.

20 Leopold Spira: Kommunismus adieu. Eine ideologische Biographie, Wien 1992.

21 Spira, Kommunismus, 16.

22 Grümm, 171. Das steht im Widerspruch zur Einschätzung von Fritz Keller (*Wien, 1950), der überhaupt ohne näheren Beleg meint, der VDS sei ein Diskussionszirkel

gewesen, jeder, der wollte, sei in die Leitung gekommen. Fritz Keller: Wien, Mai 68 – Eine heiße Viertelstunde. 2. erw. Auflage, Wien 1988, 20.

23 Marie Tidl: Die Roten Studenten, 215 f.; Rigorosenakt Brassloff (mit Lebenslauf) UA Wien.

24 Über Josef Nadler Irene Ranzmaier: Stamm und Landschaft. Josef Nadlers Konzeption der deutschen Literaturgeschichte. Berlin / New York 2008.

25 Hochschul-Zeitung 2. Jg., November – Dezember 1949.

26 Nr. 3, 2. Jg., März 1949.

27 Gerhard Oberkofler / Eduard Rabofsky: Wissenschaft in Österreich.

28 Nr. 5, Dezember 1948.

29 Hochschul-Zeitung Nr. 6, Dezember 1948.

30 Georgi Dimitroff: Tagebücher 1933–1943. Hg. von Bernhard H. Bayerlein. Berlin 2000, 97.

31 VII. Weltkongress der Kommunistischen Internationale. Referate. Aus der Diskussion. Schlusswort. Resolutionen. Frankfurt a. M. 1971, 76.

32 Hochschul-Zeitung Nr. 6 – 2. Jg., November-Dezember 1949.

33 Nach dem mit eigenhändigen handschriftlichen Verbesserungen im Nachlass von Thomas Schönfeld überlieferten Konzept (Maschineschrift).

34 Frederick Soddy: The origins of the conceptions of isotopes. Nobel Lecture, December 12, 1922. Nobel Lectures. Chemistry 1901–1921. Amsterdam / London / New York 1966, 371–399.

35 Almanach der ÖAdW f. d. Jahr 1978, 128. Jg., Wien 1979, 311–330.

36 Bundesministerium für Unterricht Zl. 56.224–4/59 zu Zl. 444 aus 1958/59 vom 27. 4. 1959. UA Wien.

37 PA Alfred Brukl. UA Wien.

38 Vorschlag Ebert vom 2. Oktober 1953. PA Brukl. UA Wien.

39 Österreichische Chemiker-Zeitung 51 (1950), 112 f.

40 Österreichische Chemiker-Zeitung 51 (1950), 118–141.

41 Gerhard Oberkofler / Peter Goller: Fritz Feigl (1891–1971). Notizen und Dokumente zu einer wissenschaftlichen Biographie. Hg. von der Zentralbibliothek für Physik in Wien. Wien 1994.

42 Chromatography. A Review of Principles and Applications. Amsterdam / Houston / London / New York 1953, 75.

43 Journal of Chromatographie Vol. 1113, Issues 1–2, April 2006, p. 3 –4.

44 Handbuch der Papierchromatographie. Band I. Grundlagen und Technik. Zweite, überarbeitete Auflage Jena 1963, 84, 85, 232.

45 Gedenkdienst No 1a/07.

46 Robert Tauber: Untersuchungen an Alphastrahlern mit Hilfe photographischer Platten. Wien 1951. 69 Bl. Maschinschr. ÖNB.

47 UA Wien.

48 Traudl Schmidt: Das Schicksal hat mich verschont … Versuch einer politischen Biographie. Die Lebens- und Familiengeschichte von Paul Löw-Beer (1910–2003). Wien 2005 (Diplomarbeit).

49 R. Tauber / T. Schönfeld: Über die Adsorption von Polonium an Zellulose und Glas. J. Chromatography 4 (1960), 222–227.

50 Wien 1955. 70 Bl. Maschinschrift. ÖNB.

51 Robert W. Rosner: Der Ignaz Lieben Preis. Ein österreichischer Nobelpreis. Chemie 4/1997, 30.

52 Robert W. Rosner: Chemie in Österreich 1740–1914. Lehre – Forschung – Industrie (= Beiträge zur Wissenschaftsgeschichte und Wissenschaftsforschung 5). Wien / Köln / Weimar 2004.

53 Österreichische Chemiker-Zeitung 53 (1952), 263 f.

54 Wien 1954. 147 Bl. Maschinschr. ÖNB.

55 UA Wien.

56 PA Engelbert Broda. UA Wien.

57 Handbuch der Mikrochemischen Methoden. Hg. von Friedrich Hecht und Michael Zacherl. Band II. Verwendung der Radioaktivität in der Mikrochemie. Radiochemische Methoden von E. Broda und T. Schönfeld. Mit 25 Textabbildungen. Wien 1955, 1–276. Dort 277–340: Messung radioaktiver Strahlen in der Mikrochemie von Traude Bernert, Berta Karlik und Karl Lintner. Mit 48 Textabbildungen. 341–386 Photographische Methoden in der Radiochemie von Hanne Lauda. Mit 6 Textabbildungen.

58 VEB Verlag Technik Berlin. Porta Verlag München 1956. X u. 313 S.; 2. durchgesehene Auflage 1957, Übersetzungen: japanisch, polnisch, rumänisch, russisch, tschechisch; 3., verbesserte und stark erweiterte Auflage, VEB Deutscher Verlag für Grundstoffindustrie, Leipzig 1962 (Übersetzung englisch).

59 Österreichische Chemiker – Zeitung 58 (1957), 317.

60 Österreichische Chemiker–Zeitung 58 (1957), 226.

61 Österreichische Chemiker–Zeitung 58 (1957), 210.

62 W. Fleischhacker / T. Schönfeld: Pioneering Ideas for the Physical and Chemical Sciences. Josef Loschmidt's Contributions and Modern Developments in Structural Organic Chemistry, Atomistics, and Statistical Mechanics. New York / London 1997. Hier 223–232 Nikolaus Bachmayer and Thomas Schönfeld: Loschmidt's Article „On the Size of Air Moleculs" and Subsequent Work on Related Aspects of Atomistics.

63 Robert Rosner / Brigitte Strohmaier (Hg.): Marietta Blau – Sterne der Zertrümmerung. Biographie einer Wegbereiterin der modernen Teilchenphysik. Wien / Köln / Weimar 2003. Dort 111–141 Thomas Schönfeld: Zur photographischen Methode in der Kernphysik: Marietta Blaus bedeutende Wiener Forschungsergebnisse (1925–1938).

64 Max Reinharz: Untersuchungen über den Durchschlags- und Ionenleitungsmechanismus in Papier. Wien 1952, 72 Bl. Maschinschr. ÖNB.

65 Gutachten UA Wien.

66 Thomas Schönfeld und Max Reinharz: Ionenaustauschfähigkeit und Durchschlagsfestigkeit von Papier. Monatshefte für Chemie 83 (1952), 753–757 und Ionentransport in trockenem Papier. Monatshefte für Chemie 84 (1953), 392–405.

67 Fritz Passler: Methode zur Bestimmung der Radiokohlenstoffverteilung in markierten Proteinen. Wien 1954. 82 Bl. Maschinschr. ÖNB.

68 UA Wien.

69 Monatshefte Chemie 86 (1955), 88–97.

70 Österreichische Chemiker-Zeitung 56 (1955), 228.

71 55 (1954), 223–224.

72 Zeitschrift Österreichischer Ingenieur- und Architekten Verein 102 (1957), 127–129.

73 Österreichische Chemiker-Zeitung 57 (1956), 129.

74 Chemische Untersuchungen zu Fragen der Gewinnung von Uran aus Kohlen. [Mit Abb. u. Diagr.] Wien 1959 [Wien, phil. Diss. 19. Dez. 1959]; T. Schönfeld,

M. ElGarhy, Ch. Friedmann, J. Veselsky: Ausführung und Probleme der fluorimetrischen Uranbestimmung. Mikrochim. Acta 1960, 883–892.

75 NZZ vom 5. Oktober 2009 (Moskaus überraschende Bombenexplosion).

76 K. Liebscher und T. Schönfeld: Messung der Radioaktivität von Oberflächenwässern mit dem Gammaspektrometer. Wasser und Abwasser 1959, 125–130 (auch: Mitteilungen Österreichische Sanitätsverwaltung 61 (1960), 329–331); F. Habashi und T. Schönfeld: Feststellung der Freisetzung „frischer" Spaltprodukte in die Biosphäre durch Gammaspektrometrie. Atompraxis 6 (1960), 414–415; K. Liebscher, F. Habashi und T. Schönfeld: Beobachtungen über das Verhalten von Spaltprodukten in Oberflächenwässern. Atompraxis 7 (1961), 94–100.

77 Frdl. Mitteilungen Fathi Habashi!

78 T. Schönfeld, K. Liebscher, F. Karl, Ch. Friedmann: und A. Schaller: Radioactive Fission Products in lungs. Nature 185 (1960), 192 f.; weitere Studien folgten u. a.: K. Liebscher, T. Schönfeld, A. Schaller: Concentration of inhaled Cerium-144 in pulmonary lymph nodes of human beings. Nature 192 (1961), 1308; T. Schönfeld, K. Liebscher, F. Karl, A. Schaller: Messungen radioaktiver Spaltprodukte in menschlichen Lungen und Lymphknoten des Lungenhilus. Proc. Dritter Internationaler Kongress für Hygiene und Präventivmedizin. Wien, Mai 1962, Bericht 10.

79 U. a. M. Wald und T. Schönfeld: Über das Verhalten von Metall-Äthylendiamintetraessigsäure-Komplexen an Anionenaustauschersäulen und seine radiochemische Bedeutung. Monatshefte Chemie 89 (1958), 189–202; T. Schönfeld, M. Wald, M. Bruno: Radiochemical separations on anion exchange columns with employment of strong complexing agents. Proc. Second Internat. Conf. Peaceful Uses of Atomic Energy, Geneva, September 1958, United Nations, Geneva 1958, vol. 28, 48–54; M. Wald, T. Schönfeld: Über das Verhalten von Metall-Äthylendiamintetraessigsäure-Komplexen an Anionenaustauschersäulen; II. Thorium-Komplexe. Monatshefte Chemie 89 (1958), 526–535; M. Wald, T. Schönfeld: Über die Aufnahme von Metall-Nitrilotriessigsäure-Komplexen durch Anionenaustauscher. Monatshefte Chemie 90 (1959), 189–197.

80 Mikrochimica Acta 1962, 254–264.

81 Czesław Łuczak: Polnische Wissenschaft und polnisches Hochschulwesen während der Hitlerokkupation. In: Universities during World War II. Materials of the International Symposium held at the Jagiellonian University on the 40 Anniversary of „Sonderaktion Krakau". Cracow, October 22–24, 1979. Warszawa / Kraków 1984, 37–45.

82 Günter Flach / Gerhard Banse / Manfed Bonitz (Hg.): Atomkraft – Herausforderung an die Menschheit. Präsidium der URANIA Zentralinstitut für Kernforschung Berlin / Rossendorf 1988. S. 220–236 Klaus Fuchs: Die Bedeutung der Kernenergie für den wachsenden Energiebedarf der Menschheit.

83 AÖAW, FE-Akten, Radiumforschung, K. 47 (= Mikrofiche-No. 691).

84 Wilhelm Frank: Erkenntnis und Tat. Österreichische Ingenieur-Zeitschrift 18 (1975), 393–397.

85 Broda / Schönfeld: Nuclear methods in chemical analysis. Acta Chimica Academiae Scientiarum Hungaricae 50 (1966), 49–62.

86 Archiv der ÖAdW. Frdl. Mitteilung von Herrn Archivar Dr. Stefan Sienell!

87 Gerhard Oberkofler: Nikolaus Grass. Einige wissenschaftshistorische Miniaturen aus Briefen und seine Korrespondenz mit dem Prager Juden Guido Kisch. Innsbruck 2008.

IV.

1 Schweizerische Gesellschaft der Kernfachleute (Herausgeber): Geschichte der Kerntechnik in der Schweiz. Die ersten 30 Jahre 1939–1969. Oberbözberg 1992.

2 Forschungszentrum Seibersdorf: Der Forschungsreaktor Seibersdorf und seine Nutzung. Eine Übersicht. OEFZS-Bericht. Als Manuskript vervielfältigt.

3 Volksstimme 2. Mai 1955 (Bericht über einen Vortrag von Thomas Schönfeld über die friedliche Anwendung der Atomenergie).

4 Hans Grümm: Angewandte Forschung in Österreich an Hochschulen und außeruniversitären Forschungsinstituten. In: Die Zukunft von Wissenschaft und Technik in Österreich. Symposium aus Anlass des Nationalfeiertages 1972. Veranstaltet von der Österreichischen Bundesregierung. Wien 1973, 80–82.

5 Max Perutz: Ich hätte sie schon früher ärgern sollen. Aufsätze über Wissenschaft, Wissenschaftler und die Menschheit. Purkersdorf 1999, 193.

6 T. Schönfeld, K. Liebscher und F. Karl: Factors Controlling the Distribution of Fission Products in the Biosphere (Summary Report on Research Contract No. 1 with the International Atomic Energy Agency). Wien 1962, 185 Seiten und T. Schönfeld und Ch. Friedmann: Deposition of Inhaled Fission Products in Lungs and Pulmonary Lymph Nodes of Human Beings (Summary Report on Research Contract No. 156/RB with the International Atomic Energy Ageny). Wien 1965, 53 Seiten.

7 Wallner / Steger, In memoriam Thomas Schönfeld, 35.

8 T. Schönfeld, K. Liebscher, F. Karl, Ch. Friedmann: und A. Schaller: Radioactive Fission Products in lungs. Nature 185 (1960), 192 f.; weitere Studien folgten u. a.: K. Liebscher, T. Schönfeld, A. Schaller: Concentration of inhaled Cerium-144 in pulmonary lymph nodes of human beings. Nature 192 (1961), 1308; T. Schönfeld, K. Liebscher, F. Karl, A. Schaller: Messungen radioaktiver Spaltprodukte in menschlichen Lungen und Lymphknoten des Lungenhilus. Proc. Dritter Internationaler Kongress für Hygiene und Präventivmedizin. Wien, Mai 1962, Bericht 10.

9 K. Irlweck, Ch. Friedmann und T. Schönfeld in: Mitteilungen der österreichischen Sanitätsverwaltung 82 (1981), 81–84.

10 F. Steger / E. Urbanich / E. Lovranich / A. Hefner: Anwendung eines Si-Oberflächensperrschichtdetektors zur Alphaspektrometrie, insbesondere zur Spektrometrie niedrigster Alpha-Aktivitäten im Strahlenschutz. SGAE-Bericht No. 2397 (1974).

11 K. Irlweck / F. Steger: Fall Out Plutonium in Austrian Soil Samples. 4. international congress of IRPA. Paris (France) 24–30 Apr 1977. Vol. 3: p. 853–856.

12 Z. B. Ch. Friedmann und T. Schönfeld: Some results on the removal of radiocesium from low-activity waste water by coprecipitation with ferrocyanides. Radiochem. Radioanal. Letters 2 (1969), 333; T. Schönfeld und Ch. Friedmann: Aufnahme von Spurenmengen Antimon (Radioantimon) durch einige Metalloxidhydrat-Niederschläge). Monatshefte Chemie 101 (1970), 1518.

13 Ch. Friedmann und T. Schönfeld: Versuche über die Aufnahme radioaktiver Spaltprodukte durch vorgebildete Adsorbentien, Fortschrittsberichte über Untersuchungen zur Dekontaminierung radioaktiv verunreinigten Trinkwassers, Institut für Strahlenschutz, Reaktorzentrum Seibersdorf:

Bericht I: Untersuchte Adsorbentien, Aufnahme von Radiojod, Juni 1966, 26 Seiten – Bericht II: Aufnahme von Radiocer und Radiocäsium, September 1966, 37 Seiten – Bericht III: Aufnahme von Radiostrontium, Ergänzende Versuche über die Aufnahme von Radiojod und Radiocer, Jänner 1967, 47 Seiten – Bericht IV: Ergänzende Versuche über die Aufnahme von Radiostrontium, März 1967, 14 Seiten.

14 Z. B. F. Steger, A. Hefner, T. Schönfeld: „Two-Area-Method" for Evaluating Scintillation Gamma Spectra by Calibrated Peak Fractions. Internat. Journal Applied Radiation Isotopes 26 (1975), 626.

15 OeNB, Doktorarbeit Franz Vojir.

16 K. Pock / F. Steger / T. Schönfeld: Thorium in quartz glass: significance for activation analysis of excreta. Journal for Radioanal. Nucl. Chem. 155 (6) (1991), p. 427–433.

17 http://inisdb2.iaea.org

18 SGAE Ber. No. 2691, Jänner 1977; K. Irlweck / H. Richard / T. Schönfeld / H. Sorantin / F. Steger: Bestimmungen kleinster Mengen von Radionukliden in der Luft für die Umgebungsüberwachung von Kernkraftwerken und für großräumige Überwachung. Progress Rep. BMGU 39 p. 1978 (In German) (1978).

19 V. Karg / T. Schönfeld: Bestimmung von Jod-129 in Umweltproben aus Österreich mittels Neutronenaktivierungsanalyse. Arbeitsmethoden und Ergebnisse (1984–85). Österr. Forschungszentrum Seibersdorf. Institut für Strahlenschutz 1986. 23 S.; V. Karg / T. Schönfeld: Das Radionuklid Jod-129 in der Biosphäre: Bestimmungen in Österreich. Mitteilungen der Österreichischen Sanitätsverwaltung 87 (1986), Heft 4, Sonderdruck 3 S. („Herrn Univ. Prof. Dr. K. L. Komarek, Vorstand des Instituts für Anorganische Chemie der Universität Wien, aus Anlass seines 60. Geburtstages gewidmet").

20 Gabriele Wallner und T. Schönfeld: Das Radionuklid Jod-129 in der Biosphäre (II). Weiterführung der Bestimmungen in Österreich [1986–1990]. Mitteilungen der Österreichischen Sanitätsverwaltung 92 (1991), Heft 2. Sep. 3 S.

V.

1 Arbeitskreis Automation. Zentrale Fraktion der Gewerkschaftlichen Einheit im ÖGB. Bibliotheken von Morgen. Wien 1967.

2 Als Typoskript vervielfältigt. Wien Jänner 1961.

3 Als Typoskript vervielfältigt. Wien Mai 1963.

4 Als Typoskript gedruckt (Zentrale Fraktion der Gewerkschaftlichen Einheit im ÖGB, Wien 2, Novaragasse 2).

5 London 1973.

VI.

1   Manfred Mugrauer: Der „Prager Frühling" und die Parteikrise der KPÖ. In: Stefan Karner [u. a.] (Hg.): Prager Frühling. Das internationale Krisenjahr 1968. Beiträge. Köln / Weimar / Wien 2008, 1043–1961; derselbe: Von der Verurteilung zur „bitteren Notwendigkeit". Die KPÖ, der „Prager Frühling" und die Militärintervention in Prag. Alfred Klahr Gesellschaft. Mitteilungen Nr. 2/2208.

2   Der große Verrat. Ein politisches Drama in 5 Akten. Wien 1950 (= Tagblatt-Bibliothek 1328/5).

3   Hochschul-Zeitung Nr. 3 – 3. Jg., April 1950.

4   Kain, Am Taubenmarkt, 409.

5   Alfred Hrdlicka: Über Stalin, Staberl & Co. Volksstimme 10. Juli 1988.

6   Handbuch österreichischer Autorinnen und Autoren jüdischer Herkunft 18. bis 20. Jahrhundert. Hg. von der ÖNB, Band 2, München 2002, Nr. 6816.

7   Schriftliche Ausfertigung des Ausschlusses aus der KPÖ durch die Bezirksleitung Wien IV vom 10. Februar 1971 und Spruch der Schiedskommission der KPÖ vom 14. Mai 1971, unterfertigt von Theodor Heinisch und Josef Tschofenig. Archiv des Instituts für Zeitgeschichte, Wien. Nachlass Prager.

8   Die Volksstimme (30. Oktober 1969) druckt Beschluss und Begründung ab.

9   Gerhard Oberkofler: Wilhelm Frank zum Gedenken: Stationen eines Lebens für sozialen und technischen Fortschritt. Alfred Klahr Gesellschaft. Mitteilungen. Nr. 1 & 2/2000.

10 Wilhelm Frank: Studenten und Universitäten nach dem Kriege. Memorandum zur Umfrage der Internationalen Studentenhilfe und des Europäischen Studentenhilfswerks. Anhang: Manifest der Münchner Studenten 1943. Über die Grenzen Schriftenreihe. Affoltern a. A. 1945. Auch Wien 1946.

11 Gabriele Kerber / Auguste Dick / Wolfgang Kerber (Hg.): Dokumente, Materialien und Bilder zur 100. Wiederkehr des Geburtstages von Erwin Schrödinger. Wien 1987.

12 Beschluss der Wiener Stadtleitung vom 23. März 1964. Archiv des Instituts für Zeitgeschichte. Wien. Nachlass Prager.

13 Die Liste der Namen ist abgedruckt von Maria Sporrer / Herbert Steiner (Hrsg.): Erwin Scharf. Zeitzeuge. Wien / München / Zürich 1986, 64 f.

14 Erwin Scharf: Ich darf nicht schweigen: 3 Jahre Politik des Parteivorstandes der SPÖ – von innen gesehen. Wien [1950]; Fritz Weber: Der Kampf für eine austromarxistische Partei – Die ersten Nachkriegsjahre. In: SPÖ – Was sonst? Die Linke in der SPÖ – Geschichte und Bilanz, Wien 1983, 11–28.

15 Josef Hindels: Erinnerungen eines linken Sozialisten. Wien 1996, 108 f.

16 Erwin Scharf: Ich hab's gewagt mit Sinnen … Entscheidungen im antifaschistischen Widerstand. Erlebnisse in der politischen Konfrontation. Wien 1988, 268.

17 Rudolf Slánský (1901–1952) war in Prag wegen staatsfeindlicher Verschwörungen im Zusammenhang mit der vom CIA inszenierten Noel Field (1904–1970) Affäre angeklagt und hingerichtet worden.

18 Handbuch der österreichischen Autorinnen und Autoren jüdischer Herkunft. 18. bis 20. Jahrhundert. Hg. von der ÖNB, Band 2, München 2002, Nr. 8240.

19 Archiv des Instituts für Zeitgeschichte. Wien. Sammlung Theodor Prager.

20 Leopold Grünwald: Wandlung. Ein Altkommunist gibt zu Protokoll. Mit einem Vorwort von Wolfgang Leonhard. München 1979.

21 Maria Sporrer/Herbert Steiner (Hrsg.): Erwin Scharf. Zeitzeuge. Wien/München/ Zürich 1986; Erwin Scharf: Ich hab's gewagt mit Sinnen … Entscheidungen im antifaschistischen Widerstand. Erlebnisse in der politischen Konfrontation. Wien 1988.

22 Erwin Scharf: Ich hab's gewagt mit Sinnen … Entscheidungen im antifaschistischen Widerstand. Erlebnisse in der politischen Konfrontation. Wien 1988.

23 Artikel Diskussion um Österreichs Schulen. neue politik. September 1969, 5–7.

24 Zitate ebenda.

25 Bericht in Volksstimme vom 14. Februar 1971.

26 Walter Hollitscher: Gedanken über Differenzen. Neue Politik 7/Jänner 1970, 22–23, hier 23.

VII.

1   W. I. Lenin: Unser Programm. In: Werke, Band 4 (Berlin 1977), 204–208, hier 204 und 205 f.

2   Lenin, Werke, Ergänzungsband 1917–1923 (Berlin 1973), 282 f. (Bedeutung der Elektrifizierung).

3   Verständnis ohne Einverständnis. Überwindung des Ost-West-Konflikts durch den Dialog. Mit Prof. DDr. Leo Gabriel sprachen Herbert Giller und Karl Maitz. Integral Dezember 1977, 20–22.

4   J. W. Stalin, Werke, Band 11 (1928–März 1929), Berlin 1954, 59–69, hier 69.

5   John Desmond Bernal: The Social Function of Science ist erstmals 1939 in Großbritannien erschienen und wurde wiederholt aufgelegt. Deutsche Ausgabe Die soziale Funktion der Wissenschaft. Hg. von Helmut Steiner. Berlin 1986. Dort über Bernal XV–XLII.

6   Das Zeitalter der Umwandlung der Elemente. Weg und Ziel, Jänner 1946, 31–34, hier 34.

7   Dazu grundsätzlich M. Buhr und G. Kröber (Hg.): Mensch. Wissenschaft. Technik. Versuch einer marxistischen Analyse der wissenschaftlich-technischen Revolution. Köln 1977.

8   Arnošt Kolman: Die verirrte Generation. So hätten wir nicht leben sollen. Eine Autobiographie. Frankfurt 1979.

9   Weg und Ziel 1957, 308–314.

10 Tagebuch 13 (2), 3 (Februar 1958) und Tagebuch 13 (3), 8–9 (März 1958).

11 Weg und Ziel 1966, 213–220.

12 Ebenda, 219.

13 Historische Kommission beim Zentralkomitee der KPÖ: Die Kommunistische Partei Österreichs. Beiträge zu ihrer Geschichte und Politik. Wien 1987: Ernst Wimmer, 7. Abschnitt, 1955–1984, 405–545, hier 446.

14 W. I. Lenin, Werke 1 (Berlin 1961), 334.

15 Ilya Prigogine / Isabelle Stengers: Dialog mit der Natur. Neue Weg naturwissenschaftlichen Denkens. München / Zürich, 4. A. 1983, 29.

16 So Manfred Buhr: Eingriffe. Stellungnahmen. Äußerungen. Zur Geschichte und gesellschaftlichen Funktion von Philosophie und Wissenschaft., 387 (Abschied von Radovan Richta, 387 f.).

17 Vgl. Manfred Buhr: Bemerkungen zum Ort und zur Funktion von Philosophie und Fachwissenschaften in der gegenwärtigen Welt. In: Manfred Buhr: Eingriffe. Stellungnahmen. Äußerungen. Zur Geschichte und gesellschaftlichen Funktion von Philosophie und Wissenschaft. Berlin 1987, 129–137.

18 Dazu Gerhard Kosel: Unternehmen Wissenschaft. Die Wiederentdeckung einer Idee. Erinnerungen. Berlin 1989, bes. 207–209 (Darstellung der wissenschaftlich-technischen Revolution aus marxistischer Sicht).

19 Rafael Cervantes Martínez / Felipe Gil Chamizo / Roberto Regalado Alvarez / Rubén Zardoya Loureda: Imperialismus heute. Über den gegenwärtigen transnationalen Monpolkapitalismus. Essen 2000.

20 B[onifati] M[ichailowitsch] Kedrow, Moskva 1973.

21 Protokoll Wien 1969, 294–298.

22 Die Sozialistische Partei als Regierungspartei. Protokoll der Theoretischen Konferenz. Hg. von der Ideologischen Kommission des ZK der KPÖ [Wien, 1970].

23 Protokoll, 80–86.

24 Österreichische Vereinigung Demokratischer Juristen. Mitteilungen. Wien, März 1977.

25 Die Zukunft von Wissenschaft und Technik in Österreich. Berichte. Diskussionen. Empfehlungen. Wien 1973, Weisskopf 21–28, hier 28; Victor Weisskopf: Mein Leben. Ein Physiker, Zeitzeuge und Humanist erinnert sich an unser Jahrhundert. Bern [u. a.] 1991; 2002 gestaltete die Österreichische Zentralbibliothek für Physik eine Ausstellung zu Victor Weisskopf.

26 Ebenda, 83–87.

27 Ebenda 288–290.

28 Univ. Prof. Dr. T. Schönfeld: Hochschulentwicklung im Sozialismus. Eindrücke in der DDR. Volksstimme vom 8. Oktober 1969.

29 Kleine Theoretische Reihe Nr. 4. Wien [1972], 117–119.

30 Die bürgerliche Gesellschaftsprognosen und ihre Rolle in den ideologischen Auseinandersetzungen. Weg und Ziel 1974, 309–312 und 377–381.

31 Ebenda 312.

32 Ebenda 381.

33 Protokoll. Hg. von der Kommission des ZK der KPÖ für Intellektuellenarbeit. Kleine Theoretische Reihe Nr. 6. Wien 1975, 96–99.

VIII.

1 40 S., Wien.
2 Rede im österreichischen Nationalrat, 14. März 1968. In: Karl Czernetz, Europa und der Frieden. Wien [u. a.]1968, 243–248 (Für einen Frieden in Vietnam).
3 Lisl Rizy / Willi Weinert: Bin ich ein guter Soldat und guter Genosse gewesen? Österreichische Kommunisten im Spanischen Bürgerkrieg und danach. Ein Lesebuch. Wien 2008, 120.
4 Der Volksarzt, 16. Jg., September 1966, Nr. 3. Die von der Fraktion der Gewerkschaftlichen Einheit in der Sozialversicherung herausgegebene Zeitschrift „Der Volksarzt. Zeitschrift für Fragen des Gesundheitsdienstes in der Sozialversicherung" ist in der Österreichischen Nationalbibliothek nachgewiesen von 3. 1953 – 18. 1968 (April / Mai).
5 Eva Barilich: Fritz Jensen. Arzt an vielen Fronten (= Biografische Texte zur Geschichte der österreichischen Arbeiterbewegung 5). Wien 1991.
6 Weg und Ziel 1956, 226–229, hier 229.
7 ÖBL 1 (1957), 378; NDB 5 (1961), 676 f. (Marlene Jantsch).
8 NDB 5 (1961), 413 (Marlene Jantsch).; Karl Heinz Kärcher: Leopold Freund. In: Hundert Jahre medizinische Radiologie in Österreich. Festschrift der Österreichischen Röntgengesellschaft (ÖRG) unter Mitarbeit der Österreichischen Gesellschaft für Radioonkologie, Radiobiologie und Medizinische Radiophysik (ÖGRO). Hg. von H. H. Ellegast / H. D. Kogelnik / E. Strasser. Wien / München / Bern 1995, 57–63.
9 Für frdl. Auskunft danke ich Herrn Archivar Dr. Stefan Sienell!
10 Robert Rosner / Brigitte Strohmaier (Hg.): Marietta Blau – Sterne der Zertrümmerung. Biographie einer Wegbereiterin der modernen Teilchenphysik (= Beiträge zur Wissenschaftsgeschichte und Wissenschaftsforschung. Hg. der Reihe Wolfgang Kerber und Wolfgang Reiter). Wien [u. a.] 2003.
11 Almanach f. d. Jahr 1938, 88. Jg. (Wien 1939): Bericht des Radiuminstituts 193 f., Rede Srbik 163–178; dazu Gerhard Oberkofler: Politische Stellungnahmen der Akademie der Wissenschaften in Wien in den Jahren der NS-Herrschaft. In: Arbeiterbewegung – Faschismus – Nationalbewusstsein (= Veröffentlichungen des Ludwig Boltzmann – Instituts für Geschichte der Arbeiterbewegung). Wien / München / Zürich 1983, 115–126.
12 Berta Karlik: Karl Przibram. ÖAW, Almanach f. d. Jahr 1974, 124. Jg., Wien 1975, 379–387; Stefan Sienell / Christine Ottner: Das Archiv des Instituts für Radiumforschung. Anzeiger math.- nat. Klasse d. ÖAW II 140 (2004), 11–53.
13 K. Steinitz, Nachruf. Deutsche medizinische Wochenschrift 82. Jg., Nr. 27, 5. Juli 1957, 1138 f.
14 Für diese und andere Daten danke ich Dr. Willi Weinert!
15 Stimmen zur Zeit, Informationsbulletin. Nr. 19/September 1968.
16 Ebenda.
17 Djerassi, Die Mutter der Pille, 304–311.
18 Stimmen zur Zeit, Informationsbulletin. Nr. 35 Jänner 1973.
19 Nachruf von TS (ohne Namensnennung) in: Volksstimme 25./27. Juli (Wochenend Panorama) 1986.

20 Dokumente. Erste Tagung der Internationalen Kommission zur Untersuchung der Verbrechen der Militärjunta in Chile (Präsident Jacob Söderman). Dipoli, Finnland, 21.–24. März 1974. Helsinki 1974.

21 Stimmen zur Zeit, Informationsbulletin, Nr. 38/November 1973.

22 Handbuch österreichischer Autorinnen und Autoren jüdischer Herkunft 18. bis 20. Jh. Hg. von der Österreichischen Nationalbibliothek. Redaktion Susanne Blumesberger / Michael Doppelhofer / Gabriele Mauthe. Bd. 1, München 2002, Nr. 236.

23 München 1956.

24 München 1959.

25 Für den Inhalt verantwortlich: Dr. Günther Anders, Wien XXIII. (Mauer), Dreiständeg. 40. Veröffentlicht von „Aktion für Frieden und Abrüstung (Ostermarsch gegen Atomgefahr)". Wien 1963, 17 S.

26 Die Spatzenelf. Ein lustiger Bubenroman. Wien 1949. 2000 brachte der Wiener Dachs Verlag die Spatzenelf erneut heraus, was die Rezensionsdatenbank des Österreichischen Bibliothekswerks veranlasste, das Buch als „Evergreen" zu empfehlen. Dazu Manfred Mugrauer: Klassiker der Kinder- und Jugendliteratur: www.kominform.at/article.php/20090908085340274

27 Wien 1971. Verlag für Jugend und Volk. Neuauflage im Arena Verlag Würzburg 2006.

28 Heller als tausend Sonnen. Das Schicksal der Atomforscher. 1. A. Stuttgart 1956.

29 Günther Grabner: Geschichte der „Freien Österreichischen Jugend" (FÖJ) als politische Jugendbewegung in Österreich 1945–1969. Dissertation Salzburg 1978, 295.

30 Robert Jungk: Trotzdem. Mein Leben für die Zukunft. Wien 1993, 317.

31 Albert Massiczek: Ich habe nur meine Pflicht erfüllt. Von der SS in den Widerstand. Wien 1989, 173.

32 Nach dem überlieferten Typoskript und einem stark gekürzten Auszug in Aktiv. Die Zeitschrift der Atomwaffengegner. 1. Jg. – Nr. 1, Feber 1963.

33 Gerhard Oberkofler: Leopold Ruzicka. Schweizer Chemiker und Humanist aus Altösterreich. Innsbruck / Wien / München 2001, 269.

34 Aktiv II. Jg., Nr. 2 – März 1964.

35 Vgl. Hildegard Goss-Mayr: Die Macht der Gewaltlosen. Der Christ und die Revolution am Beispiel Brasiliens. Graz [u. a.] 1968; Wie Feinde Freunde werden. Mein Leben mit Jean Goss für Gewaltlosigkeit, Gerechtigkeit und Versöhnung. Freiburg [u. a.] 1996.

36 AKTIV – Mitteilungsblatt der Aktion für Frieden und Abrüstung (Ostermarsch gegen Atomgefahr). 1. Jg. – Nr. 4 – September 1963.

37 Grete Scherer: Das Wesentliche: menschlicher Kontakt. AKTIV Nr. 6/1966.

38 Wien / München 1964 im Verlag für Jugend und Volk.

39 Durchschlag eines maschinegeschriebenen Protokollberichts der Ersten Delegiertenaussprache der Abeitsgemeinschaft Österreichischer Friedensvereine vom 24. Mai 1965. Friedensbüro.

40 Ernst Schwarcz: Zeitenwende. Entweder es gelingt der Menschheit, alle Kriege abzuschaffen, oder es wird den Kriegen gelingen, die Menschheit abzuschaffen. Münster 2005.

41 Der Friedenskongress. Bericht über die Tagung des Ersten Österreichischen Friedenskongresses in Wien am 10. und 11. Juni 1950. Wien 1950, 52 f.

42 AKTIV – Mitteilungsblatt der Aktion für Frieden und Abrüstung. Nr. 4/1966.

43 Pressemitteilung der Aktion für Frieden und Abrüstung (Ostermarsch gegen Atomgefahr) vom 20. März 1967.

44 Hg. von der Aktion für Frieden und Abrüstung. Wien 1967, 12 S. (Beilage zu AKTIV).

45 AKTIV. Nr. 5/1966.

46 Ho Tschi Minh: Revolution und nationaler Befreiungskampf. Ausgewählte Reden und Schriften 1920–1968. Hg. und eingeleitet von Bernard B. Fall. München 1968.

47 Vgl. Im Interesse des Sozialismus. Sammlung von Dokumenten, Stellungnahmen sowjetischer und tschechoslowakischer Partei- und Staatsfunktionäre sowie Pressematerialien. Moskau APN-Verlag [o. J.].

48 AKTIV. Nr 5/1968.

49 Erich Makomaski (zusammengestellt von): Die Freie Österreichische Jugend. (Ehemalige) Mitglieder erzählen ihre Geschichte. Wien 2002, 39 f.

50 Günter Giesenfeld: Land der Reisfelder. Vietnam. Laos. Kampuchea. Geschichte und Gegenwart. Mit einem Vorwort von Erich Fried. Köln 1981.

51 Eine gute Datenübersicht gibt Albrecht Charisius / Rainer Lambrecht / Klaus Dorst: Weltgendarm USA. Der militärische Interventionismus der USA seit der Jahrhundertwende. Kurzgefasster Überblick (= Schriften des Militärgeschichtlichen Instituts der DDR). Berlin 1983.

52 Stimmen zur Zeit, Informationsbulletin Nr. 46/Juni 1976.

53 www.hiroshima.at

54 Stimmen zur Zeit Nr. 63 August 1980, 2–5.

55 Informationsbroschüre (Für den Inhalt verantwortlich Andreas Pecha) Hiroshima-Gruppe Wien. Wien [1982].

56 Ministerium für Auswärtige Angelegenheiten der Deutschen Demokratischen Republik (Hg.): Für Entspannung und dauerhaften Frieden in Europa. Dokumente. Berlin 1977; Bundesministerium für Auswärtige Angelegenheiten: Konferenz über Sicherheit und Zusammenarbeit in Europa. Entstehung, Verlauf und Dokumente. Wien 1986; V. Sipols / G. Voigt / L. Kölm (Redaktionssekretär) unter Mitarbeit von R. Czollek+, E. Laboor, V. I. Miljukova: Sowjetische Friedenspolitik in Europa 1917 bis Ende der siebziger Jahre. Berlin 1982.

57 Georg Pflug: Prof. Dr. h. c. Leopold Schmetterer (*8. November 1919, +24. August 2004). Austrian Journal of Statistics. Volume 34 (2005), Number 1, 7–9.

58 Tidl, Die Roten Studenten, 97 f.

59 Margarete Schütte-Lihotsky: Erinnerungen aus dem Widerstand. Das kämpferische Leben einer Architektin von 1938–1945. Hg. von Irene Nierhaus. Vorwort von Peter Huemer. Wien 1994.

60 Der Katalog der deutschen Nationalbibliothek weist ein Erscheinen des Bulletins des Fränkischen Kreises (Fuldaer Verlagsanstalt) von 1957 (1.) bis 1974 (181) nach.

61 TS: Ein Schritt im Interesse aller Staaten. Blickpunkt Europa 1971, Nr. 2, Mai / Juni.

62 www.lesenetzwerk.at: Karl Blüml über Richard Bamberger.

63 Der Internationale Leninpreis „Für Festigung des Friedens zwischen den Völkern" an Kanoniker Raymond Goor. Informationsbulletin. Sowjetisches Komitee für Europäische Sicherheit und Zusammenarbeit. Nr. 22–23, Dezember 1975, 3–6.

64 Blickpunkt Europa 1972, Nr. 2, März.

65 Köln 1975.

66 *Christen und Marxisten im Friedensgespräch. Wien / Freiburg / Basel 1976.*

67 Walter Hollitscher: Bilanz aus dem Dialog zwischen Marxisten und Christen. In: Marxistische Blätter, Marxisten und Christen. Heft 6/1977, 17–21.

68 Stimmen zur Zeit Nr. 36 Mai 1973.

69 Sondernummer Stimmen zur Zeit, Informationsbulletin. Nr. 38/November 1973: „Nach dem Weltkongress der Friedenskräfte neuen Aufgaben entgegen".

70 Blickpunkt Europa. 1974 Nr. 1/2 Juni.

71 Auch Beilage Stimmen zur Zeit, Informationsbulletin. Nr. 38 – November 1973.

72 Blickpunkt Europa 1974, Nr. 3, Dezember.

73 Die Österreichische Nationalbibliothek vermerkt zum Katalogzettel: Mehr nicht erschienen.

74 Stimmen zur Zeit, Informationsbulletin. Nr. 43/Dezember 1974.

75 AKTIV. Mitteilungsblatt der Aktion für Frieden und Abrüstung Nr. 5/1966.

76 Blickpunkt Europa. 1976 Nr. 1 Feber. (mit den einleitenden Beiträgen in gekürzter Form).

77 Thomas Schönfeld: Helsinki und der Entspannungsprozess in der Welt. Wiener Blätter zur Friedensforschung. Nr. 7/Dezember 1975/Nr. 8/Jänner 1976, 45–50.

78 Volksstimme vom 22. Juni 1976.

79 Stimmen zur Zeit, Nr. 107 – Mai 1986, 18 f.

80 Friedensforum (Österreichisches Studienzentrum für Frieden und Konfliktforschung Stadtschlainig, Heft 7/8, 2004.

81 Teilnehmerliste des Weltforums der Friedenskräfte (Moskau vom 14. bis 16. Januar 1977). Bulletin 1. Weltforum für Verbindungen der Friedenskräfte. April 1977.

82 Ebenda, 6.

83 Nr. 65, Nov. 1980.

84 Vgl. Valentin Falin: Politische Erinnerungen. München 1993, 364.

85 Stimmen zur Zeit, Informationsbulletin. Nr. 54/Dezember 1977; Protokoll, 249–252.

86 Wissenschaft und Frieden 2/78. Wien (Gazetta).

87 In seiner Selbstenthüllung: Nach der Windstille: eine politische Autobiografie. Wien 2009 bereitet der Hohe Priester der österreichischen Journaille Anton Pelinka den Mist seiner Impressionen aus.

88 Der 22. Parteitag der Kommunistischen Partei Österreichs. 18. bis 20. Jänner 1974. Hg. vom Zentralkomitee der Kommunistischen Partei Österreichs. Wien [1974], 245–247.

89 Die Quadratur des Kreisky. Österreich zwischen parlamentarischer Demokratie und Gewerkschaftsstaat. Wien 1973.

90 Dazu Andrej Gromyko: Erinnerungen. Internationale Ausgabe. Aus dem Englischen von Hermann Kusterer. Düsseldorf [u. a.] 1989, 406 f.

91 Horst Kant: J. Robert Oppenheimer (= Biographien hervorragender Naturwissenschaftler, Techniker und Mediziner 83). Leipzig 1985.

92 Dazu Eric Hobsbawm: Das Zeitalter der Extreme. Weltgeschichte des 20. Jahrhunderts. München / Wien 1995.

93 Wolfgang Däubler: Stationierung und Grundgesetz. Was sagen Völkerrecht und Verfassungsrecht zu neuen Massenvernichtungswaffen (ABC-Waffen) in der Bundesrepublik? Hamburg 1982.

94 Bulletin. Weltforum für Verbindungen der Friedenskräfte. Januar 1980.

95 Moskau 1982.

96 Moskau Militärverlag, 2., ergänzte A. 1982.

97 Bericht des Sowjetischen Komitees für europäische Sicherheit und Zusammenarbeit. Verlag Progress Moskau 1985.

98 Robert Musil: Der Mann ohne Eigenschaften. Ausgabe Hamburg 1960, 1013.

99 Wissenschaft und Frieden 2/80: Wissenschaftliches Symposium „Die Rolle der Neutralen und Blockfreien im Entspannungsprozess" Wien, 26.–29. März 1980. Publikationen und Dokumente zu wissenschaftlichen, politischen und wirtschaftlichen Problemen des internationalen Lebens. Wien (Gazetta).

100 Ebenda, 66.

101 Kurier vom 18. Juni 1981, Seite 6.

102 Stimmen zur Zeit, Sonderdruck. 20. Oktober 1981.

103 Die Presse vom 16. November 1981.

104 Der Wiener Dialog: Internationale Konferenz für Abrüstung und Entspannung. Dokumente. Wien, 29 Januar – 1 Februar, 1982. Veröffentlicht vom Internationalen Verbindungsforum der Friedenskräfte.

105 Marie-Thérèse Kerschbaumer: Für mich hat lesen etwas mit fliessen zu tun … Gedanken zum Lesen und Schreiben von Literatur (= Reihe Frauenforschung Band 12). Wien 1989, bes. 100 f.

106 Für Walter Baier: Das kurze Jahrhundert. Kommunismus in Österreich. KPÖ 1918 bis 2008. Wien 2009 ist Thomas Schönfeld nicht erwähnenswert!

107 Alfred Gusenbauer: Die österreichische Friedensbewegung. Träger, Strukturen und Aktivitäten zwischen 1980 und 1986. Wien 1987, 69.

108 Alfred Gusenbauer: Frieden durch Rüstung? Die Zukunft Juli / August 1981, 11–14, hier 14.

109 Marie-Thérèse Kerschbaumer: Den Atomkrieg verhindern! Abrüsten! Dokumentation einer Initiative österreichischer Persönlichkeiten. OEH Express. Sondernummer (57). Wien 1982.

110 Rundbrief Nr. 6, Dezember 1982. Neue Serie. Vereinigung Österreichischer Wissenschaftler. Dezember 1982.

111 Die Panzermacher. Wien 1982.

112 Akademie Intakt 1/1983 (Ausgabe März).

113 Alfred Gusenbauer / Michael Häupl: Friedensbewegung in Österreich. Zukunft Heft 7/8 – Juli / August 1982, 12–15.

114 Vorwort von Johannes Hahn zu Thomas Brandtner: Abrüstung durch Doppelbeschluss. Ein Ausweg aus der Spirale des internationalen Wettrüstens. Vervielfältigte Broschüre. Wien, November 1981.

115 Wochenpresse Nr. 13 vom 30. März 1982.

116 Argumentationshilfe zum Linzer Appell. Österreichische Friedensbewegung. Wien 1983.

117 Das Votum der Machtlosen stärken. Bundesminister Erwin Lanc vor der 38. Generalversammlung der Vereinten Nationen. Die Vereinten Nationen und Österreich 32 (1983), Nr. 5, 3–6.

118 Jean Ziegler / Juri N. Popow: Ändere die Welt: Sie braucht es! Ein Dialog zwischen Ost und West. Köln 1986, 142.

119 Spektrum 5/1984, 32–42.

120 Internationales Verbindungsforum der Friedenskräfte in Reykjavik. Helsinki 1987 (auf dem Umschlag ein Gruppenfoto mit TS).

121 Dazu Hans Hautmann: Die Moskauer Deklaration und ihre Bedeutung für Österreich in Vergangenheit und Gegenwart. Alfred Klahr Gesellschaft. Mitteilungen 4/2003.

122 Zitiert nach Stimmen zur Zeit, Nr. 127 Dez. 1988.

123 Bulletin des Österreichischen Friedensrates. Stimmen zur Zeit, Nr. 121 April' 88, 14.

124 Erwin Lanc: Für ein Gleichgewicht der Vernunft. Die Vereinten Nationen und Österreich. Zeitschrift der Österreichischen Liga für die Vereinten Nationen 33. Jg., Nr. 1 – 2/1984, 3 f.

125 Kleine Zeitung vom 10. November 1988.

126 Artikel „Initiative Österreich und Europa". Stimmen zur Zeit Nr. 127 Dz. 1988.

127 Alfred-Johannes Noll: Neutralität. Staatsvertrag. EG-Beitritt. Anmerkungen zum „Bericht der Bundesregierung über die zukünftige Gestaltung der Beziehungen Österreichs zu den EG". Edition Fortschrittliche Wissenschaft. Wien 1989.

128 Wolfgang Richter: Der Krieg – das Gewissen der Welt. Betrachtungen über den NATO-Krieg gegen Jugoslawien und die Neue Weltordnung. In: Topos. Internationale Beiträge zur dialektischen Theorie. Berlin 2000, 87–108.

129 Spinnrad. Zeitschrift des Internationalen Versöhnungsbundes. Österreichischer Zweig. Nr. 2/Juli 2007, 14–15.

130 Thomas Schönfeld: Abrüstung! Eine Hauptforderung der Friedensbewegung – auch heute. In: Andreas Pecha / Thomas Roithner / Thomas Walter (Hrsg.), Friede braucht Bewegung. Analysen und Perspektiven der Friedensbewegung in Österreich. Wien 2002, 259–271, hier 271.

IX.

1 Hans Heinz Holz: Deutsche Ideologie nach 1945. Gesammelte Aufsätze aus 50 Jahren Band 2, Essen 2003, 123.

2 Globus Verlag Wien 1969, 434 Seiten.

3 Weg und Ziel 1969, 395–404.

4 Volksstimme 28. März 1971.

5 Wien 1970.

6 Walter Hollitscher (Hg.): Aggressionstrieb und Krieg. Symposium des Internationalen Instituts für den Frieden, Wien. Mit einer Einleitung von Rolf Denker. (Aus dem Englischen übersetzt von Rudolf Hermstein). Stuttgart 1973.

7 Nummer 49, Juni 1963. Veröffentlicht vom Internationalen Institut für den Frieden. Wien IV, Möllwaldplatz 5, Österreich.

8 Zwischen Wiener Kreis und Marx. Walter Hollitscher (1911–1986). Alfred Klahr Gesellschaft. Quellen & Studien, Sonderband 2. Wien 2003, 135–142.

9 TS zitiert Walter Hollitscher: Relativierung des Marxismus? Weg und Ziel, März 1973, 117.

10 Dazu auch Peter Goller / Gerhard Oberkofler: Walter Hollitscher. Alfred Klahr Gesellschaft. Mitteilungen Nr. 2/1998.

11 Die Bibliothek von Walter Hollitscher vergammelt heute irgendwo im Wiener Gebäude der KPÖ-Reste!

Namenregister

Gerhard Oberkofler

Samuel Steinherz (1857-1942)

Biographische Skizze über einen altösterreichischen Juden in
Prag

186 Seiten

€ 24.90/sfr 43.70

ISBN 978-3-7065-4513-6

Samuel Steinherz, 1857 geborener Sohn einer jüdischen Geschäftsfamilie aus
Güssing, wuchs in Graz auf und wurde dort wie am Institut für österreichische
Geschichtsforschung in Wien zum bürgerlichen Historiker ausgebildet. 1894
erwarb er die Lehrbefugnis für österreichische Geschichte, 1898 auch jene für
allgemeine Geschichte des Mittelalters.

Obschon Steinherz seinem jüdischen Glauben treu blieb, wurde er von Theodor
von Sickel in Rom für die anspruchsvolle Bearbeitung der Nuntiaturberichte
aus Deutschland (1560-1565) eingesetzt und erwarb sich damit und durch seine urkundenkritischen Spezialstudien zur österreichischen Geschichte Respekt
in der altösterreichischen Historikerelite. 1901 erhielt Steinherz eine Professur
an der Deutschen Universität Prag. Angriffe von Seiten Deutschnationaler im
Sommer und Herbst 1922 veranlassten Steinherz als nunmehrigen Bürger der
Tschechoslowakei, ein öffentliches Bekenntnis zum Deutschtum abzugeben.

Er wandte sich, unterstützt von der Loge Praga des Ordens B'nai B'rith, der
Erforschung der Geschichte der Juden in Prag und der Tschechoslowakei zu.
Steinherz musste sehen, wie die meisten seiner Fachkollegen sich an den Nati-
onalsozialismus anbiederten und für dessen Barbarei eine pseudowissenschaft-
liche Kulisse lieferten, er erlebte den Einmarsch der Hitlerwehrmacht in die
Tschechoslowakei und die Errichtung des Protektorats Böhmen-Mähren.

Als kleinbürgerlicher Individualist hatte Steinherz zeitlebens „unpolitisch" bleiben wollen, was ihn auch zum Diener der kulturellen Hegemonie der herrschenden Klasse machte, deren Opfer er jetzt wurde. Als über Achtzigjährige wurden
Samuel Steinherz und seine aus Wien stammende Frau Sophie ins Ghetto Theresienstadt deportiert; er verstarb dort 1942.

„… eine überaus gut dokumentierte und recherchierte Studie …"
Zwischenwelt, Evelyn Adunka

StudienVerlag
Innsbruck
Wien
Bozen

A-6020 Innsbruck • Erlerstraße 10
T: 0043/512/395045 • F: 0043/512/395045-15
order@studienverlag.at

Portofrei mit Rechnung: www.studienverlag.at

Gerhard Oberkofler

Nikolaus Grass

Einige wissenschaftshistorische Miniaturen aus Briefen und
seine Korrespondenz mit dem Prager Juden Guido Kisch

528 Seiten
€ 39.90/sfr 67.90
ISBN 978-3-7065-4559-4

Nikolaus Grass ist ein Repräsentant der österreichischen Gesellschaftswissenschaften des 20. Jahrhunderts. Seine von ihm in den dreißiger Jahren an den philosophischen und rechtswissenschaftlichen Fakultäten in Innsbruck und Wien erlebten und verehrten akademischen Lehrer waren in ihrer großen Mehrheit entweder katholisch oder nationalsozialistisch oder beides, jedenfalls antisemitisch und antisozialistisch. Grass fühlte sich als Fackelträger dieser österreichischen Historiker und Rechtshistorikertradition. Grass war nicht nur Universitätsprofessor und gelehrter Rechtshistoriker, er war in ausgeprägter Individualität ein etablierter, typisch österreichischer Kleinbürger mit erzkatholischem Weltbild und irrationaler Heimatverbundenheit.
Anhand ausführlicher Textpassagen des Briefwechsels von Grass mit dem Rechtshistoriker und Prämonstratenser Hans Hermann Lentze (Wien), mit dem demokratisch gesinnten Rechtstheoretiker Adolf Merkl (Wien), mit dem Historikerfürsten Leo Santifaller (Wien), mit dem Kanonisten und späteren Kardinal Alfons Maria Stickler (Turin/Rom) und mit dem emigrierten Mittelalterhistoriker Walter Ullmann (Cambridge) sowie des vollständig wiedergegebenen Briefwechsels mit dem zuletzt in Basel lebenden Prager Juden Guido Kisch lässt Gerhard Oberkofler ein atmosphärisches Bild des österreichischen und europäischen Universitäts- und Akademielebens des 20. Jahrhunderts entstehen.

StudienVerlag

Innsbruck
Wien
Bozen

A-6020 Innsbruck • Erlerstraße 10
T: 0043/512/395045 • F: 0043/512/395045-15
order@studienverlag.at

Portofrei mit Rechnung: **www.studienverlag.at**